KB039136

상법총칙 · 상행위법

제 2 판

이 종 훈

박영사

제2판 머리말

초판이 나온 지도 벌써 7년이라는 세월이 다 되어 간다. 그동안 초판의 아쉬움과 함께 많은 새로운 판례들이 나와 계속 보완을 거듭한 끝에, 드디어 2판이 나오게 되어 감개가 무량하다. 그동안 세계적인 출판사인 Wolters Kluwer에서 박영사 회사법 초판을 기초로 한 “Corporation Laws and Cases of South Korea”가 2018년 3월에 출간되었고, 이어 회사법 제2판, 제3판, 제4판이 연이어 출간된 바 있다. 한편 2019년 말에 한미 양국 정부가 공동운영하는 Fulbright Foundation에 의해 Fulbright Scholar로 선정되었으며, 2020년부터 시작된 코로나 팬데믹의 악조건 속에서도 2021년 9월부터 2022년 8월까지 연구년을 UC Berkeley School of Law에서 Fulbright Scholar 자격으로 6개월, 이후 6개월을 독일의 Tübingen University 법대 초청으로 보냈고, 귀국 전 20여 일을 영국에 체류하며 University of Cambridge 법대의 교수와의 만남 등을 가졌었는데, 이는 나의 학문적 안목을 넓히는 데 크게 기여하였다고 생각한다.

이 책이 나오기까지 감사의 말씀을 드려야 할 분들이 많이 계시는데, 먼저 예수님께 이 책을 출간하게 해 주신 데 대해 감사의 기도를 드린다. 그리고 작고하신 사랑하는 부모님께 다시 한번 부족한 아들로서 감사의 말씀을 올리며, 항상 힘든 시절을 함께 보냈던 아내 신보애, 딸 해나와 아들 창진에게도 고마움을 전한다.

또한 영원한 스승이신 송상현 서울법대 은사님께도 지금까지 이끌어 주신 데 대해 감사의 말씀을 올린다. 또한, 내게 미국법의 진정한 모습을 보여주신 전

Cornell Law School 은사셨던 현 Yale Law School의 Jonathan R. Macey 교수님, Berkeley를 경험할 수 있게 해 주신 John Yoo 교수님 그리고 전 University of Oxford의 교수였던 당시 Oxford법대를 경험하게 도와주신 현 Cambridge Law School의 Gullifer 교수님, 연구년 귀국길에 잠시나마 Cambridge에 초대해 주신 Law School의 Cheffins 교수님 및 내 인생의 마지막 독일대학경험을 도와주신 Binder 현 독일 Tübingen대 법대학장님께도 감사의 마음을 전한다.

끝으로 제2판을 출간해 주신 박영사 안종만 회장님, 안상준 대표님 그리고 최선을 다해 교정을 도와주신 윤혜경 대리님 및 김민규 대리님께도 감사를 표한다.

2024년 8월
거북골로에서
律田 李宗勳 識

머 리 말

지난해 회사법을 출간한 이후 1년 만에 상법의 기초라 할 수 있는 상법총칙·상행위법을 출간하게 되었다. 그동안 대학에서 상법필수과목으로서 가르친 경험 및 로펌에서 Corporate Lawyer로서의 경험 그리고 미국 코넬법대 유학생활과 영국 옥스퍼드법대 방문학자의 경험을 바탕으로 하여, 회사법책과 유사한 형식 즉, 이론 및 판례를 가능한 한 조화롭게 배치시키면서 동시에 비판적이고 발전적인 입장에서 견해를 피력하는 방법을 본서에서도 견지하였다. 상법의 시작점인 상법총칙·상행위법은 어떻게 보면 쉬운 내용일 수도 있으나 다른 한편으로는 그 범위가 방대하고 깊이 있는 내용들도 포함되어 있어 본 학문에 접하는 입장에서 어려움을 겪을 수도 있을 것이기에, 보다 쉽게 이해할 수 있도록, 장황한 설명은 가능하면 지양하고, 핵심위주로 간결하게 설명하려고 노력하였다. 기초를 튼튼히 해야만 높은 건물이 올라갈 수 있듯이 본서를 통해 상법의 기초를 튼튼히 할 수 있는데 조금이나마 도움이 되기를 바랄 뿐이다.

끝으로 본서를 출간함에 있어 감사를 전할 분들이 많이 계신다. 먼저 이 모든 영광을 우리주 예수그리스도께 돌린다. 그리고 저를 낳아주시고 키워주신 하늘에 계신 아버님과 어머님께 불효자로서 다시 한번 엎드려 감사의 절을 올리오며, 저의 mentor이시자 전 국제형사재판소장이신 송상현 교수님과 그 밖에 지금까지 도움을 주신 모든 선배, 동료 및 후배에게 감사의 인사를 올린다. 또한 항상 동고동락해 온 신보애와 해나, 창진에게도 부족한 남편과 아버지로서 함께 해 준데 고마움을 표한다. 그리고 박사논문준비에 바쁨에도 본서가 나오기까지 교정작업을 봐 준 고범승 군에게도 심심한 감사의 마음을 전하며, 일부자료수집에 도움을 준 삼일회계법인 홍사균 회계사에게도 고마움을 전하고, 마지막으로 본서를 출판해 주신 박영사의 안종만 회장님, 송병민 과장님, 한두희 대리님, 김연서 사원님께도 감사함을 전한다.

2017년 8월

거북골로에서 이 종 훈 씀

차　　례

제 1 편　상법 일반

V. 상법의 법원(法源) / 8

VI. 상법의 효력 / 13

VII. 상법총칙, 상행위법의 구성 / 14

제 2 편 상 인

Ⅵ. 상행위능력 / 30

Ⅶ. 상업사용인 / 33

Ⅷ. 상업사용인의 의무 / 56

제 3 편 상 행 위

Ⅵ. 익명조합 / 228

Ⅶ. 합자조합 / 235

XV. 금융리스업 / 328

XVI. 가맹업 / 335

참고문헌

곽윤직, 채권총론, 박영사, 2014("곽윤직, 채권총론")
______, 채권각론, 박영사, 2014("곽윤직, 채권각론")
김병연·박세화·권재열, 상법총칙·상행위 : 사례와 이론, 박영사, 2012("김병연외")
김성태, 상법(총칙·상행위)강론, 제2판, 법문사, 2002("김성태")
김정호, 상법총칙·상행위법, 법문사, 2008("김정호")
김홍기, 상법강의, 제2판, 박영사, 2016("김홍기")
나영·박성환·이재경, 회계학원론, 제4판, 박영사, 2015("나영외")
서돈각·정완용, 상법강의(上卷), 全訂第四, 법문사, 1999("서돈각외")
서헌제, 상법강의(上), 제2판, 법문사, 2007("서헌제")
손주찬, 상법(上), 제14정판(전정판), 박영사, 2003("손주찬")
손진화, 상법강의, 제3판, 신조사, 2011("손진화")
송상현·박익환, 민사소송법, 신정7판, 박영사, 2014("송상현외")
송옥렬, 상법강의, 제4판, 홍문사, 2014("송옥렬")
안강현, 상법총칙·상행위법, 제5판, 박영사, 2015("안강현")
이기수·최병규, 상법총칙·상행위법, 제8판, 박영사, 2016("이기수외")
이범찬, 상법강의, 개정, 국민서관, 1985("이범찬")
이은영, 채권각론, 제5판, 박영사, 2007("이은영")
이철송, 상법총칙·상행위, 제14판, 박영사, 2016("이철송")
임중호, 상법총칙·상행위법, 개정판, 법문사, 2015("임중호")
장덕조, 상법강의, 법문사, 2016("장덕조")
전우현, 상법총칙·상행위법, 박영사, 2011("전우현")
정경영, 상법학강의, 개정판, 박영사, 2009("정경영")
정동윤, 상법(上), 제3판, 법문사, 2008("정동윤")
정찬형, 상법강의(상), 제19판, 박영사, 2016("정찬형")
정희철·양승규, 상법학원론(상), 補訂版, 박영사, 1987("정희철외")
주석상법 총칙·상행위(1),(2) 제4판, 한국사법행정학회, 2013("주석상법(1)" or "주석상법(2)")
최기원, 상법학신론(上), 제18판, 박영사, 2009("최기원")

최준선, 상법총칙·상행위법, 제5판, 삼영사, 2009("최준선")
한창희, 최신상법총론, 제2판, 청록출판사, 2009("한창희")
한국증권법학회, 자본시장법(주석서II), 박영사, 2009("한국증권법학회")

강정혜, 금융리스에 대한 상법안의 쟁점, 상사법연구 28권 2호, 2009.
권기범, 개정상법상의 합자조합에 관한 소고, 서울법학 19권 1호, 2011.
박휜일, 팩토링의 법적 문제점, 금융법연구 5권 1호, 2008.
윤용석·임재호·최광선, 새로운 형태의 거래행위 - 리스, 프랜차이징, 팩토링에 관한 연구, 법학연구 36권 1호, 1995.
이균성, 해상운송인의 채무불이행책임과 불법행위책임의 경합, 민사판례연구(IV), 1982.
정대익, 상법개정안상 새로운 기업유형에 대한 검토, 상사법연구 28권 3호, 2009.
최영홍, 경업금지특약의 유효요건－미국가맹계약을 중심으로, 상사법연구 58호, 2008.

Cesare Vivante, Trattato di dritto commerciale, Vallardi, Vol. 1, 1934.
Levin Goldschmidt, Handbuch des Handelsrechts, Erlangen, Verlag von Ferdinand Enke, 1864.
Ph. Heck, Weshalb besteht ein von dem bürgerlichen Rechte gesondertes Handelsprivatrecht?, Archiv für die civilistische Praxis, 1902.

田中耕太郎, 改正商法總則概論, 有斐閣, 1934.

본 서의 표시 원칙

1. 각주에 언급된 참고문헌의 표시는 저자표시만으로 대체하며, 하나의 각주에 복수문헌이 나열되는 경우 저자의 순서는 성명의 가나다라 순서에 따름.
2. 괄호 안에 법령의 명칭이 없는 조문은 상법조문을 의미함.
3. 저자의 견해 하에 중요한 부분이라고 판단되는 부분에는 밑줄을 긋거나 굵은 글씨를 사용하여 표시하였음.
4. 본문에 음영으로 표시된 판례는 해당부분의 내용에 대한 이해를 높이기 위함임.
5. 박스 안에 든 번호표시는 내용을 정리한다는 의미에서 저자가 임의로 부여한 것임.
6. 원형 안에 든 번호표시는 주로 법조문의 각호의 내용을 표시하기 위해 사용함.
7. 법조문의 표시 중 "제"자는 모두 삭제하였음.

제 1 편

상법 일반

제 1 편

상법 일반

Ⅰ. 상법의 정의

상법은 크게 형식적 의미의 상법과 실질적 의미의 상법으로 구분할 수 있다.

형식적 의미의 상법이란 성문 상법전을 의미하는데, 우리나라 상법은 1962. 1.20. 법률 제1000호로 공포되었고, 1963.1.1.부터 시행되었는데, 제1편 총칙, 제2편 상행위, 제3편 회사, 제4편 보험, 제5편 해상, 제6편 항공운송 및 부칙으로 구성되어 있다. 전세계적으로 볼 때, 상법전을 보유하고 있는 나라는 독일, 프랑스, 일본, 미국 등이 있으며, 반면에 상법전이 별도로 없는 나라는 영국, 스웨덴, 노르웨이, 스위스, 이태리, 중국 등이 있다.[1]

한편, 실질적 의미의 상법이란 성문법전의 존재여부와 관계없이, 상법이라는 법규율영역으로 포함될 수 있는 모든 법규범을 말한다.

Ⅱ. 실질적 의미의 상법

실질적 의미의 상법은 상법 즉, 상(商)에 관한 법을 말한다. 여기서 상(商) 즉,

1) 서돈각외, 3; 손주찬, 3; 안강현, 3; 이철송, 4; 정동윤, 5; 주석상법(1), 33.

commerce의 의미는 경제학적으로 볼 때, 기본적으로 재화와 용역의 교환을 말한다고 볼 수 있다. 그러나 법률적 의미에서의 상(商)은 단순한 재화와 용역의 교환에 그치지 않고, 이를 보조하는 대리상, 중개업, 위탁매매업, 운송업, 운송주선업, 공중접객업, 창고업, 금융리스업, 가맹업, 채권매입업, 전자상거래 등을 포함하는 개념으로 확대되어 왔다.

그렇다면 이러한 법률적 의미에서의 상(商)의 의미확대에 있어 그 이론적인 배경을 무엇으로 볼 것인가와 관련하여, 크게 내용적 파악설(발생사적 관련설[2] 및 매개행위설[3]), 성격적 파악설(집단거래설[4] 및 상적 색채설[5]), 상인법설[6]과 기업법설[7]로 나뉘고 있다. 살피건대, 현대 자본주의하에서 상(商)의 중심이 기업에 있음을 부인할 수 없고, 기업을 중심으로 상(商)관련 법률이 생겨나고 있는 것 또한 사실이므로 기업법설에 찬성한다.

이러한 기업법설의 입장에서 실질적 의미의 상법을 정의하자면, 상법은 계속성, 영리성, 시장성, 독립성을 보유하는 단일 경제적 단위체인 기업에 관한 법으로서, 평등한 관계를 규율하는 사법 중에서 기업을 중심으로 적용되는 특별사법이다.

---

2) 현재 상법의 대상으로 되어 있는 모든 법률상의 상은 발생사적으로 재화의 전환을 매개하는 경제학적 의미의 상으로부터 분리·발전한 영업의 총체라고 보는 견해(Gustav Lastig, Der Gewerbetreibenden Eintragungspflicht zum Handelsregister und Beitragspflicht zur Handelskammer und Handwerkskammer, Halle: Niemeyer, 1903, S. 35 ff.; 이철송 p.5에서 재인용).

3) 현재의 법률상의 상은 모두 본질적으로 매개행위에 지나지 않는다고 보는 견해(Levin Goldschmidt, Handbuch des Handelsrechts, Erlangen, Verlag von Ferdinand Enke, 1864, S. 398 ff.).

4) 상법은 집단으로 이루어지는 거래 내지 경영에 관하여 규율하는 법이라고 보는 견해(Ph. Heck, Weshalb besteht ein von dem bürgerlichen Rechte gesondertes Handelsprivatrecht?, Archiv für die civilistische Praxis, 1902, S. 456 ff.).

5) 상법은 일반사법상의 법률관계 중 상적 색채를 띠는 것을 규율하는 법이라고 보는 견해(田中耕太郎, 改正商法總則概論, 有斐閣, 1934, p6, 7, 40 내지 71).

6) 상법은 상인이 관련된 법률관계를 규율하는 법이라고 보는 견해(전우현, 7; 최기원, 6).

7) 상법은 기업에 관련된 법률관계를 규율하는 법이라고 보는 견해(서돈각외, 6; 손주찬, 6; 안강현, 4; 이철송, 6; 정동윤, 8; 정찬형, 6; 주석상법(1), 36).

Ⅲ. 상법과 기타 법률과의 관계

1. 민법과의 관계

상법과 민법은 공히 사법영역에 속하나, 상법이 민법에 우선하는 특질 즉, 상법은 민법의 특별법적인 성질을 가진다. 따라서 상법에 명시된 규정은 민법보다 상법이 우선하여 적용되고, 만일 상법에 없는 규정은 민법의 규정이 보충적으로 적용된다.

이와 관련하여, 민·상법 통일론을 주장하는 견해[8]가 있으나, 민법은 일반인의 법률관계를 규율함에 반하여 상법은 기업생활관계를 그 규율대상으로 하고 있으며, 대기업의 이익에 치중할 우려는 민상법을 통일하더라도 존재할 수 있고, 상(商) 또는 상행위(商行爲)와 같은 상법에 고유한 개념은 입법기술적으로 그 개념을 분명히 할 수 있으며, 사법이론의 통일적 발전도 양자의 통합과는 관계없이 이루어질 수 있는 것이므로, 민·상법 분리론이 보다 타당한 견해라고 생각한다.[9]

2. 경제법과의 관계

경제법이란 자본주의 경제의 폐해인 독점으로 인하여 다른 경제주체인 개인, 기업 및 국가에 끼치는 악영향을 방지하기 위하여 공법적인 차원에서의 규제를 가하는 법을 총칭하는 바, 이에 해당하는 실정법으로는 독점규제 및 공정거래에 관한 법률, 약관의 규제에 관한 법률 및 소비자보호법 등이 있다.

이러한 경제법과 상법과의 관계와 관련하여, 양자가 통합될 것이라는 견해[10]도 있으나, 상법은 본질적으로 경제주체간의 평등한 이해관계의 조정을 목적으로 함에 반하여 경제법은 공권력의 행사를 통한 수직적 이해관계의 조정을 추구한다는 점에서 구별되므로, 양자는 별개의 법역에 속하는 법규범으로서 별도로

---

8) Cesare Vivante, Trattato di dritto commerciale, Vallardi, Vol. 1, 1934, p1.

9) 김홍기, 6; 손주찬, 14; 이철송, 11; 전우현, 10; 정동윤, 15; 정찬형, 14; 주석상법(1), 44.

10) 서돈각외, 20; 전우현, 11; 최기원, 13.

존속하게 될 것이라고 보는 것이 타당하다고 본다.[11]

3. 노동법과의 관계

자본주의의 태동 이래 회사와 근로관계를 형성하는 근로자의 보호를 위해 노동법의 변천이 있어 왔는 바, 프랑스의 노동주제도, 독일의 공동결정제도 및 종업원지주제도 등을 통해 상법에 많은 영향을 미치고 있다.

노동법은 회사내부의 근로자와 회사와의 고용관계에서 발생하는 근로자의 생존권 보호를 내용으로 하고 있음에 반하여, 상법은 대외적으로 회사의 법률행위를 도와주는 보조자로서의 근로자의 지위를 그 내용 중 일부로 하고 있다. 따라서 상호간의 적용영역과 적용이념이 상이하므로, 양자간의 독립적인 지위를 인정하는 것이 타당하다고 판단된다.

Ⅳ. 상법의 특징

1. 거래의 안전

가. 공시제도

기업의 구성원인 주주, 사원과 채권자를 보호하기 위하여, 기업의 중요한 내용을 대외적으로 공시하도록 하고 있다. 그 예로는, 상업등기제도(34조 내지 40조)를 채택하고 있는 점, 일간신문 또는 전자적 방법에 의한 공고(289조 3항, 418조 3항, 449조 3항, 542조의4 1항), 정관, 재무제표 등의 비치, 공시의무(396조, 448조, 579조의3) 등이 있다.

11) 김홍기, 8; 손진화, 11; 이철송, 15; 정동윤, 16; 정찬형, 20; 주석상법(1), 46.

나. 외관주의

기업거래와 관련하여 실제와 외관이 다른 경우, 그 외관을 신뢰한 자를 보호하는 것이 거래의 안전을 위해 바람직하므로, 이를 위해 독일의 외관주의(Rechtsscheintheorie) 내지는 영미법상의 금반언(Estoppel by representation)의 원칙을 수용한 것이다. 그 예로는, 표현지배인제도(14조), 명의대여자의 책임(24조), 유사발기인의 책임(327조) 등이 있다.

다. 책임강화

기업은 그 거래의 상대방인 개인보다도 기본적으로 우월적인 지위에 있으므로, 그 책임을 강화하는 것이 필요하다. 그 예로는, 다수채무자간 또는 채무자와 보증인의 연대채무(57조), 매수인의 목적물 검사와 하자통지의무(상법 69조), 중개인의 이행책임(99조), 발기인 또는 이사의 자본충실책임(321조, 428조) 및 순차운송인의 연대책임(138조) 등이 있다.

라. 소급효 불인정 등

기업의 법률행위의 결과에 하자가 존재하여 그 효력이 무효가 된다고 하더라도, 그 무효의 효력을 소급시키지 않거나(190조 단서, 269조, 287조의6, 328조 2항, 552조 2항) 그 소제기기간을 제한함으로써(184조, 236조 2항, 287조의6, 328조 1항, 376조 1항, 381조 1항, 429조, 445조, 511조 2항, 512조, 529조 2항, 552조 1항, 595조 1항) 그 무효인 법률행위를 유효한 것으로 믿고 거래한 당사자 및 제3자를 보호하자는 것이다.

2. 기업의 탄생촉진 및 위험분산

기업이 사회에 미치는 장점 즉, 재화와 용역을 공급하고 일자리를 창출하는 역할을 수행하는 순기능을 확대시키기 위하여, 인·허가와 관계없이 설립등기만으로 회사를 성립할 수 있게 하였고(172조), 주식회사(331조), 합자회사의 유한책임사원(268조), 유한회사(553조), 유한책임회사(287조의7)의 경우 유한책임제도를 도입하였다. 이러한 제도들은 기업의 위험을 분산시키는 역할도 담당한다.

3. 기업거래의 활성화

가. 신속하고 간이한 처리

기업활동의 결과가 신속하고, 간이하게 처리되도록 하기 위하여, 대화자간의 청약의 구속력(51조), 청약에 대한 낙부통지의무(53조), 매도인의 목적물의 공탁, 경매권(67조), 확정기매매의 해제(68조), 매수인의 목적물의 검사와 하자통지의무(69조), 수하인불명의 경우의 공탁, 경매권(142조), 상사채권에 대한 단기소멸시효(64조, 122조, 147조, 154조 1항, 166조 1항, 167조, 487조 3항, 662조, 786조, 814조 1항, 840조 1항, 846조 1항, 851조 1항, 875조, 895조, 919조, 934조) 등을 규정하였다.

나. 통일성, 정형성

기업거래활동이 반복적, 집단적으로 이루어지고 있다는 점을 감안하여, 대리인제도를 강화하고 있으며(48조), 주식 및 사채인수에 있어 정형화된 청약서주의를 채택하고 있고(302조, 401조, 474조), 기타 여러 증권서류제도를 채택하고 있으며(손해보험증권 666조, 화재보험증권 685조, 운송보험증권 690조, 해상보험증권 695조, 인보험증권 728조, 상해보험증권 738조), 보험, 운송 등에 있어 보통거래약관을 이용하고 있다.

4. 기업의 지속가능성 강화

자본집중을 촉진함으로써 회사의 지속을 지원하기 위해 각종 회사제도(3편) 및 익명조합(78조 내지 86조), 합자조합(86조의2 내지 86조의9) 및 회사의 합병제도(174조, 175조)가 있다. 또한 영리성의 확보를 통해 기업계속의 이유를 구체화시키고자 하는 규정으로서, 주식회사의 배당제도(462조) 및 상사법정이율(54조), 법정이자청구권(55조), 상인의 보수청구권(61조)이 있다. 한편, 기업을 자본제공자로부터 독립시키기 위하여 회사를 법인으로 한 것(169조) 및 상호제도(18조 내지 28조), 상업장부제도(29조 이하 33조) 및 상업등기제도(34조 내지 40조)를 채택하고 있다. 또한 기업의 영속성을 보장하기 위해 소요되는 자금의 조달방법을 다양화시키기 위한 제도로서, 종류주식(344조 내지 351조), 특수한 사채발행(513조 내지 516조의11)규정을 두고 있다. 그리고 기업의 해소를 방지하기 위하여, 회사의 계속 및 조직변경제도(229조, 242조, 285조, 286조, 519조, 604조, 607조, 610조)를 두고 있다.

V. 상법의 법원(法源)

1. 상사제정법

가. 상법전

상법 1조는 상사에 관하여 본법에 규정이 없으면 상관습법에 의하고, 상관습법이 없으면 민법의 규정에 의한다고 규정하면서, 상법과 상관습법 및 민법이 상법의 법원임을 밝히고 있다. 이와 같이 상법의 가장 기본적인 법원인 상법전은 6편, 935개 조문 및 부칙으로 이루어져 있다.

나. 상사특별법

상법의 시행을 위한 부속법령으로서의 성격을 갖는 상사특별법으로는 상법시행법, 선박소유자 등의 책임제한절차에 관한 법률, 상업등기법 등이 있고, 상법에 우선하여 적용되는 특별법으로는 자본시장과 금융투자업에 관한 법률("자본시장법"), 독점규제 및 공정거래에 관한 법률, 부정경쟁방지 및 영업비밀보호에 관한 법률, 은행법, 보험업법, 해운법 등이 있다.

2. 상사조약

헌법에 의하여 체결·공포된 조약과 일반적으로 승인된 국제법규는 국내법과 같은 효력을 가지므로(헌법 6조 1항), 상사에 관한 조약과 국제법규는 상법의 법원에 해당된다. 전자의 예로는, 국제항공운송에 관한 바르샤바조약 등이 있고,

후자의 예로는 국제상업회의소(International Chamber of Commerce)가 만든 INCOTERMS (International Commercial Terms) 및 UCP(신용장통일규칙; Uniform Customs and Practice for Documentary Credits)600 등이 있다.

3. 상관습법

상관습법이란 상거래상에서 되풀이되던 관습이 법적 효력을 가지는 단계로 발전된 형태의 법규범을 말하는 바, 상법은 이를 상법 1조에서 법원으로 인정하고 있다.

상관습법과 사실인 상관습간의 관계와 관련하여, 이의 구별을 부인하는 견해도 있으나,[12] 관습법과 사실인 상관습이 구별하기 어렵다는 이유가 이의 구분을 인정할 수 없다는 논거로 될 수는 없고, 법규범으로서의 효력을 인정하느냐의 문제는 판단결과에 중대한 차이를 발생시키는 문제이므로, 양자의 구별을 원칙적으로 인정하는데 찬성한다.[13] 이와 관련하여 판례는, 관습법이란 사회의 거듭된 관행으로 생성한 사회생활규범이 사회의 법적 확신과 인식에 의하여 법적 규범으로 승인·강행되기에 이른 것을 말하고, 사실인 관습은 사회의 관행에 의하여 발생한 사회생활규범인 점에서 관습법과 같으나 사회의 법적 확신이나 인식에 의하여 법적 규범으로서 승인된 정도에 이르지 않은 것을 말한다고 판시하면서, 그 구분을 인정하고 있다.[판례1]

[판례1] 대법원 1983.6.14. 선고 80다3231 판결; 대법원 1959.5.28. 선고 4291 민상1 판결

관습법은 바로 법원으로서 법령과 같은 효력을 갖는 관습으로서 법령에 저촉되지 않는 한 법칙으로서의 효력이 있는 것이며, 이에 반하여 사실인 관습은 법령으로서의 효력이 없는 단순한 관행으로서 법률행위의 당사자의 의사를 보충함에 그치는 것이고, 법령과 같은 효력을 갖는 관습법은 당사자의 주장 입증을 기다림이 없이 법원이 직권으로 이를 확정하여야 하고 사실인 관습은 그 존재를 당사자가 주장 입증하여야 하나, 관습은 그 존부자체도 명확하지 않을 뿐만 아니라 그 관습이 사회의 법적 확신이나 법적 인식에 의하여 법적 규범으로까지 승인되었는지의 여부를 가리기는 더욱 어려운 일이므로, 법원

12) 정희철외 48; 정찬형, 41.

13) 서돈각외, 42; 안강현, 23; 이기수외, 75; 전우현, 24; 정동윤, 27; 주석상법(1), 57; 최기원, 31.

이 이를 알 수 없는 경우 결국은 당사자가 이를 주장입증할 필요가 있다. 또한 사실인 관습은 사적 자치가 인정되는 분야 즉 그 분야의 제정법이 주로 임의규정일 경우에는 법률행위의 해석기준으로서 또는 의사를 보충하는 기능으로서 이를 재판의 자료로 할 수 있을 것이나 이 이외의 즉 그 분야의 제정법이 주로 강행규정일 경우에는 그 강행규정 자체에 결함이 있거나 강행규정 스스로가 관습에 따르도록 위임한 경우 등 이외에는 법적 효력을 부여할 수 없다.

따라서 상관습법은 거래당사자간의 의사와 관계없이 법원으로서 적용되나, 사실인 상관습은 상고이유가 될 수 없고(민사소송법 423조), 상관습법은 상법상 강행규정에 위반해서도 성립될 수 있으나,[14] 사실인 상관습은 강행법규에 위반될 수 없다.

이러한 상관습법이 인정된 예로는 과거 백지보충권이 수여된 약속어음이 있으나,[15] 이는 어음법 10조 및 수표법 13조로 성문화된 바 있다. 이에 반하여 사실인 상관습으로 인정된 예로는, 선박을 매매함에 있어 그 대금을 연불조건으로 지급하기로 약정하는 경우의 중개수수료는 연불에 따른 이자를 제외한 선박대금액을 기준으로 산정하여 지급하는 것이 일반거래의 관행이라는 예,[16] 그리고 상인인 법인간의 계속적인 물품공급거래에 있어서는 원칙적으로 기업의 회계자료로서 물품의 매출, 매입 또는 수불관계를 명확하게 하기 위하여 수요자는 공급자에게 사전에 물건의 종류, 규격, 수량을 지정하여 발주하고, 공급자는 발주수량의 물건에 송장을 첨부하여 인도하면 발주자는 이를 검수 확인하고 송장에 수령사실을 확인하거나, 수령할 물건의 명세를 표시한 인수증을 공급자에게 발행하고 그 부본을 발주법인이 보관하되 그 인수증은 물건의 인도, 인수사실을 증명하는 문서이므로 특단의 사정이 없는 한 물품의 종류, 규격, 수량, 인수법인, 인수자의 직위, 성명을 기재하고 작성자의 날인을 하여 인수일자마다 개별적으로 발행함이 거래의 상례라는 예[17] 및 국제상거래에 있어서 일방당사자의 채무불이행에 관하여는 일반적으로 승인된 적절한 국제금리에 따른 지연손해금의 지급을 명함이

14) 손주찬, 37; 손진화, 21; 이기수외, 75; 전우현, 24; 정동윤, 27; 주석상법(1), 56; 최기원, 31. 이에 관하여, 상관습법은 상법의 임의규정에 반하여도 성립할 수 없다는 견해로는 서돈각외, 42; 정찬형, 41.

15) 대법원 1956.10.27. 선고 4289민재항31·32 판결.

16) 대법원 1985.10.8. 선고 85누542 판결.

17) 대법원 1983.2.8. 선고 82다카1275 판결.

관행이라는 예[18] 등이 있다.

4. 상사자치법

회사의 정관과 같은 자치규범이 상법의 법원이 될 수 있는가와 관련하여, 이를 긍정하는 견해도 있으나,[19] 정관과 같은 내부자치규범은 그것이 내부인간의 약속 즉, 계약이기 때문에 그 구속력이 발생하는 것이지 일반적인 법규범으로서의 법원성이 있어서 그렇다고 보기에는 무리가 있으므로, 자치규범은 상법의 법원이 될 수 없다고 보는 것이 타당할 것이다.[20]

5. 약관

가. 의의

약관이란 그 명칭이나 형태 또는 범위에 상관없이 계약의 한쪽 당사자가 여러 명의 상대방과 계약을 체결하기 위하여 일정한 형식으로 미리 마련한 계약의 내용을 말한다(약관의 규제에 관한 법률("약관규제법") 2조 1호). 은행거래약관, 보험거래약관, 운송거래약관 등이 약관에 해당된다. 약관은 점차 집단화되는 기업의 거래활동을 간이, 신속하게 처리하는 장점이 있으나, 경제적으로 우월적 지위에 있는 기업이 고객에게 부당하게 불리한 내용의 약관체결을 강요한다는 문제점이 발생한다.

나. 약관의 법원성

약관이 상법상 법원이 될 수 있는가와 관련하여, 자치법설[21]과 수권설[22]은

18) 대법원 1990.4.10. 선고 89다카20252 판결.

19) 서돈각외, 44; 손주찬, 39; 손진화, 22; 이기수외, 77; 이철송, 37; 정찬형, 42; 최기원, 32; 한창희, 50.

20) 안강현, 28; 정동윤, 30; 주석상법(1), 60.

21) 약관은 해당 거래계에서 만든 자치법이므로 그 구속력을 갖는다는 견해(한창희, 53).

22) 국가가 특정기업에게 약관을 작성할 권능을 부여하였으므로, 약관은 법적 구속력을 갖게 된다는 견해.

법원성을 인정하나, 상관습설[23]과 계약설[24]은 이를 인정치 않는 바, 약관의 구속력은 본질적으로 당사자간의 합의에 기초하고 있다고 보는 것이 타당하므로, 약관의 법원성은 이를 인정치 않는 것이 옳다고 본다.

6. 판례

판례는 개별적, 구체적 사안에 대한 법원의 판단이므로, 판례법국가가 아닌 성문법국가인 우리나라에서 판례의 법원성을 인정하기는 어렵다고 본다.[25] 그러나 아무리 사안이 다른 사건에 대한 법원의 독립적 판결이라 할지라도, 공통사안을 추출해 낼 수 있는 경우에는 그에 대한 사실상의 규범력이 생길 수가 있고, 이것이 향후 거래에 영향을 미칠 수 있으며, 상급법원 재판에서의 판단은 해당 사건에 관하여 하급심을 기속하므로(법원조직법 8조), 사실상의 기속력을 부인하기는 어렵다고 보아야 할 것이다.

7. 조리

조리란 합리적으로 추출되는 세상의 법칙을 말한다. 이러한 조리의 법원성을 인정할 것인가와 관련하여, 조리는 추상적 개념에 불과하고 경험적, 실재적인 법의 존재양식이 아니기 때문에 법원성을 인정할 수 없다는 견해가 있으나,[26] 법관은 성문법과 관습법에 없는 경우에 조리에 따라 재판해야 하고, 민법 1조가 민사에 관하여 법률에 규정이 없으면 관습법에 의하고 관습법이 없으면 조리에 의한다고 규정하고 있으므로, 조리의 법원성을 인정하는 것이 타당하다고 본다.[27]

23) 거래가 약관을 통해 이루어지는 분야에서는 약관에 의해 계약을 체결한다는 상관습법이 성립되어 있으므로 약관은 구속력을 가지며, 개별계약은 약관에 의해 해석된다는 견해(서돈각외, 45; 전우현, 30).

24) 당사자의 합의로 약관이 계약의 내용에 포함되었기 때문에 구속력을 가진다는 견해(김병연외, 22; 김홍기, 16; 손진화, 24; 안강현, 32; 이기수외, 81; 정동윤, 32; 정찬형, 44).

25) 서돈각외 47; 손주찬, 49; 안강현, 35; 이철송, 60; 정동윤, 34; 주석상법(1), 66; 최기원, 43. 그러나 반대의 견해로서, 법원성을 인정하는 견해로는 김병연외, 22; 김홍기, 15; 정찬형, 47; 정희철외, 50.

26) 김성태, 137; 이기수외, 97; 이철송, 61; 임중호, 29; 정동윤, 35; 정찬형, 48; 주석상법(1), 66; 최준선, 64.

27) 김정호, 27; 서돈각외, 46; 손주찬 50; 안강현, 36.

8. 상사관련 법원의 적용순서

상사조약, 국제법규 및 상사특별법이 가장 우선순위가 되어야 할 것이고, 다음으로 상법전이 될 것이며, 다음으로 상관습법이 되고, 다음으로 민사특별법이 되며, 다음으로 민법전, 다음으로 민사관습법이 되고, 최종적으로는 조리에 의하게 될 것이다.

Ⅵ. 상법의 효력

1. 시간과 관련한 효력

동일한 사안에 대하여 둘 이상의 상사법규가 존재하는 경우에는, 일반적으로, 신법이 구법에 우선하고, 특별법이 일반법에 우선할 것이다. 이와는 별개로 신법 시행 전에 발생한 사실에 대하여 신법이 소급하여 적용될 수 있는지가 문제되나, 만일 경과규정인 시행법 또는 부칙으로 규정되어 있지 아니한 경우에는 신법 시행 전에 발생하여 신법시행 이후에도 계속 존속하는 사실에 대하여는 법적 안정성의 견지에서 구법을 적용하는 것이 타당할 것이다. 이와 관련하여, 상법시행법 2조 1항 본문에 의하면, 상법은 특별한 사정이 없으면 상법시행 전에 생긴 사항에도 적용한다는 소급효를 인정하고 있고, 2015.12.31.자로 공포된 상법 13523호 3조에 의하면, 반대주주의 주식매수청구권의 행사 절차에 관한 적용례와 관련하여, 상법 374조의2의 개정규정은 이 법 시행 당시 주식매수청구의 절차가 진행 중인 경우에도 적용한다고 명시함으로써 그 소급효를 명시하고 있는 등 많은 경우에 소급효를 인정하는 명문의 규정을 부칙에 두고 있는 것이 현실이다.

2. 장소와 관련한 효력

상법은 우리나라 전 영토에 적용됨이 원칙이다. 그러나 국제적인 상거래와 관련해서는 이에 대한 예외로서, 해외에서 영업하는 우리나라 회사에게 우리 상법이 적용되는 경우가 있고, 반대로 우리나라에서 영업하는 외국회사에게 그 나라 상법이 적용되는 경우도 있다(국제사법 8조).

3. 사람과 관련한 효력

모든 우리나라 국민과 법인에게 상법이 적용됨이 원칙이나, 국제적인 상거래와 관련해서는 우리나라 국민에게 외국 상법이 적용될 수도 있고, 외국 국민에게 우리나라 상법이 적용될 수도 있다. 한편 우리 국민의 경우에도 일부 적용이 배제되는 경우가 있다(상법 9조에 따른, 소상인에 대한 지배인, 상호, 상업장부 및 상업등기에 대한 규정 적용 배제).

4. 사항과 관련한 효력

상법은 상사에 관해서만 적용되며, 공법인의 상행위에 대하여는 법령에 다른 규정이 없는 경우에 한하여 상법이 적용되고(2조), 당사자중 그 1인의 행위가 상행위인 때에는 전원에 대하여 상법이 적용된다(3조).[판례2]

[판례2] 대법원 2014.4.10. 선고 2013다68207 판결

당사자의 일방이 수인인 경우에 그중 1인에게만 상행위가 되더라도, 전원에 대하여 상법이 적용된다고 해석된다.

Ⅶ. 상법총칙, 상행위법의 구성

상법총칙, 상행위법은 크게 상법총칙편과 상행위편으로 나눌 수 있는 바, 상법총칙편은 제1장 통칙(1조 내지 3조), 제2장 상인(4조 내지 9조), 제3장 상업사용인(10조 내지 17조), 제4장 상호(18조 내지 28조), 제5장 상업장부(29조 내지 33조), 제6장 상업등기(34조 내지 40조) 및 제7장 영업양도(41조 내지 45조)로 구성되어 있고, 상행위편은 제

1장 통칙(46조 내지 66조), 제2장 매매(67조 내지 71조), 제3장 상호계산(72조 내지 77조), 제4장 익명조합(78조 내지 86조), 제4장의2 합자조합(86조의2 내지 86조의9), 제5장 대리상(87조 내지 92조의3), 제6장 중개업(93조 내지 100조), 제7장 위탁매매업(101조 내지 113조), 제8장(114조 내지 124조), 제9장 운송업(125조 내지 150조), 제10장 공중접객업(151조 내지 154조), 제11장 창고업(155조 내지 168조), 제12장 금융리스업(168조의2 내지 168조의5), 제13장 가맹업(168조의6 내지 168조의10), 제14장 채권매입업(168조의11 내지 168조의12)으로 구성되어 있다. 상법총칙편은 기업의 주체와 조직에 관한 내용을 주로 다루고 있음에 비하여, 상행위편은 기업의 대외적인 거래관계와 관련하여 이에 관련되는 제3자와의 이해관계의 조정을 다루고 있음에 차이가 있다.

제 2 편

상 인

Ⅰ. 의의
Ⅱ. 당연상인
Ⅲ. 의제상인
Ⅳ. 소상인
Ⅴ. 상인자격의 취득과 상실
Ⅵ. 상행위능력
Ⅶ. 상업사용인
Ⅷ. 상업사용인의 의무
Ⅸ. 영업소
Ⅹ. 상호
Ⅺ. 상업장부
Ⅻ. 상업등기
XIII. 영업양도

제 2 편

상 인

Ⅰ. 의의

상법 제1편 제2장은 기업의 주체인 상인에 대하여 4조부터 9조까지 설명하고 있다. 상인이란 무엇인가를 설명하는 이론으로 형식주의, 실질주의 및 절충주의를 들 수 있다.

형식주의란 주관주의라고도 하는데, 스위스채무법과 독일상법이 취하고 있는 입장으로서, 행위의 내용과 관계없이 외형상 상인적인 방법으로 영업을 하는 사람을 상인으로 정의한다. 이 해석에 따르면, 우선 상인개념이 정해진 후 상인이 하는 행위가 상행위가 된다. 그러나 상인적인 방법을 정의함에 있어서 역시 상행위에 대한 정의가 선행되어야 하며, 상인이 아닌 자의 영리행위에 대해 상법이 적용될 수 없다는 문제점이 대두된다.

한편, 실질주의란 객관주의라고도 하는데, 1807년 나폴레옹 상법전이 취하고 있는 입장으로서, 먼저 객관적으로 상행위의 개념을 정하고, 이를 영업으로 하는 사람을 상인으로 정의한다. 그러나 일정한 상행위에 해당하지 아니하는 행위를 하는 자를 상인으로 볼 수 없게 됨에 따라 이들이 상법의 규율대상에서 제외되는 문제점이 있다.

절충주의란 일본상법이 취하고 있는 입장으로서, 형식주의에 의해 일정한 상인적인 방법으로 영업을 하는 자를 상인으로 봄과 동시에 실질주의에 의해 일정한 상행위를 하는 자도 역시 상인으로 취급하는 해석이다.

이와 관련하여, 우리 상법의 입장이 문제되는데, 상인개념과 관련하여 우리 상법은 상행위개념을 전제로 하는 당연상인과 회사 및 일정한 설비를 요건으로 하는 의제상인규정을 두고 있는 바, 의제상인 중 회사는 그 자체로 상인의 지위를 취득하므로 형식주의의 입장을 취하고 있다고 보아야 할 것임에 반하여, 당연상인은 상법 46조의 일정한 행위를 그 요건으로 하고 있으므로 실질주의의 입장을 채택하고 있다고 볼 수 있으며, 설비상인은 상인적 방법을 그 요건으로 하여 당연상인의 측면이 있음과 동시에 점포와 같은 외관을 고려함으로써 형식주의적 측면이 있으므로, 절충주의의 입장을 취한 것으로 볼 것이어서, 결국 상법은 상인개념과 관련하여 절충주의의 입장에 있다고 보는 것이 타당하다고 판단된다.[28]

Ⅱ. 당연상인

1. 의의

당연상인이란 자기명의로 상행위를 하는 자를 말한다(4조).

2. 요건

가. 자기명의

당연상인이 되기 위해서는 자기명의로 상행위를 해야 한다. 여기서 자기명의로 한다는 것은 상행위로부터 생기는 권리의무의 귀속주체가 된다는 뜻이다. 따라서 주식회사의 대표이사가 그 자격에서 당해회사의 업무를 수행할 경우, 상인이 되는 것은 당해회사이지 대표이사가 아니며,[29] 지배인을 포함한 상업사용인

28) 김병연외, 33; 서헌제, 43; 송옥렬, 17; 이기수외, 109; 이철송, 80; 전우현, 40; 주석상법(1), 99; 정찬형, 55.

29) 이와 관련하여 판례는, 상인은 상행위에서 생기는 권리·의무의 주체로서 상행위를 하는 것이고, 영업을 위한 행위가 보조적 상행위로서 상법의 적용을 받기 위해서는 행위를 하는 자 스스로 상인 자격을 취득하는 것을 당연한 전제로 하는 바, 회사가 상법에 의해 상인으로 의제된다고 하더

이 영업주를 대리하여 상행위를 하였을 때에도 상인이 되는 것은 영업주이지 당해 상업사용인이 아니다. 한편, 당해 행위가 타인의 계산으로 한다고 하더라도 자기명의로 하는 이상 상인임에는 변함이 없다. 따라서 어떤 주식회사가 타인과의 계약에 의해 타인의 자금과 당해 회사의 명의로 대부업을 영위하고 실제로 그 대부업 영위로 인한 이득은 타인이 취하되 당해 회사는 단지 대부업수행에 대한 대가로 타인으로부터 수수료를 받는 경우에도 당해 회사가 상인이 됨에는 변함이 없다.

이와 관련하여, 누가 권리의무의 귀속주체가 되느냐는 실질적으로 판단해야 한다. 따라서 행정관청의 인·허가명의 또는 국세청의 사업자등록 명의와 실제영업자의 명의가 다를 경우에는 실제영업자가 상인이 된다. 이 경우, 명의대여자는 명의대여자의 책임(24조)을 부담하는 경우가 있다. 또한 타인이 본인의 명의를 빌려 영업을 하는 경우에도, 상인은 실제로 영업을 영위하는 타인이 된다(물론 명의를 빌려 준 본인이 위 명의대여자의 책임을 지는 경우도 있음).

나. 상행위를 영위하는 자

여기서 상행위란 상법 46조에 언급된 기본적 상행위를 말한다.[30] 이에 해당하는 상행위는 다음과 같다. 이러한 상행위는 한정적인 것으로 보아야 할 것이다.[31][판례3]

① 동산, 부동산, 유가증권 기타의 재산의 매매
② 동산, 부동산, 유가증권 기타의 재산의 임대차
③ 제조, 가공 또는 수선에 관한 행위
④ 전기, 전파, 가스 또는 물의 공급에 관한 행위
⑤ 작업 또는 노무의 도급의 인수
⑥ 출판, 인쇄 또는 촬영에 관한 행위

라도 회사의 기관인 대표이사 개인이 상인이 되는 것은 아니며, 대표이사 개인이 회사의 운영 자금으로 사용하려고 돈을 빌리거나 투자를 받더라도 그것만으로 상행위에 해당하는 것은 아니고, 또한 상인이 영업과 상관없이 개인 자격에서 돈을 투자하는 행위는 상인의 기존 영업을 위한 보조적 상행위로 볼 수 없다고 판시하고 있음(대법원 2018.4.24. 선고 2017다205127 판결).

30) 김홍기, 26; 송옥렬, 19; 이철송, 81; 임중호, 53; 정경영, 29; 정동윤, 48; 주석상법(1), 105.

31) 김정호, 34; 손진화, 34; 안강현, 49; 이철송, 81; 정희철외 57; 주석상법(1), 106; 최기원, 51; 최준선, 79.

⑦ 광고, 통신 또는 정보에 관한 행위
⑧ 수신·여신·환 기타의 금융거래
⑨ 공중(公衆)이 이용하는 시설에 의한 거래
⑩ 상행위의 대리의 인수
⑪ 중개에 관한 행위
⑫ 위탁매매 기타의 주선에 관한 행위
⑬ 운송의 인수
⑭ 임치의 인수
⑮ 신탁의 인수
⑯ 상호부금 기타 이와 유사한 행위
⑰ 보험
⑱ 광물 또는 토석의 채취에 관한 행위
⑲ 기계, 시설, 그 밖의 재산의 금융리스에 관한 행위
⑳ 상호·상표 등의 사용허락에 의한 영업에 관한 행위
㉑ 영업상 채권의 매입·회수 등에 관한 행위
㉒ 신용카드, 전자화폐 등을 이용한 지급결제 업무의 인수

[판례3] 대법원 1993.6.11. 선고 93다7174·7181 판결

자기가 재배한 농산물을 매도하는 행위도 이를 영업으로 할 경우에는 상행위에 해당한다고 볼 수 있겠으나, 약 5,000평의 사과나무 과수원을 경영하면서 그중 약 2,000평 부분의 사과나무에서 사과를 수확하여 이를 대부분 대도시의 사과판매상에 위탁판매한다면 이는 영업으로 사과를 판매하는 것으로 볼 수 없으니 상인이 아니다.

다. 영업성

위에서 언급한 상행위를 영업으로 하여야 한다. 영업으로 한다는 의미는 영리 즉, 이윤을 획득할 목적으로 동종행위를 계속적, 반복적으로 하는 것을 말한다.

(1) 이윤획득(영리)

영리목적 즉, 이윤을 획득할 목적이 있어야 한다. 영리성은 개개의 행위마다

있어야 하는 것은 아니고 여러 행위를 전체적으로 파악하여 결정한다.[32)][판례4] 또한 이익이 실제로 발생해야 하는 것은 아니다. 그 이익을 어떻게 처분하느냐는 영리성에 영향을 미치지 아니한다.[33)] 그러나 비영리적 목적에 부수되는데 불과한 경우에는 영리성을 인정하기 어렵다.[판례5]

[판례4] 대법원 1998.7.10. 선고 98다10793 판결

새마을금고법의 제반 규정에 의하면 새마을금고는 우리 나라 고유의 상부상조 정신에 입각하여 자금의 조성 및 이용과 회원의 경제적·사회적·문화적 지위의 향상 및 지역사회개발을 통한 건전한 국민정신의 함양과 국가경제발전에 기여함을 목적으로 하는 비영리법인이므로, 새마을금고가 금고의 회원에게 자금을 대출하는 행위는 일반적으로는 영리를 목적으로 하는 행위라고 보기 어렵다(동지 대법원 2020.5.28. 선고 2017다265389 판결: 한국토지공사는 토지를 취득 · 관리 · 개발 및 공급하게 함으로써 토지자원의 효율적인 이용을 촉진하고 국토의 종합적인 이용 · 개발을 도모하여 건전한 국민경제의 발전에 이바지하게 하기 위하여 설립된 법인이다. 따라서 한국토지공사가 택지개발사업을 시행하기 위하여 공익사업을 위한 토지 등의 취득 및 보상에 관한 법률에 따라 토지소유자로부터 사업 시행을 위한 토지를 매수하는 행위를 하더라도 한국토지공사를 상인이라 할 수 없고, 한국토지공사가 택지개발사업 지구 내에 있는 토지에 관하여 토지소유자와 매매계약을 체결한 행위를 상행위로 볼 수 없음).

[판례5] 대법원 2000.2.11. 선고 99다53292 판결

농업협동조합법에 의하여 설립된 조합이 영위하는 사업의 목적은 조합원을 위하여 차별 없는 최대의 봉사를 함에 있을 뿐 영리를 목적으로 하는 것이 아니므로, 동 조합이 그 사업의 일환으로 조합원이 생산하는 물자의 판매사업을 한다 하여도 동 조합을 상인이라 할 수는 없고, 따라서 그 물자의 판매대금 채권은 3년의 단기소멸시효가 적용되는 민법 163조 6호 소정의 '상인이 판매한 상품의 대가'에 해당하지 아니한다.

(2) 계속성, 반복성

영업성이 인정되기 위해서는 동종행위를 계속적, 반복적으로 하여야 한다. 상당기간 계속되어야 하지만 그 기간의 장·단은 문제되지 아니한다.[34)] 또한

32) 김홍기, 144; 김병연외, 36; 손진화, 35; 안강현, 50; 이철송, 83; 주석상법(1), 108.
33) 김성태, 160; 송옥렬, 19; 이철송, 83; 임중호, 57.

행위자의 상호 또는 설비 등 고정된 시설을 통해야만 이를 인정할 수 있다.[35)]
[판례6]

[판례6] 대법원 1991.7.23. 선고 91도1274 판결

부동산중개업법 2조 1호에 규정된 중개업의 요건으로서 알선·중개를 업으로 한다고 함은 반복, 계속하여 영업으로 알선·중개를 하는 것을 가리키는 것이므로 이러한 반복, 계속성이나 영업성이 없이 우연한 기회에 타인간의 거래행위를 중개한 것에 불과한 경우는 중개업에 해당하지 않는다.

(3) 기업성

자기명의로 영업성이 인정되는 거래를 할지라도, 오로지 임금을 받을 목적으로 물건을 제조하거나 노무에 종사하는 자의 행위는 상행위로 보지 아니한다(46조 단서). 행위의 소규모성으로 인하여 기업성을 인정할 수 없어 기본적 상행위에서 제외시킨 것이다. 따라서 이러한 행위를 하는 자는 당연상인으로 인정될 수 없다.

Ⅲ. 의제상인

기본적 상행위에 해당되지 아니한다고 하여 상인이 될 수 없다고 보는 것은 현대 자본주의사회에서 생겨나고 있는 다양한 상행위의 유형들을 고려하고, 기본적 상행위의 협소성에 비추어 볼 때, 상법의 규율대상을 지나치게 좁게 만듦으로써 타당하다고 볼 수 없다. 따라서 상법은 이를 보충하기 위하여, 의제상인이라는 개념을 도입하였는 바, 이에는 설비상인과 회사가 있다.

34) 정경영, 29; 정찬형, 56; 주석상법(1), 109; 최기원, 52; 한창희, 67.
35) 송옥렬, 18; 이철송, 84; 주석상법(1), 109.

1. 설비상인

점포 기타 유사한 설비에 의하여 상인적 방법으로 영업을 하는 자는 상행위를 하지 아니하더라도 상인으로 본다(5조 1항). 즉, 기본적 상행위를 하지 아니하더라도 상인적 방법에 따라 영업을 하는 자는 설비상인으로 본다는 의미이다. 여기서 점포 기타 유사한 설비란 매장 기타 장소적 설비와 상호, 상업장부, 상업사용인 등이 갖춰진 상태를 말한다고 보아야 할 것이다.[36][판례7], [판례8] 여기서 상인적 방법이란 당연상인이 영업을 하는 것과 같은 방법을 말한다.[37] 점포 기타 유사한 설비가 상인적 방법의 하나의 예로 볼 수 있을 것이다.[판례9]

한편, 설비상인에 해당되기 위해서는, 위 행위를 영업으로 하여야 한다.

[판례7] 대법원 2007.7.26.자 2006마334 결정

변호사는 그 직무수행과 관련하여 의제상인에 해당한다고 볼 수 없고, 조세정책적 필요에 의하여 변호사의 직무수행으로 발생한 소득을 사업소득으로 인정하여 종합소득세를 부과한다고 하여 이를 달리 볼 것은 아니며, 변호사가 상인이 아닌 이상 상호등기에 의하여 그 명칭을 보호할 필요가 있다고 볼 수 없으므로 등기관이 변호사의 상호등기신청을 각하한 처분이 적법하다고 한 사례(대법원 2023.7.27. 선고 2023다227418 판결; 변호사는 상법상 당연상인으로 볼 수 없고, 변호사의 영리추구 활동을 엄격히 제한하고 그 직무에 관하여 고도의 공공성과 윤리성을 강조하는 변호사법의 여러 규정과 제반 사정을 참작하여 볼 때, 변호사를 상법 5조 1항이 규정하는 '상인적 방법에 의하여 영업을 하는 자'라고도 볼 수 없어 위 조항에서 정하는 의제상인에 해당하지 아니하며, 이는 법무법인도 마찬가지임).

[판례8] 대법원 1989.6.27. 선고 88다카16812 판결

신용보증기금법과 같은법시행령 및 상법 중 상행위에 관한 규정들을 종합하여 볼 때, 신용보증기금은 상인으로 볼 수 없다.

36) 이기수외, 112; 주석상법(1), 111(법무사도 상인으로 볼 수 없음; 대법원 2008.6.26. 선고 2007마996 판결).

37) 송옥렬, 21; 이철송, 87; 정찬형, 68; 최기원, 62.

[판례9] 대법원 1993.9.10. 선고 93다21705 판결

계주가 여러 개의 낙찰계를 운영하여 얻은 수입으로 가계를 꾸려 왔다 할지라도, 계주가 상인적 방법에 의한 영업으로 계를 운영한 것이 아니라면 계주를 상법 5조 1항 소정의 의제상인이나 같은 법 46조 8호 소정의 대금, 환금 기타 금융거래를 영업으로 운영한 것에 해당한다고 볼 수 없으므로 위 계불입금채권을 5년의 소멸시효가 적용되는 상사채권으로 볼 수 없다.

2. 회사

회사는 상행위를 하지 아니하더라도 상인으로 본다(5조 2항). 여기서의 상행위도 기본적 상행위를 말한다고 보아야 할 것이다. 회사 중 기본적 상행위를 하지 아니하는 회사의 경우에도 상인으로 인정함으로써 상법을 적용할 수 있게 하기 위한 규정이다.

Ⅳ. 소상인

1. 의의

지배인, 상호, 상업장부와 상업등기에 관한 규정은 소상인에게 적용하지 아니한다(9조). 영세한 상인들에게 설비 등에 관한 상법상 규정들을 적용하는 것은 이들에게 부담이 될 것이므로, 이를 경감시켜 줌과 동시에 다른 상인 또는 일반인을 보호하고자 하는 취지도 포함한 규정이다.[38] 따라서 이러한 소상인들은 위 적용되지 아니하는 규정들에 의한 보호를 받지 못한다.[39]

38) 김정호, 50; 김홍기, 28; 서돈각외, 71; 이철송, 120; 임중호, 79; 전우현, 44; 최준선, 86; 한창희, 71.

39) 김병연외, 42; 김성태, 170; 정동윤, 51; 정희철외, 66; 주석상법(1), 121.

2. 범위

위 소상인이란 자본금액이 1천만원에 미치지 못하는 상인으로서 회사가 아닌 자로 한다(상법시행령 2조). 여기서 자본금액이란 회사법상의 자본과는 달리, 영업재산총액으로 보아야 할 것이다.[40] 회사는 자본금이 1천만원에 미치지 못하더라도 위 규정의 적용을 통해 보호를 받는 것이 필요할 것이므로 소상인에 해당되지 아니하도록 규정한 것이다.

3. 소상인에게 적용되지 아니하는 규정

가. 지배인에 관한 규정

지배인은 본점과 지점에서 영업주에 의해 선임되어, 영업주에 갈음하여 그 영업에 관한 재판상 또는 재판외의 모든 행위를 할 수 있는 상업사용인이다(10조, 11조). 소상인인 영업규모에 비추어 볼 때, 지배인을 사용할 필요가 없을 것이므로, 그 적용을 배제한 것이다. 그러나 소상인이 지배인을 두지 못하는 것은 아니며, 두더라도 단지 상법상 지배인이 되지 못하고, 등기할 필요가 없으며, 공동지배인 및 표현지배인의 규정도 적용되지 아니한다는 의미이다. 따라서 소상인도 지배인을 제외한 부분적 포괄대리권을 가진 사용인(15조) 또는 물건판매점포의 사용인(16조)은 선임할 수 있고, 이 경우 이들에 대한 상법상의 규정이 적용된다. 물론 소상인이 지배인에게 포괄적 대리권을 수여할 수는 있으나, 이 대리권은 상법상 지배인규정에 의해 생기는 것이 아니라 소상인의 수권행위에 의해 생긴다. 만일 지배인을 둔 상인이 영업규모의 감소로 소상인이 된 경우에는 더는 상법상의 지배인이 아니므로 지배인 종임등기를 해야 할 것이다.[41]

나. 상호에 관한 규정

소상인에게 상호에 관한 규정이 적용되지 아니한다는 의미는, 소상인이 상

40) 손주찬, 80; 손진화, 39; 안강현, 64; 이기수외, 115; 정찬형, 70; 최기원, 65.
41) 김성태, 171; 이철송, 90; 주석상법(1), 122.

호를 선정하여 사용할 수 없다는 뜻은 아니고, 상호를 선정할 수는 있으나, 상호 등기를 하지 못하고, 상법상 상호로서 보호를 받지 못한다는 의미이다.

한편, 이 의미는 일반인의 상호에 대한 신뢰를 보호하는 규정 또는 타인의 상호보호를 위한 규정의 적용이 배제된다는 의미는 아니므로, 소상인도 상호에 회사임을 표시하는 문자를 사용하지 못하며(20조), 소상인은 부정한 목적으로 타인의 영업으로 오인할 수 있는 상호를 사용하지 못하고(23조), 소상인이 타인에게 자신의 상호를 사용하여 영업할 것을 허락한 때에는 자기를 영업주로 오인하여 거래한 제3자에 대하여 그 타인과 연대하여 변제할 책임이 있다(24조). 또한 소상인인 영업양수인이 양도인의 상호를 계속사용하는 경우에는 양도인의 영업으로 인한 제3자의 채권에 대하여 양수인인 소상인도 변제할 책임이 있고(42조), 이 경우에 양도인의 영업으로 인한 채권에 대하여 채무자가 선의이며 중대한 과실없이 양수인인 소상인에게 변제한 때에는 그 효력이 있다(43조).

다. 상업장부에 관한 규정

소상인에게 상업장부에 관한 규정이 적용되지 아니한다는 의미는, 소상인이 상업장부를 작성할 수 없다는 의미가 아니라, 상법이 정한 상업장부의 작성, 보존의무(33조)를 부담하지 않으며, 법원에 상업장부 제출의무(32조)가 없다는 뜻이다.

라. 상업등기에 관한 규정

소상인에게 상업등기에 관한 규정이 적용되지 아니하므로, 상법이 정한 소정의 등기사항에 대한 등기의무가 없으며, 따라서 미성년자가 법정대리인의 허락을 얻어 소상인으로서 영업을 하는 때에도 등기할 필요가 없고(6조 참조), 법정대리인이 미성년자, 피한정후견인 또는 피성년후견인을 위하여 소상인으로서 영업을 하는 때에도 등기할 필요가 없다(8조 1항 참조). 또한 등기를 하더라도 무효이고, 등기를 하더라도 선의의 제3자에게 대항하지 못한다(37조).

V. 상인자격의 취득과 상실

1. 자연인

가. 취득

자연인은 권리능력을 보유하므로, 당연상인(4조) 또는 설비상인(5조 1항)의 자격을 갖추고, 그 영업을 개시하면 누구든지 상인자격을 취득하는 바, 여기서 영업을 개시한다 함은, 반드시 영업상의 상행위를 개시할 때만이 아니라 영업을 위한 점포의 구매 또는 임차, 영업용자산의 구입 등 그 개업준비행위의 착수를 상대방이 객관적으로 인식할 수 있을 때부터를 말한다고 보아야 할 것이다.[42) [판례10] 주무관청의 영업에 대한 인·허가는 상인자격 취득과는 무관하다.

[판례10] 대법원 1999.1.29. 선고 98다1584 판결

부동산임대업을 개시할 목적으로 그 준비행위의 일환으로 당시 같은 영업을 하고 있던 자로부터 건물을 매수한 경우, 위 매수행위는 보조적 상행위로서의 개업준비행위에 해당하므로 위 개업준비행위에 착수하였을 때 상인 자격을 취득한다고 본 사례.

영업의 목적인 기본적 상행위를 개시하기 전에 영업을 위한 준비행위를 하는 자는 영업으로 상행위를 할 의사를 실현하는 것이므로 그 준비행위를 한 때 상인자격을 취득함과 아울러 이 개업준비행위는 영업을 위한 행위로서 그의 최초의 보조적 상행위가 되는 것이고, 이와 같은 개업준비행위는 반드시 상호등기·개업광고·간판부착 등에 의하여 영업의사를 일반적·대외적으로 표시할 필요는 없으나 점포구입·영업양수·상업사용인의 고용 등 그 준비행위의 성질로 보아 영업의사를 상대방이 객관적으로 인식할 수 있으면 당해 준비행위는 보조적 상행위로서 여기에 상행위에 관한 상법의 규정이 적용된다.

나. 상실

영업의 폐지, 양도는 상인자격의 상실사유이다. 자연인의 사망은 원칙적으로 상인자격의 상실사유이나 상속인이 승계하는 경우에는 상실되지 아니한다고 보

42) 김병연외, 43; 안강현, 69; 이기수외, 117; 이철송, 92; 주석상법(1), 100; 최기원, 68; 한창희, 79.

는 것이 타당할 것이다.[43] 한편, 당사자가 폐업의 의사를 표출하였더라도 실제로 영업을 계속하고 있다면 상인자격이 유지된다고 보아야 할 것이고, 잔무를 처리하고 청산절차를 종료한 때에 그 상인자격의 상실이 발생한다고 보아야 할 것이다.[44] 또한 상인이 파산하는 경우에도, 파산관재인이 파산절차를 종료할 때까지는 상인이 자격은 유지된다고 보는 것이 타당할 것이다.[45]

2. 법인

가. 취득

회사의 경우에는 설립등기시에, 영업개시여부와 관계없이, 상인자격을 취득한다고 보아야 할 것이다(172조).[46] 한편, 설립중의 회사가 상인자격을 취득하는가와 관련하여, 설립중의 회사도 제한된 범위내에서는 권리능력이 인정되므로, 그 한도내에서는 상인자격을 취득한다고 보는 것이 타당할 것이다.[47]

학술, 종교, 자선, 기예, 사교 기타 영리아닌 사업을 목적으로 하는 사단 또는 재단은 주무관청의 허가를 얻어 이를 법인으로 할 수 있다(민법 32조). 이러한 비영리법인도 수익사업을 할 수 있으므로, 이에 한하여 상인이 될 수 있다고 보아야 할 것이다.[48]

공법인의 경우, 법률에 의해 영리를 목적으로 하지 못하는 경우에는 상인이 될 수 없다.[49][판례11] 그러나 법률에서 금지되지 아니하는 경우, 그 목적사업을

43) 김병연외 44; 정동윤, 53; 정찬형, 73; 이에 반하여 반드시 상실된다는 견해로는 이철송, 93; 최기원, 69.

44) 손주찬, 86; 이기수외, 118; 이철송, 93; 전우현, 45; 주석상법(1), 101; 최기원, 69.

45) 김홍기, 33; 손진화, 41; 이기수외, 118; 최기원, 69; 최준선, 108. 이에 반하여 파산선고 즉시 상인자격을 상실한다는 견해로는 손주찬, 86; 이철송, 93; 임중호, 85.

46) 김병연외, 44; 김성태, 177; 임중호, 87; 주석상법(1), 102; 한창희, 80.

47) 김성태, 177; 김홍기, 34; 이기수외, 119; 이철송, 94쪽. 이에 반하여 설립중의 회사의 상인자격을 인정할 수 없다는 견해로는 손주찬, 87; 손진화, 41; 전우현, 46; 정찬형, 74; 정희철외, 69; 주석상법(1), 102; 최기원, 70.

48) 예를 들어, 학교법인은 그가 설치한 사립학교의 교육에 지장이 없는 범위안에서 그 수익을 사립학교의 경영에 충당하기 위하여 수익을 목적으로 하는 사업(이하 "수익사업"이라 한다)을 할 수 있음(사립학교법 6조 1항); 김병연외, 45; 서돈각외, 75; 손주찬, 87; 송옥렬, 23; 전우현, 46; 정경영, 40; 정동윤, 54; 최기원, 71.

49) 전게 대법원 1989.6.27. 선고 88다카16812 판결(신용보증기금의 상인성을 부정함).

해하지 아니하는 범위 내에서 영리행위가 허용될 수 있는 경우에는 그 상인성을 인정할 수 있을 것이고,[50] 이 경우 상법 2조에 의해, 그 설치근거가 되는 법령에 다른 규정이 없는 경우에 한하여 상법을 적용한다. 특히, 국가 또는 지방자치단체의 경우에도 같은 이론이 적용된다.

[판례11] 대법원 2006.2.10. 선고 2004다70475 판결

구 수산업협동조합법(1994.12.22. 법률 제4820호로 개정되기 전의 것)에 의하여 설립된 조합이 영위하는 사업은 조합원을 위하여 차별없는 최대의 봉사를 함에 그 목적이 있을 뿐이고, 조합은 영리 또는 투기를 목적으로 하는 업무를 행하지 못하는 것이므로(6조 1항, 2항), 김제수협을 상인으로 볼 수는 없다.

나. 상실

회사는 원칙적으로 법인격이 소멸되면 상인자격을 상실하나, 회사는 해산된 후에도 청산의 목적범위 내에서 존속하는 것으로 보므로(245조), 해산의 경우에는 청산종료 시에 상인자격이 상실된다. 회사가 파산하는 경우에도, 위에서 살펴본 자연인의 파산의 내용이 적용된다.

Ⅵ. 상행위능력

1. 의의

상행위능력이란 자연인 또는 회사가 권리능력과는 별개로 상행위를 하자없이 적법하게 할 수 있는 능력을 말하는 바, 상인자격이 있는 회사의 경우에는 당연히 상행위능력을 보유하나, 권리능력있는 자연인의 경우에는 민법상의 행위무능력자와 같은 제한이 따를 것이나, 상법은 이에 대한 3가지 특별규정을 두고 있다.

---

50) 경륜·경정법 4조 및 한국마사회법 3조 등; 손주찬, 87; 전우현, 47; 정경영, 41; 최기원, 72; 한창희, 74.

2. 미성년자의 영업과 등기

미성년자가 법정대리인의 허락을 얻어 영업을 하는 때에는 등기를 하여야 한다(6조). 이 규정은 미성년자가 스스로 법률행위를 함에 있어 법정대리인의 동의를 얻어 영업을 하는 경우(민법 5조) 이를 등기하도록 함으로써 제3자를 보호하고, 허락여부에 대한 분쟁을 없애려는 취지이다.

법정대리인이 미성년자의 영업을 허락할 경우에는 미성년자를 보호하기 위하여 그 허락하는 영업을 특정하여야 한다. 이와 같이 영업을 허락받았다면, 그 영업에 속하는 별개의 법률행위에 대한 별도의 동의는 요하지 아니한다.

허락된 영업에 대한 등기는 당해 미성년자가 신청하여야 하며(상업등기법 47조 1항), 그 등기에는 미성년자라는 사실, 미성년자의 성명ㆍ주민등록번호 및 주소, 허락받은 영업의 종류 및 영업소의 소재지 등을 기재하여야 한다(상업등기법 46조 1항).

만일 위와 같은 영업의 허락에 대한 등기를 하지 아니하는 경우 그 효력과 관련하여, 상법 37조 1항에 의해 상대방이 선의 즉, 자신이 영업의 허락사실을 몰랐다는 점을 입증하여 당해 거래를 취소할 수 있다고 보는 것이 타당할 것이다.

법정대리인은 미성년자에 대한 영업의 허락을 취소 또는 제한할 수 있으며(민법 8조 2항 본문), 이 경우 영업 허락의 취소로 인한 소멸의 등기 또는 영업 허락의 제한으로 인한 변경의 등기는 법정대리인도 신청할 수 있다고 보아야 할 것이고(상업등기법 47조 2항), 한편, 이 변경등기를 한 경우 민법 8조 2항 단서에도 불구하고, 선의의 제3자에게 대항할 수 있다고 보아야 할 것이다(37조).[51] 영업의 허락에 대한 등기를 한 경우도 마찬가지이다.

3. 법정대리인에 의한 영업의 대리

법정대리인이 미성년자, 피한정후견인 또는 피성년후견인을 위하여 영업을 하는 때에는 등기를 하여야 한다(8조 1항). 이 규정은 대리권에 대한 공시를 통해 거래의 안전을 보호하기 위한 규정이다.[52] 피한정후견인은 민법상 원칙적으로

51) 이철송, 101; 주석상법(1), 117.

52) 김병연외, 47; 손진화, 45; 이철송, 101; 정찬형, 77; 주석상법(1), 119.

스스로 영업을 할 수 있는 능력이 있으므로, 한정후견인이 피한정후견인을 위하여 영업을 하는 경우에 반드시 등기를 해야 할 이유가 없는 것으로도 볼 수 있으나, 상법상 명문의 규정이 있는 이상, 이 경우에도 반드시 등기를 해야 하는 것으로 해석할 수밖에 없다고 본다.[53]

등기를 하지 아니한 경우의 효력과 관련하여, 상법 37조 1항에 의해 상대방이 선의 즉, 자신이 법정대리인의 미성년자, 피한정후견인 또는 피성년후견인을 위한 영업사실을 몰랐다는 점을 입증하여 당해 거래를 취소할 수 있다고 보는 것이 타당할 것이다.

법정대리인의 대리권에 대한 제한은 선의의 제3자에게 대항하지 못한다(8조 2항). 법정대리인의 대리권의 제한에 대한 등기를 한 경우에도 마찬가지로 보아야 할 것이다.[54]

4. 미성년자와 무한책임사원

미성년자가 법정대리인의 허락을 얻어 회사의 무한책임사원이 된 때에는 그 사원자격으로 인한 행위에는 능력자로 본다(7조). 만일 미성년자가 법정대리인의 허락을 얻어 회사의 무한책임사원이 된 경우까지 법정대리인의 개별 동의를 받아야 한다는 것은 거래의 신속, 원활 및 안전을 해치고, 무한책임사원이 행위무능력자로 남아 있는 문제점을 해결하기 위한 조항이다.

여기서 사원자격으로 인한 행위란 출자의무의 이행, 의결권의 행사 등 사원과 회사와의 내부관계에 기초한 모든 행위를 말한다고 보아야 할 것인 바, 지분의 양도와 관련하여, 이에 속하지 아니한다는 견해가 있으나,[55] 거래의 안전을 보호하자는 본 규정의 취지상 이에 속한다고 보는 것이 타당할 것이다.[56]

---

53) 김홍기, 37; 임중호, 90; 이에 반하여, 피한정후견인의 경우에는 본조가 적용되지 아니한다는 견해로는 이철송, 101.

54) 이철송, 101.

55) 이철송, 102.

56) 손진화, 46; 안강현, 74; 전우현, 49; 주석상법(1), 118; 최준선, 109; 한창희, 83.

Ⅶ. 상업사용인

1. 의의

상인 특히 기업이 영위하는 사업의 규모가 확대될수록 이를 보조해 줄 자가 필요한 바, 이에는 내부적으로 상인에게 종속되어 보조하는 내부적 보조자와 상인으로부터 독립된 자로서 상인을 동등한 지위에서 보조하는 외부적 보조자로 나뉠 수 있는데, 전자에 속하는 자가 상업사용인이고, 후자에 속하는 자는 대리상(87조 내지 92조의3), 중개인(93조 이하 100조), 위탁매매인(101조 내지 113조), 운송주선인(114조 내지 124조), 운송인(125조 내지 154조), 및 창고업자(155조 내지 168조) 등이 있다.

상인의 내부적 보조자인 상업사용인은 특정한 상인에 종속하여 그 상인의 영업에 관한 대외적인 거래를 대리하는 자를 말한다.

가. 종속성

상업사용인이 종속되는 상인을 영업주라고 통칭하는데, 종속된다는 뜻은 영업주의 지휘, 감독을 받게 됨 즉, 영업주와 상명하복관계에 있게 된다는 의미이다. 이점에서 동등한 지위에서 상인을 보조하는 대리상과 구별된다.

이와 관련하여, 특정 상인이 반드시 1인의 상인을 의미하는 것은 아니며, 복수의 영업주에 속하는 상업사용인도 이론적으로는 가능하나, 경업금지의무(17조)로 인해 실제로는 어려운 경우가 많을 것이다. 불특정 상인을 보조하는 중개인과 위탁매매인은 특정 상인을 보조하는 상업사용인과 구별된다.

나. 고용계약요부

상업사용인의 종속성을 인정하기 위해서는 반드시 고용계약을 전제로 해야 하는지와 관련하여, 일반적으로는 고용계약이 전제로 될 것이나, 반드시 그런 것은 아니고, 영업주의 가족 또는 친지, 친구 등이 고용계약에 기하지 아니하고 종속적으로 영업주를 보조하는 경우가 있을 수 있으므로, 반드시 고용계약을 전제

로 하는 것은 아니라고 보는 것이 타당할 것이다.57)

다. 상업사용인의 범위

이사는 기본적으로 상업사용인이 아니나, 상업사용인을 겸임할 수 있다.[판례12]

[판례12] 대법원 1996.8.23. 선고 95다39472 판결

주식회사의 기관인 상무이사라고 하더라도 부분적 포괄대리권을 가지는 동 회사의 사용인을 겸임할 수 있다고 할 것이다(대법원 1968.7.23. 선고 68다442 판결 참조).

법정대리인은 제한능력자의 부족한 능력을 보완해 주는 역할을 담당하는 자이지, 이들에 종속되는 자는 아니므로 상업사용인이 아니다. 또한 회사의 업무집행사원도 회사를 대표하는 자이지 종속된 자로 볼 수 없다.

명령, 복종의 속성상, 자연인만이 상업사용인이 될 수 있고, 법인은 될 수 없다고 보는 것이 타당할 것이다.58)

라. 상인의 영업에 관한 대외적 거래를 대리

상업사용인은 상인의 영업과 관련한 대외적인 업무를 대리하는 자이므로, 상인의 영업과 관련없는 비영업적인 거래(가사 포함)의 보조 또는 대리의 경우에는 상업사용인이 될 수 없다.

또한 상인의 대외적인 업무와 상관없이 내부적인 업무에만 종사하는 자, 예를 들어, 전산직원 또는 운전기사, 수위, 기자 등은 상업사용인이 아니다.59) 또한 일정한 직위로 인해 곧바로 상업사용인의 지위를 취득하는 것은 아니다.[판례13]

---

57) 김병연외, 52; 김정호, 113; 서돈각외, 78; 손주찬, 95; 이기수외, 142; 정동윤, 57; 정찬형, 83; 최기원, 78.

58) 김성태, 190; 김홍기, 43; 손진화, 50; 안강현, 81; 이기수외, 143; 정찬형, 83; 정희철외, 73; 주석상법(1), 127.

59) 서돈각외, 78; 손주찬, 95; 전우현, 50; 정동윤, 57; 정찬형, 82; 주석상법(1), 127; 최기원, 79; 한창희, 97.

[판례13] 대법원 1987.6.23. 선고 86다카1418 판결

회사원이 회사 지점에서 자금과장으로 호칭되고 위 지점장 바로 다음 직위에 있으며 그 회사원이 위 지점장명의로 은행지점에 개설된 위 회사 보통예금계좌에서 예금을 인출하거나 또는 이에 입금한 사실이 있었다 하여 이 사실만으로 바로 그 회사원이 위 회사로부터 위 회사지점장 명의의 예금계좌에서 예금을 인출할 수 있는 권한을 포괄하여 위임받은 상업사용인이라고는 할 수 없다.

2. 지배인

가. 의의

지배인이란 영업주에 갈음하여 그 영업에 관한 재판상 또는 재판외의 모든 행위를 할 수 있는 권한을 보유한 상업사용인을 말한다(11조 1항). 이러한 지배인제도는 영업주인 상인으로 하여금 자신의 영업의 범위를 확장시키는데 도움을 줄 뿐만 아니라 상법상 명시된 권한이 적용됨으로 인하여 거래의 안전을 보호하는 기능을 수행한다. 지배인은 영업주인 상인이 선임하며, 고용계약이 반드시 필수적인 것은 아니다. 또한 그 권한은 상법규정에 의하여 자동적으로 부여되며, 그 선임은 등기되어야 한다(13조).

거래 실제로는 반드시 지배인이란 명칭이 사용되는 것은 아니고, 지점장, 영업소장 등 다양한 명칭이 사용되며, 이들이 지배인이냐 아니냐는 영업에 관한 포괄대리권을 부여받았는지 여부에 따라 판단해야 할 것이다.[판례14]

[판례14] 대법원 1967.9.26. 선고 67다1333 판결

이 사건에 있어서 원고회사의 피합병회사인 동아생명보험주식회사의 00지사는 원심판시와 같이 이사회결의를 거쳐 주무부장관의 승인을 받고 도청소재지에 설립하되 지사장은 본사에서 임면하나, 운영은 지사장의 책임도급제로 하고, 일정한 금액을 사고담보로서 회사에 임치하고, 지사는 원심판시 (1) 내지 (5)까지의 부분적 포괄대리권을 가진 것으로서 그 조직과 권한이 지점과 다르다고 할 것이므로 위 00지사가 원고회사의 지점이라고 할 수 없고, 지사장은 부분적 포괄대리권을 가진 상업사용인인 바, 직원용양곡을 구입하는 업무는 보험을 주업으로 하는 위 동아생명보험주식회사의 업무자체는 아니라 할 것이므로 지사장의 부분적 포괄대리권의 범위에 속하지 않는다.

나. 지배인의 선임, 종임 및 등기

(1) 선임

(가) 지배인이 될 수 있는 자

지배인은 영업주를 직접 대리할 수 있는 자연인이어야 하며, 행위무능력자도 가능하나(민법 117조), 최소한 의사능력은 가지고 있어야 할 것이다.[60] 합명회사 및 합자회사의 무한책임사원 또는 주식회사 및 유한회사의 이사 역시 지배인을 겸직할 수 있으나, 주식회사 또는 유한회사의 감사는 그 직무의 성질상 상업사용인을 겸직할 수 없다(411조, 570조). 어느 특정 상인의 지배인이 회사의 무한책임사원, 이사 또는 다른 상인의 사용인이 되는 경우에는 겸직금지의 제한을 받는다(17조 1항).

(나) 선임권자

상인인 영업주는 본점과 지점에서 지배인을 선임하여 영업을 하게 할 수 있다(10조). 영업주는 지배인을 직접 선임할 수도 있고, 그의 대리인이 그를 위한 지배인을 선임할 수도 있으나,[61] 지배인은 자신의 영업주를 위하여 다른 지배인을 선임할 수 없다(11조 2항의 반대해석).[62] 상인이 무능력자인 경우에는 그 법정대리인이 지배인을 선임할 것이나, 미성년자가 법정대리인의 허락을 얻어 영업을 할 경우에는 그 영업에 관하여 능력자와 동일하게 보므로(민법 8조 1항), 이 경우 미성년자는 직접 지배인을 선임할 수 있다고 보아야 할 것이다.[63]

(다) 선임방법

자연인상인의 경우에는 자신의 의사표시만으로 지배인을 선임할 수 있으나, 상인이 합명회사인 경우에는 정관에 다른 정함이 없으면 업무집행사원이 있는

---

60) 김성태, 195; 김홍기, 44; 서헌제, 61; 이철송, 116; 임중호, 102; 주석상법(1), 129.

61) 이 대리인에는 법정대리인만이 해당된다는 견해가 있으나(정동윤, 58), 그러한 명문의 규정이 없을 뿐만 아니라 법정대리인만으로 제한할 합리적인 이유가 없으므로, 임의대리인도 지배인을 선임할 수 있다고 보는 것이 타당함(김병연외, 55; 손주찬, 96; 송옥렬, 27; 전우현, 52; 정찬형, 84; 정희철외, 75; 최기원, 81; 한창희, 99).

62) 김성태, 195; 서헌제, 61; 손진화, 53; 안강현, 82; 이철송, 114; 임중호, 101; 주석상법(1), 130; 최준선, 115.

63) 김성태, 195; 이철송, 114; 주석상법(1), 130.

경우에도 총사원 과반수의 결의에 의하여야 하며(203조), 합자회사인 경우에는 업무집행사원이 있는 경우에도 무한책임사원 과반수의 결의에 의하여야 하고(274조), 주식회사인 경우에는 이사회의 결의에 의하여야 하며(393조 1항), 유한회사인 경우에는 이사 과반수의 결의에 의하여야 한다(564조 1항). 이에 위반한 경우, 선임행위자체의 효력에는 문제가 없다는 견해가 있으나,[64] 표현지배인 규정 등에 의하여 그 선임에 하자있는 지배인의 대외적인 거래상대방이 보호받은 경우는 별론으로 하고, 하자있는 선임행위를 유효로 봐서는 아니 되고,[65] 단지 선의로 중대한 과실없이 그 선임행위의 하자를 몰랐던 제3자에 대하여는 유효하다고 보는 것이 타당할 것이다.

지배인의 수에는 제한이 없으므로, 본점과 지점에 1인 또는 수인을 둘 수 있는 바, 한 점포에 복수의 지배인이 있을 경우, 원칙적으로 각자 지배인으로서의 대리권을 독립적으로 행사한다.[66]

(라) 선임행위의 성질

그 기초가 되는 고용과 같은 내부관계와는 구별되는 지배인 선임행위는 지배인의 승낙이 필요 없고, 단지 지배인의 수령을 요하는 영업주의 단독행위라는 견해가 있으나,[67] 아무리 지배인에게 권리·의무를 부담시키지 아니한다고 할지라도 지배인으로서 활동해야 한다는 점은 지배인의 부담이 되지 않을 수 없으므로 지배인의 의사와 상관없이 영업주의 의사만으로 지배인관계가 설정될 수 있다는 점은 매우 부당하며, 한편, 지배인의 무능력 등으로 인하여 지배인의 지위취득에 영향을 주는 문제는 표현지배인제도 등 상법·민법의 특별규정을 통해 선의의 제3자를 보호할 수 있을 것이고, 이러한 지배인의 문제를 알고 있는 영업주를 보호할 필요는 없는 것이므로, <u>대리권수여계약으로 봄이 타당하다</u>고 판단된다.[68]

---

64) 김병연외, 55; 손주찬, 96; 이기수외, 146; 정경영, 44; 정동윤, 59; 정찬형, 84; 주석상법(1), 131; 최기원, 81.

65) 동지 이철송, 115; 한창희, 99.

66) 김성태, 196; 손진화, 52; 이철송 116.

67) 안강현, 83; 이철송, 115. 이에 대하여 대리권수여행위라는 견해로는 서헌제, 61; 정찬형, 85.

68) 손주찬, 97; 손진화, 53; 최기원, 82; 최준선, 116; 한창희, 100. 이와 관련하여, 위임계약적 요소가 있는 임용계약이라는 견해로는 정동윤, 59.

(마) 선임제한

소상인도 지배인을 선임할 수는 있으나, 상법상 지배인에 관한 규정이 적용되지 아니하므로(9조), 그 상대방은 상법상 지배인관련 규정(14조의 표현지배인 등)에 따른 보호를 받지 못한다. 청산중인 회사 또는 파산선고를 받은 회사는 영업을 전제로 한 상법상의 지배인을 둘 수 없으나, 상법의 적용을 받지 않는 청산 또는 파산업무를 담당하는 대리인을 둘 수는 있을 것이다.

(2) 종임

지배인의 직무는 대리권의 소멸로 종료한다. 이러한 대리권의 소멸사유에는 지배인의 사망, 성년후견의 개시 또는 파산(민법 127조 2호) 및 그 원인관계인 위임 또는 고용계약 등의 종료(민법 128조) 그리고 지배인선임계약의 해지, 영업폐지, 지배인이 있는 영업소의 폐쇄, **영업주**인 회사의 해산 또는 파산이 있다. 민법과 달리, 영업주 본인의 사망이 대리권의 소멸사유가 아닌 것이 특징이다(50조). 또한 영업양도의 경우에도 원칙적으로 지배권이 종임되지 아니하며, 단지 영업양수인이 지배인에 대한 계약을 해지할 수 있다고 보아야 할 것이다(민법 689조 1항).[69]

영업주가 회사인 경우에는 위 선임에서 살펴본 바와 같이, 지배인의 해임을 위한 내부절차를 경료하여야 한다.

(3) 등기

(가) 의의

상인은 지배인의 선임과 그 대리권의 소멸에 관하여 그 지배인을 둔 본점 또는 지점소재지에서 등기하여야 한다. 공동지배인에 대한 사항과 그 변경도 같다(13조). 공시를 통해 거래상대방을 보호하기 위한 규정이다. 상업사용인 중 유일하게 지배인만 등기의무가 있다. 소상인은 상업등기에 관한 규정도 적용되지 아니한다.

---

69) 김성태, 197; 손진화, 54; 이기수외, 147; 이철송, 117; 전우현, 53; 주석상법(1), 132; 한창희, 102. 이에 반하여 종임사유가 된다는 견해로는 김병연외, 57; 손주찬, 97; 임중호, 104; 정동윤, 59; 최기원, 83; 최준선, 117.

(나) 절차

자연인의 지배인등기를 할 때에는, ① 지배인의 성명·주민등록번호 및 주소, ② 영업주의 성명·주민등록번호 및 주소, ③ 영업주가 2개 이상의 상호로 2개 이상 종류의 영업을 하는 경우에는 지배인이 대리할 영업과 그 사용할 상호, ④ 지배인을 둔 장소, ⑤ 2명 이상의 지배인이 공동으로 대리권을 행사할 것을 정한 경우에는 그에 관한 규정을 등기하여야 한다(상업등기법 50조 1항). 회사의 지배인등기시에는 영업주에 관한 사항을 등기할 필요가 없다(상업등기법 51조 2항). 지배인등기사항이 변경되거나 등기된 지배인의 대리권이 소멸된 경우에는 그 변경 또는 소멸의 등기를 신청하여야 한다(상업등기법 50조 2항, 32조).

(다) 효력

지배인등기의 효력은 상업등기의 일반적 효력과 동일한 바, 등기하지 아니하면 지배인의 선임 또는 대리권의 소멸에 대해 선의의 제3자에게 대항하지 못한다(37조 1항). 그러나 등기가 지배인선임 및 종임의 효력요건이 아니다.

다. 지배인의 대리권

(1) 의의

지배인의 대리권 즉, 지배권이란 영업주에 갈음하여 그 영업에 관한 재판상 또는 재판외의 모든 행위를 할 수 있는 권한을 말한다(11조 1항). 이는 민법상의 임의대리와는 달리 상법상 그 권한이 정형화되어 있어 영업주가 그 권한을 조절할 수 없으므로, 만일 영업주가 대리권을 제한할지라도 선의의 제3자에게 대항하지 못한다(11조 3항). 또한 민법상의 임의대리권이 개별적 행위마다 부여됨에 반하여, 이 지배권은 영업주의 영업에 관하여 포괄적으로 부여된다. 따라서 이러한 정형성과 포괄성으로 인하여 지배인과 거래하는 제3자의 거래안전이 보호될 수 있다.

(2) 대리권의 범위

(가) 영업에 관한 행위

지배인은 본점 또는 지점에서 영업에 관한 모든 행위를 할 수 있는 바, 지배인의 특정 행위가 이러한 영업에 관한 행위에 해당되는지 여부를 판단함에 있어서는 지배인의 주관적 의사와 상관없이, 당해 행위의 객관적 성질에 따라 추상적으로 판단되어야 한다.[판례15]

[판례15] 대법원 1998.8.21. 선고 97다6704 판결

지배인의 행위가 영업주의 영업에 관한 것인가의 여부는 지배인의 행위 당시의 주관적인 의사와는 관계없이 그 행위의 객관적 성질에 따라 추상적으로 판단하여야 할 것인바, 지배인이 영업주 명의로 한 어음행위는 객관적으로 영업에 관한 행위로서 지배인의 대리권의 범위에 속하는 행위라 할 것이므로 지배인이 개인적 목적을 위하여 어음행위를 한 경우에도 그 행위의 효력은 영업주에게 미친다 할 것이고, 이러한 법리는 표현지배인의 경우에도 동일하다.

영업에 관한 행위가 아닌 가족법상의 행위 또는 영업주의 가사에 관한 행위 그리고 영업에 관한 행위이더라도 단체법상의 절차를 요하는 신주발행 또는 사채발행 그리고 일신전속적 행위는 대리권에 속하지 아니한다.70) 한편, 영업의 존속을 전제로 하므로, 영업의 폐지, 양도 또는 새로운 영업소의 개설 등은 대리권에 속하지 아니한다고 보아야 할 것이다.71)

(나) 재판상 또는 재판 외의 행위

지배인은 재판상의 행위 즉, 소송행위(소제기, 응소, 반소제기, 소송참가, 소송취하, 상소제기, 소송대리인 선임, 보전처분신청 기타 소송관련 일체의 행위)를 할 수 있다. 이와 같이 지배인에게 소송행위를 할 수 있는 대리권을 부여한 이유는 영업주의 이익을 위한 것뿐만 아니라 상대방의 소송구제의 편리성을 위해서이다.

지배인이 할 수 있는 재판 외의 행위란 법률행위뿐만 아니라 최고와 같은 준

---

70) 김홍기, 45; 서돈각외, 81; 안강현, 86; 이철송, 121; 정찬형, 86; 최기원, 85.

71) 김병연외, 60; 서돈각외, 81; 손주찬, 99; 송옥렬, 30; 이철송, 121; 정경영, 45; 주석상법(1), 139; 한창희, 104.

법률행위를 포함하고, 유상, 무상의 구별없이, 기본적 상행위, 준상행위 및 보조적 상행위를 모두 포함하며, 일반적으로 금전차입행위, 어음·수표행위, 지배인이 아닌 상업사용인의 선임·해임행위 등이 이에 속한다.[72)]

(다) 제한 및 남용

지배인의 대리권에 대한 제한은 선의의 제3자에게 대항하지 못한다(11조 3항). 일반적으로 지배인의 대리권 행사가 영업주의 이익에 반하여 행사되지 않게 함으로써 영업주를 보호할 필요성이 발생한다. 그러나 이러한 제한은 상대방의 이익을 침해할 가능성이 있으므로 선의의 제3자에게 대항하지 못하도록 규정한 것이다.

이때 선의란 대리권에 대한 제한이 있음을 알지 못하는 것을 말한다. 문제는 선의에 과실이 있는 경우인데, 경과실은 몰라도 알지 못한데 중대한 과실이 있는 경우 즉, 조금만 주의하였으면 대리권에 제한이 있음을 알 수 있었는데 이를 게을리하여 알지 못한 경우에는 악의 즉, 제한을 알았던 경우와 같이 취급하는 것이 이 규정의 취지에 맞다고 본다. 판례도 이와 같은 취지이다.[판례16]

[판례16] 대법원 1997.8.26. 선고 96다36753 판결

지배인의 어떤 행위가 그 객관적 성질에 비추어 영업주의 영업에 관한 행위로 판단되는 경우에 지배인이 영업주가 정한 대리권에 관한 제한 규정에 위반하여 한 행위에 대하여는 제3자가 위 대리권의 제한 사실을 알고 있었던 경우뿐만 아니라 알지 못한 데에 중대한 과실이 있는 경우에도 영업주는 그러한 사유를 들어 상대방에게 대항할 수 있고, 이러한 제3자의 악의 또는 중대한 과실에 대한 주장·입증책임은 영업주가 부담한다.

한편, 판례는 지배인의 행위가 그 객관적 성질에 비추어 영업주의 영업에 관한 행위로 판단되는 경우에도 지배인이 자기 또는 제3자의 이익을 위하여 한 행위 즉, 지배권의 남용에 대하여는 ① 그 상대방이 악의인 경우에 한하여 영업주는 그러한 사유를 들어 상대방에게 대항할 수 있다고 판시하거나(대법원 1987.3.24. 선고 86다카2073 판결), ② 지배인의 행위가 영업에 관한 것으로서 대리권한 범위 내

72) 김병연외, 60; 손주찬, 98; 송옥렬, 29; 전우현, 56; 정동윤, 60; 주석상법(1), 136; 최기원, 84; 한창희, 104.

의 행위라 하더라도 영업주 본인의 이익이나 의사에 반하여 자기 또는 제3자의 이익을 도모할 목적으로 그 권한을 행사한 경우에 그 상대방이 지배인의 진의를 알았거나 알 수 있었을 때에는 민법 107조 1항 단서의 유추해석상 그 지배인의 행위에 대하여 영업주 본인은 아무런 책임을 지지 않는다고 보아야 하고, 그 상대방이 지배인의 표시의사가 진의 아님을 알았거나 알 수 있었는가의 여부는 표의자인 지배인과 상대방 사이에 있었던 의사표시 형성 과정과 그 내용 및 그로 인하여 나타나는 효과 등을 객관적인 사정에 따라 합리적으로 판단하여야 한다고 판시하여(대법원 1999.3.9. 선고 97다7721 판결, 대법원 1998.2.27. 선고 97다24382 판결 및 대법원 1987.7.7. 선고 86다카1004 판결), 일관되지 못한 태도를 보이고 있는 바, 이와 같은 지배인의 지배권 남용과 관련하여, 영업주의 이익과 상대방의 이익을 적절하게 비교형량해야 할 것이므로, 상대방이 악의인 경우뿐만 아니라 선의에 경과실이 있는 경우를 제외하고 중대한 과실이 있는 경우에는 그 지배권의 남용을 그 상대방에게 대항할 수 있다고 보는 것이 타당할 것이다.

또한 제3자에는 지배인과 직접 거래한 상대방뿐만 아니라 그 상대방으로부터 권리를 취득한 전득자도 포함한다고 보아야 할 것이다. 예를 들어, 은행의 내부규정에 의하여 지배인의 융통어음에 대한 배서가 금지되어 있는 경우, 이를 모르고 전전취득한 제3자도 이에 포함된다(판례16 사안 참조). 한편, 대항하지 못한다는 의미는 지배인의 대리행위가 유효함을 의미한다.

물론 이러한 지배인의 대리권 제한위반 또는 지배권 남용행위에 대하여, 영업주는 지배인을 해임하거나 당해 지배인을 상대로 채무불이행 또는 불법행위를 원인으로 한 손해배상책임을 묻는 것은 가능할 것이다.

라. 공동지배인

(1) 의의

수인의 지배인이 있을 경우, 원칙적으로 지배인은 각자 영업주에 대한 대리권을 행사하나, 상인은 수인의 지배인에게 공동으로 대리권을 행사하게 할 수 있는 바(12조 1항), 이러한 경우의 지배인을 공동지배인이라고 한다. 이 제도는 지배권의 행사의 남용을 막고 신중하게 행사케 함으로써 영업주의 이익을 보호하기 위한 규정이다. 주식회사에 있어 공동대표이사제도와 같은 취지이다. 이는 지배권의 행사방법에 관한 제약이므로, 위에서 설명한 지배권의 제한과는 다른 성질의 규정으로 보아야 할 것이다.

(2) 요건

우선 지배인이 둘 이상 있어야 하는 바, 그 전원이 반드시 공동지배인이 되어야 하는 것은 아니고, 그 중 일부의 지배인은 공동지배인으로 나머지 지배인은 각자 영업주를 위하여 지배권을 단독으로 행사하는 지배인으로 할 수도 있다.

또한 공동지배인을 두려는 영업주의 의사표시가 있어야 할 것인 바, 기존의 지배인들을 공동지배인으로 만들 수도 있고, 새로운 지배인을 선임하면서 기존의 지배인과 공동지배인으로 만들 수도 있다.

한편, 공동지배인으로 선임하거나 그 변경에 관하여는 지배인을 둔 본점 또는 지점소재지에서 등기하여야 한다(13조 후단). 이러한 등기의무는 공동지배인 설정을 위한 효력요건은 아니나, 이를 등기하지 아니하면 선의의 제3자에게 대항하지 못한다고 보아야 할 것이다(37조 1항).

(3) 범위

지배인의 소송행위에 있어 공동지배인제도가 적용될 수 있는지와 관련하여, 개별대리의 원칙(여러 소송대리인이 있는 때에는 각자가 당사자를 대리함; 민사소송법 93조 1항)에 기초하여 적용을 부정하는 견해가 있으나,[73] 공동지배인제도의 적용대상에서 소송행위를 제외해야 할 논리필연적인 이유가 없고, 그것이 이 제도를 둔 취지에 부합하므로, 공동지배인규정은 소송행위에도 적용될 수 있다고 보는 것이 타당할 것이다.[74]

(4) 효과

(가) 능동대리

수인의 지배인이 공동으로 대리권을 행사한다는 의미는 공동지배인의 의사

73) 손주찬, 102.

74) 김병연외, 62; 송상현외, 169; 이기수외, 151; 정경영, 49; 정동윤, 62; 정찬형, 90; 최기원, 87; 최준선, 123.

의 합치가 있은 후, 전원이 동일한 의사표시를 한다는 뜻인 바, 반드시 동시에 해야한다는 의미는 아니며, 순차적으로 해도 무방하나, 어음행위와 같은 요식행위의 경우에는 공동지배인 전원의 기명날인 또는 서명이 이루어져야 한다.[75)]

한편, 공동지배인 상호간의 위임이 가능한지 여부와 관련하여, 포괄적인 위임은 불가능할 것이나, 특정행위만을 한정하여 위임하는 것은 공동지배인제도를 형해화시킬 위험이 적을 뿐만 아니라 그 인정필요성이 실재할 수 있으므로 이를 인정하는 것이 타당하다고 본다.[76)] 주식회사의 공동대표이사와 관련하여, 판례는 이를 인정하고 있다.[판례17]

[판례17] 대법원 1989.5.23. 선고 89다카3677 판결

공동대표이사의 1인이 그 대표권의 행사를 특정사항에 관하여 개별적으로 다른 공동대표이사에게 위임함은 별론으로 하고, 일반적, 포괄적으로 위임함은 허용되지 아니함.

등기된 공동지배인이 단독으로 대리권을 행사한 경우에는 그 대리행위는 무권대리(민법 130조)로서 영업주가 추인하지 않는 한, 무효라고 보아야 할 것이다.[77)] 공동지배인등기를 경료하지 아니한 경우에는 상법 37조 1항에 의해 선의의 제3자에게 대항하지 못할 것이나, 등기를 마친 경우에는 제3자가 정당한 사유로 인하여 알지 못한 경우를 제외하고(37조 2항), 선의라 할지라도 그 대리행위의 유효를 주장할 수는 없다고 보아야 할 것이다.

(나) 수동대리

지배인 1인에 대한 의사표시 즉, 수동대리는 영업주에 대하여 그 효력이 있다(12조 2항). 수동대리는 단순히 상대방의 의사표시를 지배인이 수령하는 것이므로, 이를 인정하더라도 영업주에 대하여 불이익이 될 이유가 없고, 오히려 거래상대방의 불편을 고려하고 그 불이익을 방지하기 위하여 이 규정을 두게 된 것이

75) 김병연외, 62; 김성태, 207; 김홍기, 51; 안강현, 92; 손주찬, 102; 정찬형, 90; 최기원, 87; 최준선, 123.

76) 김홍기, 51; 안강현, 92; 이기수외, 151; 임중호, 117; 정경영, 49; 정동윤, 62; 정찬형, 90; 최기원, 87; 한창희, 107. 그러나 이에 반대하는 견해로는 김정호, 66; 김성태, 208; 서돈각외, 83; 손주찬, 102; 정희철외, 77.

77) 김병연외, 63; 김성태, 208; 손진화, 59; 이철송, 127; 임중호, 118; 정경영, 49; 주석상법(1), 142.

다. 공동지배인 중 1인이 의사표시를 수령한 경우, 의사의 흠결, 사기, 강박, 어느 사정에 대한 知·不知 또는 그에 대한 과실의 유무 등은 의사표시를 수령한 공동지배인을 표준으로 판단하여야 한다(민법 116조 1항).

마. 표현지배인

(1) 의의

본점 또는 지점의 본부장, 지점장, 그 밖에 지배인으로 인정될 만한 명칭을 사용하는 자는 본점 또는 지점의 지배인과 동일한 권한이 있는 것으로 본다(14조 1항 본문). 즉, 표현지배인이란 지배인이 아님에도 지배인으로 인정될 만한 명칭을 사용함으로 인하여 지배인과 동일한 권한이 있는 것으로 간주되는 자를 말한다. 이 표현지배인 규정은 영업주로부터 적법한 지배권을 부여받지 못하였다 할지라도 지배인처럼 보이는 명칭으로 인하여 이를 신뢰하고 거래한 상대방을 보호하기 위한 제도이다. 이는 민법상 표현대리제도와 유사하나, 보다 거래의 안전을 보호하기 위한 특별규정으로서의 성질을 보유하고 있다.

(2) 요건

(가) 본점 또는 지점의 본부장, 지점장, 그 밖에 지배인으로 인정될 만한 명칭을 사용

1) 본점 또는 지점의 실체

여기서 본점 또는 지점이란 영업소로서의 실체를 가지고 있어야 하느냐와 관련하여, 이를 부정하면서 그 외관만 갖추고 있으면 실체가 없더라도 본조가 적용될 수 있다는 견해가 있으나,[78] 아무리 이 제도가 상대방의 신뢰를 보호하기 위함이라 할지라도, 그 신뢰보호의 전제로서 최소한의 명칭의 기초가 되는 실체 즉, 본·지점과 같은 독립적인 영업소로서의 실체가 인정되어야 한다고 보는 것이 영업주의 이익과의 균형상으로도 적절하므로, 지배인으로 인정될 만한 명칭의 연원이 되는 본점 또는 지점과 같은 영업소로서의 실체는 가지고 있어야 한다고 보는 것이 타당하다고 판단된다.[79][80][판례18]

---

78) 김정호, 68; 최준선, 125.

[판례18] 대법원 1998.10.13. 선고 97다43819 판결

상법 14조 1항 소정의 표현지배인이 성립하려면 당해 사용인의 근무 장소가 상법상의 영업소인 '본점 또는 지점'의 실체를 가지고 어느 정도 독립적으로 영업 활동을 할 수 있는 것임을 요하고, 본·지점의 기본적인 업무를 독립하여 처리할 수 있는 것이 아니라 단순히 본·지점의 지휘·감독 아래 기계적으로 제한된 보조적 사무만을 처리하는 영업소는 상법상의 영업소인 본·지점에 준하는 영업장소라고 볼 수 없다(회사의 주주로서 자금조달 업무에 종사함과 아울러 지방 연락사무소장으로서 그 회사로부터 토지를 분양받은 자들과의 연락 업무와 투자중개 업무를 담당해 온 경우, 회사를 위하여 독립적으로 영업활동을 할 수 있는 지위에 있었다고 단정할 수 없다는 이유로, 표현지배인이 아니라고 본 사례).

2) 표현적 명칭의 사용

본점 또는 지점의 본부장, 지점장, 그 밖에 지배인으로 인정될 만한 명칭을 사용하여야 한다. 즉, 그 명칭 자체에서 포괄적 대리권을 가진 지배인임이 인정될 만해야 된다는 의미로서, 지배인, 영업소장, 출장소장, 지사장 등 지배인에 필적할 정도의 영업소에서의 최고지위성이 인정되는 명칭은 이에 해당할 것이나, 현장소장[판례19], 지점차장[판례20], 지점장 대리[판례21]는 그 최고지위성이 인정되지 아니하므로, 이에 해당되지 아니할 것이다.

[판례19] 대법원 1994.9.30. 선고 94다20884 판결

건설업을 목적으로 하는 건설회사의 업무는 공사의 수주와 공사의 시공이라는 두 가지로 크게 나눌 수 있는데, 건설회사 현장소장은 일반적으로 특정된 건설현장에서 공사의 시공에 관련한 업무만을 담당하는 자이므로 특별한 사정이 없는 한 상법 14조 소정의 본점 또는 지점의 영업주임 기타 유사한 명칭을 가진 사용인 즉 이른바 표현지배인이라고 할 수는 없고, 단지 상법 15조 소정의 영업의 특정한 종류 또는 특정한 사항에 대한 위임을 받은 사용인으로서 그 업무에 관하여 부분적 포괄 대리권을 가지고 있다고 봄이 상당하다.

79) 손주찬, 104; 송옥렬, 35; 이기수외, 152; 정동윤, 67; 정찬형, 92; 정희철외, 78; 최기원, 91; 한창희, 111.

80) 대법원 1998.8.21. 선고 97다6704 판결 및 대법원 1978.12.13. 선고 78다1567 판결 등.

[판례20] 대법원 1993.12.10. 선고 93다36974 판결

지점 차장이라는 명칭은 그 명칭 자체로서 상위직의 사용인의 존재를 추측할 수 있게 하는 것이므로 상법 14조 1항 소정의 영업주임 기타 이에 유사한 명칭을 가진 사용인을 표시하는 것이라고 할 수 없고, 따라서 표현지배인이 아니다.

[판례21] 대법원 1994.1.28. 선고 93다49703 판결

일반적으로 증권회사의 지점장대리는 그 명칭 자체로부터 상위직의 사용인의 존재를 추측할 수 있게 하는 것이므로, 상법 14조 소정의 영업주임 기타 이에 유사한 명칭을 가진 사용인이라고 할 수는 없고, 단지 같은 법 15조 소정의 영업의 특정한 종류 또는 특정한 사항에 대한 위임을 받은 사용인으로서 그 업무에 관한 부분적 포괄대리권을 가진 사용인으로 봄이 타당하다.

한편, 이러한 명칭이 대외적으로 사용되었어야 한다. 따라서 표현지배인이 상대방에게 이러한 명칭을 직접 사용한 경우뿐만 아니라 영업관련 인쇄물에의 기재, 명패 등에의 표시 등이 이에 해당될 것이다.

(나) 영업주의 귀책사유

지배권을 부여하지 않았음에도, 그러한 명칭사용에 대하여 영업주가 책임져야 할 사유 즉, 이를 허락했거나 묵시적으로 승낙했다고 볼 수 있는 사정이 있어야 한다. 왜냐하면 이러한 영업주의 책임성 때문에 이러한 명칭사용에 대한 상대방의 신뢰를 보호하기 위하여 그 대리권행사의 효력이 영업주에게 미치게 하는 것이기 때문이다. 여기서 묵시적 승낙이란 과실로 명칭사용을 알지 못한 것은 포함되지 아니할 것이나, 명칭사용을 알고도 이를 제지하려는 시도를 하지 아니한 경우에는 포함된다고 보아야 할 것이다.

(다) 지배권의 범위내의 행위

이러한 표현지배인의 행위가 객관적으로 지배인의 권한내의 행위로 인정될 수 있는 행위이어야 한다. 이와 관련하여 판례는, 지배인의 행위가 영업주의 영업에 관한 것인가의 여부는 지배인의 행위 당시의 주관적인 의사와는 관계없이 그 행위의 객관적 성질에 따라 추상적으로 판단하여야 할 것인바, 지배인이 영업

주 명의로 한 어음행위는 객관적으로 영업에 관한 행위로서 지배인의 대리권의 범위에 속하는 행위라 할 것이므로 지배인이 개인적 목적을 위하여 어음행위를 한 경우에도 그 행위의 효력은 영업주에게 미친다 할 것이고, 이러한 법리는 표현지배인의 경우에도 동일하다고 판시하고 있다.[81] 따라서 지배인의 선임 또는 영업의 양도, 폐지와 같이, 지배인이 할 수 없는 행위는 표현지배인의 적용대상이 될 수 없다고 보아야 할 것이다.[82] 재판상 행위가 표현지배인의 적용대상이 아님은 상법이 명시하고 있다(14조 1항 단서).

(라) 상대방의 선의

이와 같은 표현지배인제도가 인정되기 위해서는 상대방이 선의이어야 한다.(14조 2항의 반대해석). 여기서 선의란 상대방이 표현적 명칭을 사용한 자를 적법한 지배인으로 믿었어야 한다는 의미이다. 선의에 경과실이 있는 경우에는 문제없으나, 중과실이 있는 경우에는 악의와 같이 취급되어야 할 것이며, 그 판단시기는 거래당시를 기준으로 해야 할 것이다.[83] 그 악의, 중과실에 대한 입증책임은 영업주가 부담하는 것으로 보는 것이 이 규정의 취지 즉, 거래의 안전을 보호하자는 취지에 부합한다고 판단된다.[84]

(3) 효과

위와 같은 요건을 모두 충족한 경우에는, 표현지배인의 대리행위는 적법한 지배인의 대리행위와 같이 취급되며, 따라서 영업주에게 그 대리행위의 효력이 발생하며, 영업주는 그에 대한 책임을 부담한다. 한편, 민법상 표현대리규정은 별도의 요건이므로, 표현지배인 규정과는 상관없이 적용될 수 있다고 보아야 할 것이다.[85]

---

81) 대법원 1998.8.21. 선고 97다6704 판결(제약회사의 지방 분실장이 자신의 개인적 목적을 위하여 권한 없이 대표이사의 배서를 위조하여 어음을 할인한 경우, 표현지배인의 성립을 인정한 사례).

82) 김성태, 210; 손진화, 62; 안강현, 94; 임중호, 122; 정경영, 51; 최준선, 128.

83) 김병연외, 69; 손주찬, 106; 송옥렬, 36; 전우현, 63; 정경영, 52; 정동윤, 68; 최기원, 91; 한창희, 112.

84) 김성태, 213; 안강현, 96; 이철송, 134; 임중호, 123; 주석상법(1), 149.

85) 김성태, 214; 서헌제, 69; 주석상법(1), 150.

3. 부분적 포괄대리권을 가진 사용인

가. 의의

영업의 특정한 종류 또는 특정한 사항에 대한 위임을 받은 사용인은 이에 관한 재판외의 모든 행위를 할 수 있다(15조 1항). 즉, 부분적 포괄대리권을 가진 사용인이란 영업의 특정한 종류 또는 특정한 사항에 대하여 영업주로부터 위임을 받아 이에 관한 재판외의 모든 행위를 할 수 있는 상업사용인을 말한다. 예를 들어, 건설회사의 현장소장,[86] 회사의 영업부장과 과장대리,[87] 건설회사 현장소장 지휘하의 관리부서장[88] 또는 증권회사의 지점장대리[89]와 같이, 특정 종류 또는 사항에 한정하여, 그 영역내에서는 포괄대리권이 부여되는 상업사용인에 관한 규정이며, 이를 통해 상대방이 일일이 수권여부를 따져야 되는 번거로움을 없앰으로써, 신속한 영업활동에 도움을 주자는 취지이다. 여기서 영업의 특정한 종류 또는 특정한 사항에 대한 위임이란 법률행위를 할 수 있는 권한을 말하므로, 업무내용에 법률행위를 하는 것이 포함되어 있지 아니한 경우에는 부분적 포괄대리권을 가진 사용인에 해당되지 아니한다.[90]

나. 선임과 종임

원칙적으로 영업주가 선임할 것이나, 지배인도 선임가능하다(11조 2항). 대리권의 범위가 제한되어 있으므로 선임은 등기사항이 아니다. 소상인은 상법상 지배인을 둘 수는 없으나, 부분적 포괄대리권을 가진 사용인을 둘 수는 있다. 원인관계인 고용 또는 위임과 보통 하나로 선임이 이루어지게 될 것이나, 이론적으로

86) 대법원 1994.9.30. 선고 94다20884 판결.

87) 대법원 1989.8.8. 선고 88다카23742 판결.

88) 대법원 1999.5.28. 선고 98다34515 판결.

89) 대법원 1994.1.28. 선고 93다49703 판결.

90) 대법원 2007.8.23. 선고 2007다23425 판결 및 대법원 2002.1.25. 선고 99다25969 판결(통상적으로 특정된 건설현장에서의 그 공사의 시공에 관련된 하도급계약의 체결, 공사에 투입되는 중기 등의 임대차계약의 체결 등의 법률행위를 하는 것이 그 업무내용에 포함되어 있는 일반 건설회사의 현장소장과는 달리, 피고 공사의 E공사사무소 소장(현장소장)인 피고C에 대하여는, 기록상 위와 같은 법률행위를 하는 것이 그 업무내용에 포함되어 있다고 인정할 아무런 증거가 없으므로, 피고 C를 부분적 포괄대리권을 가진 사용인으로 볼 수 없음).

는 구분된다고 보아야 할 것이다. 한편, 반드시 영업주의 피용자만이 아니라 이사도 부분적 포괄대리권을 가진 사용인을 겸임할 수 있다.91)

종임사유는 일반적으로 지배인과 같으나, 원인관계인 고용 또는 위임관계의 종료와 상관없이 부분적 포괄대리권을 가지던 업무가 폐지되거나 종결되는 경우, 종임하게 된다. 종임도 역시 등기사항이 아니다.

다. 대리권의 범위

(1) 의의

영업의 특정한 종류 또는 특정한 사항에 해당되는지 여부는 거래통념에 따라 객관적으로 판단되어야 할 것이다.[판례22], [판례24]

[판례22] 대법원 2009.5.28. 선고 2007다2044·20457 판결

상법 15조에 의하여 부분적 포괄대리권을 가진 상업사용인은 그가 수여받은 영업의 특정한 종류 또는 특정한 사항에 관한 재판 외의 모든 행위를 할 수 있으므로 개개의 행위에 대하여 영업주로부터 별도의 수권이 필요 없으나, 어떠한 행위가 위임받은 영업의 특정한 종류 또는 사항에 속하는가는 당해 영업의 규모와 성격, 거래행위의 형태 및 계속 반복 여부, 사용인의 직책명, 전체적인 업무분장 등 여러 사정을 고려해서 거래통념에 따라 객관적으로 판단하여야 한다.

또한 영업의 특정한 종류 또는 특정한 사항에 대한 위임을 받은 사용인은 이에 관한 재판외의 모든 행위 즉, 소송행위를 제외한 특정 종류 또는 사항에 한하여는 포괄적인 대리권을 행사할 수 있다.[판례23]

[판례23] 대법원 1994.10.28. 선고 94다22118 판결

오피스텔 건물의 분양사업을 영위하는 자의 위임을 받아 관리부장 또는 관리과장의 직책에 기하여 실제로 오피스텔 건물에 관한 분양계약의 체결 및 대금수령, 그리고 그 이행책임을 둘러싼 계약상대방의 이의제기에 따른 분쟁관계의 해결 등 일체의 분양관련

91) 대법원 1996.8.23. 선고 95다39472 판결 및 대법원 1968.7.23. 선고 68다442 판결.

업무를 처리하여 온 자들은, 특히 그 업무의 수행이 단지 일회적으로 그치게 되는 것이 아니라 당해 오피스텔 건물의 분양이 완료될 때까지 계속적으로 반복되는 상행위인 성질에 비추어 볼 때, 상법 15조 소정의 영업의 특정된 사항에 대한 위임을 받은 사용인으로서 그 업무에 관한 부분적 포괄대리권을 가진 상업사용인으로 봄이 타당하다.

이러한 분양관련 업무를 처리해 온 자들의 업무의 범위 속에는 오피스텔 건물에 관한 분양계약의 체결은 물론이고, 기존 분양계약자들과의 분양계약을 합의해제하거나 해제권 유보에 관한 약정을 체결하고, 나아가 그에 따른 재분양계약을 체결하는 일체의 분양거래행위도 당연히 포함되는 것이라고 봄이 상당하고, 이러한 건물의 일반분양업무는 통상 개별적인 분양계약의 체결에 그치지 않고, 사정에 따라 그 일부분양의 취소 내지 해제와 이에 따른 보완적인 재분양계약의 체결 등의 거래행위가 순차적, 계속적으로 수행되는 것이므로, 일반 거래상대방의 보호를 위하여는 이러한 모든 행위가 일률적으로 그 업무범위내에 속한다고 보아야지, 그 중에서 분양계약의 취소, 해제만을 따로 떼어 그 업무는 본인이 이를 직접 수행하든지 분양업무를 맡은 사용인에게 별도의 특별수권을 하여야 한다고 새겨서는 안될 것이다.

[판례24] 대법원 1989.8.8. 선고 88다카23742 판결

회사의 영업부장과 과장대리가 거래선 선정 및 계약체결, 담보설정, 어물구매, 어물판매, 어물재고의 관리 등의 업무에 종사하고 있었다면 비록 상무, 사장 등의 결재를 받아 그 업무를 시행하였더라도 상법 15조 소정의 "영업의 특정한 종류 또는 특정한 사항에 대한 위임을 받은 사용인"으로서 그 업무에 관한 부분적 포괄대리권을 가진 사용인이라 할 것이다.

(2) 대리권의 한계

부분적 포괄대리권을 가진 사용인은 영업의 특정한 종류 또는 특정한 사항에 관한 행위에 한정하여 대리권을 가지므로, 이를 벗어난 행위 즉, 증권회사 지점장대리의 증권회사의 채무부담행위에 해당하는 손실부담약정 체결행위[판례25], 건설회사 현장소장 지휘하의 관리부서장의 채무보증 또는 채무인수 등과 같은 행위[판례26], 전산개발장비 구매와 관련된 실무를 총괄하는 상업사용인의 지위에 있는 자가 회사에 새로운 채무부담을 발생시키는 지급보증행위[판례27] 및 은행 본점 계리부장대리의 은행의 채무부담행위에 해당하는 보증행위[92]는 적법한 대

92) 대법원 1971.5.24. 선고 71다656 판결.

리권의 범위에 포함되지 아니한다.

[판례25] 대법원 1994.1.28. 선고 93다49703 판결

일반적으로 증권회사의 지점장대리는 그 명칭 자체로부터 상위직의 사용인의 존재를 추측할 수 있게 하는 것이므로, 상법 14조 소정의 영업주임 기타 이에 유사한 명칭을 가진 사용인이라고 할 수는 없고, 단지 같은 법 15조 소정의 영업의 특정한 종류 또는 특정한 사항에 대한 위임을 받은 사용인으로서 그 업무에 관한 부분적 포괄대리권을 가진 사용인으로 봄이 타당하다.

한편, 위 증권회사의 지점장대리는 그 지위나 직책, 특히 증권거래법 52조 1호에 의하면, 증권회사 또는 그 임직원이 고객에 대하여 유가증권의 매매거래에서 발생하는 손실의 전부 또는 일부를 부담할 것을 약속하고 그 매매거래를 권유하는 행위를 금지하고 있는 점 등의 사정에 비추어 볼 때, 특별한 사정이 없는 한 증권회사 지점장대리와 고객과의 사이에서 증권회사의 채무부담행위에 해당하는 손실부담약정을 체결하는 것은 부분적 포괄대리권을 가진 사용인 대리권의 범위에 속한다고 볼 수 없다.

[판례26] 대법원 1999.5.28. 선고 98다34515 판결

도로공사를 도급받은 회사에서 그 공사의 시공에 관련한 업무를 총괄하는 현장소장의 지휘 아래 노무, 자재, 안전 및 경리업무를 담당하는 관리부서장은 그 업무에 관하여 상법 15조 소정의 부분적 포괄대리권을 가지고 있다고 할 것이지만, 그 통상적인 업무가 공사의 시공에 관련된 노무, 자재, 안전 및 경리업무에 한정되어 있는 이상 일반적으로 회사의 부담으로 될 채무보증 또는 채무인수 등과 같은 행위를 할 권한이 있다고 볼 수는 없다.

[판례27] 대법원 2006.6.15. 선고 2006다13117 판결

전산개발장비 구매와 관련된 실무를 총괄하는 상업사용인의 지위에 있는 자가 회사에 새로운 채무부담을 발생시키는 지급보증행위를 하는 것은 부분적 포괄대리권을 가진 상업사용인의 권한에 속하지 아니한다고 한 사례.

(3) 대리권의 제한 및 남용

지배인과 같이, 부분적 포괄대리권을 가진 사용인의 대리권에 대한 제한은 선의의 제3자에게 대항하지 못한다(15조 2항, 11조 3항). 지배인에서 설명한 바와 같

다. 대리권의 남용과 관련하여서도 지배인에서 설명한 내용을 준용한다.

(4) 소송행위

지배인과 달리, 부분적 포괄대리권을 가진 사용인의 대리권은 소송행위에는 미치지 아니한다. 그러나 영업주가 이 사용인에게 소송행위에 대한 대리권을 별도로 부여하고 이것을 법원이 허가하는 경우에는 예외로 소송행위를 대리할 수 있을 것이다(민사소송법 88조).

라. 표현 부분적 포괄대리권을 가진 사용인의 인정여부

지배인과 관련해서는 표현지배인제도가 있으나, 부분적 포괄대리권을 가진 사용인의 경우에는 이에 대한 준용규정이 없어, 이를 유추적용할 수 있는지 여부가 문제된다. 이에 관하여 찬성하는 견해도 있지만,[93] 입법론으로서는 몰라도 해석론으로서는 수용하기 어렵다고 판단된다. 왜냐하면 권한의 범위가 상대적으로 넓은 지배인에는 상대방에 대한 보호차원에서 표현지배인제도를 두고 있으나, 그보다 권한의 범위가 좁은 부분적 포괄대리권을 가진 사용인의 경우에는 입법자의 의도가 표현제도까지 적용하여 보호하지 않으려는 것으로 볼 수밖에 없기 때문이다. 판례도 유추적용을 인정치 않고 있다.[판례28]

[판례28] 대법원 2007.8.23. 선고 2007다23425 판결

상법 14조 1항은, 실제로는 지배인에 해당하지 않는 사용인이 지배인처럼 보이는 명칭을 사용하는 경우에 그러한 사용인을 지배인으로 신뢰하여 거래한 상대방을 보호하기 위한 취지에서, 본점 또는 지점의 영업주임 기타 유사한 명칭을 가진 사용인은 표현지배인으로서 재판상의 행위에 관한 것을 제외하고는 본점 또는 지점의 지배인과 동일한 권한이 있는 것으로 본다고 규정하고 있으나, 부분적 포괄대리권을 가진 사용인의 경우에는 상법은 그러한 사용인으로 오인될 만한 유사한 명칭에 대한 거래 상대방의 신뢰를 보호하는 취지의 규정을 따로 두지 않고 있는바, 그 대리권에 관하여 지배인과 같은 정도의 획일성, 정형성이 인정되지 않는 부분적 포괄대리권을 가진 사용인들에 대해서까지

93) 손주찬, 108; 안강현, 101; 전우현, 69; 정동윤, 70; 정찬형, 97; 주석상법(1), 155; 최준선, 131. 그러나 이에 반대하는 견해로는 김병연외, 72; 김성태, 219; 김정호, 77; 김홍기, 59; 손진화, 66; 송옥렬, 40; 임중호, 129; 장덕조, 38; 정경영, 56; 최기원, 97.

그 표현적 명칭의 사용에 대한 거래 상대방의 신뢰를 무조건적으로 보호한다는 것은 오히려 영업주의 책임을 지나치게 확대하는 것이 될 우려가 있으며, 부분적 포괄대리권을 가진 사용인에 해당하지 않는 사용인이 그러한 사용인과 유사한 명칭을 사용하여 법률행위를 한 경우 그 거래 상대방은 민법 125조의 표현대리나 민법 756조의 사용자책임 등의 규정에 의하여 보호될 수 있다고 할 것이므로, 부분적 포괄대리권을 가진 사용인의 경우에도 표현지배인에 관한 상법 14조의 규정이 유추적용되어야 한다고 할 수는 없다.

4. 물건판매점포의 사용인

가. 의의

물건을 판매하는 점포의 사용인은 그 판매에 관한 모든 권한이 있는 것으로 본다(16조 1항). 이 사용인과 이미 설명한 지배인 및 부분적 포괄대리권을 가진 사용인의 차이점은 후자는 영업주의 수권행위를 전제로 하나, 전자는 이를 전제로 하지 않고 법률의 규정에 의해 판매권한이 부여된다는 점이다. 이 규정은 물건판매점포에서 거래하는 소비자를 더욱 두텁게 보호하기 위하여 영업주의 수권여부를 불문하고 그 거래의 안전을 보호하고 있는 것이다.

나. 요건

(1) 물건의 판매

거래의 특성상 물건의 판매는 판매당사자의 개성이 중요하지 않고 단지 물건의 질과 수량이 중요한 것이라는 점을 참작한 규정이다. 따라서 당사자의 개성이 중시되는 용역의 공급인 경우에는 본 규정이 적용되지 아니한다.[94]

(2) 점포

장소적 요건으로서 물건의 판매가 점포내에서 이루어진다는 점이 결국 그 물건을 파는 점원의 대리권이 의제되는 기초가 되는 것이다. 따라서 점포 외부에서 판매활동을 하는 외판원 또는 외무사원은 본조의 적용대상이 아니다.[판례29]

94) 김홍기, 60; 손진화, 67; 이철송, 144; 정찬형, 99.

[판례29] 대법원 1976.7.13. 선고 76다860 판결

상사회사(백화점) 지점의 외무사원은 상법 16조 소정 물건 판매점포의 사용인이 아니므로 위 회사를 대리하여 물품을 판매하거나 또는 물품대금의 선금을 받을 권한이 있다고 할 수 없고 위 외무사원의 점포 밖에서 그 사무집행에 관한 물품거래행위로 인하여 타인에게 손해를 입힌 경우에는 위 회사는 사용자의 배상책임을 면할 수 없다.

또한 본 규정은 사용인이 점포 내에서 근무하며 거래가 이루어졌다는 점이 중요하지, 물건이 반드시 점포 내에 있어야 하는 것은 아니다.[95]

(3) 사용인

여기서 사용인이란 반드시 고용관계에 있는 자를 말하는 것은 아니고, 영업주의 가족 또는 친지[96]를 포함하여 점포 내에서 근무함으로서 물건을 판매할 권한이 있다고 간주되는 모든 자를 포함한다고 보는 것이 타당할 것이다.[97] 물건판매점포의 사용인이라 할지라도 특별한 권한부여가 없는 한, 당해 점포 외에서의 대금영수권한은 없다고 보아야 할 것이다.[98]

(4) 상대방의 선의

본 규정은 상대방이 악의인 경우에는 적용하지 아니한다(16조 2항, 14조 2항). 즉, 표현지배인에서 설명한 바와 같이, 거래의 상대방이 사용인에게 물건판매권한이 없다는 사실을 알지 못했던 경우에만 그 거래는 유효하고 영업주는 이에 대한 책임을 부담한다. 이 경우 선의에 중대한 과실이 있는 경우도 악의와 같이 다루어져야 할 것이다. 그 악의 또는 중과실 있는 선의에 대한 입증책임도 영업주에 있다고 보아야 할 것이다.

95) 김성태, 222; 정찬형, 98; 정희철외, 80; 최준선, 132. 이에 반대하는 견해로는 손주찬, 110; 전우현, 71.
96) 김성태, 223; 김정호, 79; 임중호, 312; 전우현, 72; 주석상법(1), 158; 최기원, 98.
97) 김홍기, 59; 손진화, 67; 이철송, 245; 정찬형, 98; 최준선, 133.
98) 대법원 1971.3.30. 선고 71다65 판결.

Ⅷ. 상업사용인의 의무

1. 의의

상업사용인은 영업주와의 기초관계인 고용, 위임 등과 관련하여 민법상의 노무제공의무(민법 655조), 위임사무처리의무(민법 680조) 및 선관주의의무(민법 681조)를 부담하는 바, 이와는 별도로 상법에서는 경업·겸직금지의무를 규정하고 있다. 이 규정은 상사관계에서 특히 영업주의 이익을 보호하기 위하여 상업사용인이 부당하게 영업주와의 관계를 악용하고, 자신의 사익을 추구하는 행위를 방지키 위한 취지이다.

2. 경업금지의무

가. 의의

상업사용인은 영업주의 허락없이 자기 또는 제3자의 계산으로 영업주의 영업부류에 속한 거래를 해서는 안된다(17조 1항 전단). 영업주를 위하여 일하여야 할 상업사용인이 영업주의 이익을 침해하여 사익을 추구하는 행위를 근절키 위한 규정이다. 한편, 영업양도인(41조), 대리상(89조), 합명회사의 사원(198조), 주식회사(397조) 및 유한회사(567조, 397조)의 이사에게도 경업금지의무를 부과하는 별도의 규정이 있다.

나. 내용

(1) 자기 또는 제3자의 계산

누구의 명의로 하든, 상업사용인 본인 또는 제3자의 경제적 이익으로 하는 것을 말한다.

(2) 영업주의 영업부류에 속한 거래

영업부류란 동종영업에 국한하지 아니하고 잠재적 사업분야에 속하는 거래[99] 또는 대체재 또는 시장분할의 효과를 가져오는 영업[100]도 포함된다고 보아야 할 것이다. 그러나 영리성이 없다면 이익충돌의 위험성이 없으므로 금지되지 아니한다. 상업사용인의 근무시간 외에도 적용되며, 영업주와의 특약으로 상업사용인의 종임 후에도 일정기간 경쟁을 금지시킬 수 있으나, 그러한 제한이 불합리하거나 부당할 경우에는 그러한 특약은 무효이다.[101]

(3) 영업주의 허락

영업주의 허락이 있으면 상업사용인의 경업도 가능하다. 영업주의 명시적 허락뿐만 아니라 묵시적인 허락도 포함된다.

다. 위반의 효과

(1) 계약의 해지

상업사용인이 경업금지의무를 위반하면, 영업주는 상업사용인과의 고용, 위임 등 내부관계를 해지할 수 있다. 이는 상업사용인의 채무불이행의 결과이므로, 계약기간과 상관없이 언제든지 해지할 수 있으며, 유예기간없이 즉시 그 효력이 발생하고, 영업주는 상업사용인에게 해지로 인한 손해배상책임을 부담하지 아니한다.

(2) 손해배상

상업사용인의 경업금지의무 위반으로 영업주에게 손해가 발생한 경우에는 상업사용인은 그 손해를 영업주에게 배상하여야 한다. 이는 채무불이행을 원인으로 한 손해배상책임이다.

---

99) 주석상법(1), 161.

100) 김병연외, 76; 김성태, 224; 이철송, 148(어음의 중개를 주업으로 하는 금융회사의 상업사용인이 私債대금업을 하는 경우).

101) 주석상법(1), 161.

(3) 개입권

(가) 의의

상업사용인이 경업금지의무에 위반하여 거래를 한 경우에 그 거래가 자기의 계산으로 한 것인 때에는 영업주는 이를 영업주의 계산으로 한 것으로 볼 수 있고, 제3자의 계산으로 한 것인 때에는 영업주는 사용인에 대하여 이로 인한 이득의 양도를 청구할 수 있다(17조 2항). 경업금지의무를 위반한 상업사용인에 대한 영업주의 이러한 권리를 개입권 또는 탈취권이라 한다. 영업주의 손해액 입증이 어려움을 고려한 규정이다.

(나) 내용

상업사용인이 자기의 계산으로 한 것인 때에는 영업주는 이를 영업주의 계산으로 한 것으로 볼 수 있다는 뜻은 상업사용인이 경업금지위반행위로 인하여 얻은 경제적 이익을 영업주의 경제적 이익으로 귀속시킬 수 있다는 의미인 바, 거래의 주체가 바뀌는 것은 아니다. 상업사용인이 제3자의 계산으로 한 것인 때에는 영업주는 사용인에 대하여 이로 인한 이득의 양도를 청구할 수 있다는 뜻은 상업사용인이 제3자로부터 얻은 이득 즉, 보수의 양도를 청구할 수 있다는 의미이다.

(다) 행사

개입권은 형성권이므로 영업주의 상업사용인에 대한 일방적 의사표시로 한다(본인의 대리상에 대한 개입권(89조 2항), 주식회사의 이사에 대한 개입권(397조 2항)과 같음 - 영업주가 직접 거래의 주체가 되지 않는다는 점에서 위탁매매인(107조), 준위탁매매인(113조), 운송주선인의 개입권(116조)과 구별됨). 이 개입권은 영업주가 그 거래를 안 날로부터 2주간을 경과하거나 그 거래가 있은 날로부터 1년을 경과하면 소멸하는 바, 이는 제척기간이다. 한편, 개입권의 행사는 영업주로부터 사용인에 대한 계약의 해지 또는 손해배상의 청구에 영향을 미치지 아니하므로(17조 3항), 영업주는 계약해지와는 별도로, 개입권의 행사 또는 손해배상의 청구를 선택적으로 행사할 수 있다.

3. 겸직금지의무

상업사용인은 영업주의 허락없이 다른 회사의 무한책임사원, 이사 또는 다른 상인의 사용인이 되지 못한다(17조 1항 후단). 동종영업여부 및 영업부류여부에 상관없이 위와 같은 겸직이 금지된다.[102] 겸직금지위반 행위에 대하여는 개입권이 인정되지 아니하고, 단지 계약의 해지 또는 손해배상을 청구할 수 있다.

IX. 영업소

1. 의의

영업소(place of business)란 상인이 영업활동을 영위해 나가는 중심이 되는 장소를 말한다. 즉, 일정한 물적·인적설비를 갖춘 상태에서, 상인이 독립적으로 영업에 관한 판단·결정을 하며, 경영활동의 결과가 계속적으로 이루어지는 장소를 말한다. 따라서 제조·가공·보관만이 이루어지는 공장·창고는 영업소가 아니며, 수금 또는 주문의 접수만이 이루어지는 장소도 영업소가 아니고, 영업거래만이 이루어지는 영업매장 또는 객장도 영업소가 아니며, 계속성이 없는 일시적인 매장도 영업소가 될 수 없다.[103]

2. 판단기준

영업소인지 여부는 당해 장소가 객관적으로 판단하여 영업소로서의 실질을 갖추고 있는가에 따라 판단되어야 한다.[104] 그러나 일단 영업소로 등기하면, 이를 믿은 선의의 제3자에게 대항하지 못한다(39조).

---

102) 김병연외, 79; 손주찬, 113; 송옥렬, 45; 임중호, 137; 정경영, 61; 정찬형, 102; 주석상법(1), 164; 한창희, 117.

103) 김병연외, 84; 김성태, 228; 김홍기, 112; 안강현, 110; 이기수외, 167; 이철송, 154; 임중호, 200; 최준선, 140.

104) 김정호, 170; 서돈각외, 89; 손주찬, 117; 정경영, 93; 정동윤, 110; 정찬형, 142; 정희철외, 102; 최기원, 154.

3. 수, 종류 및 설치 등

하나의 영업과 관련한 영업소의 수는 복수여도 상관없는 바, 이와 관련하여 주된 영업소를 본점(principal office)이라 하고, 종된 영업소를 지점(branch)이라 한다. 지점은 별도의 법인격을 갖지 못하므로, 지사 즉, 자회사(subsidiary)와는 다르다.

자연인상인의 경우에는 별도의 절차없이 상인자신의 의사만으로 영업소를 설치·이전·폐지할 수 있으나, 회사의 경우에는 내부적인 별도의 절차를 요하는 바, 예를 들어, 본점소재지의 변경의 경우에는 정관변경절차를 요하고(179조 5호, 269조, 287조의3 1호, 289조 1항 6호, 543조 2항 5호), 주식회사의 경우 지점설치·이전·폐지는 이사회의 결의를 요한다(393조 1항).

4. 법적 효과

가. 일반적 효과

상인의 영업소는 자연인에 대한 주소와 동일한 효력을 가지므로, 회사의 주소는 본점소재지에 있는 것으로 하며(171조), 자연인상인의 경우에도 영업과 관련해서는 주소가 아닌 영업소가 중심이 된다. 따라서 특정물인도 이외의 영업에 관한 채무의 변제는 채권자의 영업소에서 하여야 하며(민법 467조 2항 단서), 지시채권이나 무기명채권은 채무자의 현영업소를 변제장소로 한다(민법 516조, 524조). 또한 상인은 본점 또는 지점별로 지배인을 둘 수 있다(10조). 한편 상법에 따라 등기할 사항은 당사자의 신청에 의하여 영업소의 소재지를 관할하는 법원의 상업등기부에 등기한다(34조). 그리고 회사의 보통재판적은 회사의 주된 영업소가 있는 곳에 따라 정한다(민사소송법 5조 1항).

나. 지점에 대한 효과

채권자의 지점에서의 거래로 인한 채무이행의 장소가 그 행위의 성질 또는 당사자의 의사표시에 의하여 특정되지 아니한 경우 특정물 인도 외의 채무이행은 그 지점을 이행장소로 본다(56조). 또한 상인은 지배인의 선임과 그 대리권의 소멸에 관하여 그 지배인을 둔 본점 또는 지점소재지에서 등기하여야 하며(13조 전단), 본점의 소재지에서 등기할 사항은 다른 규정이 없으면 지점의 소재지에서도 등기하여야 하고(35조), 지점의 소재지에서 등기할 사항을 등기하지 아니한 때에는 그 지점의 거래에 한하여 선의의 제3자에게 대항하지 못한다(38조, 37조). 한편, 특정지점의 영업을 본점 또는 다른 지점의 영업과 분리하여 양도할 수 있다.105)

다. 회사의 본·지점에 대한 효과

회사는 본점소재지에서 설립등기를 함으로써 성립하고(172조 등), 기타 상법상 요구되는 각종 회사관계의 등기는 본점 또는 지점의 소재지에서 하여야 한다(181조 등). 또한 회사설립무효의 소 등 회사법상의 소는 본점소재지의 지방법원의 관할에 전속한다(187조, 186조 등). 한편, 정관·주주명부·사원명부·사채원부·주주총회 또는 사원총회의 의사록·재무제표 및 영업보고서·감사의 감사보고서 등은 본점 또는 지점에 비치하고, 주주 또는 사원 및 회사채권자의 열람에 공하여야 한다(396조, 448조, 566조, 579조의3, 581조). 그리고 주식회사의 주주총회는 정관에 다른 정함이 없으면 본점소재지 또는 이에 인접한 지에 소집하여야 한다(364조).

X. 상호

1. 의의

상호란 상인이 영업상 자신을 밝히는 명칭이다. 상인만이 상호를 가질 수 있으므로, 상인이 아닌 협동조합 또는 비영리법인이 명칭을 사용하더라도 이는 상호가 아니다. 소상인은 상호를 사용하더라도 상법상 상호에 관한 규정의 적용을 받지 못한다(9조).

기업의 상호는 기업의 유일한 명칭이나, 자연인상인의 경우에는 성명과 상

105) 김홍기, 115; 이기수외, 172; 이철송, 158; 임중호, 205; 전우현, 82; 정동윤, 111; 정찬형, 143; 최준선, 141.

호가 동시에 존재할 수 있고, 만일 상호를 선정하지 아니하면 성명이 상호가 된다(18조). 그리고 운송장(126조 2항 3호의 수하인과 운송인), 화물상환증(128조 2항 2호의 송하인), 창고증권(156조 2항 2호의 임치인) 또는 선하증권(853조 1항 11호의 운송인)에는 성명 또는 상호를 기재할 수 있게 되어 있다.

한편, 어느 상품 또는 서비스를 다른 것과 구별하기 위하여 사용하는 상표는 상인을 나타내는 상호와 구별된다.106)

또한, 상호는 명칭이므로, 문자로 기록할 수 있고, 발음이 가능해야 한다. 따라서 기호, 문양 또는 도화 등은 상표 또는 서비스표는 될 수 있어도 상호가 될 수는 없다.107) 외국문자에 의한 상호는 인정되지 아니하고, 한글과 아라비아 숫자만 허용하되 외국문자의 병기는 허용하나(상호 및 외국인의 성명 등의 등기에 관한 예규 3조 1항, 2조 1호, 5조), 병기된 외국어상호에는 상법 22조(상호등기의 효력)가 적용되지 아니하므로(동 예규 9조 3항), 등기상호로서 보호받지 못한다.

2. 상호선정의 자유

가. 의의

상인은 그 성명 기타의 명칭으로 상호를 정할 수 있다(18조). 상호선정의 원칙은 크게 상호자유주의(상인이 자유롭게 상호를 선정할 수 있게 허용하는 입장), 상호진실주의(상호는 영업의 실제와 부합해야 한다는 입장), 절충주의로 나눌 수 있는 바, 우리 상법은 원칙적으로 상호자유주의를 채택하고 있다.

106) 대법원 1996.7.26. 선고 96다17400 판결(원고가 판시 음식점의 영업을 표시하는 표지로 사용한 원래의 상호는 C이고 위 음식점의 입구 또는 실내벽에 부착된 D라는 목판화와 그 시의 내용을 조각한 목판화 등은 실내장식에 불과하며, 피고가 판시 음식점의 상호로 E를 사용하였다고 하여 이를 상법 23조에서 말하는 주체를 오인시킬 상호의 사용이라고 할 수 없음).

107) 김성태, 236; 김홍기, 66; 서돈각외, 93; 손주찬, 120; 정동윤, 73; 정희철외, 85; 최준선, 142; 한창희, 120.

나. 상호선정의 제한

(1) 회사상호의 부당사용금지

회사가 아니면 상호에 회사임을 표시하는 문자를 사용하지 못한다. 회사의 영업을 양수한 경우에도 같다(20조). 회사가 아닌 상인이 회사의 신용을 이용할 목적으로 회사라는 문자를 상호에 부당하게 사용함으로써 거래상대방의 신뢰를 무너뜨리는 결과를 초래치 않기 위한 규정이다. 금지대상에는 회사라는 문자에 한정하지 않고 거래통념상 회사로 인식될 수 있는 모든 문자(예를 들어 "(주)" 등)를 포함한다고 해석하는 것이 타당할 것이다.[108] 이에 위반한 자는 200만원 이하의 과태료에 처한다(28조).

(2) 상호에 회사의 종류 명시 필요

회사의 상호에는 그 종류에 따라 합명회사, 합자회사, 유한책임회사, 주식회사 또는 유한회사의 문자를 사용하여야 한다(19조). 상법은 5가지 형태의 회사만을 인정하는데, 회사형태에 따라 책임유형 및 거래상대방의 위험도 상이하므로, 5가지 형태 중 어느 하나의 회사임을 명기토록 하고 있는 것이다.

회사는 설립시에 반드시 상호를 선정하여 정관에 기재하고(179조 2호, 270조, 287조의3 1호, 289조 1항 2호, 543조 2항 1호), 등기하여야 한다(180조 1호, 271조, 287조의5 1항 1호, 317조 2항 1호, 549조 2항 1호). 회사의 종류를 표시하는 문자는 상호의 맨 앞 또는 맨 뒤 어느 곳이든 상관없다.[109] 회사의 상호는 회사등기부에 등기하면 되고, 상호등기부에 따로 등기하지 아니한다(상업등기법 37조).

(3) 특별법상의 제한

특정영업을 영위하는 회사는 상호 안에 업종도 표시해야 하는 바, 은행과 보험이 그 예이고(은행법 14조, 보험업법 8조 1항 등), 보험회사의 경우에는 보험회사의 종류(생명보험, 손해보험)를 표시하여야 한다(보험업법 8조 1항). 증권회사는 증권이라는 문자를 상호 중에 사용해야 하고(자본시장법 38조), 기타 특별법에 의해 설립된 특수법

---

108) 김병연외, 89; 김홍기, 69; 서돈각외, 94; 손주찬, 123; 이철송, 166; 정동윤, 75; 최기원, 111; 한창희, 126.

109) 삼성전자주식회사 또는 주식회사 신세계 등.

인은 해당 특별법에서 타인의 당해 상호 및 유사상호의 사용을 금지시키고 있다(한국은행법 10조, 한국산업은행법 8조 등).

(4) 상호의 단일성

동일한 영업에는 단일상호를 사용하여야 한다(21조 1항). 하나의 영업에 복수의 상호를 사용할 경우 거래상대방의 혼란을 불러올 수 있으므로, 거래의 안전을 도모하기 위한 규정이다. 회사의 경우 상호는 영업과 관련하여 자신을 표창하는 유일한 명칭이므로, 회사가 영위하는 영업이 여럿일지라도 동일한 상호를 사용해야 한다. 그러나 자연인 상인인 경우에 영위하는 영업이 복수일 경우에는 영업마다 다른 상호를 사용할 수 있다.

한편, 영업소가 수개 있는 경우일지라도 동일한 영업에 관하여 영업소마다 상호를 달리할 수는 없다고 보아야 할 것이나, 지점의 상호에는 본점과의 종속관계를 표시하게 함으로써 그 범위 내에 상호단일성의 예외를 인정하고 있다고 볼 수 있다(21조 2항). 본점과의 종속관계를 표시하는 용어로서 지점만이 인정되어야 하는 것은 아니다.[110]

(5) 주체를 오인시킬 상호의 사용금지 – 상호전용권

(가) 의의

누구든지 부정한 목적으로 타인의 영업으로 오인할 수 있는 상호를 사용하지 못한다(23조 1항). 상호권자의 보호뿐만 아니라 기타 거래상대방의 상호에 대한 신뢰를 보호하기 위한 규정이다. <u>상호등기 여부를 묻지 않는 바</u>, 특정등기상호에 대하여는 일정조건하에(동일한 특별시,광역시,시군 + 동종영업) 부정한 목적이 추정될 뿐이다.

(나) 요건

1) 부정한 목적

여기서 부정한 목적이란 어느 명칭을 자기의 상호로 사용함으로써 일반인으로 하여금 자기의 영업을 그 명칭에 의하여 표시된 타인의 영업으로 오인시키려

---

110) 김병연, 89; 김정호, 90; 이철송, 166; 주석상법(1), 177; 한창희, 129(직매장, 사업소 등).

고 하는 의도를 말한다고 보아야 할 것이다.[111)][판례30], [판례31], [판례32], [판례33]

[판례30] 대법원 2004.3.26. 선고 2001다72081 판결

원심판결 이유에 의하면, 원심은, 피고는 서울특별시에서 동종 영업으로 원고가 먼저 등기한 상호인 "주식회사 유니텍"과 확연히 구별할 수 없는 상호인 "주식회사 유니텍전자"를 사용하고 있으므로 위 상호를 부정한 목적으로 사용하는 것으로 추정된다고 전제한 다음, 위 상호를 사용함에 있어서 부정한 목적이 없다는 피고의 주장에 대하여는, 원고는 소프트웨어의 개발·판매업에, 피고는 컴퓨터 하드웨어의 제조·판매업에 각 영업의 중점을 두고 있기 때문에 원·피고가 실제 영위하는 영업의 구체적 내용에 다소 차이가 있지만, 원고 역시 전체 매출액의 30% 가량이 피고가 영위하는 영업과 같은 컴퓨터 하드웨어의 조립·판매에서 발생하고 있어 원·피고의 주 고객층도 명백히 차별화되어 있다고 단정할 수 없으므로 피고가 위 상호를 사용하는 것이 원고의 영업에 영향을 미치지 않는다고 볼 수 없고, 한편 "유니텍"이라는 단어가 컴퓨터 관련 업계에서 흔히 사용하는 상호라거나 피고의 영업이 신장됨에 따라 현재 자본금 또는 매출액에 있어서 피고가 원고보다 월등히 많고 피고의 주식이 코스닥(KOSDAQ)시장에 등록되었다는 사정만으로는 상법 23조 4항의 규정에서 말하는 부정한 목적에 의한 사용에 관한 추정이 번복되었다고 볼 수 없다는 이유로 피고의 위 주장을 배척하여, 결국 원고는 피고에게 피고의 상호의 사용금지를 청구할 수 있다고 판단하였다. 기록과 앞서 본 법리에 비추어 살펴보면, 원심의 위와 같은 판단은 정당하고 거기에 상고이유에서 주장하는 바와 같은 채증법칙 위배 또는 심리미진으로 인하여 사실을 오인하거나 관련 법리를 오해한 위법이 없다.

[판례31] 대법원 1996.10.15. 선고 96다24637 판결

'합동공업사'라는 등록상호로 자동차정비업을 하던 갑이 '합동특수레카'라는 상호를 추가로 등록하여 자동차견인업을 함께 하고 있는 상황에서 을이 같은 시에서 자동차견인업을 시작하면서 '충주합동레카'라는 상호로 등록하였음에도 실제는 등록상호를 사용하지 아니하고 '합동레카'라는 상호를 사용한 경우, 자동차정비업과 자동차견인업은 영업의 종류가 서로 다르고 그 영업의 성질과 내용이 서로 달라서 비교적 서비스의 품위에 있어서 관련성이 적은 점, 자동차를 견인할 경우 견인장소를 차량 소유자가 지정할 수 있는 점, 운수관련 업계에서 '합동'이라는 용어가 일반적으로 널리 사용되고 있어 그 식별력이 그다지 크지 아니한 점, 갑과 을측의 신뢰관계, 갑도 자동차정비업과 함께 자동차견인작업을 하면서 별도의 견인업 등록을 한 점, 을이 자동차정비업을 하고 있지 아니한 점과 을의 영업 방법이나 그 기간 등을 고려할 때, 양 상호 중의 요부인 '합동'이 동일하다 하

111) 대법원 2004.3.26. 선고 2001다72081 판결 및 대법원 1995.9.29. 선고 94다31365·31372 판결.

더라도 을이 상법 23조 1항의 '부정한 목적'으로 상호를 사용하였다고 할 수 없다고 한 사례.

[판례32] 대법원 1995.9.29. 선고 94다31365 판결

원심이 적법하게 인정한 바와 같이 피고 회사는 1984년 법인설립이래 경남 지역에서 자신의 등기된 상호의 주요부분인 '동성'이라는 이름으로 아파트공사를 시작하여 그 지역에서 주지성을 확보한 이래 서울에 지점을 설치하고 수도권 지역에 사업을 확장하면서도 일관되게 '동성'이라는 이름을 계속 사용하여 아파트건설업을 하여 온 반면, 원고 회사는 당초 등기된 상호인 '동성종합건설'과는 전혀 관계없는 '상아'라는 이름으로 1978년경부터 10년이 넘는 장기간을 아파트 건설업을 하여 옴으로써 일반인에게 '상아' 아파트를 건설하는 회사로서 널리 알려져 오다가 1990년경부터서야 비로소 아파트 건설에 '동성'이라는 이름을 사용하기 시작한 점, 원고 회사가 피혁제품의 제조 판매를 사업목적으로 하는 주식회사 동성을 흡수 합병한 1986년 이래 1990년경부터 위와 같이 아파트에 '동성'이라는 이름을 사용하기 시작한 때까지는 원고 회사의 주력 업종은 피혁부분의 사업이었던 점, 원·피고 회사의 건설공사 도급한도액 순위가 피고 회사가 서울 등 수도권지역에서 본격적인 건설사업을 벌이기 시작한 1991년도에는 원고 회사 151위, 피고 회사 152위로 비슷하였으나 그 후부터는 오히려 피고 회사가 앞선 점 등에 비추어 보면 피고에게 원고의 명칭과 동일 유사한 명칭을 사용하여 일반인으로 하여금 자기의 영업을 원고의 영업으로 오인시키려고 하는 의도가 있었다고 보기는 어렵다 할 것이므로 위의 부정한 목적이 있다는 추정은 깨어졌다고 봄이 상당할 것이다.

[판례33] 대법원 1993.7.13. 선고 92다49492 판결

원심판결의 이유에 의하면, 원심은 피신청인의 상호인 "서울 고려당"은 그 요부가 "고려당"에 있고, 간이신속을 존중하는 거래계에서는 간략히 특징적인 부분인 "고려당"으로 호칭될 것이므로 그 경우 신청인의 상호인 "고려당"과 동일하여 양자는 오인, 혼동의 우려가 있어 서로 유사한 상호로 봄이 상당하고, 신청인의 "고려당"이라는 상호가 1959.7.21. 등기되었으므로 피신청인이 그와 유사한 위 상호를 동일한 시에서 동종영업을 위하여 사용하는 이상 상법 23조 4항에 의하여 피신청인에게 부정한 목적이 있다고 일응 추정된다 할 것이나, 거시증거에 의하면, 신청외 망 김동환이 1944. 서울 종로 2가에서 "고려당"이라는 상호 및 상표로 양과자 제조, 판매업을 개시하여 1945.9.1. 위 상호로 영업감찰을 받은 이래 같은 업체를 경영하여 오던 중 1971.10.1. 그의 후손들에 의하여 "주식회사 고려당"이 설립된 사실, 위 회사는 40년이 지난 지금까지 동일한 상표와 상호로 같은 영업을 계속해 오면서 상표인 "고려당"이란 표장을 선전해 왔으며, 매출

액도 1990년에 23,000,000,000원, 1991년에는 27,000,000,000원이나 되고 전국적으로 250여개의 판매대리점 및 직영점을 가지고 있어 일반수요자들에게 "고려당"은 위 회사의 상호 및 제품에 사용되는 상표인 것으로 널리 인식되기에 이른 사실, 피신청인은 1991.8.1. 위 회사와 위 회사 제품의 마산대리점 계약을 체결함에 있어(피신청인은 1990.11.1. 위 회사와 위 수탁판매계약을 체결하여 위 회사의 분점개설, 상호 및 상표의 사용권을 가지는 신청 외 고려당판매주식회사와 판매대리점계약을 체결하였다가 위 두 회사가 합병함에 따라 다시 계약을 체결하였다) 위 회사의 상표인 "고려당"을 상품에 관한 광고, 간판 등에 사용할 수 있는 권리도 취득한 사실, 이에 피신청인은 위 회사 마산대리점을 개점, 운영함에 있어 위 회사의 연혁과 그 관계를 표시하기 위하여 "SINCE 1945 신용의 양과 서울 고려당 마산분점"이라는 간판을 사용한 사실, 신청인과 피신청인은 모두 같은 마산시에서 제과점을 경영하고 있으나 신청인은 합포구 창동에, 피신청인은 회원구 양덕동에 제과점이 위치하여 비교적 원거리에 있는 사실이 인정되며 위 인정사실에 비추어 보면 피신청인은 위 회사의 명성과 신용을 믿고 위 회사 등과 마산판매대리점계약을 체결한 자로서 위 회사의 "고려당"이란 상호를 간판에 내세운 것으로 인정될 뿐 신청인의 상호인 마산의 "고려당"이 가지는 신용 또는 경제적 가치를 자신의 영업에 이용하고자 하는 의도는 없었다고 봄이 상당하므로 피신청인이 부정한 목적으로 신청인의 상호와 동일한 상호를 사용함을 전제로 한 이 사건 신청인은 이유 없다는 취지로 판단하고 있다. 기록에 의하여 살펴보면 원심의 위 사실인정과 판단은 정당하다고 수긍할 수 있고, 거기에 상법 23조에 관한 소론과 같은 법리오해의 위법이 있다고 할 수 없다.

피신청인이 그의 간판에 "SINCE 1945 신용의 양과 서울 고려당 마산분점"이라고 표시한 것이 주식회사 고려당과의 관계를 나타내기 위하여 위 회사의 상호를 표시한 것이라면 피신청인에게 위 상호의 사용과 관련하여 부정경쟁의 목적이 있는가를 판단함에 있어서 원심이 피신청인이 아닌 위 회사와 신청인의 명성과 신용을 비교한 것을 잘못이라고 할 수 없다.

또 원심은, 피신청인이 신청인보다 명성이나 신용이 더 큰 위 회사의 판매대리점경영자로서 구태여 신청인의 명성이나 신용에 편승할 필요가 없었고, 간판에도 위 회사와의 관계(마산분점이라는 표시를 하여 신청인의 상호와 구분되도록 하고 있다)를 표시한 점, 신청인과 피신청인의 영업소가 서로 원거리인 다른 구에 있는 점 등을 종합하여 양자 사이에 오인의 염려가 없으므로 피신청인에게 부정한 목적이 없다는 것이지, 서로 다른 구에 영업소가 있다는 이유만으로 부정한 목적이 없다고 판단한 것은 아니다.

이와 관련하여, 부정경쟁방지 및 영업비밀보호에 관한 법률상의 "부정경쟁행위"에 해당하지 아니하더라도 부정한 목적이 인정될 수 있다고 보아야 할 것이다.[112]

2) 타인의 영업

일반적으로 일방상인이 상인인 타인의 상호를 사용하는 경우에 적용될 것이지만, 타인이 상인이 아닐지라도 제3자가 타인의 영업으로 오인할 수 있는 경우에 해당될 수 있다. 즉, 일방상인이 비영리법인 또는 유명인사의 명칭을 사용한다 할지라도 제3자가 이들이 영업을 하고 있다고 오인할 수 있는 명칭의 사용을 포함한다고 보아야 할 것이다.[113]

3) 오인가능성

판례는 어떤 상호가 일반 수요자들로 하여금 영업주체를 오인·혼동시킬 염려가 있는 것인지를 판단함에 있어서는, 양 상호 전체를 비교 관찰하여 각 영업의 성질이나 내용, 영업방법, 수요자층 등에서 서로 밀접한 관련을 가지고 있는 경우로서 일반 수요자들이 양 업무의 주체가 서로 관련이 있는 것으로 생각하거나 또는 그 타인의 상호가 현저하게 널리 알려져 있어 일반 수요자들로부터 기업의 명성으로 인하여 절대적인 신뢰를 획득한 경우에 해당하는지 여부를 종합적으로 고려하여야 한다고 판시하고 있다.[114]

4) 타인의 영업으로 오인할 수 있는 상호의 사용

여기서 사용한다 함은 상인이 문제되는 상호를 영업상 자신을 표창하는 명칭으로 이용하는 일체의 행위를 말하는 바, 대외적인 계약서에의 표기, 광고에 이용, 간판 등에 부착, 전단지, 계산서, 안내장 등에의 표기 등을 포함한다.[115]

5) 입증책임

원칙적으로 상호권자가 위에 열거한 모든 요건을 주장, 입증하여야 한다. 그러나 등기된 상호의 경우에는 반대로 상호권자의 상호를 사용하는 쪽에서 부정한 목적이 없었음을 입증하여야 한다.

---

112) 김성태, 254; 주석상법(1), 188.

113) 예를 들어, 국세청 구내매점 등; 이철송, 168; 임중호, 160; 정찬형, 116; 주석상법(1), 188.

114) 대법원 2002.2.26. 선고 2001다73879 판결.

115) 김정호, 100; 손진화, 81; 안강현, 122; 이기수외, 180; 임중호, 161; 전우현, 90; 최기원, 117; 한창희, 138.

(다) 위반의 효과

이에 위반한 자는 200만원 이하의 과태료에 처하며(28조), 이러한 주체를 오인시킬 상호사용으로 손해를 받을 염려가 있는 자(상인, 비상인 모두 포함) 또는 상호를 등기한 자는 상호의 폐지를 청구할 수 있고(23조 2항), 선택적 또는 중첩적으로 손해배상을 청구할 수 있다(23조 3항). 여기서 상호 폐지의 청구란 기등기된 상호의 말소등기청구권을 행사함을 포함한다.

3. 상호의 등기

가. 의의

상호는 그 상호사용자의 이익뿐만 아니라 제3자의 신뢰와도 직결되는 이해관계가 큰 사안이므로 이를 등기라는 공시제도를 통해 상호를 널리 알리고자 한다. 이와 관련하여 회사의 상호는 반드시 등기되어야 하는 반면에(317조 2항 1호), [판례34] 자연인상인의 경우에는 상호대신 성명을 사용할 수도 있으므로, 상호등기가 강제되지 아니하나, 일단 등기하면 그의 변경 또는 폐지는 반드시 등기하여야 한다(27조). 상호등기는 상업등기법과 상업등기규칙에 의하되, 당사자의 신청에 의하며(상업등기법 22조), 신청인의 영업소의 소재지를 관할하는 법원이 담당하고(34조), 본점의 소재지에서 등기할 사항은 다른 규정이 없으면 지점의 소재지에서도 등기하여야 한다(35조). 자연인상인의 경우에는 상호등기부에 등기하나(상업등기법 11조 1항 1호), 회사의 경우에는 회사등기부에 등기한다(상업등기법 37조).

[판례34] 대법원 2007.7.26.자 2006마334 결정

변호사가 변호사법 40조에 의하여 그 직무를 조직적·전문적으로 행하기 위하여 설립한 법무법인은, 같은 법 42조 1호에 의하여 그 정관에 '상호'가 아닌 '명칭'을 기재하고, 같은 법 43조 2항 1호에 의하여 그 설립등기시 '상호'가 아닌 '명칭'을 등기하도록 되어 있으므로, 이러한 법무법인의 설립등기를 '상호' 등을 등기사항으로 하는 상법상 회사의 설립등기나 개인 상인의 상호등기와 동일시할 수 없으므로, 등기관이 변호사의 상호등기신청을 각하한 처분이 적법하다고 한 사례.

나. 상호등기의 효력

타인이 등기한 상호는 동일한 특별시·광역시·시·군에서 동종영업의 상호로 등기하지 못하고(22조),[판례35] 동일한 특별시·광역시·시·군에서 동종영업으로 타인이 등기한 상호를 사용하는 자는 부정한 목적으로 사용하는 것으로 추정하며(23조 4항), 상호를 등기한 자가 정당한 사유없이 2년간 상호를 사용하지 아니하는 때에는 이를 폐지한 것으로 보고(26조), 상호를 변경 또는 폐지한 경우에 2주간 내에 그 상호를 등기한 자가 변경 또는 폐지의 등기를 하지 아니하는 때에는 이해관계인은 그 등기의 말소를 청구할 수 있다(27조).

위 상법 22조와 관련하여, 단순히 소극적으로 상호등기를 허용하지 않을 뿐만 아니라 적극적으로 이에 위반한 등기의 말소등기를 청구할 수 있다고 보는 판례의 태도에 찬성한다. 왜냐하면, 상법 22조와 23조는 규정취지가 다를 뿐만 아니라 그 요건도 상이한 별개의 제도이므로, 상법 22조가 23조에 의해 적용범위의 제한을 받을 이유가 없기 때문이다.[116]

[판례35] 대법원 2004.3.26. 선고 2001다72081 판결

상법 22조는 "타인이 등기한 상호는 동일한 특별시·광역시·시·군에서 동종 영업의 상호로 등기하지 못한다."고 규정하고 있는바, 위 규정의 취지는 일정한 지역 범위 내에서 먼저 등기된 상호에 관한 일반 공중의 오인·혼동을 방지하여 이에 대한 신뢰를 보호함과 아울러, 상호를 먼저 등기한 자가 그 상호를 타인의 상호와 구별하고자 하는 이익을 보호하는 데 있고, 한편 비송사건절차법 164조에서 "상호의 등기는 동일한 특별시·광역시·시 또는 군 내에서는 동일한 영업을 위하여 타인이 등기한 것과 확연히 구별할 수 있는 것이 아니면 이를 할 수 없다."고 규정하여 먼저 등기된 상호가 상호등기에 관한 절차에서 갖는 효력에 관한 규정을 마련하고 있으므로, 상법 22조의 규정은 동일한

116) 서돈각외, 98; 전우현, 99; 정경영, 73; 정동윤, 79; 최기원, 119; 한창희, 138. 이에 반대하는 견해로서, 상법 22조는 단지 동일한 상호의 등기를 배척하는 등기법상의 효력만을 부여한 것이라는 입장에서 본조에 의해 말소등기청구권을 행사할 수는 없고 23조에 의해서만 말소등기청구권을 행사할 수 있다는 견해로는 이철송, 189. 그러나, 상법 22조와 23조의 요건을 모두 충족한 상호권자는 22조를 주장하여 말소등기청구권을 행사하는 것이 보다 효율적일 것이고, 미등기상호이기 때문에 22조의 요건을 충족치 못하였다 할지라도 23조의 요건을 충족하여 말소등기청구권을 행사할 수도 있는 것이며, 나아가 타인의 상호권을 침해하는 선등기 상호권자가 22조의 요건을 갖추어 말소등기청구권을 행사한다 할지라도, 정당한 후등기 상호권자는 23조의 요건충족을 이유로 상대편의 22조의 말소등기청구권의 행사를 막고 오히려 자신이 23조를 기초로 말소등기청구권을 행사할 수 있는 것임.

특별시·광역시·시 또는 군 내에서는 동일한 영업을 위하여 타인이 등기한 상호 또는 확연히 구별할 수 없는 상호의 등기를 금지하는 효력과 함께 그와 같은 상호가 등기된 경우에는 선등기자가 후등기자를 상대로 그와 같은 등기의 말소를 소로써 청구할 수 있는 효력도 인정한 규정이라고 봄이 상당하다.

다. 상호가등기

(1) 의의

상호의 가등기란 회사의 설립시(유한책임회사, 주식회사 및 유한회사에만 해당됨), 상호 또는 목적변경시 또는 본점이전시(모든 회사에 적용됨), 상호를 미리 정하였다 할지라도 절차(회사설립절차 또는 정관변경을 위한 주총결의 등)에 시간이 걸려 등기가 될 때까지 기다리는 사이에 제3자가 먼저 동일상호를 등기해 버림으로써 등기상호로 보호받을 수 없는 문제점을 보완하기 위하여, 가등기의 형식으로 본등기 전에 미리 등기해 둘 수 있도록 허용하는 제도이다. 따라서 자연인상인의 경우에는 적용되지 아니한다. 또한 이러한 상호가등기는 일반적인 가등기의 순위보전효력뿐만 아니라 본등기의 효력을 함께 지니고 있다는 점에 그 특색이 있다.

(2) 관할

유한책임회사, 주식회사 또는 유한회사를 설립하고자 할 때에는 설립하고자 하는 회사의 본점의 소재지를 관할하는 등기소에 상호의 가등기를 신청할 수 있고(22조의2 1항), 모든 회사의 상호나 목적 또는 상호와 목적을 변경하고자 할 때에는 현재의 본점소재지를 관할하는 등기소에 상호의 가등기를 신청할 수 있으며(22조의2 2항), 모든 회사의 본점을 이전하고자 할 때에는 이전할 곳을 관할하는 등기소에 상호의 가등기를 신청할 수 있다(22조의2 3항).

(3) 효력

상호의 가등기는 상법 22조의 적용에 있어서는 상호의 등기로 본다(22조의2 4항). 즉, 가등기된 상호도 본등기된 상호와 같이 동일지역, 동종영업의 동일상호의 등기를 배척하는 효력이 있으며, 다시 말해서, 가등기상호와 같은 지역, 동종영업의 동일상호의 본등기는 불가능하다.

한편, 상호의 가등기의 효력에 상법 22조만 적용된다고 명시되어 있고, 상법 23조 1항의 상호전용권은 등기여부와 관계없이 인정되는 권리로서, 상호본등기 및 가등기와는 별개의 제도이므로, 상호가등기의 효력에 상법 23조가 적용되지 않음은 해석상 명백하다.

(4) 말소 등

상호가등기의 말소에는 신청에 의한 말소와 직권말소가 있는 바, 전자는 ① 주식회사 또는 유한회사의 설립, 본점이전, 목적변경에 관계된 상호의 가등기의 경우에 상호를 변경하였을 때, ② 상호나 목적 또는 상호와 목적변경에 관계된 상호의 가등기의 경우에 본점을 다른 특별시·광역시·특별자치시·시 또는 군으로 이전하였을 때, ③ 그 밖에 상호의 가등기가 필요 없게 되었을 때에는 회사 또는 발기인 등의 신청에 의하여 말소되며(상업등기법 42조 1항 1호 내지 3호), 후자는 ① 예정기간 내에 본등기를 하였을 때 또는 ② 본등기를 하지 아니하고 예정기간을 지났을 때에 법원의 직권으로 말소된다(상업등기법 43조 1호, 2호).

한편, 주식회사 또는 유한회사의 설립에 관계된 상호의 가등기와 관련한 예정기간 즉, 본등기를 할 때까지의 기간은 2년을 초과할 수 없으며, 본점이전에 관계된 상호의 가등기의 예정기간은 2년을 초과할 수 없고, 상호나 목적 또는 상호와 목적변경에 관계된 상호의 가등기의 예정기간은 1년을 초과할 수 없다(상업등기법 38조).

4. 상호권의 변동

가. 상호의 양도

(1) 의의

상인의 상호는 영업을 통해 영리를 추구하는 중요한 수단이자 얼굴이므로 이의 재산적 가치를 인정할 수밖에 없는 바, 상인에게 그 양도의 자유를 인정해 줌으로써 그 가치를 환가할 수 있는 기회를 부여해 줄 필요가 있다.

그러나 상호는 특정상인의 영업을 표창하므로 이에 대한 제3자의 신뢰를 보호해 줄 필요 역시 경시할 수 없으므로 당해 상호로 영위하던 영업을 계속하면서 상호양도를 인정치 말아야 할 이유가 생기게 된다.

(2) 요건

(가) 원칙

영업을 폐지하거나 영업과 함께 양도하는 경우에 한하여 상호의 양도가 허락된다(25조 1항). 먼저, 영업을 폐지하는 경우에는 상호와 같이 양도될 영업이 소멸하므로, 상호만이 양도될 수밖에 없고, 이러한 경우 제3자의 신뢰에 영향을 미칠 우려가 없어진다. 여기서 영업의 폐지란 영업을 사실상 종료하는 것을 말한다고 보아야 할 것이다.[판례36]

[판례36] 대법원 1988.1.19. 선고 87다카1295 판결

영업의 폐지란 정식으로 영업폐지에 필요한 행정절차를 밟아 폐업하는 경우에 한하지 아니하고, 사실상 폐업한 경우도 이에 해당한다.

한편, 영업과 함께 양도하는 경우에서의 영업이란 기존 영업전부가 양도되는 경우에 한하여 상호의 양도가 허용된다는 견해117)가 있으나, 기존 영업에 사용되던 상호에 대한 일반인의 신뢰를 보호해주어야 한다는 견지에서 볼 때, 영업일부만의 양도와 함께하는 상호의 양도는 양도되지 아니하는 나머지 영업이 폐지되거나 양도되는 상호를 사용하지 않는다는 것을 전제로 허용된다고 보는 것이 타당할 것이다.118) 위와 같은 취지에서, 본점과 지점이 있는 경우에, 어느 한 편만의 양도의 경우에도 상호의 양도는 원칙적으로 인정되지 않는다고 보는 것이 타당할 것이다.

(나) 대항요건

상호의 양도는 등기하지 아니하면 제3자에게 대항하지 못한다(25조 2항). 이는 특히 상호의 이중양도의 경우에 그 우선순위를 등기순위에 의한다는 의미이다. 제3자의 선의 또는 악의를 불문한다. 등기된 상호를 양수한 사람은 그 상호를 계속 사용하려는 경우에는 상호의 양도의 등기를 신청할 수 있다(상업등기법 33조; 이는

117) 이범찬, 48; 임중호, 171; 장덕조, 52; 정찬형, 122; 최준선, 162.

118) 동지 김성태, 269; 김정호, 106; 이철송, 197; 최기원, 128.

개인상인의 경우에 한한다고 보아야 할 것임. 왜냐하면 회사의 경우 정관변경절차를 거쳐 양수한 회사의 회사등기부상의 상호변경등기를 거치면 될 것이기 때문임). 한편, 이 조항과 상법 37조와의 관계와 관련하여, 본 조항이 상법 37조의 예외규정이 아니라 각기 적용되는 경우를 달리한다는 설이 있으나,[119] 본 조항은 상법 37조와는 달리 선의·악의를 불문하고 등기를 먼저한 자가 보호되므로, 본 조항은 상법 37조의 예외규정이라고 봄이 타당할 것이다.[120]

미등기상호의 경우, 위 규정은 적용되지 않고 대항요건을 갖출 필요도 없다는 견해가 있느나,[121] 대항요건의 문제는 결국 제3자의 이해관계와 직결되는 사항이므로, 미등기상호를 등기한 후 양도등기를 하거나 미등기상호를 상호등기 없이 양도한 후 양수인이 상호등기를 해야 제3자에게 대항할 수 있다고 보아야 할 것이다.[122]

(다) 절차

상호의 양도는 원칙적으로 양도당사자간의 의사표시만에 의한다. 그러나 주식회사가 상호를 양도하는 경우에는 주주총회의 특별결의에 의하여 정관에 명시된 양도대상 상호를 일단 변경하는 절차가 선행되어야 할 것이다.

(라) 효력

양도인과 양수인간에는 양도한 때부터 상호양도의 효력이 발생하며, 제3자에 대하여는 등기를 한 때부터 그 효력이 발생한다. 상호를 영업과 함께 양도한 경우에는 채권자(42조, 44조) 및 채무자(43조)에 대한 보호규정이 적용된다.

만일 영업을 폐지하지 않고 상호를 양도하거나 영업과 함께 상호를 양도하지 않는 경우에는 그 상호양도는 효력이 없다고 보아야 할 것이다. 그럼에도 불구하고 양수인이 상호를 사용하며 제3자와 거래를 한 경우에는 양도인이 명의대여자의 책임(24조)을 부담할 수도 있을 것이다.

119) 김정호, 107; 안강현, 125; 정찬형, 123.
120) 송옥렬, 59; 이철송, 198; 임중호, 172; 정경영, 76; 최준선, 163.
121) 송옥렬, 59; 임중호, 172; 정경영, 76; 정동윤, 81; 정찬형, 122; 최기원, 129; 최준선, 163; 한창희, 143.
122) 김병연외, 102; 안강현, 125; 이기수외, 207; 이철송, 199.

나. 상호의 임대차

상법상 명문의 근거는 없으나, 상호의 임대차는 영업의 임대차와 동시에 하는 경우에 인정된다고 보아야 할 것이다. 상호의 임대차는 대항요건으로서의 등기를 요하지 아니하며, 임차인은 상호권을 향유할 수 있다.

다. 상호의 상속

상호권은 재산권으로서 상속의 대상이 된다. 상호와 영업을 분리하여 상속하는 것은 허용되지 않는다고 보아야 할 것이다.[123] 복수의 상속인이 상호를 상속한 경우에는 그들간에 상속지분에 따른 준공유관계가 형성될 것이며(민법 1006조, 278조), 상속한 상호를 제3자에게 양도한 후 그 양도대가를 상속지분에 따라 분배할 수도 있을 것이다. 상호의 상속 역시 대항요건으로서의 등기를 요하지 아니하며,[124] 상속의 등기를 하지 않는다고 하여 상호권이 소멸되는 것은 아니다. 등기된 상호를 상속한 사람은 그 상호를 계속 사용하려는 경우에는 상호의 상속등기를 신청할 수 있다(상업등기법 33조).

라. 상호의 폐지

상호의 폐지란 상호권자가 상호의 사용을 사실상 종료함을 말하는 바, 상호의 폐지로 인해 상호권은 소멸한다.

(1) 상호폐지의 의사표시

상호의 폐지는 상호권자의 포기의 단독의사표시인 바, 명시적인 경우와 묵시적인 경우 모두 인정된다고 보아야 할 것이다. 회사의 경우에는 정관변경에 의한 새로운 상호의 선정이 수반되어야 할 것이다.

---

123) 주석상법(1), 215; 최기원, 121.

124) 김성태, 271; 김정호, 108; 김홍기, 82; 손주찬, 143; 손진화, 92; 정찬형, 124; 주석상법(1), 215; 한창희, 143.

(2) 상호폐지의 등기 및 폐지의 의제

등기된 상호의 경우에는 상호폐지의 등기를 하여야 한다(40조).

또한, 상호를 등기한 자가 정당한 사유없이 2년간 상호를 사용하지 아니하는 때에는 이를 폐지한 것으로 본다(26조). 일정기간 사용하지도 않는 상호가 등기되어 있음으로 인한 경제적 낭비와 타인의 상호사용 및 등기의 자유를 침해하는 사태를 막기 위한 규정이다. 여기서 정당한 사유란 전쟁 또는 천재지변과 같은 불가항력적인 사유에 한정해야 할 것이다. 왜냐하면, 경기침체 또는 자금부족과 같은 주관적인 사유를 포함시킬 경우에는 이 규정의 도입취지가 유명무실해질 위험이 높기 때문이다.[125] 미등기상호에도 유추적용될 수 있는지와 관련하여, 이를 긍정하는 견해가 있으나,[126] 등기상호는 그 법적 보호가 미등기상호보다 강력하므로 제3자 보호가 필요하나, 미등기상호의 경우에는 등기상호보다 보호강도가 약하므로 이에까지 이런 규정을 유추적용하는 것은 미등기상호권자의 이익을 심각하게 침해할 수 있어 부정하는 것이 타당하다고 본다.[127]

(3) 상호등기의 말소청구

상호를 변경 또는 폐지한 경우에 2주간내에 그 상호를 등기한 자가 변경 또는 폐지의 등기를 하지 아니하는 때에는 이해관계인은 그 등기의 말소를 청구할 수 있다(27조). 등기상호의 경우 미등기상호보다 상호권자를 강력하게 보호하므로, 등기상호권자가 자신의 등기상호의 변경 또는 폐지등기를 소홀히 한 경우에는 제3자의 보호와의 균형상, 이해관계인에 의한 등기말소를 청구할 수 있도록 한 것이다.

---

125) 김병연외, 102; 김성태, 272; 서헌제, 104; 임중호, 46; 주석상법(1), 216; 최기원, 130; 최준선, 164.

126) 김병연외, 102; 서헌제, 104; 이기수외, 207; 주석상법(1), 216; 최기원, 130; 한창희, 144.

127) 이철송, 202.

5. 명의대여자의 책임

가. 의의

타인에게 자기의 성명 또는 상호를 사용하여 영업을 할 것을 허락한 자는 자기를 영업주로 오인하여 거래한 제3자에 대하여 그 타인과 연대하여 변제할 책임이 있다(24조). 명의대여란 타인에게 자기의 성명 또는 상호를 사용하여 영업을 할 것을 허락하는 것을 말하는 바, 이때 명의를 빌려준 사람을 명의대여자, 명의를 빌린 사람을 명의차용자라 한다. 명의대여자에 대하여 민법상 표현대리 또는 불법행위책임을 물을 수도 있으나, 상거래의 안전을 보다 두텁게 보호하기 위하여 특별규정을 둔 것인데, 독일의 외관이론과 영미법상의 금반언의 법리에 입각한 것이다.

나. 요건

(1) 명의에 대한 사용허락

(가) 명의

법문에서는 명의의 예로 성명 또는 상호를 언급하고 있으나, 이에 국한되지 아니하고 객관적으로 명의대여자라고 오인될 수 있는 모든 명칭(약칭, 예명 등)이 포함된다고 보아야 할 것이다.

한편, 상호에 판매처,[128] 현장사무소,[129] 영업소,[130] 지점 또는 출장소 등의 명칭을 더하여 사용하게 함으로써 외관상 명의대여자의 영업으로 인정될 수 있는 경우에도 명의대여자의 책임이 인정된다. 그러나 대리점의 경우에는 예외이다.[판례37] 또한 명의대여없이 단순히 상점, 전화, 창고 등을 사용케 한 사실[판례38] 또는 타인간의 거래에 있어 단지 세무회계상의 필요로 자기의 납세번호증을 이용하게 한 사실[131]만으로는 명의대여자의 책임을 부담하지 아니한다.

---

128) 대법원 1957.6.27. 선고 4290민상178 판결.
129) 대법원 1973.11.27. 선고 73다642 판결.
130) 대법원 1976.9.28. 선고 76다955 판결.
131) 대법원 1978.6.27. 선고 78다864 판결.

[판례37] 대법원 1989.10.10. 선고 88다카8354 판결

일반거래에 있어서 실질적인 법률관계는 대리상, 특약점 또는 위탁매매업 등이면서도 두루 대리점이란 명칭으로 통용되고 있는데다가 타인의 상호아래 대리점이란 명칭을 붙인 경우는 그 아래 지점, 영업소, 출장소 등을 붙인 경우와는 달리, 타인의 영업을 종속적으로 표시하는 부가부분이라고 보기도 어렵기 때문에 제3자가 자기의 상호아래 대리점이란 명칭을 붙여 사용하는 것을 허락하거나 묵인하였더라도 상법상 명의대여자로서의 책임을 물을 수는 없다.

[판례38] 대법원 1982.12.28. 선고 82다카887 판결

묵시적 명의대여자의 책임을 인정하기 위하여는 영업주가 자기의 성명 또는 상호를 타인이 사용하는 것을 알고 이를 저지하지 아니하거나 자기의 성명 또는 상호를 타인이 사용함을 묵인한 사실 및 제3자가 타인의 성명 또는 상호를 사용하는 자를 영업주로 오인하여 거래를 한 사실이 인정되어야 할 것이므로, 영업주가 자기의 상점, 전화, 창고등을 타인에게 사용하게 한 사실은 있으나 그 타인과 원고와의 거래를 위하여 영업주의 상호를 사용한 사실이 없는 경우에는 영업주가 자기의 상호를 타인에게 묵시적으로 대여하여 원고가 그 타인을 영업주로 오인하여 거래하였다고 단정하기에 미흡하다고 할 것이다.

(나) 사용허락

명의대여자의 명의에 대한 사용허락이란 명시적 허락과 묵시적 허락으로 구분해 볼 수 있다. 명시적 허락의 경우는 명의대여자와 명의차용자간의 계약 또는 명의대여자의 동의 또는 승낙 등을 통해 이루어지며,[판례39], [판례40] 명의사용에 대한 대가유무 및 적법여부[판례41]와는 무관하다.

[판례39] 대법원 2001.4.13. 선고 2000다10512 판결

갑, 을, 병 3인이 나이트클럽의 공동사업자로 사업자등록이 되어 있고, 그에 따른 부가가치세 세적관리카드에도 갑, 을, 병이 40%, 30% 및 30%의 지분을 가지고 있는 것으로 등록되어 있을 뿐 아니라, 나이트클럽의 신용카드 가맹점에 대한 예금주 명의도 그 중 1인으로 되어 있는 경우, 갑, 을, 병이 나이트클럽을 실제로 경영한 사실을 인정할 수 없다고 하더라도 그들의 명의를 사용하게 하여 영업상의 외관을 나타낸 것은 틀림없다고 본 사례.

[판례40] 대법원 1996.9.6. 선고 96다19536 판결

원심은 피고가 이 사건 골프용품판매업의 경영에 참여한 바 없이 형인 소외 B로 하여금 피고 및 소외 C의 2인 명의로 사업자등록을 하고 위 사업을 운영하도록 허락하였고, 원고는 피고를 위 사업의 공동사업주로 오인하여 이 사건 골프용품 매매거래를 하였으며, 그 이후 사업자등록은 위 C 단독명의로 정정되었으나 원고에게 이를 알리는 등의 조치가 취여진 바 없는 사실을 인정하고, 그 확정사실에 터잡아 피고에게 명의대여자의 책임이 있다고 판단하였다

[판례41] 대법원 1988.2.9. 선고 87다카1304 판결

농약관리법 10조에 의하면 농약판매업을 하고자 하는 자는 일정한 자격과 시설을 갖추어 등록을 하도록 되어 있는 바 이는 농약의 성질로 보아 무자격자가 판매업을 할 경우 국민보건에 위해를 끼칠 염려가 있기 때문이며 따라서 그 등록명의를 다른 사람에게 빌려 준다든지 하는 일은 금지되고 있다 할 것이다. 그러나 만일 그 등록명의를 대여하였다거나 그 명의로 등록할 것을 다른 사람에게 허락하였다면 농약의 판매업에 관한한 등록명의자 스스로 영업주라는 것을 나타낸 것이라 할 것이고 상법 24조에 의한 명의대여자로서 농약거래로 인하여 생긴 채무를 변제할 책임이 있다고 할 것이다.

묵시적 허락의 경우란 단순히 자기의 명칭이 허락없이 타인에 의해 사용되고 있다는 사실을 알면서 제지하지 않고 방치했다는 점만으로는 이를 인정키는 어려울 것이나, 명의자와 명의사용자간에 특정 내부관계가 있었거나[판례42] 명의사용의 원인을 명의대여자가 제공하거나[132][판례43], [판례44] 명의사용을 방치하는 것이 상관행에 비추어 부당한 경우[판례45] 등에 한하여 묵시적 허락을 인정하여야 할 것이다.[133]

132) 대법원 1991.11.12. 선고 91다18309 판결(도로포장공사의 원수급회사가 건설업법에 위반하여 건설업 면허도 없는 개인에게 일괄 하도급을 준 점에 비추어 공사시행에 있어 회사의 명의를 어떤 형태로든 사용함을 용인할 수밖에 없었던 사정이 엿보임에도 불구하고, 회사의 이사 또는 현장소장 등의 명칭 사용을 허락하였거나 그러한 명칭사용을 알고도 묵인 내지 방치하였다고 인정할 증거가 없다고 함으로써 증거가치에 대한 판단을 그르쳐 판결에 영향을 미친 위법을 저질렀다 하여 원심판결을 파기한 사례).

133) 송옥렬, 62; 이기수외, 186; 정찬형, 127; 주석상법(1), 199; 최기원, 132. 이에 반하여 누구든 자신의 성명 또는 상호가 타인에 의해 무단히 사용되는 사실을 알면 그 표현적 상태를 제거할 생활상의 의무를 지므로, 영업의 임대 등과 같은 부수적인 사실이 없더라도 타인이 자기의 성명 또는 상호를 사용함을 알면서도 장기간 방치한다면 명의사용을 묵시적으로 허락한 것으로 보아야 한다

[판례42] 대법원 1967.10.25. 선고 66다2362 판결

피고는 용당정미소라는 상호를 가지고 경영하던 정미소를 갑에게 임대하고 갑은 같은 상호를 그대로 사용하면서 그 정미소를 경영할 경우, 갑이 그 정미소를 경영하는 동안에 원고로부터 백미를 보관하고 보관전표를 발행한 것이며 그 때에 원고가 피고를 용당정미소의 영업주로 오인하였다는 사실이 인정된다면 피고는 그 백미보관으로 인한 책임을 면할 수 없다.

[판례43] 대법원 1977.7.26. 선고 77다797 판결

피고회사의 사업과 위 최갑수의 사업이 비록 내용적으로 별개의 업체에 속한다고 하더라도 이사건 변론취지에 의하면, 위 최갑수는 과거에 피고회사에서 상무라는 이름으로 근무한바 있고 근자에는 피고회사의 상무이사라는 명함을 가지고 행세하는 사람으로서 그가 경영한다는 자동차정비사업은 피고회사가 경영하는 사업과 일치하고 있음을 알 수 있고, 이와같은 자동차정비사업은 교통부장관의 허가가 있어야 하는데 그는 이러한 허가를 가지고 있지 않았고 피고회사와 다른 어떤 상호나 영업간판도 가지고 있지 않았음이 명백한데 원심이 인정하고 있는 바와 같이 피고회사가 위와 같은 최갑수에게 피고회사의 영업장소에서 또 같은 사무실내에서 같은 사업을 경영할 수 있도록 허용하여 왔다는 것이라면 피고회사는 위 최갑수의 사업에 관하여 피고회사의 자동차정비사업에 관한 허가와 피고회사의 상호 밑에서 그 영업을 할것을 허락했다고 볼 여지가 없지 않아 원고가 위 최갑수의 영업이 피고회사의 영업과는 별개의 업체에 속함을 알면서도 그와 거래를 한 것이라고 인정될 자료가 없는 한 피고회사는 상법 24조 소정의 명의대여자로서의 책임을 면하기가 어렵다 할 것이다.

[판례44] 대법원 1992.8.18. 선고 91다30699 판결

갑이 자신의 사업인 야채중매업과 아들인 을이 경영하는 야채판매업을 을과 공동하여 경영하는 것과 같은 외관을 만들어 놓고도 이를 방치하였다면 을이 경영한 야채판매업과 관련된 채무에 관하여 갑에게 명의대여자로서의 책임이 있고, 이 경우 을과 병 등 사이의 거래경위와 갑이 을에게 자신의 상호와 점포 등을 사용하게 한 사정 등에 비추어 병 등이 을 개인과 거래하는 것이 아니라 야채중매업소의 경영자와 거래하는 것으로 오인을 함에 중대한 과실이 있다고 보기 어려워 갑은 병 등에 대하여 명의대여자로서의 책임을 면할 수 없다고 한 사례.

는 견해로는 이철송, 207.

[판례45] 대법원 2008.1.24. 선고 2006다21330 판결

명의자가 타인과 동업계약을 체결하고 공동명의로 사업자등록을 한 후 타인으로 하여금 사업을 운영하도록 허락하였고, 거래상대방도 명의자를 위 사업의 공동사업주로 오인하여 거래를 하여온 경우에는, 그 후 명의자가 동업관계에서 탈퇴하고 사업자등록을 타인 단독명의로 변경하였다 하더라도 이를 거래상대방에게 알리는 등의 조치를 취하지 아니하여 여전히 공동사업주인 것으로 오인하게 하였다면 명의자는 탈퇴 이후에 타인과 거래상대방 사이에 이루어진 거래에 대하여도 상법 24조에 의한 명의대여자로서의 책임을 부담한다.

(2) 명의대여자 및 명의차용자가 상인이어야 하는지 여부

명의차용자는 상인이어야 할 것이다. 왜냐하면 이 책임이 명의차용자의 영업을 전제로 하고 있음이 명문상 분명하기 때문이다.134)

그러나 명의대여자는 상인이 아니어도 무방하다. 왜냐하면 자신의 명칭을 사용하여 명의차용자가 영업을 하게 한데에 따른 책임을 묻는 것이 본 규정의 취지이기 때문이다.[판례46]

[판례46] 대법원 1987.3.24. 선고 85다카2219 판결

원심이 소외 사단법인 한국병원관리연구소에게 피고의 명칭을 부가한 인천직할시립병원이라는 이름을 사용하여 병원업을 경영할 것을 승낙한 피고(인천직할시)는 특단의 사정이 없는 한 위 법리에 따라 위 병원을 피고가 경영하는 것으로 믿고 의약품을 납품한 원고에 대하여 그 대금을 변제할 책임이 있다고 판단하고 상법 24조의 적용범위가 상인 또는 사법인에 한정하여 적용되는 것은 아니라 하여 이 점에 대한 피고의 주장을 배척하였음은 정당하다.

(3) 영업상의 명칭사용허락

1 명의대여자가 허락하는 것은 명의차용자가 명의대여자의 명칭을 사용하여 영업을 하는 것이지, 영업자체는 아니며, 2 명의차용자의 이러한 영업은 자신의 영업이어야지 명의대여자의 영업은 해당되지 아니하고, 3 명의차용자가 차용명의를 명의대여자의 허락없이 제3자에게 전대한 경우에는 명의대여자는 본조

134) 김병연외, 110; 김정호, 109; 김성태, 284; 손진화, 86; 이철송, 209; 정경영, 77; 정찬형, 126; 최기원, 135. 이에 반하여 명의차용자는 상인이 아니어도 된다는 견해로는 손주찬, 126; 이기수외, 184; 전우현, 108; 정동윤, 83.

에 의한 책임을 지지 아니하며, ④ 명의차용자의 사용인이 명의대여자가 명의차용자에게 사용을 허락한 명칭을 이용하는 경우, 원칙적으로 명의대여자는 본조에 의한 책임을 부담하여야 할 것이다.135)[판례47]

[판례47] 대법원 1970.9.29. 선고 70다1703 판결

타인에 대하여 자기사업을 자기이름으로 대행할 것을 허용한 사람은 그 사업을 대행한 사람 또는 그 피용자가 그 사업에 관하여서 한 법률행위에 관하여 제3자에게 책임이 있다(소외 1이 피고와의 피고회사 학교출장소 운영에 관한 계약에 의하여 같은 출장소장으로서 경영하다가 사고로 징계위원회에 회부되어 1964.6.5.부터 1965.8.29.까지의 간에는 소외 2가 같은 출장소장으로 임명되었으나 소외 1은 새로된 출장소장 소외 2의 위임에 의하여 계속 출장소의 업무를 집행하여 왔는데 영업범위인 비료 등 수송업무상의 필요에 의하여 타인의 화물자동차를 이용하고 그럼으로써 소외 3 등에게 도합 144,300원의 운임채무를 부담하게 되고 한편 원고는 피고 출장소에 대한 위 운임채권자들에게 대하여 타이야 대금채권에 있어서 채권전액을 양수받고 소외 1은 이를 승인하고 1969.9.30.까지 지급하겠다는 취지로 같은 금액을 액면으로 한 대한통운학교 출장소장 명의의 약속어음을 원고에게 발행하였다는 것이다. 그렇다면 피고는 소외 2에게 대하여 자기사업을 자기이름으로 대행할 것을 허용한 것으로서 그 사업에 관하여 자기가 책임을 부담할 지위에 있음을 표시한 것이라 할 것이고, 그 사업을 대행한 사람 또는 그 피용자가 그 사업에 관하여서 한 법률행위에 관하여 제3자에게 책임이 있다고 할 것이므로 피고회사 학교출장소의 피용인 소외 1의 채권양도 승인에 따른 채무를 짐).

그러나 이에 반하여 명의대여자의 책임은 명의의 사용을 허락받은 자의 행위에 한하고, 명의차용자의 피용자의 행위에 대해서까지 미칠 수는 없다는 판례로는 대법원 1989.9.12. 선고 88다카26390 판결 및 대법원 1987.11.24. 선고 87다카1379 판결이 있다.

(4) 제3자의 오인

여기서 제3자는 명의차용자와 직접 거래한 상대방을 말하지 전득자 또는 상대방의 채권자 등 그 이외의 제3자는 해당되지 아니한다.136) 그러나 직접상대방

135) 손진화, 89; 이철송, 212; 주석상법(1), 207; 최기원, 139. 이에 반대하는 견해로는 김홍기, 85; 이기수외, 192.

136) 김성태, 282; 서헌제, 110; 손진화, 88; 송옥렬, 62; 이철송, 214; 정경영, 80; 주석상법(1), 201; 최기원, 134.

의 명의차용자에 대한 영업상의 채권을 양수한 자는 명의대여자의 책임을 물을 수 있다.[137]

한편, 판례에 의하면, 상법 24조에서 규정한 명의대여자의 책임은 명의자를 사업주로 오인하여 거래한 제3자를 보호하기 위한 것이므로, 거래 상대방이 명의대여사실을 알았거나 모른데 대하여 중대한 과실이 있는 때에는 명의대여자는 책임을 지지 않는 바, 이때 거래의 상대방이 명의대여사실을 알았거나 모른데 대한 중대한 과실이 있었는지 여부에 대하여는 면책을 주장하는 명의대여자가 입증책임을 부담한다.[138][판례48], [판례49] 명의대여가 무효라 하더라도 마찬가지이다.[판례50]

[판례48] 대법원 2002.6.28. 선고 2002다22380 판결

원칙적으로 물품대금 채무를 부담하는 자는 매도인으로부터 물품을 매수한 자이고, 매수인 아닌 자가 주채무자로서 물품대금 채무를 부담하기 위해서는, 실제로 매도인으로부터 물품을 매수한 자에게 자신의 성명 또는 상호를 사용하여 영업을 할 것을 허락하여 매도인이 그와 같이 명의를 대여한 자를 영업주로 오인하여 거래를 한 경우 등에 한한다 할 것이다. 따라서 대리점 계약시 계약이나 그에 의한 권리를 상대방 동의 없이 양도할 수 없다고 약정하였다 하더라도 영업양도 사실을 알면서 영업양수인과 거래한 상대방이 영업양도인에게 책임을 물을 수는 없다고 한 사례.

[판례49] 대법원 1991.11.12. 선고 91다18309 판결

상법 24조의 규정에 의한 명의대여자의 책임은 명의자를 영업주로 오인하여 거래한 제3자를 보호하기 위한 것이므로 거래상대방이 명의대여 사실을 알았거나 모른 데에 대하여 중대한 과실이 있는 때에는 명의대여자는 책임을 지지 않는다.

[판례50] 대법원 1979.12.26. 선고 79다757 판결

피고가 관광사업허가를 받은 호텔의 나이트클럽을 피고로부터 임차하여 경영하는 사람과 원고가 위와 같은 임대경영사실을 알고 거래한 경우, 관광사업의 임대경영이 관광

137) 전게 대법원 1970.9.29. 선고 70다1703 판결.

138) 대법원 2008.1.24. 선고 2006다21330 판결, 대법원 2001.4.13. 선고 2000다10512 판결 및 대법원 1992.8.18. 선고 91다30699 판결.

사업법 6조의 규정에 위배되어 무효라고 하여도, 임대인 피고가 임차인의 거래상의 채무에 책임이 있는 것은 아니고 또한 원고가 피고를 경영주로 오인하여 거래하지 않은 이상 피고에게 상법 24조에 의한 명의대여자 책임도 없다.

다. 책임의 내용

(1) 의의

명의대여자를 영업주로 오인하여 거래한 제3자에 대하여 명의차용자와 연대하여 변제할 책임이 있다. 이하에서 詳說한다.

(2) 영업거래상의 채무에 대해서만 책임을 짐

명의차용자가 영업중에 부담한 영업거래와 상당인과관계가 있는 채무에 대해서만 책임을 진다는 의미이다.[판례51], [판례52] 이에는 계약이행책임, 계약불이행으로 인한 손해배상책임, 계약해제시 원상회복의무, 계약목적물에 대한 하자담보책임 등이 포함된다.

[판례51] 대법원 1983.3.22. 선고 82다카1852 판결

상법 24조에 규정된 명의대여자의 책임은 제3자가 명의대여자를 영업주로 오인하고 그 영업의 범위내에서 명의사용자와 거래한 제3자에 대한 책임이므로, 정미소의 임차인이 임대인의 상호를 계속 사용하는 경우에 있어서 임대인이 대여한 상호에 의하여 표상되는 영업은 정미소 영업이 분명하니, 임차인이 정미소 부지내에 있는 창고 및 살림집을 제3자에게 임대한 행위는 설령 명의사용자가 임대행위의 목적이 정미소 창고 건축비용을 조달키 위함이라고 말하였다고 하더라도 위 정미소 영업범위외의 거래이므로 그에 관하여 명의대여자에게 책임을 물을 수 없다.

[판례52] 대법원 2008.10.23. 선고 2008다46555 판결

상법 24조는 명의를 대여한 자를 영업의 주체로 오인하고 거래한 상대방의 이익을 보호하기 위한 규정으로서 이에 따르면 명의대여자는 명의차용자가 영업거래를 수행하는 과정에서 부담하는 채무를 연대하여 변제할 책임이 있다. 그리고 건설업 면허를 대여한 자는 자기의 성명 또는 상호를 사용하여 건설업을 할 것을 허락하였다고 할 것인데, 건

설업에서는 공정에 따라 하도급거래를 수반하는 것이 일반적이어서 특별한 사정이 없는 한 건설업 면허를 대여받은 자가 그 면허를 사용하여 면허를 대여한 자의 명의로 하도급거래를 하는 것도 허락하였다고 봄이 상당하므로, 면허를 대여한 자를 영업의 주체로 오인한 하수급인에 대하여도 명의대여자로서의 책임을 지고, 면허를 대여받은 자를 대리 또는 대행한 자가 면허를 대여한 자의 명의로 하도급거래를 한 경우에도 마찬가지이다.

따라서, 명의차용자의 불법행위에 대하여는 명의대여자가 본조에 의한 책임을 부담하지 아니한다.[판례53] 이와 관련하여, 명의대여자와 명의차용자간에 민법상 사용자와 피용자관계에 있다면, 사용자책임을 부담해야 할 것이다.[판례54]

[판례53] 대법원 1998.3.24. 선고 97다55621 판결

상법 24조 소정의 명의대여자 책임은 명의차용인과 그 상대방의 거래행위에 의하여 생긴 채무에 관하여 명의대여자를 진실한 상대방으로 오인하고 그 신용·명의 등을 신뢰한 제3자를 보호하기 위한 것으로, 불법행위의 경우에는 설령 피해자가 명의대여자를 영업주로 오인하고 있었더라도 그와 같은 오인과 피해의 발생 사이에 아무런 인과관계가 없으므로, 이 경우 신뢰관계를 이유로 명의대여자에게 책임을 지워야 할 이유가 없다.

[판례54] 대법원 2005.2.25. 선고 2003다36133 판결

타인에게 어떤 사업에 관하여 자기의 명의를 사용할 것을 허용한 경우에 그 사업이 내부관계에 있어서는 타인의 사업이고 명의자의 고용인이 아니라 하더라도 외부에 대한 관계에 있어서는 그 사업이 명의자의 사업이고 또 그 타인은 명의자의 종업원임을 표명한 것과 다름이 없으므로, 명의사용을 허용받은 사람이 업무수행을 함에 있어 고의 또는 과실로 다른 사람에게 손해를 끼쳤다면 명의사용을 허용한 사람은 민법 756조에 의하여 그 손해를 배상할 책임이 있다고 할 것이고, 명의대여관계의 경우 민법 756조가 규정하고 있는 사용자책임의 요건으로서의 사용관계가 있느냐 여부는 실제적으로 지휘·감독을 하였느냐의 여부에 관계없이 객관적·규범적으로 보아 사용자가 그 불법행위자를 지휘·감독해야 할 지위에 있었느냐의 여부를 기준으로 결정하여야 할 것이다.

한편, 명의차용자의 어음행위와 관하여 명의대여자가 본조에 의한 책임을 부담해야 하는자와 관련하여, 이를 부정하는 견해가 있으나,[139] 어음채무와 본조

139) 김성태, 288; 이철송, 220; 최기원, 139.

의 책임은 별개의 제도로서 서로 다른 요건이 규정되어 있으므로, 명의차용자가 명의대여자의 이름으로 어음을 발행하여 명의대여자가 어음상의 채무를 부담하지 아니하더라도 명의차용자의 영업행위와 관련하여 어음이 발행된 경우에는 이 어음상의 채무를 영업상의 채무로 못볼 것은 아니기 때문에 긍정설이 타당하다고 보며, 판례도 같은 취지이다.[140)][판례55] 어음행위만을 위한 명의대여와 관련해서도, 본조의 유추적용을 하자는 견해[141)]가 있으나, 우리 상법상 어음행위가 상법상의 상행위가 아닐지라도 본조에서 말하는 영업의 전제하에 어음행위만을 위한 명의대여가 이루어진 경우라면 본조를 적용할 수 있을 것으로 본다.

[판례55] 대법원 1969.3.31. 선고 68다2270 판결

갑이 약속어음을 발행할 때 주소를 대한교육보험주식회사 부산지사라고 표시하고 지사장이라고 기재하지 않았다 해도 그 성명 아래에는 개인도장 외에 동 회사 부산지사장이라는 직인을 찍은 것이므로 특별한 사정이 없는 한 이는 동인이 위 회사 부산지사장이라는 대표자격을 표시한 것이라 할 것이고 또 동 회사는 갑에게 부산지사라는 상호를 사용하여 보험가입자와 회사간의 보험계약체결을 알선할 것을 허락하였고 갑은 동 지사 사무실비품대금 조달을 위하여 을에게 약속어음을 발행하여 병이 그 소지인이 된 것이며 을이 갑의 위 어음발행행위의 주체를 위 회사로 오인한데에 중대한 과실이 있다고 보여지지 않으므로 동 회사는 명의대여자로서 그 외관을 신뢰한 갑과의 거래에 대하여 본조에 의한 책임을 져야 한다.

(3) 부진정연대채무

명의대여자는 본인의 채무를 부담하나, 명의차용자가 보유하는 항변을 원용할 수 있고, 부진정연대채무이므로 명의차용자와의 거래상대방이 명의차용자에게 한 이행청구는 명의대여자에게 그 효력이 미치지 아니하며, 변제를 제외하고 명의대여자와 명의차용자 중 한명에게 생긴 사유는 다른 자에게 영향을 미치지 아니한다.[판례56]

140) 김홍기, 85; 손주찬, 129; 송옥렬, 64; 안강현, 131; 이기수외, 195; 임중호, 188; 정동윤, 85; 최준선, 148.

141) 서헌제, 114; 전우현, 111; 정찬형, 130; 최기원, 139.

[판례56] 대법원 2011.4.14. 선고 2010다91886 판결

상법 제24조에 의한 명의대여자와 명의차용자의 책임은 동일한 경제적 목적을 가진 채무로서 서로 중첩되는 부분에 관하여 일방의 채무가 변제 등으로 소멸하면 타방의 채무도 소멸하는 이른바 부진정연대의 관계에 있다. 이와 같은 부진정연대채무에 서는 채무자 1인에 대한 이행청구 또는 채무자 1인이 행한 채무의 승인 등 소멸시효의 중단사유나 시효이익의 포기가 다른 채무자에게 효력을 미치지 아니한다.

XI. 상업장부

1. 의의

상업장부란 상인이 영업상의 재산 및 손익의 상황을 명백히 하기 위하여 작성하는 회계장부 및 대차대조표(재무상태표[142])를 말한다(29조 1항). 상업장부는 기업의 영업성과 평가와 장래 영업계획의 수립 등 개별기업의 이익에 기여하지만 이를 넘어 기업과 거래하는 일반 공중에 대한 신뢰의 바탕이 되고 회사기업의 경우 이익배당의 기초를 제공한다는 점에서 공공의 이익에 기여한다는 점도 무시할 수 없다. 따라서 기업과 거래하는 상대방이나 투자자의 입장에서 기업의 회계에 관한 장부의 비치 및 장부의 열람가능성과 그 기록의 진실성 확보에 대한 요구는 회사기업의 규모가 확대될수록 매우 중요한 문제가 되고 있다.[143] 한편, 상법상 상업장부 규정은 소상인을 제외한 모든 상인 즉, 자연인상인 및 모든 회사에 적용되는 바(9조), 재무제표가 주식회사, 유한회사 및 유한책임회사에만 적용되는 것과 비교된다(447조, 579조, 287조의33). 회계장부는 상업장부이나 재무제표가 아니며, 손익계산서는 재무제표이나 상업장부가 아니고, 주식회사와 유한회사의 영업보고서는 상업장부도 재무제표도 아니다.

---

142) K-IFRS(한국채택국제회계기준) 및 주식회사 등의 외부감사에 관한 법률("외감법")에서는 재무상태표로 표기함.

143) 송옥렬, 66; 이기수외, 208; 전우현, 113; 정경영, 85; 정동윤, 85; 주석상법(1), 222; 최기원, 142; 한창희, 152.

2. 회계장부

가. 의의

회계장부란 거래와 기타 영업상의 재산에 영향이 있는 사항을 기재한 상업장부이다(30조 1항). 회계장부는 대차대조표를 작성하는데 기초가 되는 상업장부이다(30조 2항). 회계장부에는 분개장(거래가 발생한 순서대로 기록하는 장부인 바, 일기장이라고도 불리우며, 원장의 각 계정에 기입하는데 기초가 되는 매우 중요한 장부임), 원장(자산, 부채, 자본 및 수익, 비용의 각 계정과목별로 작성되는 장부), 전표(발생한 거래의 내용을 거래가 발생할 때마다 발생부서에서 기록함으로써 거래발생사실을 기업내부의 다른 곳에 전달하고, 후일의 기장상의 증거자료로서 보존하는 일정형식의 서류양식을 말하며, 실무상 보통 분개장 대신 사용되며, 분개전표, 입금전표, 출금전표 및 대체전표 등이 있음) 이외에도 현금출납장(현금계정의 보조장부로서 현금의 수지내용을 상세히 기록하는 장부) 등이 포함된다.[144)]

나. 기재사항 및 작성방법

회계장부에 기재되어야 할 사항은 법률행위뿐만 아니라 채무불이행 또는 불법행위로 인한 손해배상, 지진 또는 수해 등 천재지변 등 사건도 포함된다. 즉, 법률상의 권리관계의 변동(매매계약의 체결, 소유권의 변동 등)만이 아니라 사실상의 재산의 귀속·변동(대금의 지급 또는 목적물의 인도 등)이 기재사항이 된다.[145)] 그리고 자연인상인의 경우에는 원칙적으로 영업과 관련없는 재산의 변동은 회계장부의 기재사항이 아니나, 비영업용재산이더라도 거래와 영업상의 재산에 영향이 있는 사항은 기재되어야 한다(가사비용을 영업용재산에서 지출할 경우 등).[146)]

자연인상인의 경우에는 단식부기[147)]에 의해 회계장부를 작성할 수 있지만, 법인세법상 납세의무가 있는 법인은 장부를 갖추어 두고 복식부기[148)] 방식으로

144) 나영외, 117, 124, 132, 237.

145) 손진화, 95; 안강현, 139; 이기수외, 220; 임중호, 197; 전우현, 116; 최기원, 148; 최준선, 174.

146) 김성태, 301; 김홍기, 90; 손주찬, 157; 이철송, 227; 정동윤, 90; 정찬형, 136; 주석상법(1), 232.

147) 거래가 발생하면 한번만 장부에 기록하는 부기법으로 보통 경영활동의 일부만을 기록하는 불완전한 부기를 말하는 바, 가계부기나 소규모 기업 등에서 아직도 이용되고 있다고 함(Single-Entry Bookkeeping; 나영외, 6).

148) 일정한 원리·원칙에 따라 거래를 두 개로, 즉 왼쪽인 차변과 오른쪽인 대변으로 나누어 이중으로

장부를 기장하여야 한다(법인세법 112조). 물론 작성에 관하여 상법에 규정한 것을 제외하고는 일반적으로 공정·타당한 회계관행에 의해야 한다(29조 2항).

3. 대차대조표(재무상태표)

가. 의의

대차대조표란 일정시점(기간 개념이 아님)을 기준으로 회사의 재산 및 재무상태를 나타내기 위하여, 차변에 자산을 대변에 자본 및 부채를 표시한 표를 말한다. 즉, 회계연도 말일에 차변의 자산의 합계액이 대변의 자본 및 부채의 합계액보다 많을 경우에는 그 차액을 대변에 이익항목으로 기재하여 대변과 차변의 총금액을 일치시키고, 자산의 합계액이 자본 및 부채의 합계액보다 적을 경우에는 그 차액을 대변에 손실항목으로 기재하여 대변과 차변의 총금액을 일치시킨다. 그 기재내역과 관련하여, 자산, 부채 및 자본에 속하는 각 종류별 항목의 당해 가액 총액만 기재하게 된다.

재무상태표
제 49 기 2016년 12월 31일 현재
제 48 기 2015년 12월 31일 현재

주식회사 0000 (단위: 원)

과 목	주 석	제 49(당) 기		제 48(전) 기	
자 산					
Ⅰ. 유동자산			11,732,675,842,563		11,427,638,423,093
1. 현금및현금성자산	4,5,22	120,528,797,443		1,634,105,660,246	
2. 매출채권	6,22,36	3,216,208,674,488		2,740,103,698,723	
3. 기타채권	7,22,36	246,061,411,478		246,430,699,672	
4. 기타금융자산	8,22	4,130,963,324,529		3,326,011,976,117	
5. 재고자산	9,33	3,995,290,986,139		3,427,010,712,592	
6. 매각예정자산	10	764,067,571		25,891,738,276	
7. 기타유동자산	15	22,858,580,915		28,083,937,467	

장부를 기입하는 방법으로 경영활동의 모든 부문을 기록하고자 하는 부기법을 말함(Double-Entry Bookkeeping; 나영외, 7).

II. 비유동자산			40,323,077,102,943		39,881,770,276,375
1. 장기매출채권	6,22	14,040,111,601		19,894,928,096	
2. 기타채권	7,22	87,668,552,850		93,756,959,079	
3. 기타금융자산	8,22	2,145,570,333,859		1,804,373,793,601	
4. 종속기업,관계기업및 공동기업투자	11	15,031,385,013,353		15,737,287,340,733	
5. 투자부동산	12	86,295,544,407		86,751,601,610	
6. 유형자산	13	22,257,409,288,704		21,514,149,549,731	
7. 무형자산	14	508,889,609,932		490,762,401,843	
8. 순확정급여자산	20	81,620,537,905		-	
9. 기타비유동자산	15	110,198,110,332		134,793,701,682	
자 산 총 계			52,055,752,945,506		51,309,408,699,468
부 채					
I. 유동부채			2,697,251,936,985		3,817,678,456,909
1. 매입채무	22,36	1,082,926,562,962		577,856,088,799	
2. 차입금	4,16,22	364,840,158,813		1,985,722,033,488	
3. 기타채무	17,22,36	866,073,913,982		946,734,623,460	
4. 기타금융부채	18,22	16,507,915,450		25,675,757,669	
5. 당기법인세부채	34	315,530,270,230		227,569,506,101	
6. 충당부채	19	14,154,447,584		22,839,717,251	
7. 기타유동부채	21	37,218,667,964		31,280,730,141	
II. 비유동부채			5,029,054,084,751		4,466,172,795,967
1. 장기차입금	4,8,16,22	3,778,013,687,668		3,303,105,233,922	
2. 기타채무	17,22	117,310,238,202		37,655,905,832	
3. 기타금융부채	18,22	72,741,558,844		81,496,425,433	
4. 확정급여부채	20	-		10,472,030,696	
5. 이연법인세부채	34	1,015,966,151,857		994,867,490,892	
6. 충당부채	19	29,506,334,353		21,953,590,278	
7. 기타비유동부채	21	15,516,113,827		16,622,118,914	
부 채 총 계			7,726,306,021,736		8,283,851,252,876
자 본					
I. 자본금	23		482,403,125,000		482,403,125,000
II. 자본잉여금	23,40		1,156,302,888,187		1,247,580,809,214
III. 신종자본증권	24		996,919,000,000		996,919,000,000
IV. 적립금	25		284,240,387,833		(30,017,007,308)
V. 자기주식	26		(1,533,468,003,532)		(1,533,898,233,666)
VI. 이익잉여금	27		42,943,049,526,282		41,862,569,753,352
자 본 총 계	4		44,329,446,923,770		43,025,557,446,592

부채와자본총계			52,055,752,945,506		51,309,408,699,468

재 무 상 태 표

제 21 기 : 2016년 12월 31일 현재

제 20 기 : 2015년 12월 31일 현재

XXX 주식회사 (단위 : 백만원)

	21기	20기		21기	20기
유동자산	**861,816**	**873,737**	**유동부채**	**765,850**	**1,092,119**
현금및현금등가물	502,726	429,292	매입채무	125,566	217,951
매출채권	146,333	129,433	단기차입금	113,483	24,659
매도가능증권	32,111	33,332	유동성사채	332,908	10,000
선급금	16,433	23,444	미지급금	56,333	108,495
기타유동자산	2,946	39,728	선수금	4,552	576,596
재고자산	161,267	218,508	기타유동부채	133,008	154,418
비유동자산	**1,329,225**	**967,958**	**비유동부채**	**459,582**	**195,559**
투자자산	612,169	484,746	사채	99,744	–
유형자산	451,741	356,663	장기차입금	81,062	–
무형자산	24,277	12,096	퇴직급여충당금	53,545	25,117
기타비유동자산	241,038	114,453	기타부채	225,231	170,442
			부채총계	1,225,432	1,287,678
			자본총계	965,609	554,017
			자본금	400,000	400,000
			자본잉여금	122,222	122,222
			이익잉여금	401,154	19,462
			기타자본	42,233	12,333
자산총계	**2,191,041**	**1,841,695**	**부채와자본총계**	**2,191,041**	**1,841,695**

대차대조표는 회계장부에 의하여 작성되고, 작성자가 이에 기명날인 또는 서명하여야 한다(30조 2항). 여기서 작성자란 자연인상인인 경우에는 영업주인 자연인 본인이 되겠으나, 합명회사, 합자회사 및 유한책임회사에서는 업무집행사원

이, 주식회사의 경우에는 대표이사 전원이 그리고 유한회사의 경우에는 이사 전원이 작성자이다.149)

나. 작성시기

상인은 영업을 개시한 때와 매년 1회 이상 일정시기에, 회사는 성립한 때와 매 결산기에 회계장부에 의하여 대차대조표를 작성하고, 작성자가 이에 기명날인 또는 서명하여야 한다(30조 2항).

한편, 작성시기와 관련하여 통상대차대조표와 비상대차대조표로 나눌 수 있는 바, 전자는 영업의 계속을 전제로 개업시 또는 회사성립시에 작성하는 개업대차대조표와 매년 1회 이상 일정시기 또는 매 결산기에 작성하는 결산대차대조표로 나눌 수 있고, 후자는 합병대차대조표(522조의2, 603조) 및 청산대차대조표(247조, 269조, 533조 1항, 613조 1항 등)를 말한다.

특히, 주식회사의 경우, 결산기에 작성하는 대차대조표는 정기주주총회의 회일의 6주간 전에 작성하여야 하여 감사에게 제출하여야 하므로(447조의3), 이사는 그 이전에 작성하여 이사회의 승인을 얻어야 한다(447조). 한편, 유한회사의 경우, 이사는 정기사원총회의 회일로부터 4주간 전에 재무제표를 작성하여 감사에게 제출하여야 하므로(579조 2항) 이사는 그 이전에 이를 작성하여야 한다.

다. 기재사항 및 작성방법

보다 구체적으로, **자산**은 유동자산(결산일로부터 기산하여 1년 내에 현금화되는 자산; 당좌자산150) 및 재고자산151)) 및 비유동자산(1년 내에 현금화되지 않거나 1년 이상 영업활동에서 사용할 수 있는 자산; 투자자산,152) 유형자산,153) 무형자산,154) 기타 비유동자산155))으로,156) **부채**

---

149) 임중호, 199; 주석상법(1), 234; 최준선, 176.

150) 판매과정을 거치지 않고 1년 이내에 현금화가 가능한 자산으로서 현금, 예금, 유가증권, 외상매출금, 받을어음, 당기대여금, 미수금, 미수수익 등.

151) 기업의 정상적인 판매과정에서 판매할 목적으로 보유하거나(제품 또는 상품), 제품의 완성을 위해 생산과정에 있거나(재공품), 판매할 제품의 생산과정에서 사용되거나 소비될 자산(원재료, 저장품)을 말함(나영외, 256).

152) 영업이외의 목적으로 취득한 자산(영업용이 아닌 토지와 건물 등)을 말함.

153) 고정자산이라고도 하며, 토지, 건물, 기계장치, 차량운반구, 건설중인 자산·비품 등과 같은 내구

는 유동부채[157] 및 비유동부채[158]로,[159] **자본**은 자본금[160]·자본잉여금[161]·이익잉여금[162] 기타포괄손익누계액[163] 및 자본조정[164]으로 구분한다.[165]

작성방법과 관련하여, 상법에 규정한 것을 제외하고는 일반적으로 공정·타당한 회계관행에 의해야 한다(29조 2항).

4. 상업장부 작성의 원칙

가. 의의 - 회계처리기준

상업장부의 작성에 관하여 상법에 규정한 것을 제외하고는 일반적으로 공정·타당한 회계관행에 의해야 하는 바(29조 2항), 이 일반적으로 공정·타당한 회계관행은 주식회사 등의 외부감사에 관한 법률에 따라 금융위원회가 한국회계기준원이 마련하고 증권선물위원회의 심의를 거쳐 채택한 한국채택국제회계기준(Korean International Financial Reporting Standards("K-IFRS"); 외감법 13조 1항 1호) 및 그 밖에 외감법에 따라 정한 회계처리기준(일반기업회계기준; 외감법 13조 1항 2호) 및 중소기업회계기준(446조의2, 상법시행령 15조 3호)을 말한다.

한국채택국제회계기준이란 국제회계기준위원회(International Accounting Standards Board)가 만든 IFRS를 우리말로 번역하여 2011년부터 도입한 것으로서, ① 주권상

성자산으로서 영업활동을 하는데 사용되는 자산을 말함.

154) 물리적 실체가 없으나 기업이 장기간 영업활동에 사용함으로써 경제적 이익을 제공할 것으로 기대되는 자산으로서, 영업권, 지적재산권, 광업권, 기타 무형자산을 말함.

155) 당좌개설보증금이 이에 해당됨.

156) 나영외, 348, 372, 256.

157) 단기부채라고도 하며, 회계연도 말부터 1년 이내에 지급기일이 도래하는 부채를 말함.

158) 장기부채라고도 하며, 회계연도 말부터 1년 이내에 지급기일이 도래하지 않는 부채를 말함.

159) 나영외, 74.

160) 납입자본금이라고도 하며, 액면주식을 발행한 경우에는 액면가에 발행주식총수를 곱한 금액이고, 무액면주식을 발행한 경우에는 원칙적으로 이사회가 총발행가액 중 그 2분의 1 이상의 금액으로서 자본금으로 정한 금액을 말함.

161) 주식발행초과금, 합병차익, 감자차익 등을 말함(김순기 등, 32).

162) 영업활동에서 발생된 당기순이익의 누적금액을 말함.

163) 손익거래로부터 발생한 자본의 증감부분이지만, 최종적으로 거래를 통하여 확정되지 않는 평가상의 항목을 말함.

164) 자기주식, 자기주식처분손실, 출자전환채무 등이 있음.

165) 나영외, 75.

장법인(다만, 코넥스시장상장법인은 제외), [2] 그 밖에 공정한 감사가 특히 필요하다고 인정되어 대통령령으로 정하는 회사(외감법 4조의3 1항 9호, 외감법시행령 4조 9항 1호 각 목 외의 부분 본문에 따른 주식회사 (다만, 코넥스시장에 주권을 상장하려는 법인은 제외함)), [3] 금융지주회사법에 따른 금융지주회사(다만, 금융지주회사법 22조에 따른 전환대상자는 제외), [4] 은행법에 따른 은행, [5] 자본시장법에 따른 투자매매업자, 투자중개업자, 집합투자업자, 신탁업자 및 종합금융회사, [6] 보험업법에 따른 보험회사, [7] 여신전문금융업법에 따른 신용카드업자에게 적용되는 회계처리기준을 말한다(외감법 13조 1항, 외감법시행령 7조의2). 일반기업회계기준이란 외감법 적용대상인 외부감사를 받아야 하는 주식회사 중 위 한국채택국제회계기준의 적용대상이 아닌 주식회사에 적용되는 회계처리기준을 말한다. 중소기업회계기준이란 위 「한국채택국제회계기준 및 일반기업회계기준의 적용대상인 주식회사 및 공공기관의 운영에 관한 법률」 2조에 따른 공공기관(동법에 따른 공기업·준정부기관의 회계원칙을 적용)을 제외하고, 회사의 종류 및 규모 등을 고려하여 법무부장관이 금융위원회 및 중소기업청장과 협의하여 고시한 회계기준을 말한다.

나. 상업장부 작성의무자

상업장부는 모든 상인 즉, 모든 자연인상인과 회사가 작성의무자이다. 그러나 소상인에게는 상업장부에 관한 규정이 적용되지 아니하므로, 소상인은 상업장부를 작성할 의무가 없다(9조).

이와 관련하여, 상법은 상업장부 작성의무를 부여하고 있는 경우에도, 그 불이행시 당해 의무자에 대한 처벌규정이 없다. 단, 주식회사 및 유한회사의 경우에는 상업장부미작성 또는 부실기재로 인하여 회사 또는 제3자에게 손해가 발생한 때에는 <u>이사</u>가 손해배상책임을 부담하고(399조, 401조, 567조), 상업장부를 미작성하거나 부실기재로 인하여 회사의 <u>발기인, 설립위원, 업무집행사원, 업무집행자, 이사, 집행임원, 감사, 감사위원회 위원, 외국회사의 대표자, 검사인, 공증인, 감정인, 지배인, 청산인</u> 등이 500만원 이하의 과태료의 처벌을 받게 된다(635조 1항 9호).

한편, 채무자인 상인이 파산한 경우, 채무자가 파산선고의 전후를 불문하고 <u>자기 또는 타인의 이익을 도모하거나 채권자를 해할 목적</u>으로 법률의 규정에 의하여 작성하여야 하는 상업장부를 작성하지 아니하거나, 그 상업장부에 재산의 현황을 알 수 있는 정도의 기재를 하지 아니하거나, 그 상업장부에 부실한 기재를 하거나, 그 상업장부를 은닉 또는 손괴하는 행위를 하고, 그 파산선고가 확정된 때에는 10년 이하의 징역 또는 1억원 이하의 벌금에 처하며(채무자회생및파산에관한법률("채무자회생법") 650조 1항), 채무자가 파산선고의 전후를 불문하고 위 행위를 하고, 그 파산선고가 확정된 경우 그 채무자는 5년 이하의 징역 또는 5천만원 이하의 벌금에 처한다(동법 651조 1항).

5. 상업장부의 확정 및 공시

자연인상인의 경우에는 작성 즉시 확정되나, 대차대조표의 경우에는 최종적으로 주식회사에서는 주주총회승인(449조), 유한회사에서는 사원총회승인(583조)을 받아야 하며, 합명회사, 유한책임회사 및 합자회사에서는 총사원과반수 또는 업무집행사원 과반수결의를 받아야 하는 것으로 해석된다(200조, 201조, 269조, 287조의18).

한편, 자연인상인에게는 공시절차가 요구되지 아니하나, 회사에는 엄격한 공시절차가 요구된다. 즉, 대차대조표와 관련하여, 주식회사의 이사는 정기주주총회회일의 1주간 전부터 본점에서 5년간, 그 등본을 지점에서 3년간 비치하여야 하고(448조), 총회승인 후에는 즉시 공고하여야 하며(449조), 유한회사의 이사는 정기사원총회회일의 1주간 전부터 5년간 본점에 비치하여야 하고(579조의3), 주주 또는 사원 및 회사채권자가 영업시간 내에 열람 또는 등사할 수 있도록 하여야 한다. 또한, 발행주식의 총수의 100분의3 이상에 해당하는 주식을 가진 소수주주 또는 자본금의 100분의3 이상에 해당하는 출자좌수를 가진 소수사원은 이유를 붙인 서면으로 회계장부의 열람 또는 등사를 청구할 수 있다(466조, 581조). 유한책임회사에서는 업무집행자가 대차대조표를 본점에 5년간 갖추어 두어야 하고, 그 등본을 지점에 3년간 갖추어 두어야 하며, 유한책임사원과 유한책임회사의 채권자는 회사의 영업시간 내에는 언제든지 대차대조표의 열람과 등사를 청구할 수 있다(287조의33). 합명회사의 경우는 명문의 규정은 없으나, 무한책임사원은 당연히 상업장부를 열람할 수 있다고 보아야 할 것이며,[166] 합자회사의 유한책임사원

166) 김성태, 312; 이철송, 231.

은 영업년도 말에 있어서 영업시간 내에 한하여 회사의 회계장부·대차대조표를 열람할 수 있고, 중요한 사유가 있는 때에는 유한책임사원은 언제든지 법원의 허가를 얻어 열람할 수 있다(277조).

6. 상업장부의 보존

상인은 10년간 상업장부와 영업에 관한 중요서류(계약서 등)를 보존하여야 한다. 다만, 전표 또는 이와 유사한 서류는 5년간 이를 보존하여야 한다(33조 1항). 상업장부와 영업관련 중요서류는 보존기간을 10년이라는 장기로 하여 이해관계자와의 법적 분쟁에 대비하도록 하고 있으며, 그보다 중요도가 낮은 전표 등과 같은 서류는 단기인 5년간의 보존기간만을 규정하고 있다.

이 보존기간은 상업장부에 있어서는 그 폐쇄한 날로부터 기산한다(33조 2항). 기타 서류들은 상인자신이 작성한 서류는 작성일로부터, 타인으로부터 수령한 경우에는 수령일로부터 기산해야 할 것이다.[167]

위 상업장부와 서류는 마이크로필름 기타의 전산정보처리조직에 의하여 이를 보존할 수 있다(33조 3항). 이 경우 다음의 ①과 ② 중 어느 하나에 해당하는 방법으로 보존하여야 한다. 다만, 상법에 따라 작성자가 기명날인 또는 서명하여야 하는 장부와 서류는 그 기명날인 또는 서명이 되어있는 원본을 보존하여야 한다(상법시행령 3조).

① 전자문서 및 전자거래기본법 5조 2항에 따라 전자화문서로 보존하는 방법

즉, 종이문서나 그 밖에 전자적 형태로 작성되지 아니한 문서(이하 "전자화대상문서"라 한다)를 정보처리시스템이 처리할 수 있는 형태로 변환한 문서(이하 "전자화문서"라 한다)가 다음 1.과 2.의 요건을 모두 갖춘 경우에는 그 전자화문서를 보관함으로써 관계 법령에서 정하는 문서의 보관으로 갈음할 수 있다. 다만, 다른 법령에 특별한 규정이 있는 경우에는 그러하지 아니하다.

1. 전자화문서가 전자화대상문서와 그 내용 및 형태가 동일할 것
2. 전자문서의 내용을 열람할 수 있을 것, 전자문서가 작성 및 송신·수신된 때의 형태 또는 그와 같이 재현될 수 있는 형태로 보존되어 있을 것, 그리

167) 손주찬, 151; 이기수외, 216; 전우현, 120; 정동윤, 88; 정찬형, 138; 최기원, 144; 최준선, 171.

고 전자문서의 작성자, 수신자 및 송신·수신 일시에 관한 사항이 포함되어 있는 경우에는 그 부분이 보존되어 있을 것(전자문서 및 전자거래기본법 5조 1항 각호); 또는

② 다음 기준에 따라 보존하는 방법

1. 전산정보처리조직에 장부와 서류를 보존하기 위한 프로그램의 개발·변경 및 운영에 관한 기록을 보관하여야 하며, 보존의 경위 및 절차를 알 수 있도록 할 것
2. 상법 및 일반적으로 공정·타당한 회계관행에 따라 그 내용을 파악할 수 있도록 보존할 것
3. 필요한 경우 그 보존 내용을 영상 또는 출력된 문서로 열람할 수 있도록 할 것
4. 전산정보처리조직에 보존된 자료의 멸실·훼손 등에 대비하는 조치를 마련할 것

7. 상업장부의 제출

법원은 신청에 의하여 또는 직권으로 소송당사자에게 상업장부 또는 그 일부분의 제출을 명할 수 있다(32조). 이와 관련하여, 민사소송법 344조에 의하면, [1] 당사자가 소송에서 인용한 문서를 가지고 있는 때, [2] 신청자가 문서를 가지고 있는 사람에게 그것을 넘겨 달라고 하거나 보겠다고 요구할 수 있는 사법상의 권리를 가지고 있는 때 또는 [3] 원칙적으로 문서가 신청자의 이익을 위하여 작성되었거나, 신청자와 문서를 가지고 있는 사람 사이의 법률관계에 관하여 작성된 것인 때에는 이 문서를 가지고 있는 사람은 법원에 그 제출을 거부할 수 없는 바, 본조는 이 민사소송법 규정에 대한 특칙으로서, 상업장부가 이 민사소송법상의 문서에 해당되지 않는다고 할지라도 법원은 신청 또는 직권으로 제출을 명할 수 있다는 의미이다.

XII. 상업등기

1. 의의

상업등기라 함은 상법에 따라 정해진 사항을 당사자의 신청에 의하여 영업소의 소재지를 관할하는 법원의 상업등기부에 기재하는 것을 말한다(34조). 이러한 상업등기라는 공시방법을 통해, 상인의 대외적인 신용유지 및 거래상대방의 이익을 보호하고 상거래의 안전을 확보하기 위하여, 상인의 영업에 관한 중요한 사항을 공시하는 것이다. 상업등기에 관한 규정은 소상인에게 적용하지 아니한다(9조).

등기소에서 편성하여 관리하는 상업등기부에는 ① 상호등기부, ② 미성년자등기부, ③ 법정대리인등기부, ④ 지배인등기부, ⑤ 합자조합등기부, ⑥ 합명회사등기부, ⑦ 합자회사등기부, ⑧ 유한책임회사등기부, ⑨ 주식회사등기부, ⑩ 유한회사등기부, ⑪ 외국회사등기부가 있다(상업등기법 11조 1항).

2. 등기사항의 분류

가. 절대적 기재사항 및 상대적 기재사항

절대적 등기사항이란 상법에 의하여 반드시 등기하여야 할 사항을 말하며, 상대적 기재사항이란 등기여부가 상인의 재량에 맡겨진 사항을 말한다. 대부분의 등기사항은 절대적 등기사항이나, 자연인상인의 상호등기 및 지점의 등기 등은 상대적 기재사항이다(상대적 기재사항이더라도 일단 등기하게 되면 그 이후에는 그 등기사항의 변경, 소멸에 대하여 등기하여야 함(40조)).

절대적 등기사항을 등기하지 않는 경우, 회사의 경우에는 과태료의 제재(635조 1항 1호)를 받는 이외에 다른 제재는 없고, 자연인 상인의 경우에는 과태료의 제재도 없다. 그러나 선의의 제3자에게 대항하지 못하는 불이익은 있다(37조 1항).

한편, 절대적 등기사항을 등기하지 아니하는 경우에는 이해관계인은 그 등기의 이행을 청구할 수 있다.

나. 설정적(창설적) 등기사항 및 면책적(소멸적) 등기사항

설정적(창설적) 등기사항이란 법률관계가 새로 만들어지는 내용에 관한 등기사항을 말하며(지배인 선임등기, 회사설립등기, 상호선정등기 등; 회사설립등기와 같이 등기에 의해 법률관계가 창설된다는 의미는 아님), 면책적(소멸적) 등기사항이란 기존 법률관계가 소멸 또는 면책되는 내용에 관한 등기사항을 말한다(지배인 해임등기, 합명회사사원의 퇴사등기, 주식회사 또는 유한회사 이사의 해임등기 등).

다. 지점등기

본점의 소재지에서 등기할 사항(즉, 절대적 기재사항)은 다른 규정이 없으면 지점의 소재지에서도 등기하여야 한다(35조). 상대적 기재사항은 본점뿐만 아니라 지점등기여부도 상인의 재량이기 때문이다.168) 여기서 다른 규정의 예로는 상법 13조에 따른 본점과 지점별로 둔 지배인의 선임 또는 해임등기 등(합명회사 지점설치등기시 등기사항(181조), 합자회사 지점설치 및 이전시 등기사항(271조), 유한책임회사 지점설치등기시 등기사항(287조의5 2항), 주식회사 지점설치 및 이전시 등기사항(317조 3항), 유한회사 지점설치 및 이전시 지점소재지 또는 신지점소재지에서의 등기사항(549조 3항))이 있다.

3. 등기절차

가. 신청주의

상업등기는 법률에 다른 규정이 있는 경우를 제외하고, <u>당사자(즉, 상인)의 신청</u> 또는 <u>관공서의 촉탁</u>에 따라 한다(34조, 상업등기법 22조).

그 등기신청은, ① 신청인 또는 그 대리인이 등기소에 출석하여 신청정보 및 첨부정보를 적은 서면을 제출하는 방법(다만, 대리인이 변호사[법무법인, 법무법인(유한) 및 법무조합을 포함한다]나 법무사[법무사법인 및 법무사법인(유한)을 포함한다]인 경우에는 대법원규칙으로 정하는 사무원을 등기소에 출석하게 하여 그 서면을 제출할 수 있음), ② 대법원규칙으로 정하는 바에 따라 전산정보처리조직을 이용하여 신청정보 및 첨

168) 안강현, 145; 이철송, 242; 최기원, 160; 최준선, 181.

부정보를 등기소에 보내는 방법(법원행정처장이 지정하는 등기유형으로 한정함) 또는 ③ 촉탁에 따른 등기 또는 회사의 본점과 지점 소재지에서 공통으로 등기할 사항에 대한 지점 소재지에서의 등기에 관하여는, 우편을 이용하여 신청정보 및 첨부정보를 적은 서면을 등기소에 제출하는 방법 중 어느 하나의 방법으로 할 수 있다(상업등기법 24조 1항).

나. 관할등기소 및 등기부의 관리

상업등기사무는 등기당사자의 영업소 소재지를 관할하는 등기사무를 담당하는 지방법원 또는 그 지원(支院) 또는 등기소에서 담당한다(상업등기법 4조). 그 구체적인 상업등기사무는 등기소에 근무하는 법원서기관·등기사무관·등기주사 또는 등기주사보 중에서 지방법원장(등기소의 사무를 지원장이 관장하는 경우에는 지원장을 말함)이 지정하는 사람 즉, 등기관이 처리하는 바, 등기관은 등기사무를 전산정보처리조직을 이용하여 등기부에 등기사항을 기록하는 방식으로 처리하여야 하고, 접수번호의 순서에 따라 등기사무를 처리하여야 하며, 등기사무를 처리하였을 때에는 등기사무를 처리한 등기관이 누구인지 알 수 있는 조치를 하여야 한다(상업등기법 8조).

다. 심사권

(1) 의의

등기관은 상법 또는 상업등기법에 위반하는 등기신청에 대하여 그 이유를 적은 결정으로 신청을 각하하여야 한다. 그런데 이를 판단하기 위한 심사범위와 관련하여, 형식적 심사주의, 실질적 심사주의 및 절충주의로 견해가 나뉜다.

(2) 형식적 심사주의

등기관은 당해 등기신청의 형식적 적법성 즉, 신청사항이 법에서 등기가 허용된 사항인지 여부, 등기관할권이 있는지 여부, 신청인이 적법한 본인 또는 대리인인지 여부 및 신청서 및 그 구비서류가 갖추어져 있는지 여부만을 심사할 수 있다는 견해이다.[169][판례57]

[판례57] 대법원 2008.12.15.자 2007마1154 결정

원칙적으로 등기공무원은 등기신청에 대하여 실체법상의 권리관계와 일치하는지 여부를 심사할 실질적 심사권한은 없고 오직 신청서 및 그 첨부서류와 등기부에 의하여 등기요건에 합당하는지 여부를 심사할 형식적 심사권한밖에는 없다. 따라서 등기관이 구 비송사건절차법(2007.7.27. 법률 제8569호로 개정되기 전의 것) 159조 10호에 의하여 등기할 사항에 관하여 무효 또는 취소의 원인이 있는지 여부를 심사할 권한이 있다고 하여도 그 심사방법에 있어서는 등기부 및 신청서와 법령에서 그 등기의 신청에 관하여 요구하는 각종 첨부서류만에 의하여 그 가운데 나타난 사실관계를 기초로 판단하여야 하고, 그 밖에 다른 서면의 제출을 받거나 그 외의 방법에 의해 사실관계의 진부를 조사할 수는 없다.

(3) 실질적 심사주의

등기관은 등기사항에 대한 형식적 심사권 이외에도 그 진실여부에 대한 실질적 심사에 대한 권한과 의무까지 가진다는 견해이다.[170)]

(4) 절충주의

(가) 수정실질심사주의

등기관은 기록관에 불과하지만 등기사항의 진실성에 대하여 현저한 의문이 있는 경우에도 실질적 심사를 하지 않는 것은 등기관의 의무위반이 되겠으나, 의문이 없는 경우에는 이러한 실질심사를 할 의무는 없으며, 심사를 이유로 등기절차를 지연시키는 것은 직권남용이 된다고 하는 견해이다.[171)]

(나) 수정형식심사주의

원칙적으로 형식심사주의가 타당하나, 신청사항의 진실사항을 의심할 만한 상당한 이유가 있는 때에는 실질심사를 해야 한다는 견해이다.[172)]

---

169) 대법원 2020.1.7.자 2017다6419 결정 참조. 김성태, 324; 임중호, 213.

170) 서돈각외, 120.

171) 이범찬, 57; 장덕조, 64; 정찬형, 150; 정희철외, 110; 최준선, 184.

172) 김병연외, 134; 김정호, 127; 김홍기, 102; 서헌제, 132; 손진화, 110; 안강현, 148; 이기수외, 234; 이철송, 245; 전우현, 127; 정경영, 98; 정동윤, 96; 최기원, 164.

(5) 검토

등기관에게 원칙적으로 실질적 심사권을 주는 것은 절차의 지연으로 인하여 사실상 등기제도의 효율성을 저하시킬 뿐만 아니라 상업등기법상 등기각하 사유들이 거의 형식적 요건의 결여를 원인으로 하고 있다는 점에서 타당치 않다고 보며, 그렇다고 등기신청사항의 진실성에 대하여 합리적인 의심이 드는 경우까지 무조건 등기를 해주어야 한다면 이는 등기의 공신력에 문제를 발생시키게 될 것이므로, 결론적으로 절충설 특히 수정형식심사주의가 가장 타당한 견해가 아닌가 사료된다.

4. 상업등기의 경정·말소

가. 등기의 경정

등기당사자는 등기에 착오나 빠진 부분이 있을 때에는 그 등기의 경정을 신청할 수 있다(상업등기법 75조). 또한 등기관은 등기를 마친 후 그 등기에 착오나 빠진 부분이 등기관의 잘못으로 인한 것이었을 때를 제외하고, 그 착오나 빠진 부분이 있음을 발견하였을 때에는 지체 없이 그 사실을 등기를 한 자에게 통지하여야 하며, 만일 등기의 착오나 빠진 부분이 등기관의 잘못으로 인한 것이었을 때에는 등기관은 지체 없이 그 등기를 직권으로 경정하고 그 사실을 등기를 한 자에게 통지하여야 한다(상업등기법 76조).

나. 등기의 말소

등기당사자는 등기가 ① 그 등기소의 관할이 아닌 경우, ② 사건이 등기할 사항이 아닌 경우, ③ 사건이 그 등기소에 이미 등기되어 있는 경우 또는 ④ 등기된 사항에 무효의 원인이 있는 경우(소로써만 그 무효를 주장할 수 있는 경우는 제외)에 해당되는 경우에는 그 등기의 말소를 신청할 수 있고(상업등기법 77조), 한편, 등기관은 등기를 마친 후 그 등기가 위 사유 중 어느 하나에 해당되는 것임을 발견하였을 때에는, 등기를 한 자에게 1개월 이내의 기간을 정하여 그 기간 이내에 이의를 진술하지 아니하면 등기를 말소한다는 뜻을 통지하여야 하고, 이에 대해 이의를 진술한 자가 있으면 그 이의에 대한 결정을 하여야 하며, 이 기간 이내에 이의를 진술한 자가 없거나 이의를 각하한 경우에는 당해 등기를 직권으로 말소하여야 한다(상업등기법 78조 내지 80조).

5. 상업등기의 열람, 증명 및 보존

누구든지 수수료를 내고 대법원규칙으로 정하는 바에 따라 등기기록에 기록되어 있는 사항의 전부 또는 일부의 열람과 이를 증명하는 등기사항증명서의 발급을 신청할 수 있다. 다만, 등기기록의 부속서류에 대해서는 이해관계 있는 부분만 열람을 신청할 수 있다(상업등기법 15조 1항). 등기사항에 대하여 이해관계가 있는 공중이 이를 실제로 알 수 있도록 하기 위한 규정이다. 이에 따른 등기기록의 열람 및 등기사항증명서의 발급 신청은 관할 등기소가 아닌 다른 등기소에서도 할 수 있다(동조 2항).

상업등기부는 영원히 보존하여야 한다(동법 11조 2항). 또한 폐쇄한 등기기록은 법률(상업등기법 포함)에 다른 규정이 없는 경우에는 보조기억장치에 따로 기록하여 보관하며, 폐쇄한 등기기록은 영구히 보존하여야 한다(상업등기법 20조).

6. 상업등기의 효력

가. 일반적 효력

등기할 사항은 이를 등기하지 아니하면 선의의 제3자에게 대항하지 못한다(37조 1항). 이 규정은 등기할 사항의 등기 전에는 선의의 제3자에게 대항할 수 없다는 측면 즉, 등기 전이라도 악의의 제3자에게는 대항할 수 있다는 측면("소극적 공시력")과 등기 후에는 선의의 제3자에게도 대항할 수 있다는 측면 즉, 등기 후에는 제3자의 악의가 의제된다는 측면("적극적 공시력")을 모두 포함하고 있다. 다시 말하면, 이 등기의 효력은 제3자에 대한 대항력의 문제에 불과하다.[판례58] 또한, 이러한 효력은 등기된 사실이 실제로 존재하는 경우에만 발생하는 것이고, 이러한 등기된 사실이 실제로 존재하지 아니하는 경우에는 등기되었더라도 이와 같

은 등기의 효력은 발생치 아니한다.173)

[판례58] 대법원 1981.9.8. 선고 80다2511 판결

주식회사의 해산등기 및 청산인등기는 제3자에 대한 대항요건에 불과하므로 상법시행법 15조 3항에 의한 해산간주에 따른 해산등기 및 상법 531조 1항에 의한 당연청산인 취임등기가 없다 하여도 동 해산 및 대표청산인의 자격에 아무런 소장이 없다.

(1) 소극적 공시력

(가) 선의의 제3자

여기서 선의란 등기된 사실관계 존재여부를 알지 못하는 것이지 그 사실이 등기되었는지 여부를 모르는 것을 말하는 것은 아니다. 그 존재여부를 알지 못한 데 대하여 과실이 있더라도 상관없으나, 중과실이 있는 경우에는 악의와 같이 취급하는 것이 공평의 이념에서 볼 때 타당하다고 본다.174) 악의 또는 중과실있는 선의의 입증책임은 이를 주장하는 자에게 있다고 보아야 할 것이며, 선의 또는 악의의 판단시점은 거래 당시이다.175)

여기서 제3자란 거래의 상대방뿐만 아니라 등기사항에 관하여 정당한 이해관계를 가지는 자를 포함한다.176)[판례59] 예를 들어, 주식회사의 대표이사가 해임되었음에도 그 해임등기가 되기 전에 그 해임사실을 모르고 당해 대표이사와 물품거래를 한 상대방뿐만 아니라 동일물품을 상대방과 거래한 전득자 등을 말한다.

---

173) 김병연외, 136; 손주찬, 178; 임중호, 226; 주석상법(1), 267; 최준선, 185.

174) 김병연외, 135; 김성태, 328; 김정호, 133; 서헌제, 136; 안강현, 151; 이철송, 250; 장덕조, 64; 정경영, 100; 정찬형, 152. 그러나 이에 반대하는 견해로는 손주찬, 179; 손진화, 114; 이기수외, 240; 임중호, 220; 정동윤, 98; 최기원, 169; 최준선, 186; 한창희, 174.

175) 김병연외, 135; 김성태, 328; 서헌제, 136; 손주찬, 179; 손진화, 114; 안강현, 151; 이철송, 250; 임중호, 221; 장덕조, 64; 전우현, 129; 정동윤, 98; 정경영, 100; 정찬형, 152; 주석상법(1), 270; 최기원, 169; 최준선, 186.

176) 김병연외, 135; 김성태, 328; 서헌제, 136; 손주찬, 179; 손진화, 114; 안강현, 151; 이철송, 250; 임중호, 221; 정동윤, 98; 정찬형, 152; 주석상법(1), 269; 최기원, 170.

[판례59] 대법원 1978.12.26. 선고 78누167 판결

상법 37조 소정의 "선의의 제3자"라 함은 대등한 지위에서 하는 보통의 거래관계의 상대방을 말한다 할 것이므로, 조세권에 기하여 조세의 부과처분을 하는 경우의 국가는 동조 소정의 제3자라 할 수 없다.

(나) 대항력

그 등기되었어야 할 사실관계를 모르는 선의의 제3자에게 그 등기의 효력을 주장할 수는 없으나, 반대로 선의의 제3자는 그 실체적 사실관계를 주장할 수는 있다. 예를 들어, 위의 예에서 그 해임사실을 모르는 거래의 상대방에게 회사가 거래의 효력이 없음을 주장할 수는 없으나, 반대로 등기 전이라도 당해 상대방이 당해 대표이사가 적법한 대표이사가 아니므로 유효한 거래가 아니라는 사실은 주장할 수 있다.

(2) 적극적 공시력

(가) 원칙

소극적 공시력의 반대해석으로서, 등기사항이 등기된 후에는 그 등기된 사실관계를 몰랐던 자에게 대하여도 그 사실관계를 알았던 것으로 의제하여 실체적 사실관계에 따라 주장할 수 있다. 예를 들어, 주식회사의 대표이사가 해임된 사실이 등기된 경우에는 그 해임된 사실을 몰랐던 거래의 상대방에 대하여도 대표이사가 해임된 사실을 주장하여 그 거래가 효력이 없음을 주장할 수 있다.

(나) 예외

등기한 후라도 제3자가 정당한 사유로 인하여 이를 알지 못한 때에는 그 제3자에게 대항하지 못한다(37조 2항). 제3자가 그에게 책임없는 사유로 등기된 사실관계를 알지 못한 경우에까지 그의 악의를 의제하여 등기된 사실관계를 주장할 수 있게 하는 것은 공평의 이념에 반하기 때문이다. 여기서 정당한 사유란 천재지변 등과 같은 객관적, 불가항력적인 장애사유를 말하지, 질병 또는 여행과 같은 주관적 사유는 포함하지 아니한다. 예를 들어, 지진으로 인하여 전산망이 마비되고, 교통두절로 등기소에 갈 수가 없는 경우 등을 말한다. 이러한 정당한 사

유에 대한 입증책임은 이를 주장하는 제3자가 그 등기된 사실관계를 몰랐다는 점을 포함하여 부담해야 할 것이다.

(3) 적용범위

(가) "등기할 사항"의 범위

여기서 등기할 사항이란 절대적 등기사항뿐만 아니라 상대적 기재사항도 포함되며, 설정적 등기사항뿐만 아니라 면책적 등기사항도 포함한다.[판례60]

[판례60] 대법원 1974.2.12. 선고 73다1070 판결 및 서울고등법원 1973.6.7. 선고 72나2895 판결

원판결이 확정한 사실에 의하면 소외 채호 외 6인은 1957.4.20. 원고 회사의 임시주주총회에서 1인 주주인 소외 국에 의하여 적법하게 이사로 선임되고 위 채호는 동 이사들에 의하여 대표이사로 선임되어 같은 내용의 등기를 하고 등기부상으로는 그 이후 변동없이 대표이사의 직을 가지고 그대로 내려오다가 1965.12.22. 임시주주총회에서 위 채호 외 6인이 다시 이사로 선임되고 위 채호는 대표이사로 선임되어 1965.12.23 그 취지의 등기를 경료하였고, 이어 피고는 채호가 원고 회사의 적법한 대표이사인 것으로 믿고 그 대표이사 채호와 간에 1966.1.17. 원판결 첨부 목록 제2기재 부동산에 관하여 근저당권설정계약을 체결하고 이에 기하여 근저당권 설정등기를 경료한 것이라고 하였는바, 원판결이 채택하고 있는 증거를 기록에 대조하여 검토하여 보면 원판시 사실인정을 그대로 인정할 수 있다 할 것이므로 사실관계가 이러하다면 위 1965.12.22.자 위 채호 등 6인을 이사로 선임한다는 내용의 원고 회사의 임시주주총회가 존재하지 아니한다는 이른바 부존재확인청구에 관한 판결이 1971.3.8. 확정되었다 할지라도 위 채호가 원고 회사의 대표이사인 것으로 믿고 위와 같은 계약을 체결한 피고에 대한 관계에 있어서는 원고 회사는 채호가 원고 회사의 적법한 대표이사가 아니라는 이유를 내세워서 동 소외인이 원고 회사를 대표하여 피고와 체결한 위에서 본 1966.1.17.자 근저당권 설정계약의 효력을 부인할 수 없다고 본 원판결판단은 정당하다.(대법원판례에 오타와 일자상의 불명확한 점이 있어 고등법원판결 내용으로 정정·보완하였음)

(나) 법률행위

이 조항은 등기된 사항의 당사자와 제3자간의 거래와 관련된 법률행위에만 그 효력이 미치고, 법률행위를 기초로 하지 않는 불법행위, 부당이득 또는 사무관리에는 적용되지 아니한다.177) 이에 반하여, 적용설(상법 37조를 기업의 거래행위에만

177) 김성태, 331; 김정호, 137; 김홍기, 104; 서헌제, 140; 손주찬, 181; 손진화, 116; 안강현, 152; 이

한정하는 것은 법적 생활의 안정성의 요구를 부당하게 무시하는 것이 되므로 기업활동 일반에 적용되어야 한다는 견해)[178] 또는 예외적 적용설(원칙적으로는 적용되지 아니하나 예외적으로 거래와 불가분의 관계에 있는 비거래관계에는 적용된다는 견해)[179]가 있으나, 법률행위가 아닌 불법행위 등에까지 보호해 주어야 할 신뢰가 존재한다고 보기가 어렵고, 비법률행위와 관련해서는 민법상의 이론에 의해서도 보호될 수 있는 여지가 있기 때문에, 비적용설이 타당하다고 본다.

(다) 소송행위

물론 소송행위의 명확성과 안정성도 중요하나, 등기할 사항이 등기되지 않음으로 인하여 등기될 사실관계를 모른 선의의 제3자를 보호할 필요성이 소송행위라 하여 무시되서는 안된다고 보므로, 이 규정이 소송행위에도 적용된다고 보는 것이 타당할 것이다.[180] 예를 들어, 해임된 대표이사에 대한 해임등기를 하지 않고 있던 도중에, 해임된 사실을 모르는 제3자가 이 대표이사에게 소장을 송달하여 회사를 상대로 소송을 진행하였다면, 그 소송행위는 회사를 기속한다고 보아야 할 것이다. 그러나 비적용설의 입장인 견해[181]가 있으며, 판례도 비적용설의 입장인 것으로 보인다.[182]

(4) 지점에 대한 적용범위

지점의 소재지에서 등기할 사항을 등기하지 아니한 때에는 상법 37조는 그 지점의 거래에 한하여 적용한다(38조). 따라서 특정 지점에서만 등기할 사항에 대하여는 그것을 등기하지 않음으로 인해 그 등기된 사실관계를 모르는 제3자는 당

철송, 253; 임중호, 231; 장덕조, 65; 전우현, 131; 정찬형, 154.

178) 정희철외, 112.

179) 김병연외, 136; 정경영, 101; 정동윤, 99; 주석상법(1), 275; 최기원, 172; 최준선, 188; 한창희, 176.

180) 김병연외, 137; 김정호, 141; 서헌제, 141; 손주찬, 181; 손진화, 117; 이철송, 254; 임중호, 232; 정찬형, 155; 최기원, 172; 최준선, 188; 한창희, 177.

181) 김성태, 331; 정경영, 103; 정동윤, 99.

182) 대법원 2001.2.23. 선고 2000다45303 판결(공정증서가 채무명의로서 집행력을 가질 수 있도록 하는 집행인낙의 표시는 공증인에 대한 소송행위이므로, 무권대리인의 촉탁에 의하여 공정증서가 작성된 경우 채무명의로서의 효력이 없음) 및 대법원 1994.2.22. 선고 93다42047 판결(소송행위에는 민법상의 표현대리 규정이 적용 또는 준용될 수 없음; 동지 송상현외, 154). 이에 대하여 부실등기가 법인 자신의 고의적 태만 때문인 경우에는 표현대리를 적용해도 좋다는 견해로는 이시윤, 199.

해 지점과의 거래에 한정하여 보호를 받게 되고, 본점과 지점 모두에서 등기되어야 하는 경우에 어느 지점에서 등기가 되지 아니한 경우에도 당해 등기가 되지 아니한 지점과 거래한 제3자가 선의인 경우에는 상법 37조에 의한 보호를 받는다고 보아야 할 것이다.[183)]

나. 특수한 효력

(1) 창설적 효력

회사의 설립(172조)과 회사의 합병(234조, 269조, 287조의41, 530조 2항, 603조)의 경우에는 등기에 의해 그 효력이 창설적으로 발생한다. 즉, 상법 37조에 의한 대항력과는 다르다. 이러한 창설적 효력은 제3자의 선의·악의에 불문하고 모든 제3자에게 그 효력이 발생한다.

(2) 예외적 효력

타인이 등기한 상호는 동일한 특별시·광역시·시·군에서 동종영업의 상호로 등기하지 못한다(22조). 이 효력은 상법 37조의 효력보다 우선한다. 또한 동일한 특별시·광역시·시·군에서 동종영업으로 타인이 등기한 상호를 사용하는 자는 부정한 목적으로 사용하는 것으로 추정되는 효력(23조 4항)도 37조와 관계없이 우선적으로 적용된다. 그리고 상법 25조 2항의 상호양도의 효력도 제3자의 선의·악의와 무관하게 적용되므로, 37조의 예외규정으로 보아야 할 것이다.

(3) 보완적 효력

회사성립 후에는 주식을 인수한 자는 주식청약서의 요건의 흠결을 이유로 하여 그 인수의 무효를 주장하거나 사기, 강박 또는 착오를 이유로 하여 그 인수를 취소하지 못한다(320조 1항). 이와 같이 회사설립등기는 주식인수와 관련한 하자를 치유하는 보완적 효력이 있다. 또한, 신주의 발행으로 인한 변경등기를 한 날로부터 1년을 경과한 후에는 신주를 인수한 자는 주식청약서 또는 신주인수권증서의 요건의 흠결을 이유로 하여 그 인수의 무효를 주장하거나 사기, 강박 또는

183) 김정호, 141; 김홍기, 105; 손주찬, 183; 손진화, 116; 이철송, 255; 정경영, 102; 정찬형, 155; 한창희, 177.

착오를 이유로 하여 그 인수를 취소하지 못한다(427조 전단). 이 규정도 역시 신주발행 변경등기에 신주인수하자에 대한 보완적 효력을 인정한 것이다.

(4) 면책적 효력

합명회사 또는 합자회사의 퇴사한 사원 또는 지분을 양도한 사원은 본점소재지에서 퇴사등기를 하기 전에 생긴 회사채무에 대하여는 (퇴사)등기 후 2년이 지나면 그 책임이 소멸한다(225조, 269조). 또한 합명회사 또는 합자회사의 채무에 대한 사원의 책임은 본점소재지에서 해산등기를 한 후 5년을 경과하면 소멸한다(267조, 269조).

(5) 외국회사 등기의 효력

외국회사는 그 영업소의 설치에 관하여 대한민국에서 설립되는 동종의 회사 또는 가장 유사한 회사의 지점과 동일한 등기를 하여야 하며, 이 등기에서는 회사설립의 준거법과 대한민국에서의 대표자의 성명과 그 주소를 등기하여야 한다(614조 2항, 3항). 외국회사는 그 영업소의 소재지에서 위 등기를 하기 전에는 계속하여 거래를 하지 못하며(이를 위반한 자는 회사설립의 등록세의 배액에 상당한 과태료에 처함(636조 2항)), 이에 위반하여 거래를 한 자는 그 거래에 대하여 회사와 연대하여 책임을 진다(616조).

(6) 부수적 효력

주권은 회사의 성립 후가 아니면 발행하지 못하며(355조 2항), 회사성립 전 주식의 인수로 인한 권리의 양도는 회사에 대하여 효력이 없다(319조). 그리고 주권발행전에 한 주식의 양도는 회사에 대하여 효력이 없으나, 회사성립후 또는 신주의 납입기일후 6월이 경과한 때에는 그러하지 아니하다(335조 3항).

(7) 사실상의 추정력

등기된 사항과 관련하여서는 법률상의 추정력을 인정할 수는 없으나, 판례는 등기된 사항에 대한 사실상의 추정력을 인정하고 있다.[184] [판례61]

184) 대법원 1983.12.27. 선고 83다카331 판결.

[판례61] 대법원 1991.12.27. 선고 91다4409·4416 판결

법인등기부에 이사 또는 감사로 등재되어 있는 경우에는 특단의 사정이 없는 한 정당한 절차에 의하여 선임된 적법한 이사 또는 감사로 추정된다고 할 것이다.

다. 부실등기의 효력

(1) 의의

고의 또는 과실로 인하여 사실과 상위한 사항을 등기한 자는 그 상위를 선의의 제3자에게 대항하지 못한다(39조). 이는 등기신청인의 고의·과실과 무관하게 등기된 대로의 효력을 인정하는 등기의 공신력과는 달리, 등기신청인의 고의·과실로 인해 사실과 다른 내용이 등기된 경우 이를 믿은 제3자를 보호함으로써 거래의 안전을 도모하려는 규정이다.[185]

(2) 요건

(가) 사실과 상위한 등기

여기서 사실과 상위한 등기란 **등기할 당시**를 기준으로 판단하여야 하고, 등기된 이후 사정의 변경으로 사실과 상위하게 된 경우에는 상법 37조의 적용대상이지, 본조의 적용대상은 아니다.[186] 예를 들어, 대표이사를 등기할 당시에는 적법한 대표이사였으나, 향후 해임되었음에도 해임등기를 하지 않고 있던 중에 적법한 대표이사인 줄 믿고 회사와 거래한 제3자는 상법 37조의 적용대상이지, 39조의 적용대상은 아니다.

한편, 대표이사 선임절차의 하자로 인해 선임결의무효 또는 취소판결이 확정된 경우, ① 그 확정 이전까지는 애초부터 부실한 등기가 된 것으로 보아 상법 39조가 적용되어야 할 것이고,[187][판례62] ② 그 확정판결 이후에 하자 있는 대표

185) 김병연외, 138; 송옥렬, 74; 정경영, 105; 정동윤, 102; 손진화, 118; 이기수외, 250; 이철송, 258; 임중호, 234; 최준선, 192. 이에 반하여, 등기의 공신력을 인정하고 있다는 견해로는 정찬형, 157; 주석상법(1), 284.

186) 김정호, 146; 손진화, 119; 송옥렬, 75; 안강현, 159; 이철송, 259; 임중호, 237; 정경영, 106; 정동윤, 102; 주석상법(1), 286; 최준선, 193. 이에 반하여 동시에 적용될 수 있다는 견해로는 정찬형, 160; 최기원, 182.

187) 전게 대법원 1974.2.12. 선고 73다1070 판결.

이사등기의 말소등기를 하지 않음으로 인한 경우에는 등기할 사항을 등기하지 아니한 것으로 보아 상법 37조를 적용하는 것이 타당할 것이다.

[판례62] 대법원 2004.2.27. 선고 2002다19797 판결

이사 선임의 주주총회결의에 대한 취소판결이 확정되어 그 결의가 소급하여 무효가 된다고 하더라도 그 선임 결의가 취소되는 대표이사와 거래한 상대방은 상법 39조의 적용 내지 유추적용에 의하여 보호될 수 있으며, 주식회사의 법인등기의 경우 회사는 대표자를 통하여 등기를 신청하지만 등기신청권자는 회사 자체이므로 취소되는 주주총회결의에 의하여 이사로 선임된 대표이사가 마친 이사선임등기는 상법 39조의 부실등기에 해당된다.

(나) 등기신청인의 귀책사유

본조에 의해 등기신청인에게 책임을 지우기 위해서는 등기신청인의 고의 또는 과실이 있어야 한다.[판례63] 여기서 귀책사유란 등기신청인이 부실등기가 이루어지는 것에 협조·묵인하는 등의 방법으로 관여하였다거나 그 부실등기의 존재를 알고 있음에도 시정하지 않고 방치하는 것을 포함한다. 따라서 **등기관의 귀책사유 또는 제3자의 허위신청에 의한 경우에는 본 조가 적용되지 아니한다**. 즉, 제3자가 명의를 도용하여 등기신청을 함에 있어 등기신청권자에게 과실이 있다거나 등기신청권자에게 부실등기 상태를 발견하여 이를 시정하지 못한 점에 있어서 과실이 있다 하여도 역시 이로서 곧 스스로 사실과 상위한 등기를 신청한 것과 동일시 할 수는 없다.[판례64]

[판례63] 대법원 2008.7.24. 선고 2006다24100 판결

등기신청권자 아닌 자가 주주총회의사록 및 이사회의사록 등을 허위로 작성하여 주주총회결의 및 이사회결의 등의 외관을 만들고 이에 터잡아 대표이사 선임등기를 마친 경우에는, 주주총회의 개최와 결의가 존재하나 무효 또는 취소사유가 있는 경우와는 달리, 그 대표이사 선임에 관한 주식회사 내부의 의사결정은 존재하지 아니하여 등기신청권자인 회사가 그 등기가 이루어지는 데에 관여할 수 없었을 것이므로, 달리 회사의 적법한 대표이사가 그 불실등기가 이루어지는 것에 협조·묵인하는 등의 방법으로 관여하였다거나 회사가 그 불실등기의 존재를 알고 있음에도 시정하지 않고 방치하는 등 이를 회사의 고의 또는 과실로 불실등기를 한 것과 동일시할 수 있는 특별한 사정이 없는 한

회사에 대하여 상법 39조에 의한 불실등기 책임을 물을 수 없다고 할 것이고, 이 경우 위와 같이 허위의 주주총회결의 등의 외관을 만들어 불실등기를 마친 자가 회사의 상당한 지분을 가진 주주라고 하더라도 그러한 사정만으로는 회사의 고의 또는 과실로 불실등기를 한 것과 동일시할 수는 없다 할 것이다.

[판례64] 대법원 1975.5.27. 선고 74다1366 판결

상법 39조는 고의나 과실로 스스로 사실과 상위한 내용의 등기신청을 함으로써 부실의 사실을 등기하게 한 자는 그 부실등기임을 내세워 선의의 제3자에게 대항할 수 없다는 취지로서 등기신청권자 아닌 제3자가 문서위조등의 방법으로 등기신청권자의 명의를 도용하여 부실등기를 경료한 것과 같은 경우에는 비록 그 제3자가 명의를 도용하여 등기신청을 함에 있어 등기신청권자에게 과실이 있다 하여도 이로서 곧 등기신청권자 자신이 고의나 과실로 사실과 상위한 등기를 신청한 것과 동일시 할 수는 없는 것이고, 또 이미 경료되어 있는 부실등기를 등기신청권자가 알면서 이를 방치한 것이 아니고 이를 알지 못하여 부실등기 상태가 존속된 경우에는 비록 등기신청권자에게 부실등기 상태를 발견하여 이를 시정하지 못한 점에 있어서 과실이 있다 하여도 역시 이로서 곧 스스로 사실과 상위한 등기를 신청한 것과 동일시 할 수 없는 법리라 할 것이므로, 등기신청권자 아닌 제3자의 문서위조 등의 방법으로 이루어진 부실등기에 있어서는 등기신청권자에게 그 부실등기의 경료 및 존속에 있어서 그 정도가 어떠하건 과실이 있다는 사유만 가지고는 상법 39조를 적용하여 선의의 제3자에게 대항할 수 없다고 볼 수는 없다.

한편, 이 고의·과실의 유무는 등기신청인이 회사인 경우, 대표이사, 대표사원[판례65] 또는 업무집행사원[판례66]을 기준으로 판단하여야 한다.

[판례65] 대법원 1981.1.27. 선고 79다1618 판결

합명회사에 있어서 상법 제39조 소정의 부실등기에 대한 고의 과실의 유무는 그 대표사원을 기준으로 판정하여야 하고 대표사원의 유고로 회사정관에 따라 업무를 집행하는 사원이 있다고 하더라도 그 사원을 기준으로 판정하여서는 아니된다.

[판례66] 대법원 1971.2.23. 선고 70다1361 판결

합명회사의 부실등기사실이나 이를 방치한 사실에 대한 고의 또는 과실의 유무는 그 회사를 대표할 수 있는 업무집행사원을 표준으로 결정할 것이다.

(다) 제3자의 선의

제3자가 등기내용이 사실과 다름을 알지 못하여야 하는 바, 알지 못하는데 중대한 과실이 있는 경우에는 악의와 같이 취급하여야 할 것이다.[188]

(라) 입증책임

이 규정은 거래의 안전을 보호하기 위한 제도이므로, 이 책임에서 면하고자 하는 등기신청인이 사실과 다른 등기가 된 데에 자신의 고의·과실이 없었다는 점 또는 제3자의 악의 또는 선의에 중대한 과실이 있다는 점을 입증해야 할 것이다.[189]

(3) 효력

이상의 요건이 모두 충족되면, 부실한 등기를 한 등기신청인은 부실등기를 가지고 선의의 제3자에게 대항하지 못한다. 즉, 선의의 제3자에게 등기와 상위한 사실관계에 기초하여 주장할 수 없다. 그러나 선의의 제3자는 그 사실관계에 기초한 주장을 등기신청인에게 할 수는 있을 것이다.[190]

XIII. 영업양도

1. 영업의 개념

일반적으로 영업은 주관적 의미의 영업과 객관적 의미의 영업으로 구분할 수 있는 바, 전자는 상인이 영위하는 영리활동의 전체를 말하고, 후자는 상인이

188) 김병연외, 143; 김성태, 342; 김정호, 148; 김홍기, 109; 서헌제, 146; 송옥렬, 76; 안강현, 159; 이철송, 263; 전우현, 140; 정경영, 108; 정찬형, 160; 최기원, 182; 최준선, 194; 한창희, 179. 이에 반하여 중과실있는 선의도 보호받는다는 견해로는 손주찬, 190; 손진화, 120; 임중호, 239; 정동윤, 103; 주석상법(1), 289.

189) 김병연외, 144; 김성태, 342; 김정호, 148; 손진화, 120; 안강현, 159; 임중호, 240; 정찬형, 160; 최준선, 194.

190) 김성태, 343; 김정호, 149; 서헌제, 147; 손주찬, 190; 손진화, 120; 안강현, 159; 이철송, 264; 임중호, 240; 정경영, 108; 정동윤, 103; 주석상법(1), 289; 최기원, 182; 최준선, 195.

추구하는 영리목적을 위하여 결합된 조직적 재산의 전체를 말하는데, 영업양도에서의 영업의 의미는 객관적 의미의 영업으로 보아야 할 것이다.

보다 상설하면, 객관적 의미의 영업의 개념이란 판례에 의하면, 일정한 영업목적에 의하여 조직화된 유기적 일체로서의 기능적 재산(적극적 재산과 소극적 재산)을 말하고,[191] 여기서 말하는 유기적 일체로서의 기능적 재산이란 영업을 구성하는 유형·무형의 재산과 경제적 가치를 갖는 사실관계가 서로 유기적으로 결합하여 수익의 원천으로 기능한다는 것과 이와 같이 유기적으로 결합한 수익의 원천으로서의 기능적 재산이 마치 하나의 재화와 같이 거래의 객체가 된다는 것을 뜻한다.[192] 따라서 이러한 객관적 의미의 영업에는 적극적 재산으로서의 동산, 부동산, 채권, 지적재산권(재산적 가치있는 사실관계에 해당되는 영업비결, 고객관계 등의 영업권을 포함)뿐만 아니라, 또한 소극재산인 부채도 이에 속한다.

2. 영업양도

가. 의의

일정한 영업목적에 의하여 조직화된 유기적 일체로서의 기능적 재산(영업재산)을 그 동일성을 유지하면서 이전하는 채권계약을 말한다.[193][판례67]

[판례67] 대법원 2008.4.11. 선고 2007다89722 판결

상법 42조 1항의 영업이란 일정한 영업 목적에 의하여 조직화된 유기적 일체로서의 기능적 재산을 말하고, 여기서 말하는 유기적 일체로서의 기능적 재산이란 영업을 구성하는 유형·무형의 재산과 경제적 가치를 갖는 사실관계가 서로 유기적으로 결합하여 수익의 원천으로 기능한다는 것과, 이와 같이 유기적으로 결합한 수익의 원천으로서의 기능적 재산이 마치 하나의 재화와 같이 거래의 객체가 된다는 것을 뜻하는 것이므로, 영업양도를 하였다고 볼 수 있는지의 여부는 <u>양수인이 유기적으로 조직화된 수익의 원천으로서의 기능적 재산을 이전받아 양도인이 하던 것과 같은 영업적 활동을 계속하고 있다고 볼 수 있는지 여부에 따라 판단하여야</u> 한다.

191) 대법원 1989.12.26. 선고 88다카10128 판결.

192) 대법원 1998.4.14. 선고 96다8826 판결.

193) 손주찬, 193; 송옥렬, 78; 이기수외, 256; 이철송, 269; 전우현, 142; 정동윤, 114; 정찬형, 166; 한창희, 186.

나. 요건

(1) 기능적 재산의 동일성이 유지된 일체의 이전 - 영업조직의 이전

영업양도를 통해 동일성이 유지되었느냐 여부는 종래의 영업조직이 유지되어 그 조직이 전부 또는 중요한 일부로서 기능할 수 있는가에 의하여 결정되어져야 하는 것이므로, 예컨대 영업재산의 전부를 양도했어도 그 조직을 해체하여 양도했다면 영업의 양도는 되지 않는 반면에 그 일부를 유보한 채 영업시설을 양도했어도 그 양도한 부분만으로도 종래의 조직이 유지되어 있다고 사회관념상 인정되면 그것을 영업의 양도라 볼 것이다.[194][판례68], [판례69]

[판례68] 대법원 1995.7.25. 선고 95다7987 판결

영업의 양도라 함은 일정한 영업목적에 의하여 조직화된 총체 즉 물적, 인적 조직을 그 동일성을 유지하면서 일체로서 이전하는 것을 말한다(운수업자가 운수업을 폐지하는 자로부터 그 소속 종업원들에 대한 임금 및 퇴직금 등 채무를 청산하기로 하고 그 운수사업의 면허 및 운수업에 제공된 물적 시설을 양수한 후, 폐지 전 종업원 중 일부만을 신규채용의 형식으로 새로이 고용한 경우, 그러한 사정만으로는 영업양도라고 볼 수 없다고 한 사례).

[판례69] 대법원 1989.12.26. 선고 88다카10128 판결

원심은 소외 김종모가 지하 1층 지상 6층의 이 사건 건물에서 숙박업을 경영함과 동시에 부속시설인 목욕탕, 이발소 등도 경영하였는데 원고는 관할 행정청으로부터 위 소외인이 숙박업허가 및 공중목욕장업허가등을 받기 전의 설시일자에 같은 소외인에게 그 여관의 객실용으로 비치할 칼라텔레비젼 43대와 냉장고 39대 등의 전자제품을 계약금만 받고 외상판매하여 그 제품들을 인도하였으며 그후 같은 소외인은 여관경영의 사업부진으로 위 전자제품을 비롯한 여관내 시설물 일체를 양도담보로 제공하고 소외 이현근으로부터 빌린 금 50,000,000원의 채무를 변제하지 못하고 또한 그가 발행한 어음수표등도 부도를 내게 되기에 이르렀고 피고는 설시일자에 위 김종모로부터 위 여관과 목욕탕등의 시설이 들어 있는 이 사건 건물 전부와 위 각 영업에 필요한 전화기, 의자 원고로부터 매수한 전자제품, 옷장, 신발장 등 비품일체를 매수함과 동시에 위 김종모의 위 이현근에 대한 피담보채무도 인수하는 등 하였다는 사실을 확정한 다음 소외 김종모와

194) 대법원 2001.7.27. 선고 99두2680 판결 및 대법원 2007.6.1. 선고 2005다5812·5829·5836 판결.

피고간의 위와 같은 계약관계를 영업의 양도라고 판단하고 있는바, 이와 같은 원판결 판단은 위에서 본 법리에 비추어 옳다.

한편, 영업조직의 이전을 판단함에 있어 인적 조직의 승계가 중요하나,[판례70], [판례71] 단순 노무에 종사하는 종전 종업원들의 근로관계가 그대로 승계되지 않았다고 하여 반드시 그 동일성이 인정되지 않는 것은 아니다. 또한, 채권채무의 승계도 영업양도의 요건은 아니다.[판례72], [판례73]

[판례70] 대법원 1995.7.14. 선고 94다20198 판결

갑 회사가 영위하던 사업 부문을 폐지함에 따라 근로자들 전부가 사직서를 제출하고 퇴직금을 정산, 수령하면서 그들의 선택에 따라 그 절반 정도는 대부분 그 사업 부문에 사용되던 장비 등을 불하받아 다른 직장에 취업하고 나머지 절반 정도의 근로자들은 폐지되는 사업 부분과 동일한 사업을 하고 있던 계열회사인 을 회사에 입사시험 없이 종전 수준의 임금을 지급받기로 하고 입사한 경우, 갑 회사는 그 사업 부문을 폐지한 것에 불과하고 을 회사가 이를 양수하기로 갑 회사와 사이에 합의한 것이거나 흡수통합한 것은 아니며, 을 회사가 그 사업 부문에 속한 근로자 등 인적 조직과 장비 등의 물적 시설을 그대로 인수하지 아니한 점에 비추어 을 회사가 갑 회사의 그 사업 부문을 그 동일성을 유지한 채 포괄적으로 이전 받은 것으로 볼 수도 없다고 한 사례.

[판례71] 대법원 1994.11.18. 선고 93다18938 판결

갑 회사가 을 회사의 기존 판매망과 생산시설을 바탕으로 하여 동일한 제품을 생산하게 되었다 하더라도 이로써 당연히 을 회사와 갑 회사 사이에 근로자와의 근로관계를 포함한 유기적 조직체로서의 을 회사의 영업 전부나 일부를 양도하기로 하는 내용의 영업양도에 관한 합의가 있었다고 보기 어렵고, 또한 을 회사 소속 근로자들 일부를 을 회사에서 퇴직하게 하고 갑 회사가 신규입사형식으로 채용하였다면, 그 영업에 관련된 을 회사 소속 근로자들을 종전의 근로조건이나 직급상태로 그대로 인수한 것이 아닐 뿐 아니라 을 회사의 근로자 일부는 그대로 잔류하였던 것으로 인정되고 그 밖에 갑 회사가 을 회사에 관련한 다른 자산이나 부채, 채권과 채무 등에 관련하여 이를 모두 인수한 것으로 인정할 아무런 증거가 없다면, 갑 회사가 실질적으로 을 회사의 영업 전부나 일부를 포괄적으로 양수한 것으로 보기도 어렵다.

[판례72] 대법원 1997.11.25. 선고 97다35085 판결

피고는 이은섭과 건물 소유자 간의 임대차계약상의 임차인의 지위를 그대로 승계하였고, 슈퍼마켓 안의 정육점에 대한 이은섭의 임대인으로서의 지위도 그대로 승계하였으며, 위 슈퍼마켓 양수대금 122,000,000원은 임차보증금 35,000,000원과 권리금 35,000,000원 및 슈퍼마켓 안의 재고 상품 대금 52,000,000원으로 구성되어 있고, 내부 시설을 일부 새롭게 단장한 것 외에는 종전의 판매 시설과 재고 상품을 그대로 인수하여 종전과 똑같은 형태로 슈퍼마켓 영업을 계속하고 있는 사실 및 피고가 이 사건 슈퍼마켓을 인수한 목적은 오로지 슈퍼마켓 영업을 해 보기 위한 데 있었던 사실 등이 인정되는바, 이와 같은 사실들과 함께, 슈퍼마켓에 진열된 재고 상품을 인수하여 영업을 계속하는 피고가 영업을 개시하자마자 그 재고 상품 공급처와의 거래를 대부분 즉시 중단하고 다른 종류의 물품 공급처를 새로 개척하여 진열 상품의 종류를 대부분 바꾸었다고는 보기 어려울 것이고, 슈퍼마켓의 고객관계는 그 성격상 개별적인 인수·인계의 대상이 될 수 없음은 당연하다 할 것이지만 이은섭의 슈퍼마켓이 자리하고 있는 위치상의 이점이나 이은섭의 그 동안의 경영에 대한 고객들의 평가에 의하여 영업주의 변경에도 불구하고 종전의 고객관계는 대체로 그대로 유지된다고 볼 수 있고 바로 이러한 점 때문에 권리금 35,000,000원이 지급되었다고 보아야 할 것인 점 등에 비추어 보면, 이 사건에서 이은섭의 슈퍼마켓 영업이 동일성을 유지하면서 피고에게 양도되었다고 인정하기에 부족함이 없다고 보아야 할 것이다.

상법 42조는 **채권·채무의 승계가 영업양도의 요건이 아님을 당연한 전제**로 하고 있으므로, 이 사건에서 이은섭의 건물주에 대한 임차보증금채권과 정육점에 대한 임차보증금반환채무만이 피고에게 인수되고 슈퍼마켓에 진열된 상품의 구입대금채무는 인수되지 않았다는 점은 영업양도를 부정할 근거가 될 수 없고, 또 근로관계가 승계되었는지의 여부나 그 승계의 정도는 상법상의 영업양도가 있다고 볼 것인지를 판단하는 데 있어서 중요한 요소가 된다고 할 것이지만, 양도되는 영업의 종류·방법·규모 및 근로자의 대체가능성 등에 따라 그 중요성은 개별적인 사안별로 달리 판단되어질 수 있는 것이므로, 이 사건과 같은 슈퍼마켓의 양도에 있어서 단순 노무에 종사하는 종전 종업원들의 근로관계가 그대로 승계되지 않았다고 하더라도 앞서 살펴본 제반 사정에 비추어 볼 때 슈퍼마켓의 영업 목적을 위하여 조직화된 유기적 일체로서의 기능적 재산이 피고에게 그대로 이전되었고 또 피고가 양도인이 하던 것과 같은 영업 활동을 계속하고 있다고 보는 데는 지장이 없다.

[판례73] 대법원 2009.9.14.자 2009마1136 결정

소규모 미용실의 상호와 시설 일체를 양도한 자가 그 미용실에서 70m 가량 떨

어진 곳에 새로운 미용실을 개업하여 운영하자 양수인이 경업금지가처분을 신청한 사안에서, 양수인이 미용실을 인수하면서 임차인의 지위를 승계하고 추가로 금원을 지급하여 양도인이 사용하던 상호, 간판, 전화번호, 비품 등 일체를 인수받은 다음 이를 변경하지 아니한 채 그대로 사용하면서 미용실을 운영하고 있는 점에 비추어, 비록 그 미용실이 특별히 인계·인수할 종업원이나 노하우, 거래처 등이 존재하지 아니하여 이를 인수받지 못하였다 할지라도, 양수인은 양도인으로부터 유기적으로 조직화된 수익의 원천으로서의 기능적 재산을 이전받아 양도인이 하던 것과 같은 영업적 활동을 계속하고 있으므로 위 미용실의 영업을 양수하였다고 판단하여, 위 가처분 신청을 배척한 원심결정을 파기한 사례.

(2) 영업양도인의 영업재산의 처분을 수반하는 채권계약

영업양도는 채권계약인 바, 명시적 계약이 있음이 일반적이나 묵시적 계약으로도 가능하다.[195][판례74], [판례75] 또한 채권계약은 특정승계이므로 회사합병 또는 상속과 같은 포괄승계와 구별된다.

[판례74] 대법원 2005.7.22. 선고 2005다602 판결

상법상의 영업양도는 일정한 영업목적에 의하여 조직화된 유기적 일체로서의 기능적 재산인 영업재산을 그 동일성을 유지시키면서 일체로서 이전하는 채권계약이므로 영업양도가 인정되기 위해서는 영업양도계약이 있었음이 전제가 되어야 하는데, 영업재산의 이전 경위에 있어서 사실상, 경제적으로 볼 때 결과적으로 영업양도가 있는 것과 같은 상태가 된 것으로 볼 수는 있다고 하더라도 묵시적 영업양도계약이 있고 그 계약에 따라 유기적으로 조직화된 수익의 원천으로서의 기능적 재산을 그 동일성을 유지시키면서 일체로서 양도받았다고 볼 수 없어 상법상 영업양도를 인정할 수 없다고 한 사례.

[판례75] 대법원 2009.1.15. 선고 2007다17123 판결

소외 1 주식회사의 대표이사이던 소외 2가 실질적으로 피고의 대표자로서 활동하였을 뿐만 아니라, 소외 1 주식회사와 피고의 대표이사 및 이사, 감사, 주주 등이 소외 2의 부모이거나 누나 및 그 배우자들인 점, 피고가 소외 1 주식회사의 영업장소와 동일한 영업장소에서 위 회사의 기존 거래처를 기반으로 위 회사가 하던 것과 같은 포장이사업 등의 영업활동을 계속하고 있는 점, 소외 1 주식회사와 피고 사이에 소외 1 주식회사가

195) 대법원 1997.6.24. 선고 96다2644 판결.

임차한 목적물의 사용, 관리에 관한 업무를 피고에게 위임하는 내용의 합의 각서가 작성되기도 한 점, 피고의 인터넷 홈페이지에서 상호가 소외 1 주식회사에서 피고로 변경된 것으로 게재하고 있고, 피고의 직원 또한 이와 같은 내용으로 진술하고 있으며, 피고의 인터넷 홈페이지에서 검색되는 전국 지점은 소외 1 주식회사의 전국 지점과 같은 점, 피고가 사용하는 '이비즈ㅁㅁ'이라는 상호와 소외 1 주식회사의 'ㅁㅁ익스프레스'라는 상호는 공통적으로 'ㅁㅁ'이라는 명칭을 사용하고 있을 뿐 아니라, 피고의 등기부상의 정식 상호는 '피고 주식회사'이지만 전화 안내나 인터넷 홈페이지에는 'ㅁㅁ', 'ㅁㅁ익스프레스'를 사용하여 자신을 칭하였고, 'ㅁㅁ', 'ㅁㅁ익스프레스'에 관한 서비스표권(원심은 '상호'라고 하였으나 '서비스표권'의 오기로 보인다)의 존속기간이 만료되자 피고의 명의로 'ㅁㅁ', 'ㅁㅁ익스프레스'로 구성된 서비스표(원심은 '상호'라고 하였으나 '서비스표'의 오기로 보인다)를 출원하여 각 서비스표 등록을 받은 점 등 여러 사정에 비추어 보면, 비록 형식상 피고와 소외 1 주식회사 사이에 명시적인 영업양도 약정이 없었다고 하더라도, 실질적으로는 소외 1 주식회사의 대표이사 겸 피고의 실질적 대표자인 소외 2에 의하여 피고가 소외 1 주식회사의 영업을 양수하였다고 봄이 상당하다는 취지로 판단하였다. 앞에서 법리와 기록에 비추어 살펴보면, 위와 같은 원심의 사실인정과 판단은 정당한 것으로 수긍할 수 있다.

한편, 영업양도는 영업재산의 처분이 이루어져야 하므로, 영업의 임대차 또는 경영위임과 구분되며, 처분할 권한이 없는 자 예를 들어 영업의 임차인 또는 경영의 위임을 받은 자는 영업양도를 할 수 없다.196) 또한 자산만의 양수도는 영업양수도가 아니다.[판례76]

[판례76] 대법원 2001.7.27. 선고 99두2680 판결(부당해고구제재심판정취소)

삼미의 창원 공장의 봉강·강관부문의 종업원은 삼미 전체 종업원의 72%에 해당함에도 매출액 비율은 삼미 전체의 47%에 불과하여 생산성이 저조했을 뿐 아니라 여러 해에 걸쳐 계속된 적자의 누적으로 자본이 크게 잠식된 상태였고, 따라서 그 상태대로 계속사업을 유지할 경우 흑자로 전환될 가능성은 커녕 도산할 수밖에 없으므로 삼미는 이 부문 사업을 정리하기로 방침을 정하였으나 이 사건 공장의 자산과 함께 인적 조직인 종업원들을 포괄하여 양도하는 방식으로는 양수희망자가 없어 봉강·강관 부문의 사업정리가 불가능하였으므로 결국 이 사건 공장의 자산만을 양도하기로 하고, 그에 따라 이 사건 자산매매계약의 체결에 이르게 된 사실, 이에 따라 삼미는 이 사건 자산매매계약체결 전 노동조합과의 단체 교섭과정에서 노동조합측에게 이 사건 공장의 자산을 매각하지 않

196) 김성태, 352; 손진화, 124; 이철송, 270; 임중호, 245; 정찬형, 169; 최준선, 197.

을 수 없는 불가피한 사정을 설명하면서 이 사건 자산매매계약이 이행되더라도 고용승계는 이루어지지 않는 점을 알리고 다만 포항제철과 협의하여 최대한 고용이 보장되도록 노력하겠다는 취지로 설명한 사실, 한편 포항제철 역시 삼미로부터 이 사건 공장의 자산 이외에 인적 조직인 종업원들의 대부분을 함께 인수하는 영업양수의 방식으로는 아무리 생산기술을 향상시키고 경영환경을 개선하더라도 건전한 기업으로 육성시킬 가능성이 없다는 판단 아래 이 사건 자산매매계약을 체결함에 있어 매매목적물은 봉강·강관 부문의 생산시설과 그에 관련된 자산만이고, 종업원들에 대한 고용은 이를 승계하지 않음을 명백히 하면서 이 사건 자산매매계약상의 어떠한 조항도 삼미의 종업원을 인수할 의무를 원고에게 부담시키는 것으로 해석될 수 없고 삼미는 이러한 취지를 종업원들에게 주지시키고 원고에 입사하지 못한 종업원들을 포함한 삼미의 종업원들이 어떠한 이유로든 원고에게 근로관계의 승계를 주장함으로써 원고에게 손해를 입히는 행위를 하지 않도록 최선을 다하도록 하며 다만 원고는 이 사건 공장 운영에 필요한 기준인원의 범위 내에서 소요인력을 충원함에 있어서 공정하고 합리적인 공개채용 절차에 의거 신규 채용하되 원고로의 입사를 희망하는 삼미의 종업원들을 우선적으로 고려하기로 한 사실, 이에 따라 삼미는 원고의 신규 공개채용에 필요한 삼미종업원에 대한 자료를 원고에게 제공하고, 삼미의 종업원 중 원고의 채용전형에 합격한 자에 대하여 삼미는 자신의 비용부담 및 책임하에 삼미와의 근로관계를 종료시키며 퇴직금 등 종업원에 관련된 모든 금전사항을 정산하기로 하였고, 원고가 종업원을 신규 공개 채용하는 과정에서 원고로의 입사를 원하는 삼미의 종업원이 채용되지 않는 경우에는 삼미와 그 종업원과의 근로관계는 단절되지 않도록 함으로써 원고나 포항제철 계열사로 신규 채용되지 아니한 삼미의 종업원들은 삼미에 그대로 잔류한 사실, 또한 원고는 삼미 소속 종업원들의 60.6%정도를 신규입사의 형식으로 새로이 채용하면서(앞서 본 바와 같이 나머지 15%정도는 종업원 구제차원에서 포항제철 관련 계열사에 입사시켰다) 종전 삼미에서의 근로조건이나 직급상태를 그대로 유지하지 않고 3개월간의 수습기간을 거쳐 원고 고유의 직급 및 급여체계, 근무시간 등에 따라 재배치함으로써 종전 삼미의 인적 조직을 해체하여 포항제철 계열사의 기준 및 인사 관리 방법에 따라 재구성하여 조직화한 사실, 특수강 산업은 그 특성상 종업원들의 숙련된 기술과 경험이 제품생산에 있어서 큰 역할을 하는 것이기는 하나 또한 장치 산업으로서의 특성에 의하여 업무에 필요한 지식과 기술이 정형화·규격화되어 있어 단기간의 훈련을 거치면 일반직원들도 매뉴얼에 따라 생산활동을 할 수 있고, 특히 원고의 모회사인 포항제철에는 특수강 생산에 필요한 기술인력이 많이 있었기 때문에 원고로서는 삼미의 종업원을 반드시 고용하여야 할 필요가 있었던 것은 아니지만 이 사건 공장 자산의 매각 후 실직할 삼미 종업원들을 가능한 한 구제하려는 차원에서 기준인원 범위 내에서 삼미의 종업원들을 신규채용하였을 뿐인 사실, 또한 사업목적(생산품목)에 있어서도 원고는 삼미로부터 인수한 자산을 그대로 사용하여 특수강을 생산하고 있지만, 원고는 봉강사업부문에 대하여는 공급과잉으로 인한 수익성 감소로 장기적으로는 폐업하고 나머지 품목인 선재 및 빌레트(billet) 사업부문을 주력사업으로 하기로 방침을 정하여 1996

년말 기준으로 전체의 59.8%이던 봉강 생산량을 1998년 9월말 기준으로는 11.3%로 대폭 축소하는 등 생산전략을 크게 바꾸었고, 이에 따라 변화된 생산 패턴에 맞추어 포항제철과의 기술교류를 통하여 새로운 기술을 도입 품질을 향상시킨 사실, 원고는 삼미의 외상매출금·받을어음·미수금 등 채권은 물론 1조원이 넘는 부채도 인수하지 않았고 다만 매매목적물에 대한 금융기관의 근저당권 및 공장저당등담보권의 해제 말소와 리스자산에 대한 리스료 지급 등을 위하여 매매대금의 대부분을 사용한 사실, 원고는 삼미가 그 거래선등과 체결한 어떠한 계약에 대하여도 책임을 부담하지 않고 삼미의 거래선 중 원자재 구입처의 약 29%, 판매처의 약 10%를 유지하였을 뿐 대부분의 거래처를 새로이 개척한 사실, 원고는 삼미라는 상호의 성가는 물론 삼미가 영업상 확보한 주문관계나 영업상 비밀 등의 재산가치를 인수하지 아니한 사실을 알 수 있는바, 이러한 사실관계를 위 법리에 비추어 검토하여 보면 원심이 설시한 사정을 고려하더라도 원고가 실질적으로 삼미로부터 봉강·강관 사업부문의 영업상 인적·물적 조직을 그 동일성을 유지하면서 일체로서 포괄적으로 이전 받음으로써 영업을 양도받은 것으로 보기에는 부족하다 할 것이고 앞서 본 바와 같이 원고가 삼미 종업원의 고용보장차원에서 삼미의 종업원 60.6%를 신규채용 형식으로 고용하였다 하여 달리 볼 수는 없다.

다. 절차

(1) 내부적 절차

자연인상인의 경우에는 자신의 영업양도의 의사결정만으로 충분하나, 주식회사 또는 유한회사가 영업의 전부, 중요한 일부의 양도(374조 1항 1호) 또는 회사의 영업에 중대한 영향을 미치는 다른 회사의 영업 전부 또는 일부의 양수(374조 1항 3호)할 때에는 주주총회의 특별결의(출석한 주주의 의결권의 3분의 2 이상의 수와 발행주식총수의 3분의 1 이상의 수) 또는 사원총회의 특별결의(576조 1항; 총사원의 반수 이상이며 총사원의 의결권의 4분의 3 이상을 가지는 자의 동의)를 얻어야 하며, 이 경우 이에 반대하는 주식회사의 주주는 주식매수청구권을 행사할 수 있다(374조의2).

(2) 영업양도계약의 체결

영업양도인과 영업양수인간의 영업양도의 합의 즉, 계약을 체결해야 한다. 그 계약의 형식은 반드시 문서로 해야 하는 것은 아니나, 양도계약서를 작성하는 것이 일반적이다. 그 양도계약의 내용으로는 양도할 자산과 부채, 근로자의 인수인계, 상호 또는 영업소의 이전, 양도대가 및 시기 등에 관한 사항들이 포함된다.

영업양도인은 상인이어야 하는 바,[197] 회사는 영업을 양도하더라도 반드시 소멸해야 하는 것은 아니나, 자연인상인은 유일한 영업을 양도하는 경우 상인자격을 상실하게 될 것이다. 반면에 양수인은 반드시 상인이었어야 하는 것은 아니며, 영업양수를 통해 상인자격을 취득하게 될 것이다.

그 실질적인 양도시점과 관련하여, 판례는 교육시설의 양도계약이 체결된 시점에 영업양도가 있었던 것이 아니라 양수인이 관할 교육청에 위 교육시설의 설치자 지위를 승계하였음을 이유로 한 설치자 변경신고를 하여 그 변경신고가 수리된 시점에 위 교육시설을 양도받아 양도인이 하던 것과 같은 영업적 활동을 개시하였다고 봄이 상당하다고 판시하고 있다.[198]

라. 효과

(1) 일반적 효과

(가) 영업재산이전

영업양도를 위해서는 영업재산이 동일성을 유지하면서 이전되어야 하는 바, 영업재산을 구성하는 개별적인 재산의 이전을 위한 물권행위가 수반되어야 한다. 즉, 부동산은 등기, 동산은 인도, 지명채권은 대항요건의 구비[판례77] 등이 요구된다.

[판례77] 대법원 1991.10.8. 선고 91다22018 판결

영업양도는 채권계약이므로 양도인이 재산이전의무를 이행함에 있어서는 상속이나 회사의 합병의 경우와 같이 포괄적 승계가 인정되지 않고 특정 승계의 방법에 의하여 재산의 종류에 따라 개별적으로 이전행위를 하여야 할 것인바, 그 이전에 있어 양도인의 제3자에 대한 매매계약 해제에 따른 원상회복청구권은 지명채권이므로 그 양도에는 양도인의 채무자에 대한 통지나 채무자의 승낙이 있어야 채무자에게 대항할 수 있다.

이와 관련하여, 영업의 관리방법 또는 체계와 같은 영업조직과 거래처 또는 영업상 비밀과 같은 사실관계도 함께 이전한다. 이에 대하여는 특별한 이전방법

197) 대법원 1969.3.25. 선고 68다1560 판결.
198) 대법원 2010.9.30. 선고 2010다35138 판결.

이 특정되어 있지 아니하므로 구두 또는 문서 등 거래통념에 맞는 이전방법이 사용된다.

(나) 고용관계

고용관계는 영업조직 중 인적 조직이므로, 영업양도시 원칙적으로 이전된다.[판례78], [판례79]

[판례78] 대법원 2005.2.25. 선고 2004다34790 판결

기업이 사업부문의 일부를 다른 기업에게 양도하면서 그 물적 시설과 함께 양도하는 사업부문에 근무하는 근로자들의 소속을 변경시킨 경우에는 원칙적으로 해당근로자들의 근로관계가 양수하는 기업에게 승계되어 근로의 계속성이 유지된다.

[판례79] 대법원 1991.8.9. 선고 91다15225 판결

영업이 포괄적으로 양도되면 양도인과 근로자 간에 체결된 고용계약도 양수인에게 승계된다.

다만, 사용인의 의사에 반하여 고용관계가 승계될 수는 없다. 따라서 고용승계를 거부한 사용인의 경우에는 양도회사가 퇴직금을 지급하여야 한다.[판례80]

[판례80] 대법원 2012.5.10. 선고 2011다45217 판결

영업의 양도란 일정한 영업목적에 의하여 조직화된 업체 즉, 인적·물적 조직을 동일성은 유지하면서 일체로서 이전하는 것이어서 영업 일부만의 양도도 가능하고, 이러한 영업양도가 이루어진 경우에는 원칙적으로 해당 근로자들의 근로관계가 양수하는 기업에 포괄적으로 승계되지만 근로자가 반대 의사를 표시함으로써 양수기업에 승계되는 대신 양도기업에 잔류하거나 양도기업과 양수기업 모두에서 퇴직할 수도 있다. 또한 이와 같은 경우 근로자가 자의에 의하여 계속근로관계를 단절할 의사로 양도기업에서 퇴직하고 양수기업에 새로이 입사할 수도 있다. 이때 근로관계 승계에 반대하는 의사는 근로자가 영업양도가 이루어진 사실을 안 날부터 상당한 기간 내에 양도기업 또는 양수기업에 표시하여야 하고, 상당한 기간 내에 표시하였는지는 양도기업 또는 양수기업이 근로자에게 영업양도 사실, 양도 이유, 양도가 근로자에게 미치는 법적·경제적·사회적 영향, 근로자와 관련하여 예상되는 조치 등을 고지하였는지 여부, 그와 같은 고지가 없었다면 근로자

가 그러한 정보를 알았거나 알 수 있었던 시점, 통상적인 근로자라면 그와 같은 정보를 바탕으로 근로관계 승계에 대한 자신의 의사를 결정하는 데 필요한 시간 등 제반 사정을 고려하여 판단하여야 한다.

(갑 병원을 운영하던 을 학교법인이 병 의료법인을 새로 설립하여 갑 병원 영업을 양도하면서 갑 병원 근로자들에게 그 사실을 고지하지 않았는데, 나중에 영업양도 사실을 알게 된 정 등 갑 병원 근로자 일부가 을 법인을 상대로 퇴직금 지급을 구한 사안에서, 제반 사정에 비추어 을 법인과 병 법인 사이에 정 등에 대한 근로관계 승계가 이루어지지 않았고 을 법인과 정 등의 근로관계도 종료되었으므로, 을 법인은 정 등에게 퇴직금을 지급할 의무가 있다고 본 원심판결의 결론을 정당하다고 한 사례).

(다) 채무

채무승계가 영업양도의 요건은 아니나, 일반적으로 채무를 승계하기로 하는 경우가 많으며, 그런 경우에도 영업양수인의 불측의 손해를 막기 위하여 영업양도계약서에 명시된 채무에 한하여 승계하는 것으로 명시하게 된다. 채무를 승계한 경우에도 채권자에게 그 효력을 주장하기 위해서는 채권자의 승낙을 요한다고 보아야 할 것이다(민법 454조).

(라) 공법상의 관계

영업에 대한 인·허가와 같은 공법상의 권리관계는 양도당사자간에 이전에 관한 협조의무를 계약상에 명시하는 경우가 있으나, 그렇지 않은 경우에는 양도인의 의무는 아니라고 보아야 할 것이다.[판례81]

[판례81] 대법원 2002.4.26. 선고 2000다9482·9499 판결

이 사건 양도계약에 있어서 당사자들이 의도하였던 계약의 목적 내지 양도의 대상은 사업자등록 명의자가 누구이든 상관없이 원고와 C가 실질적으로 운영해 오던 이 사건 영업 그 자체일 뿐, 원고가 이 사건 양도계약상 이 사건 영업에 관한 사업자등록 명의를 이전해 줄 의무까지 부담한다고 볼 수 없다.

2) 경업금지

(가) 의의

영업양도의 목적을 달성하기 위해서는 양수인이 양수받은 영업을 제대로 영위할 수 있어야 하는 바, 그러기 위해서는 양수인의 영업을 방해하는 양도인의 경업을 제한할 필요가 있다. 따라서 상법은 일정한 범위 내에서 양도인에게 경업금지의무를 부과하고 있다. 즉, 영업을 양도한 경우에 다른 약정이 없으면 양도인은 10년간 동일한 특별시·광역시·시·군과 인접 특별시·광역시·시·군에서 동종영업을 하지 못하며, 양도인이 동종영업을 하지 아니할 것을 약정한 때에는 동일한 특별시·광역시·시·군과 인접 특별시·광역시·시·군에 한하여 20년을 초과하지 아니한 범위 내에서 그 효력이 있다(41조).

한편, 영업의 임대차의 경우에는 명문의 규정은 없으나, 임차인의 명의와 계산으로 영업을 수행하는 것을 감안한다면, 이 규정을 유추적용하여 임대인이 경업금지의무를 부담한다고 보는 것이 타당할 것이다. 한편, 영업의 위임의 경우에도 역시 명문의 규정은 없으나, 위임인의 명의와 계산으로 수임인이 영업을 수행하고 이에 대한 보수를 받는 경우에는 위임인이 경업금지의무를 부담할 이유는 없다고 본다.

(나) 법적 성질

이러한 영업양도인의 경업금지의무와 관련하여, 당연히 양도계약에 포함되며, 상법상 규정은 주의적 규정에 불과하다는 계약설[199]과 상법이 영업양수인을 보호하기 위해 특별히 명시한 규정이라는 정책설[200]이 대립하나, 영업양도계약의 본질상 이 의무는 원칙적으로 내재되어 있다고 보는 것이 타당하고, 따라서 상법규정도 별도 약정이 없더라도 이 의무를 인정하고 있는 것이므로 계약설이 타당하다고 본다. 헌법재판소도 계약설의 입장인 것으로 보인다.[판례82]

199) 서헌제, 161; 손진화, 130; 이기수외, 270; 이철송, 288; 주석상법(1), 308; 최준선, 205.
200) 정찬형, 177; 최기원, 194.

[판례82] 헌법재판소 1996.10.4. 선고 94헌가5 전원재판부 결정

양도인이 영업을 양도하고도 인근에서 동종의 영업을 재개하여 종전의 고객·신용 등 사실관계를 자기에게 유인하거나 구매처로 하여금 양수인과의 관계를 끊도록 하는 것은 원칙적으로 금지되는 일이고 이러한 영업양도는 실효성을 잃고 영업양수인은 소기의 목적을 이루기 어렵게 될 것이다. 상법이 규정하고 있는 경업금지의무는 당사자간의 특정한 약정이 없는 경우에 영업양도의 본질로부터 법이 당사자의 의사의 보완·해석규정으로 둔 것이라 할 수 있다. 즉 경업금지의무를 약정하는 것이 당사자의 합리적인 의사라고 보는 것이다. 이 사건 규정은 이러한 합리적인 당사자의 의사가 명확히 약정되어 있지 않은 경우를 대비한 의사보충규정(意思補充規定)이라고 할 수 있다. 영업양도인이 영업양도계약을 체결하여 이행하고도 후에 경업금지에 관한 명시적 약정이 없었음을 이유로 동종영업을 한다면 영업양도라는 형식의 상거래는 매우 불건전해지고 영업양수인에게는 부당한 손실을 가져오게 된다. 물론 상인들이 성실하고 신뢰할 수 있는 직업의식을 갖고 상행위에 임한다면 굳이 이러한 규정을 둘 이유가 없을 것이나 우리나라의 상행위 양태에서 전반적으로 이러한 풍토를 기대하기에는 아직도 부족함이 많다고 할 것이다. 따라서 이를 방지하고 영업양도의 실효성을 높이기 위하여 상법의 후견적 기능으로서의 이 사건 심판대상 조항은 영업양도인에 대하여 경업금지의무를 부과하고 있는 것이므로 이로 인하여 양도인의 직업선택의 자유가 제한된다고 할지라도 제한의 입법목적 자체는 정당하고 이를 시장경제질서에 반하는 것이라고도 할 수 없다.

(다) 금지대상

금지되는 동종영업이란 양도된 영업과 경쟁관계가 발생할 수 있는 영업을 의미한다고 보아야 한다.[201] [판례83] 한편, 판례는 영업양도계약의 약정 또는 상법 41조에 따라 영업양도인이 부담하는 경업금지의무는 스스로 동종영업을 하거나

201) 대법원 2015.9.10. 선고 2014다80440 판결. 한편, 근로자 갑이 을 회사를 퇴사한 후 그와 경쟁관계에 있는 중개무역회사를 설립·운영하자 을 회사 측이 경업금지약정 위반을 이유로 하여 갑을 상대로 손해배상을 청구한 사안에서, 갑이 고용기간 중에 습득한 기술상 또는 경영상의 정보 등을 사용하여 영업을 하였다고 하더라도 그 정보는 이미 동종업계 전반에 어느 정도 알려져 있었던 것으로, 설령 일부 구체적인 내용이 알려지지 않은 정보가 있었다고 하더라도 이를 입수하는데 그다지 많은 비용과 노력을 요하지는 않았던 것으로 보이고, 을 회사가 다른 업체의 진입을 막고 거래를 독점할 권리가 있었던 것은 아니며 그러한 거래처와의 신뢰관계는 무역 업무를 수행하는 과정에서 자연스럽게 습득되는 측면이 강하므로 경업금지약정에 의해 보호할 가치가 있는 이익에 해당한다고 보기 어렵거나 그 보호가치가 상대적으로 적은 경우에 해당한다고 할 것이고, 경업금지약정이 갑의 이러한 영업행위까지 금지하는 것으로 해석된다면 근로자인 갑의 직업선택의 자유와 근로권 등을 과도하게 제한하거나 자유로운 경쟁을 지나치게 제한하는 경우에 해당되어 민법 103조에 정한 선량한 풍속 기타 사회질서에 반하는 법률행위로서 무효라고 할 것이므로, 경업금지약정이 유효함을 전제로 하는 손해배상청구는 이유 없다(대법원 2010.3.11. 선고 2009다82244 판결).

제3자를 내세워 동종영업을 하는 것을 금하는 것을 내용으로 하는 의무이므로, 영업양도인이 그 부작위의무에 위반하여 영업을 창출한 경우 그 의무위반 상태를 해소하기 위하여는 영업을 폐지할 것이 요구되고, 그 영업을 타에 임대한다거나 양도한다고 하더라도 그 영업의 실체가 남아있는 이상 의무위반 상태가 해소되는 것은 아니므로, 그 이행강제의 방법으로 영업양도인 본인의 영업 금지 외에 제3자에 대한 영업의 임대, 양도 기타 처분을 금지하는 것도 가능하다고 보고 있다.[202]

[판례83] 대법원 2015.9.10. 선고 2014다80440 판결

피고 케이미트가 제3의 업체로부터 국내산 소·돼지고기를 공급받아 유통·판매하는 영업은 비록 소·돼지를 수매하여 도축하는 과정이 없는 등 양도 대상인 중부공장 영업과 일부 차이가 있기는 하나, 국내산 소·돼지고기를 유통·판매한다는 점에서는 차이가 없으므로, 전자의 영업은 양도대상인 중부공장 영업과 경쟁관계가 발생할 수 있는 영업이고, 따라서 이를 중부공장 영업과 동종영업으로 보아야 한다. 피고 케이미트가 전국적인 영업망을 가지고 영업하는 점을 고려하면, 이 사건 양도당시 전자의 영업이 전체 영업에서 차지하는 비중이 낮았다고 하여 양도 후에 위 영업이 중부공장 영업과 경쟁관계가 발생하지 않는다고 볼 수는 없다. 그런데도 두 영업이 동종영업이 아니라고 판단한 원심판결에는 경업이 금지되는 동종영업의 범위에 관한 법리를 오해한 잘못이 있다.

영업양도인의 경업금지의무가 양도인의 포괄승계인(상속의 경우 상속인 또는 합병의 경우 존속회사 또는 신설회사)에게 이전되느냐가 문제되는 바, 영업양도는 영업양도인의 자유로운 의사에 따른 제한이며, 이것이 자연인인 포괄승계인의 의사에 반해 강제적으로 적용된다면 직업선택의 자유위반이라는 헌법위반문제가 발생할 수도 있으므로, 이전되지 않는다고 보는 것이 타당할 것이다.[203] 한편, 영업양도인이 양도 후 새로운 회사를 설립하여 그 회사의 지배주주로서 양도한 영업과의 경업을 하는 것이 허용될 것인지와 관련하여, 형평의 이념상 이는 허용되지 말아

202) 대법원 1996.12.23. 선고 96다37985 판결(이 가처분명령에 의하여 영업양도인의 제3자에 대한 임대, 양도 등 처분행위의 사법상 효력이 부인되는 것은 아니고, 영업양도인이 그 의무위반에 대한 제재를 받는 것에 불과함).

203) 안강현, 174; 임중호, 252; 정찬형, 178; 주석상법(1), 310; 최준선, 207. 이에 대하여 상속인에 대하여는 적용되지 말아야 하나 합병의 경우 존속회사 또는 신설회사의 경우에는 경업금지의무의 회피수단으로 악용될 수 있다는 이유로 적용되어야 한다는 견해로는 김병연외, 176; 김성태, 369; 손진화, 131; 이기수외, 271; 이철송, 293.

야 할 것이다.[판례84]

[판례84] 대법원 2005.4.7.자 2003마473 결정

경업금지약정 체결 후 타인이 대표이사로 있는 회사를 실질적으로 지배하는 형식으로 동종 영업을 운영하였다면 위 경업금지약정을 위반한 것이라고 한 사례.

또한, 영업양수인이 양수받은 영업을 제3자에게 다시 양도한 경우에, 최초 영업양도인이 제3자에게 경업금지의무를 부담하는지 여부와 관련하여, 양수인이 양도인에게 주장할 수 있는 경업금지에 대한 권리는 양수인의 제3자에게 양도하는 영업재산을 구성하므로 특별한 사정이 없는 한, 최초 영업양도인은 제3자에게 경업금지의무를 부담한다고 보는 것이 타당할 것이다.204)

(라) 금지기간

양도당사자간에 <u>다른 약정이 없으면</u>, <u>10년간</u> <u>동일한</u> 특별시·광역시·시·군과 <u>인접</u> 특별시·광역시·시·군에서 동종영업을 하지 못한다. 양도당사자간에 <u>동종영업을 하지 아니할 것을 약정하더라도</u> <u>동일한</u> 특별시·광역시·시·군과 <u>인접</u> 특별시·광역시·시·군에 한하여 동종영업의 제한이 <u>20년을 초과할 수는 없다</u>.

(마) 금지지역

본 규정의 경업금지지역은 동일한 특별시·광역시·시·군과 인접 특별시·광역시·시·군에서의 동종영업에 한정되므로, 이 구역 밖의 경우에는 경업금지대상지역에서 제외된다.

(바) 경업금지위반의 효과

경업금지의무를 위반한 영업양도인은 영업양수인에 대하여 채무불이행을 원

---

204) 영업양도계약에서 경업금지에 관하여 정함이 없는 경우 영업양수인은 영업양도인에 대해 상법 41조 1항에 근거하여 경업금지청구권을 행사할 수 있고, 나아가 영업양도계약에서 경업금지청구권의 양도를 제한하는 등의 특별한 사정이 없다면 위와 같이 양도된 영업이 다시 동일성을 유지한 채 전전양도될 때 영업양수인의 경업금지청구권은 영업재산의 일부로서 영업과 함께 그 뒤의 영업양수인에게 전전양도되고, 그에 수반하여 지명채권인 경업금지청구권의 양도에 관한 통지권한도 전전이전된다고 보는 것이 타당함(대법원 2022.11.30. 선고 2021다227629 판결) 및 이철송, 293(이를 위해서는 민법 450조에 따른 지명채권양도의 대항요건인 통지·승낙을 거쳐야 함).

인으로 한 손해배상책임을 부담해야 할 것이고(민법 390조), 영업양수인은 본안으로 경업대상인 양도인의 영업의 폐지를 청구하면서 동시에 보전의 필요성이 있을 경우 영업침해금지가처분을 청구할 수 있을 것이다(민법 389조).

(3) 양도인의 채권자보호 – 상호를 속용하는 양수인 또는 채무인수를 광고한 양수인의 책임

(가) 의의

영업양도가 이루어질 경우, 영업양도인의 채권자로서는 자신의 채권의 이행을 영업양수인이 승계하지 않는 한, 책임재산의 소멸로 인해 자신의 채권변제의 불확실성이 높아질 수 있다. 더구나 양수인이 양도인의 상호를 계속 사용하는 경우에는 위 채권자로서는 영업양도가 이루어졌음을 알기 어려울 뿐만 아니라 그 사실을 알았더라도 양수인이 채무를 승계했다고 생각할 가능성이 높으며, 영업양수인이 양도인의 상호를 계속 사용하지 않더라도 양도인의 영업상의 채무를 인수할 것을 광고한 때에는 채권자의 채권에 대한 변제책임을 영업양수인에게 부담시키는 것이 형평의 이념에 맞는다. 따라서 상법은 42조와 44조에서 양도인의 채권자를 보호하기 위하여 위와 같은 외관을 형성한 영업양수인에게 변제책임을 원칙적으로 부여한 것이다.[205][판례85]

[판례85] 대법원 2010.9.30. 선고 2010다35138 판결

상호를 속용하는 영업양수인의 책임을 정하고 있는 상법 42조 1항은, 일반적으로 영업상의 채권자의 채무자에 대한 신용은 채무자의 영업재산에 의하여 실질적으로 담보되어 있는 것이 대부분인데도 실제 영업의 양도가 이루어지면서 채무의 승계가 제외된 경우에는 영업상의 채권자의 채권이 영업재산과 분리되게 되어 채권자를 해치게 되는 일이 일어나므로 영업상의 채권자에게 채권추구의 기회를 상실시키는 것과 같은 영업양도의 방법, 즉 채무를 승계하지 않았음에도 불구하고 상호를 속용함으로써 영업양도의 사실이 대외적으로 판명되기 어려운 방법 또는 영업양도에도 불구하고 채무의 승계가 이루어지지 않은 사실이 대외적으로 판명되기 어려운 방법 등이 채용된 경우에 양수인에게도 변제의 책임을 지우기 위하여 마련된 규정이라고 해석된다. 따라서 양수인에 의하여 속용되는 명칭이 상호 자체가 아닌 옥호 또는 영업표지인 때에도 그것이 영업주체를 나타내는 것으로 사용되는 경우에는 영업상의 채권자가 영업주체의 교체나 채무승계 여부 등

---

205) 대법원 2009.1.15. 선고 2007다17123·17130 판결 및 대법원 1998.4.14. 선고 96다8826 판결.

을 용이하게 알 수 없다는 점에서 일반적인 상호속용의 경우와 다를 바 없으므로, 양수인은 특별한 사정이 없는 한 상법 42조 1항의 유추적용에 의하여 그 채무를 부담한다(동지 대법원 2022.4.28. 선고 2021다305659 판결).

(나) 요건

1) 영업의 양도

본 외관이론의 취지는 영업의 양도를 전제로 양수인이 상호를 속용하거나(42조) 채무인수를 광고한 것(44조)에 대한 책임을 부담시키겠다는 것이다. 즉, 영업의 양도가 적법·유효함을 전제로 이에 더하여 양수인이 만든 외관(상호속용 또는 채무인수의 광고)으로부터 양도인의 채권자를 보호하기 위한 규정인 것이다. 다시 말해, 영업의 양도라는 외관이 아니라 상호속용 또는 채무인수의 광고라는 외관에 대한 양수인의 책임을 묻고 있는 규정이다. 만일 영업의 양도에 하자가 있다면 당연히 양도하고자 했던 영업의 종국적인 소유자는 양도인이 될 것이므로, 굳이 양수인에게 양도인의 채권자의 채권에 대한 책임을 물을 이유가 없다. 따라서 본 규정(42조 및 44조)은 영업양도의 적법·유효함을 전제로 하고 있다고 보는 것이 타당할 것이다.[206]

2) 제3자의 채권은 양도인의 영업으로 인한 채권이어야 함

본 규정에 따라 보호되어야 하는 제3자의 채권은 양도인의 영업으로 인한 채권이어야 한다. 이와 관련하여 판례는 양도인의 영업으로 인한 채권이란 양도인의 영업상의 활동에 관하여 발생한 채권을 말하는 것으로서,[207][판례86] 양도인이 주식회사인 경우에는 회사에게 사적인 생활이 존재하지 아니한 관계로 주식회사의 명의로 한 행위는 반증이 없는 한 일단 회사의 영업을 위하여 하는 행위로 추정되며,[208] 따라서 그로 인하여 회사가 부담하는 채무도 영업으로 인한 채무로 추정된다고 할 것이지만, 반증에 의하여 그 채무가 영업으로 인한 채무가 아니라는 점이 밝혀지는 경우 그러한 추정은 복멸될 수 있을 것이라고 판시하고 있다.[판례87] 즉, 영업으로 인한 채무가 아니라는 사실은 양수인이 입증해야 한다.[209]

---

206) 이기수외, 277; 이에 반대하는 견해로는 손주찬, 202; 이철송, 298; 임중호, 257; 전우현, 157; 정동윤, 121; 주석상법(1), 315; 최기원, 198.

207) 대법원 1989.3.28. 선고 88다카12100 판결.

208) 대법원 1967.10.31. 선고 67다2064 판결.

[판례86] 대법원 1998.4.14. 선고 96다8826 판결

원심은, 피고회사(1994.9.8. 파주콘크리트 주식회사에서 지금과 같이 상호 변경)가 1993.8.2. 같은 해 7.19. 매매를 원인으로 주식회사 파주레미콘(이하 파주레미콘이라 한다)으로부터 공장건물 등에 관하여 소유권이전등기를 넘겨받는 등 영업에 필요한 시설 등을 양도받았으며, 같은 해 8.4. 공업배치및공장설립에관한법률에 따라 파주레미콘의 상호 및 대표자를 피고 회사의 그것으로 변경한 사실, 파주레미콘의 이사는 윤희승, 윤희남, 오창환이었는데, 그 중 윤희남과 오창환은 피고 회사의 이사로 등기되었고 파주레미콘의 직원 중 일부가 피고 회사로 옮겨 그대로 근무하고 있는 사실, 피고 회사는 파주레미콘의 채무에 관하여 파주레미콘을 대신하여 변제하거나 피고 회사 명의의 약속어음을 발행하여 주고 파주레미콘의 종전 거래처들과 거래관계를 계속적으로 유지하면서 기존 거래처들에게 피고 회사가 인수받은 공장에서 생산한 레미콘을 계속 공급하고 있는 사실, 피고 회사의 주된 목적이 파주레미콘과 유사하고 등기부상 주소 또한 파주레미콘과 동일하며, 상호 또한 동일성 인식의 주된 부분인 '파주'라는 명칭을 유지하면서 콘크리트의 일종인 '레미콘' 대신 '콘크리트'로 변경한 사실 등을 인정하고 있는바, 기록에 비추어 살펴보면, 원심의 이러한 사실인정은 옳고, 거기에 상고이유의 주장과 같은 사실오인 등의 위법이 없다.

[판례87] 대법원 2002.6.28. 선고 2000다5862 판결

파주레미콘이 원고에 대하여 부담하는 이 사건 약속어음금채무 및 연대보증채무는 파주레미콘의 사실상의 소유주라는 윤희남이 파주레미콘의 목적사업이나 영업과는 전혀 무관하게 개인적으로 주유소영업을 하기 위하여 원고로부터 주유소부지 등을 매입한 후 그 대금지급을 위하여 마침 보관 중이던 파주레미콘의 명판과 대표이사 인감도장을 이용하여 이 사건 약속어음 및 당좌수표를 발행함으로써 결국, 파주레미콘이 부담하게 된 어음금채무 또는 그 원인관계상의 연대보증채무라는 점을 알 수 있다(원고 역시 이 사건 약속어음과 당좌수표를 주유소 매매대금의 담보로 교부받았다고 하면서, 자신의 채권이 파주레미콘의 영업과 관련 있는 채권이 아니라는 점을 적극적으로 다투지 아니하고 있다). 그렇다면 원고의 위 채권은 파주레미콘의 영업활동과는 전혀 무관한 것으로서 양도인의 영업으로 인한 채권으로 볼 수 없으므로, 상호 속용 영업양수인에 대하여 그 이행책임을 물을 수 없다고 할 것임에도, 이와 결론을 달리하여 원고의 피고에 대한 청구를 인용한 원심판결에는 상호 속용 영업양수인의 책임에 관한 법리를 오해한 위법이 있다.

한편, 영업을 현물출자하여 주식회사를 설립하고 그 상호를 계속 사용하는

209) 동지 안강현, 178; 이에 반하여 채권자가 영업상의 채권이라는 사실을 입증해야 한다는 견해로는 손진화, 132; 이철송, 298; 최준선, 210.

경우에, 판례는 영업의 양도는 아니지만 출자의 목적이 된 영업의 개념이 동일하고 법률행위에 의한 영업의 이전이란 점에서 영업의 양도와 유사하며, 채권자의 입장에서 볼 때는 외형상 양도와 출자를 구분하기 어려우므로 새로 설립된 법인은 출자자의 채무를 변제할 책임이 있다. 또한 영업으로 인하여 발생한 채무란 영업상의 활동에 관하여 발생한 모든 채무를 말하는 것이므로 불법행위로 인한 손해배상채무도 이에 포함된다고 판시하고 있다.[210] 뿐만 아니라, 영업으로 인하여 발생한 채무에는 채무불이행으로 인한 손해배상채무, 부당이득으로 인한 채무도 포함된다고 보아야 할 것이다.[211]

3) 상호의 속용

상호의 속용과 관련하여 판례는, 형식상 양도인과 양수인의 상호가 전혀 동일한 것임을 요하지 않고, 양도인의 상호 중 그 기업주체를 상징하는 부분을 양수한 영업의 기업주체를 상징하는 것으로 상호중에 사용하는 경우를 포함한다고 할 것이고, 그 동일 여부는 명칭, 영업목적, 영업장소, 이사의 구성 등을 참작하여 결정하여야 한다고 판시하고 있다.[212] 나아가 판례는 영업양도인이 자기의 상호를 동시에 영업 자체의 명칭 내지 영업표지로서도 사용하여 왔는데, 영업양수인이 자신의 상호를 그대로 보유·사용하면서 영업양도인의 상호를 자신의 영업 명칭 내지 영업표지로서 속용하고 있는 경우에는 영업상의 채권자가 영업주체의 교체나 채무승계 여부 등을 용이하게 알 수 없다는 점에서 일반적인 상호속용의 경우와 다를 바 없으므로, 이러한 경우도 상법 42조 1항의 상호속용에 포함된다고 보고 있다.[213]

또한 판례는 상호의 양도 또는 사용허락이 있는 경우는 물론 그에 관한 합의가 무효 또는 취소된 경우라거나 상호를 무단 사용하는 경우도 상법 42조 1항의 상호속용에 포함된다고 보고 있다.[214]

---

210) 대법원 1989.3.28. 선고 88다카12100 판결.

211) 손주찬, 203; 이철송, 298; 정동윤, 122; 정찬형, 181; 주석상법(1), 315; 최기원, 202; 최준선, 211.

212) 대법원 1989.3.28. 선고 88다카12100 판결(남성사와 남성정밀공업주식회사).

213) 대법원 2009.1.15. 선고 2007다17123·17130 판결.

214) 대법원 2009.1.15. 선고 2007다17123·17130 판결.

4) 채무인수의 광고

영업양수인이 양도인의 상호를 계속 사용하지 아니하는 경우, 양도인의 영업으로 인한 채무를 인수할 것을 광고한 때에는 실제로 채무를 인수하지 아니하였더라도, 양수인은 채무인수할 것이라는 외관을 광고를 통해 작출한 책임에 따라 양도인의 채권자에게 변제할 책임이 있다(44조). 광고에 의하지 않고, 이러한 사실을 양도인의 채권자에게 통지한 경우에도 이러한 책임은 유추적용되어야 할 것이다.[215][판례88], [판례89]

[판례88] 대법원 2010.11.11. 선고 2010다26769 판결

양도인의 상호를 계속 사용하지 아니하는 영업양수인에 대해서도 양도인의 영업으로 인한 채무를 인수할 것을 광고한 때에는 그 변제책임을 인정하는 상법 44조의 법리는 영업양수인이 양도인의 채무를 받아들이는 취지를 광고에 의하여 표시한 경우에 한하지 않고, 양도인의 채권자에 대하여 개별적으로 통지를 하는 방식으로 그 취지를 표시한 경우에도 적용이 되어, 그 채권자와의 관계에서는 위 채무변제의 책임이 발생한다.

[판례89] 대법원 2010.1.14. 선고 2009다77327 판결

신설회사가 기존회사로부터 영업재산 대부분을 그대로 인수하여 그 영업을 양수하여 기존회사의 거래처와 거래를 계속하던 중 기존회사의 채권자에게 **상호를 변경한다**는 취지의 개별통지를 한 사안에서, 신설회사는 상법 44조의 채무인수를 광고한 양수인에 해당하여 그 채권자에게 채무변제의 책임이 있다고 한 사례.

5) 채권자의 선의

이와 관련하여, 판례는 상호를 속용하는 영업양수인의 책임은 위와 같이 채무승계가 없는 영업양도에 의하여 자기의 채권추구의 기회를 빼앗긴 채권자의 외관신뢰를 보호하기 위한 것이므로, 영업양도에도 불구하고 채무승계의 사실 등이 없다는 것을 알고 있는 악의의 채권자가 아닌 한, 당해 채권자가 비록 영업의 양도가 이루어진 것을 알고 있었다고 하더라도 그러한 사정만으로 보호의 적격이 없다고는 할 수 없고, 이 경우 당해 채권자가 악의라는 점에 대한 주장·증명

215) 대법원 2008.4.11. 선고 2007다89722 판결.

책임은 상법 42조 1항에 의한 책임을 면하려는 영업양수인에게 있다고 보고 있다.[216] 살피건대, 채무인수가 없었다는 점을 알았을 경우뿐만 아니라 중대한 과실로 알지 못한 채권자도 역시 보호할 필요가 없다고 보며, 악의 내지 선의에 중대한 과실이 있음에 대한 입증책임 역시 그 책임에서 면하려는 양수인이 입증해야 한다고 보는 것이 타당하다고 판단된다.

(다) 효과

1) 양수인의 책임

양수인의 책임인 양도인의 제3자에 대한 영업으로 인한 채무는 영업을 양도할 당시에 채무의 변제기가 도래하였는지 여부와 관계없으며, 양수인이 그 채무의 존재를 알고 있었는지 여부와도 관계없다.[217] 양수인은 양도받은 재산을 한도로 책임지는 것이 아니라 채무전체에 대한 책임을 부담한다.[218][판례90]

[판례90] 서울고등법원 2014.6.27. 선고 2013나59373 판결(확정)

한편 위 상법 규정과 상호속용책임의 취지에 비추어 보면, 영업양수인은 양도인의 상호를 계속, 즉 이어서 사용한 이상 상호속용책임을 지게 되는 것이고, 그 책임의 성립을 위하여 필요한 상호속용기간에 관한 규정도 없으므로, 비록 상호속용기간이 단기간이라 하더라도 영업양수인의 상호속용책임이 성립하는 데에는 지장이 없다.

그리고 피고가 주장하듯이 영업양수인의 변제책임의 물적 범위를 양수한 재산의 가액 한도로 제한할 근거도 없다.

한편, 양도인이 채권자에 대하여 가지는 항변을 양수인도 행사할 수 있다.[219] 이와 관련하여 판례는, 영업양수인이 양도인의 상호를 계속사용하지 아니하는 경우에 양도인의 영업으로 인한 채무를 인수할 것을 광고한 때에는 양수인도 변제할 책임이 있는바(상법 44조), 이 경우 영업양도인의 영업으로 인한 채무와

216) 대법원 2009.1.15. 선고 2007다17123·17130 판결 및 대법원 2022.4.28. 선고 2021다305659 판결(채권자가 영업양도 무렵 채무인수 사실이 없음을 알지 못한 경우에는 특별한 사정이 없는 한 상법 42조 1항에 따른 영업양수인의 변제책임이 발생하고, 이후 채권자가 채무인수 사실이 없음을 알게 되었다고 하더라도 이미 발생한 영업양수인의 변제책임이 소멸하는 것은 아님); 손진화, 132; 이철송, 301; 주석상법(1), 314.

217) 김홍기, 129; 김성태, 374; 이기수외, 284; 주석상법(1), 315; 최기원, 202; 최준선, 211.

218) 김성태, 374; 김정호, 164; 이철송, 302; 임중호, 260; 정동윤, 122; 주석상법(1), 315; 최기원, 202.

219) 손진화, 133; 안강현, 178; 임중호, 260; 정동윤, 122; 정찬형, 183; 한창희, 196.

영업양수인의 상법 44조에 따른 채무는 같은 경제적 목적을 가진 채무로서 서로 중첩되는 부분에 관하여는 일방의 채무가 변제 등으로 소멸하면 다른 일방의 채무도 소멸하는 이른바 부진정연대의 관계에 있지만, 채권자의 영업양도인에 대한 채권과 영업양수인에 대한 채권은 어디까지나 법률적으로 발생원인을 달리하는 별개의 채권으로서 그 성질상 영업양수인에 대한 채권이 영업양도인에 대한 채권의 처분에 당연히 종속된다고 볼 수 없다. 따라서 채권자가 영업양도인에 대한 채권을 타인에게 양도하였다는 사정만으로 영업양수인에 대한 채권까지 당연히 함께 양도된 것이라고 단정할 수 없고, 함께 양도된 경우라도 채권양도의 대항요건은 채무자별로 갖추어야 한다고 판시하고 있다.[220)]

또한 판례는, 영업양도인의 연대보증인이 연대보증채무를 이행한 경우에도 상호를 속용하는 영업양수인에 대한 구상권이 발생할 수는 없다고 보고 있다.[판례91]

한편, 판례는 상법 42조 1항은 영업양수인이 양도인의 상호를 계속 사용하는 경우 양도인의 영업으로 인한 제3자의 채권에 대하여 양수인도 변제할 책임이 있다고 규정함으로써 양도인이 여전히 주채무자로서 채무를 부담하면서 양수인도 함께 변제책임을 지도록 하고 있으나, 위 규정이 영업양수인이 양도인의 영업자금과 관련한 피보증인의 지위까지 승계하도록 한 것이라고 보기는 어렵고, 영업양수인이 위 규정에 따라 책임지는 제3자의 채권은 영업양도 당시 채무의 변제기가 도래할 필요까지는 없다고 하더라도 그 당시까지 발생한 것이어야 하고, 영업양도 당시로 보아 가까운 장래에 발생될 것이 확실한 채권도 양수인이 책임져야 한다고 볼 수 없다.[221)]

---

220) 대법원 2023.12.7. 선고 2020다225138 판결(채권자가 영업양도인을 상대로 소를 제기하여 확정판결을 받아 소멸시효가 중단되거나 소멸시효 기간이 연장된 뒤 영업양도가 이루어졌다면 그와 같은 소멸시효 중단이나 소멸시효 연장의 효과는 상호를 속용하는 영업양수인에게 미치지만, 채권자가 영업양도가 이루어진 뒤 영업양도인을 상대로 소를 제기하여 확정판결을 받았다면 영업양도인에 대한 관계에서 소멸시효가 중단되거나 소멸시효 기간이 연장된다고 하더라도 그와 같은 소멸시효 중단이나 소멸시효 연장의 효과는 상호를 속용하는 영업양수인에게 미치지 않음), 대법원 2009.7.9. 선고 2009다23696 판결.

221) 대법원 2023.12.7. 선고 2020다225138 판결(채권자가 영업양도인을 상대로 소를 제기하여 확정판결을 받아 소멸시효가 중단되거나 소멸시효 기간이 연장된 뒤 영업양도가 이루어졌다면 그와 같은 소멸시효 중단이나 소멸시효연장의 효과는 상호를 속용하는 영업양수인에게 미치지만, 채권자가 영업양도가 이루어진 뒤 영업양도인을 상대로 소를 제기하여 확정판결을 받았다면 영업양도인에 대한 관계에서 소멸시효가 중단되거나 소멸시효 기간이 연장된다고 하더라도 그와 같은 소멸시효 중단이나 소멸시효 연장의 효과는 상호를 속용하는 영업양수인에게 미치지 않음) 및 대법원

[판례91] 대법원 1989.12.22. 선고 89다카11005 판결

갑이 유흥업소를 경영하면서 원고의 연대보증 아래 을로부터 영업자금을 차용하였는데 피고가 갑으로부터 그 유흥업소를 양수하고 상호를 계속 사용하여 영업을 계속하였고 그 후 원고가 갑의 연대보증인으로서 위 영업자금대출금 중 일부를 변제한 경우, 원고는 피고에 대한 채무를 보증한 사실이 없으므로 보증인으로서의 구상권이 발생할 수는 없으며, 영업양도 당시에는 원고의 영업양도인에 대한 구상금채권이 아직 발생된 바 없으므로 피고가 영업양수인으로서 양도인이 부담한 구상금채권을 변상할 책임이 있다고 하기도 어렵고, 피고의 영업양수가 양도인의 영업자금과 관련한 피보증인의 지위까지 승계하는 것이라고 보기도 어려우므로 피고는 원고에게 구상금을 지급할 근거가 없다.

한편, 판례는 상법 42조에는 영업양수인이 양도인의 상호를 계속 사용하는 경우에는 양도인의 영업으로 인한 제3자의 채권에 대하여 양수인도 변제의 책임이 있다고 규정되어 있을 뿐이고, 양도인에게 대한 채무명의로서 바로 양수인의 소유재산을 강제집행할 근거는 되지 못한다고 판시하고 있다.[222] 또한, 판례는 확정판결의 변론종결후 동 확정판결상의 채무자로부터 영업을 양수하여 양도인의 상호를 계속 사용하는 영업양수인은 상법 42조 1항에 의하여 그 양도인의 영업으로 인한 채무를 변제할 책임이 있다 하여도, 그 확정판결상의 채무에 관하여 이를 면책적으로 인수하는 등 특별사정이 없는 한, 그 영업양수인을 곧 민사소송법 204조의 변론종결후의 승계인에 해당된다고 할 수 없다.[판례92]

[판례92] 대법원 1979.3.13. 선고 78다2330 판결

원판결이유에 의하면 원심은 피고가 그 판시 경상사료공장을 경영하던 소외 1을 상대로 그 판시 손해배상 청구소송을 제기하여 승소의 확정판결을 받은 사실, 위 확정판결의 변론종결후인 1975.11.30. 원고와 소외 2 등이 위 소외 1로부터 위 경상사료공장에 관한 영업을 그 판시와 같이 양도받아 경상사료공업사라는 상호로 영업을 하고 있는 사실 및 피고는 위 원고등이 피고와 위 소외 1 사이의 위 확정판결의 변론종결후 그 확정판결상의 채무자인 위 소외 1의 승계인에 해당한다 하여 그 판시 승계 집행문을 부여받아 이에 기하여 원고등의 영업재산에 관하여 강제집행을 실시한 사실 등을 인정한 다음 위 소외 1의 피고에 대한 위 확정판결을 거친 손해배상 채무는 위 경상사료공장의 영업으로 인한 것이라고 원고등이 그 상호를 계속 사용하는 위 영업의 양수

2020.2.6. 선고 2019다270217 판결
222) 대법원 1967.10.31. 선고 67다1102 판결.

인으로서 피고에게 위 손해배상 채무를 변제할 책임이 있으니만큼, 원고 등은 위 확정판결상의 채무자인 위 소외 1의 변론종결후의 승계인에 해당하므로 위 원판시 승계집행문의 부여는 적법하다는 피고의 주장에 대하여 원심은 설사 원고등이 상법 제42조 소정의 상호를 계속 사용하는 영업양수인에 해당되어 그 영업양도인인 위 소외 1의 피고에 대한 위 손해배상 채무를 변제할 책임이 있다고 하여도 그로써 원고를 위 확정판결상의 채무자인 위 소외 1의 변론종결후의 승계인이라 할 수 없다 하고 따라서 원고를 위 소외 1의 승계인으로 표시한 위 승계집행문의 부여는 위법하다는 취지로 판단하여 피고의 위 주장을 배척하고 위 승계집행문의 부여를 다투는 원고의 본소 청구를 인용하고 있는 바, 원심이 위와 같은 사실을 인정하기 위하여 거친 증거의 취사과정을 기록에 비추어 검토하여 보아도 정당하고 거기에 소론과 같이 증거판단을 잘못하거나 채증법칙을 위배하여 사실을 오인한 위법이 없으며 또 영업양도인의 상호를 계속 사용하는 영업양수인이 상법 42조 1항에 의하여 그 양도인의 영업으로 인한 채무를 변제할 책임이 있다 하여도 그 채무에 관하여 이를 면책적으로 인수하는 등 특별한 사정이 없는 한 그 영업양수인을 곧 민사소송법 204조의 변론종결후의 승계인에 해당한다고 할 수 없다 할 것이므로 이와 같은 취지에서 원고를 원판시 확정판결상의 채무자인 소외 1의 변론종결후의 승계인이라 할 수 없다고 판단한 원심의 조치는 정당하고 거기에 민사소송법 204조 및 상법 42조의 법리를 오해한 위법이 없으므로 논지는 모두 이유없다.

2) 양수인의 면책

본 규정에 따른 양수인의 책임은 양수인이 영업양도를 받은 후 지체없이 양도인의 채무에 대한 **책임이 없음을 등기한 때**에는 적용하지 아니한다. 양도인과 양수인이 지체없이 제3자에 대하여 그 뜻을 통지한 경우에 그 통지를 받은 제3자에 대하여도 적용하지 아니한다(42조 2항). 양도인과 양수인이 모두 통지한 경우에만 면책이 인정된다는 사실에 유의해야 한다.

3) 영업양도인의 제3자에 대한 채무의 존속기간 – 제척기간

영업양수인이 42조 1항 또는 전조의 규정에 의하여 변제의 책임이 있는 경우에는 양도인의 제3자에 대한 채무는 영업양도 또는 광고후 2년이 경과하면 소멸한다(45조).[판례93] 즉, 상호속용의 경우에는 영업양도일로부터 그리고 채무인수를 광고한 경우에는 광고한 날로부터 각 2년이 경과하면 제척기간의 경과로 채무가 소멸되며, 따라서 중단·정지가 적용되지 아니한다.

[판례93] 대법원 2009.9.10. 선고 2009다38827 판결

상법 42조 1항은 영업양수인이 양도인의 상호를 계속 사용하는 경우에는 양도인의 영업으로 인한 제3자의 채권에 대하여 양수인도 변제할 책임이 있다고 규정하고, 상법 45조는 영업양수인이 상법 42조 1항의 규정에 의하여 변제의 책임이 있는 경우에는 양도인의 제3자에 대한 채무는 영업양도 후 2년이 경과하면 소멸한다고 규정하고 있는바, 영업을 출자하여 주식회사를 설립하고 그 상호를 계속 사용함으로써 상법 42조 1항의 규정이 유추적용되는 경우에는 상법 45조의 규정도 당연히 유추적용된다.

영업을 양도한 양도인이 과거 영업으로 인한 채무를 영업양도 후에도 계속해서 부담한다는 것은 양도인에게 과도한 부담을 가중시키는 것이고, 또 양도인의 채무를 일정기간 경과후 소멸시키더라도 상법 42조 또는 44조에 의해 양수인의 제3자에 대한 책임으로 보전될 수 있는 것이므로, 일정 요건하에 양도인의 채무를 소멸시키게 한 것이다.

4) 영업의 임대차와 경영의 위임

영업의 임대차의 경우에는 영업재산의 소유권이 임대인에게 남아있다 하더라도 영업의 주체는 임차인이고 자신의 계산으로 영업을 수행하므로 본조가 유추적용되어야 할 것이나,[223] 수임자가 보수만을 받는 경영위임의 경우에는 수임인에게 본조가 유추적용되지 아니한다고 보아야 할 것이다.

(4) 상호속용하는 영업양수인에 대한 변제 – 양도인의 채무자 보호

영업양도시 양수인이 상호를 속용하는 경우에 양도인의 영업으로 인한 채권에 대하여 채무자가 선의이며 중대한 과실없이 양수인에게 변제한 때에는 그 효력이 있다(43조). 영업양도에 채권이 포함되지 아니한 경우, 상호의 속용으로 인하여 양수인이 채권자인 것으로 중대한 과실없이 믿은 채무자를 보호하기 위한 규정이다.

여기서 중대한 과실없는 선의란 양도인의 영업으로 인한 채권이 양수인에게

223) 정동윤, 123; 주석상법(1), 316; 최준선, 212. 그러나 이에 반하여 영업의 임대차의 경우에는 임대인의 책임재산이 일실되는 것이 아니므로, 임차인이 임대인의 채무를 인수하였다고 광고하거나 임대인의 채권자에게 이를 통지한 경우를 제외하고, 본조가 적용되지 말아야 한다는 견해로는 이철송, 309.

영업양도와 함께 양도된 것으로 믿은데 중대한 과실이 없는 것을 말한다고 보아야 할 것이다.[224]

여기서 상호를 속용하는 경우란 영업양도인과 양수인간의 합의하에 상호를 속용하는 경우를 말하는 바, 만일 상호속용의 합의없이 양수인의 독단으로 양도인의 상호를 사용한 경우에도 채무자를 보호하기 위해 본 규정이 적용되어야 한다는 견해[225]가 있으나, 상호속용에 동의하지 아니한 양도인의 변제받을 이익을 부당하게 침해하는 문제가 있으므로, 유추적용될 수 없다고 보는 것이 타당할 것이다. 한편, 상호속용에 의하지 않더라도, 양도인이 채권양도를 광고하거나 채무자에게 채권양도의 통지를 한 경우에는 명문의 규정은 없으나, 신의칙상 본 규정이 유추적용되어 채무자를 보호해 주어야 할 것으로 판단된다.

영업의 임대차의 경우에도 본조가 유추적용되어야 할 것이나,[226] 경영의 위임의 경우에는 유추적용할 필요가 없다고 보아야 할 것이다.[227]

---

224) 송옥렬, 90; 장덕조, 82; 정경영, 125; 주석상법(1), 319. 이에 대하여 영업양도사실을 조금만 주의했더라면 알 수 있었던 경우를 말한다는 견해로는 김병연외, 181; 김성태, 378; 김정호, 166; 손주찬, 204; 손진화, 134; 안강현, 181; 임중호, 264; 정동윤, 123; 정찬형, 186.

225) 이철송, 307.

226) 이철송, 309; 임중호, 267; 정경영, 127; 정동윤, 123; 주석상법(1), 320; 최준선, 215.

227) 손주찬, 209.

제 3 편

상 행 위

Ⅰ. 상행위법의 의의
Ⅱ. 상행위법의 특징
Ⅲ. 상행위의 종류
Ⅳ. 상행위법의 특칙
Ⅴ. 상호계산
Ⅵ. 익명조합
Ⅶ. 합자조합
Ⅷ. 대리상
Ⅸ. 중개업
Ⅹ. 위탁매매업
XI. 운송업
XII. 운송주선업
XIII. 공중접객업
XIV. 창고업
XV. 금융리스업
XVI. 가맹업
XVII. 채권매입업
XVIII. 전자상거래

제 3 편

상 행 위

Ⅰ. 상행위법의 의의

상행위법도 형식적 의미의 상행위와 실질적 의미의 상행위로 구분해 볼 수 있는 바, 전자는 상법 제2편 상행위에 해당하는 46조 내지 168조의12까지를 말하며, 후자는 기업활동에 관한 상인과 제3자와의 대외적 법률관계를 규율하는 법을 말한다.

상법 제2편 상행위는 모두 15개의 장, 144개 조문으로 구성되어 있는 바, 제1장 통칙은 상행위의 개념과 상행위에 적용되는 중요원칙을 규정하고 있고(46조 내지 66조; 21개 조문), 제2장 매매에서는 상사매매에 관한 특칙을 규정하고 있으며(67조 내지 71조; 5개 조문), 제3장 상호계산에서는 상계를 통한 특수한 결제수단을 규정하고 있고(72조 내지 77조; 6개 조문), 제4장 익명조합에서는 약정을 통한 당사자간의 출자와 이익분배를 정하고 있으며(78조 내지 86조; 9개 조문), 제4장의2 합자조합에서는 업무집행자인 무한책임조합원과 출자가액을 한도로 책임을 지는 유한책임조합원이 공동사업경영을 약정하는 방법을 정하고 있고(86조의2 내지 86조의9; 8개 조문), 이하 제5장 대리상(87조 내지 92조의3; 8개 조문), 제6장 중개업(93조 내지 100조; 8개 조문), 제7장 위탁매매업(101조 내지 113조; 13개 조문), 제8장 운송주선업(114조 내지 124조; 11개 조문), 제9장 운송업(125조 내지 150조; 26개 조문), 제10장 공중접객업(151조 내지 154조; 4개 조문), 제11장 창고업(155조 내지 168조; 14개 조문), 제12장 금융리스업(168조의2 내지 168조의5; 4개 조문), 제13장 가맹업(168조의6 내지 168조의10; 5개 조문), 그리고 제14장 채권매입업(168조의11, 168조의12; 2개 조문)을 규정함으로서, 각 유형별 거래의 특징적 내용들을 규정하고 있다.

Ⅱ. 상행위법의 특징

1. 임의법규성

기업조직에 관한 상법총칙과는 달리 기업활동에 관한 상행위법은 거래의 틀에 얽매이지 않고 자유로이 기업활동을 전개할 수 있게 하고, 향후 생성될 새로운 형태의 거래를 인정키 위해 임의법규적 성질 즉, 거래당사자의 자치가 더욱 강하게 보장된다 할 것이다. 유질계약(59조)이 허용되는 것이 그 예이다.

2. 거래안전의 중시

상행위법은 구체적 타당성보다는 거래의 안전을 보다 중시하고 있다. 즉, 상업등기와 같은 공시제도를 채택하고 있고, 이와 더불어 화물상환증 등의 기재사항을 법정화하고 있다.

또한 독일의 외관이론이나 영미법상의 금반언의 법리에 입각한 외관주의에 의해 외관을 믿은 자를 보호함으로써 거래의 안전을 보호하고 있는 바, 화물상환증, 창고증권, 선하증권, 항공운송증서 등의 각 증권상에 적힌 대로 계약이 체결된 것으로 추정하는 문언증권성(131조, 157조, 854조, 929조), 익명조합원이 자기의 성명을 영업자의 상호 중에 사용하게 하거나 자기의 상호를 영업자의 상호로 사용할 것을 허락한 때에는 그 사용 이후의 채무에 대하여 영업자와 연대하여 변제해야 한다는 책임(81조) 그리고 화폐, 유가증권 기타의 고가물에 대하여는 송하인이 운송을 위탁할 때에 그 종류와 가액을 명시한 경우에 한하여 운송인이 손해를 배상해야 한다는 책임 등이 있다.

한편, 거래의 안전을 위해서 기업의 책임을 가중하는 규정을 두고 있는 바,

수인이 그 1인 또는 전원에게 상행위가 되는 행위로 인하여 채무를 부담한 때에는 연대하여 변제할 책임을 부담토록 하고, 상사보증을 연대보증으로 한 것(57조), 상인이 그 영업부류에 속한 계약의 청약을 받은 경우에 견품 기타의 물건을 받은 때에는 그 청약을 거절한 때에도 청약자의 비용으로 그 물건을 보관하도록 한 것(60조), 상인이 그 영업범위 내에서 물건의 임치를 받은 경우에는 보수를 받지 아니하는 때에도 선량한 관리자의 주의를 다하도록 한 것(62조), 상인간의 매매에 있어서 매수인이 목적물을 수령한 때에는 지체없이 이를 검사하여야 하며 하자 또는 수량의 부족을 발견한 경우에는 즉시 매도인에게 그 통지를 발송하지 아니하면 이로 인한 계약해제, 대금감액 또는 손해배상을 청구하지 못하도록 한 것(69조), 중개인의 견품보관의무(95조), 위탁매매인의 이행담보책임(105조), 운송인의 손해배상책임(137조), 공중접객업자의 책임(152조) 등이 있다.

3. 간이성 · 신속성

집단적·반복적 상거래의 속성상 신속하면서도 간이한 거래가 요청된다. 따라서 대화자간의 계약의 청약은 상대방이 즉시 승낙하지 아니한 때에는 그 효력을 잃으며(51조), 상인이 상시 거래관계에 있는 자로부터 그 영업부류에 속한 계약의 청약을 받은 때에는 지체없이 낙부의 통지를 발송하여야 하고 이를 해태한 때에는 승낙한 것으로 보는 것(53조), 상사채권의 단기소멸시효(64조), 운송주선인이 책임의 시효(121조), 운송인의 소멸시효(147조), 공중접객업자의 책임의 시효(154조), 창고업자의 책임의 시효(166조), 확정기매매의 당연해제사유(68조) 등이 있다.

4. 거래의 정형화

상거래는 다수를 상대로 신속하게 이루어져야 하므로, 거래를 정형화시킬 필요가 있다. 따라서 많은 상거래가 약관을 통해 이루어지며, 이러한 약관을 통한 거래의 정형화는 특히 운송, 보험, 은행 등에서 많이 이용되고 있다.

5. 상행위법의 국제화

현대의 상행위법은 무역 등을 통해 국가의 한계를 넘어 국제적인 단일규범 즉, 조약 등으로 발전해 나가는 특징이 있다. United Nations Commission on International Trade Law("UNCITRAL"; 국제상거래법위원회) 등이 이를 위해 활동하고 있다. 한편, 충돌하는 각 국가간의 상거래에 적용될 법을 선택하는 문제와 관련하여서는 섭외사법이 중요한 판단기준이 된다.

6. 대가성

상거래행위는 일반 민사거래와는 달리 이익의 추구가 중요한 거래의 목적이 되므로, 이를 달성키 위해 이익이라는 대가를 요구하게 된다. 상사법정이율(54조), 법정이자청구권(55조), 상인의 보수청구권(61조) 등이 이를 추구하기 위한 규정들이다.

7. 기업유지의 추구

상거래의 촉진을 위해서는 기업이 계속적으로 유지발전되어 나가야 할 것이므로, 기업의 부담과 책임을 경감시켜 줄 필요도 있다. 따라서 운송인, 운송주선업자 또는 공중접객업자의 명시되지 아니한 고가물에 대한 책임의 면제(124조, 136조, 153조), 운송물과 관련한 손해배상액 산정기준의 확정(137조), 단기소멸시효(64조, 147조, 154조, 166조) 등의 규정이 있다.

Ⅲ. 상행위의 종류

1. 기본적 상행위

기본적 상행위란 영업으로 하는 다음과 같은 22가지의 행위를 말한다(46조 본문). 당연상인이 하는 영업활동이며, 채권적 법률행위이다. 그러나 오로지 임금을 받을 목적으로 물건을 제조하거나 노무에 종사하는 자의 행위는 기본적 상행위에 해당하지 아니한다(46조 단서).

가. 동산, 부동산, 유가증권 기타의 재산의 매매(46조 1호)

(1) 매매의 정의

매매란 차익을 남기려는 채권적 거래형태를 말한다. 그런데 이 매매의 정의와 관련하여 매매를 "매수 및 매도"로 보는 견해[228]와 "매수 또는 매도"로 보는 견해[229] 그리고 "'매수 및 매도' 또는 '매도'"로 보는 견해[230]가 있다.

살피건대, 기본적 상행위로서 가장 대표적인 매매는 영업을 전제로 하고 있는 바, 영업이란 이익을 추구하는 행위로서 매도없이 매수만을 매매로 보는 것은 이윤추구가 불가능하기 때문에 매매의 개념에서 제외되어야 할 것이고, 다음으로 매수하여 매도하는 것은 가장 기본적인 이윤추구행위로서 포함되어야 할 것이고, 다음으로 매도만을 하는 행위를 생각해 볼 때, 여기서 매수가 없이 매도만을 한다는 의미는 누구에게 돈을 주고 사오지 않는다는 의미로 보고 있다는 뜻인데, 예를 들어, 농부가 씨를 뿌려 농작물을 재배해 시장에 내다판다할 때, 누구로부터 농작물을 돈을 주고 사온 것은 아니지만, 농부로서는 자기의 노동력을 투자하고 또한 비료 등 농작물을 키우기 위해 많은 물건을 매수할 수밖에 없고 이를 위한 비용을 들였으므로, 이 또한 경제학적 의미에서의 매수로 못볼 바 아니며, 이렇게 매수의 의미를 넓게 보아 자신이 투자한 노동력뿐만 아니라 장차 매도할 물건을 취득하기 위해 구입한 재료, 장비 등의 구입도 특정 물품의 매도와 관련하여 이에 대응하는 넓은 의미에서의 매수라고 못볼 바 아니므로, 마지막 견해가 가장 타당하다고 판단된다. 판례도 같은 취지로 보인다.[판례94], [판례95]

---

228) 김정호, 36; 서돈각외, 63; 손진화, 143; 이기수외, 295; 정동윤, 141; 최기원, 56; 최준선, 90.

229) 김병연외, 204; 김성태, 412; 서헌제, 185; 손주찬, 69; 안강현, 54; 전우현, 172; 정찬형, 57; 정희철외, 58.

230) 김홍기, 146; 이철송, 320; 정경영, 31.

[판례94] 대법원 1993.6.11. 선고 93다7174·7181 판결

자기가 재배한 농산물을 매도하는 행위도 이를 영업으로 할 경우에는 상행위에 해당한다고 볼 수 있겠으나, 원심증인 김용해의 증언에 의하면, 피고는 약 5,000평의 사과나무 과수원을 경영하면서 그 중 약 2,000평 부분의 사과나무에서 사과를 수확하여 이를 대부분 대도시의 사과판매상에 위탁판매한다는 것이어서 피고가 영업으로 사과를 판매하는 것으로는 볼 수 없으니 피고는 상인이 아니라고 할 것이다.

[판례95] 대법원 1993.3.9. 선고 92다44329 판결

축산업협동조합이 양계업을 영위하는 조합원에게 사료를 판매한 행위가 조합원의 구매사업의 하나에 해당한다고 하더라도 상인인 조합원이 영업을 위하여 하는 사료의 구매에 해당하므로 그 상거래행위는 상행위라고 보아야 할 것이고 따라서 그 외상대금채권은 상사채권이다.

(2) 매매의 목적물

매매의 목적물은 동산, 부동산, 유가증권 기타의 재산이다. 기타의 재산에는 지적재산권(특허권, 상표권, 저작권 등), 소유권 이외의 물권, 채권, 광업권, 어업권 등 경제적 가치가 있는 일체의 재산이 포함된다고 보아야 할 것이다.

나. 동산, 부동산, 유가증권 기타의 재산의 임대차(46조 2호)

재산에 대한 소유권의 이전없이, 단지 당해 재산을 이용하게 하고 그 대가를 취득하는 행위를 말한다. 다시 말하면, 여기서 임대차란 단순히 임차만을 하는 행위를 의미한다고 볼 수 없고, 임대 즉, 재산을 빌려주는 것을 영업으로 하는 것을 의미한다고 보는 것이 타당할 것이다.[231] 이는 전대차를 포함한다.

231) 김병연외, 204; 김성태, 413; 서돈각외, 64; 이범찬, 34; 이철송, 321. 이에 반하여, 이익을 얻고 임대할 의사를 가지고 유상취득하거나 임차하는 행위를 말한다는 견해로는 서헌제, 185; 손주찬, 70; 안강현, 56; 이기수외, 296; 전우현, 175; 정경영, 32; 정동윤, 142; 정찬형, 59; 정희철외, 59; 주석상법(1), 352; 최기원, 57. 그러나 기본적 상행위로서의 임대차는 단순히 임대하여 이익을 취할 의사로 임차하는 행위를 포함한다고 볼 수 없다고 판단됨.

다. 제조, 가공 또는 수선에 관한 행위(46조 3호)

제조란 원재료에 노동력 및 기술을 가하여 원재료와 동일성이 없는 신제품을 만드는 행위를 말하고, 가공이란 가공 전 재료와의 동일성을 유지하는 수준에서 그 재료의 효용을 증대시키는 행위를 말하며, 수선이란 기능을 복구시키는 행위를 말한다.

단순히 제조, 가공 또는 수선을 하는 사실행위만을 의미하는 것이 아님은 분명하나, 이들의 인수행위만을 의미하느냐[232] 아니면 자신의 비용으로 제조, 가공 또는 수선하여 이를 판매하는 행위까지 포함하느냐[233]가 다투어진다. 살피건대, 1호의 매매와는 별도로 본 규정을 둔 이유는 매매와는 별개의 개념인 제조, 가공 또는 수선행위를 영업으로 하는 행위를 규율하고자 함에 있다고 보므로, 따라서 후자의 경우에는 매매에 포함되고, 결국 전자의 견해가 타당하다고 판단된다.

라. 전기, 전파, 가스 또는 물의 공급에 관한 행위(46조 4호)

전기, 전파, 가스 또는 물의 공급에 관한 행위란 전기, 전파, 가스 또는 물을 공급할 것을 인수하는 행위를 말한다.

전기를 공급할 것을 인수하는 행위란 1 발전사업(전기를 생산하여 이를 전력시장을 통하여 전기판매사업자에게 공급하는 것을 주된 목적으로 하는 사업), 2 송전사업(발전소에서 생산된 전기를 배전사업자에게 송전하는 데 필요한 전기설비를 설치·관리하는 것을 주된 목적으로 하는 사업), 3 배전사업(발전소로부터 송전된 전기를 전기사용자에게 배전하는 데 필요한 전기설비를 설치·운용하는 것을 주된 목적으로 하는 사업), 4 전기판매사업(전기사용자에게 전기를 공급하는 것을 주된 목적으로 하는 사업) 및 5 구역전기사업(35,000KW 이하의 발전설비를 갖추고 특정한 공급구역의 수요에 맞추어 전기를 생산하여 전력시장을 통하지 아니하고 그 공급구역의 전기사용자에게 공급하는 것을 주된 목적으로 하는 사업)을 말한다(전기사업법 2조, 동법시행령 1조의2).

전파를 공급할 것을 인수하는 행위란 지상파방송사업(방송을 목적으로 하는 지상의 무선국을 관리·운영하며 이를 이용하여 방송을 행하는 사업) 및 위성방송사업(인공위성의 무

232) 김성태, 413; 김홍기, 147; 서돈각외, 64; 손주찬, 70; 이철송, 321; 임중호, 68; 전우현, 176; 정경영, 32.

233) 김병연외, 205; 김정호, 38; 이기수외, 296; 정동윤, 142; 정찬형, 60; 주석상법(1), 355; 최기원, 57.

선설비를 소유 또는 임차하여 무선국을 관리·운영하며 이를 이용하여 방송을 행하는 사업)만을 말한다고 보아야 할 것이다(방송법 2조 2호).

가스를 공급할 것을 인수하는 행위란 도시가스사업법상의 [1] 가스도매사업(일반도시가스사업자 및 나프타부생가스·바이오가스제조사업자 외의 자가 일반도시가스사업자, 도시가스충전사업자 또는 산업통상자원부령으로 정하는 대량수요자에게 도시가스를 공급하는 사업), [2] 일반도시가스사업(가스도매사업자 등으로부터 공급받은 도시가스 또는 스스로 제조한 석유가스, 나프타부생가스, 바이오가스를 일반의 수요에 따라 배관을 통하여 수요자에게 공급하는 사업), [3] 도시가스충전사업(가스도매사업자 등으로부터 공급받은 도시가스 또는 스스로 제조한 나프타부생가스, 바이오가스를 용기, 저장탱크 또는 자동차에 고정된 탱크에 충전하여 공급하는 사업으로서 산업통상자원부령으로 정하는 사업), [4] 나프타부생가스·바이오가스제조사업(나프타부생가스·바이오가스를 스스로 제조하여 자기가 소비하거나 8조의3 1항 각 호의 어느 하나에 해당하는 자에게 공급하는 사업) 및 [5] 합성천연가스제조사업(합성천연가스를 스스로 제조하여 자기가 소비하거나, 가스도매사업자에게 공급하거나, 해당 합성천연가스제조사업자의 주식 또는 지분의 과반수를 소유한 자로서 해당 합성천연가스를 공급받아 자기가 소비하려는 자에게 공급하는 사업)을 말하며(도시가스사업법 2조), 또한, 액화석유가스의 안전관리 및 사업법상의 [1] 액화석유가스 충전사업(저장시설에 저장된 액화석유가스를 용기에 충전(배관을 통하여 다른 저장 탱크에 이송하는 것을 포함)하거나 자동차에 고정된 탱크에 충전하여 공급하는 사업), [2] 액화석유가스 집단공급사업(액화석유가스를 일반의 수요에 따라 배관을 통하여 연료로 공급하는 사업) 및 [3] 액화석유가스 판매사업(용기에 충전된 액화석유가스를 판매하거나 자동차에 고정된 탱크(탱크의 규모 등이 산업통상자원부령으로 정하는 기준에 맞는 것만을 말함)에 충전된 액화석유가스를 산업통상자원부령으로 정하는 규모 이하의 저장 설비에 공급하는 사업)을 말한다(액화석유가스의 안전관리 및 사업법 2조).

물을 공급할 것을 인수하는 행위란 일반 수요자 또는 다른 수도사업자에게 수도를 이용하여 원수나 정수를 공급하는 사업을 말하며, 일반수도사업(일반 수요자 또는 다른 수도사업자에게 일반수도를 사용하여 원수나 정수를 공급하는 사업)과 공업용수도사업(일반 수요자 또는 다른 수도사업자에게 공업용수도를 사용하여 원수나 정수를 공급하는 사업)으로 구분한다(수도법 3조).

마. 작업 또는 노무의 도급의 인수(46조 5호)

작업의 도급의 인수란 부동산, 선박 또는 항공기에 관한 공사를 인수하는 행위를 말하며, 노무의 도급의 인수란 노동자의 공급을 인수하는 행위를 말한다. 전자에는 철도건설, 도로보수, 교량건설, 빌딩건축, 선박건조 또는 항공기제조 등이 포함되며, 후자에는 근로자공급사업(공급계약에 따라 근로자를 타인에게 사용하게 하는 사업; 직업안정법 2조의2), 근로자파견사업(근로자파견을 업으로 행하는 사업; 파견근로자보호 등에 관한 법률 2조) 등이 포함된다.

바. 출판, 인쇄 또는 촬영에 관한 행위(46조 6호)

출판에 관한 행위란 문서 또는 도화를 인쇄하여 발매 또는 반포하는 작업을 인수하는 행위를 말한다(출판사의 저자와의 출판계약). 인쇄에 관한 행위란 기계적, 전자적 또는 화학적 방법으로 문서 또는 도화를 복제하는 작업을 인수하는 행위를 말한다(인쇄소의 인쇄약정). 촬영에 관한 행위란 사진 또는 동영상의 촬영을 인수하는 행위를 말한다(사진사가 결혼사진을 촬영해 주기로 하는 행위).

사. 광고, 통신 또는 정보에 관한 행위(46조 7호)

광고란 사업자등이 상품등에 관한 자기 또는 다른 사업자등에 관한 사항 또는 자기 또는 다른 사업자등의 상품 등의 내용, 거래 조건, 그 밖에 그 거래에 관한 사항을 신문·인터넷신문(신문 등의 진흥에 관한 법률 2조 1호 및 2호), 정기간행물(잡지 등 정기간행물의 진흥에 관한 법률 2조 1호), 방송(방송법 2조 1호), 전기통신(전기통신기본법 2조 1호), 그 밖에 대통령령으로 정하는 방법(전단·팸플릿·견본 또는 입장권, 인터넷 또는 PC통신, 포스터·간판·네온사인·애드벌룬 또는 전광판, 비디오물·음반·서적·간행물·영화 또는 연극, 자기 상품 외의 다른 상품 또는 그 밖에 위 매체 또는 수단과 유사한 매체 또는 수단)으로 소비자에게 널리 알리거나 제시하는 것을 말하는 바(표시·광고의 공정화에 관한 법률 2조, 동법시행령 2조), 광고에 관한 행위는 이러한 광고를 인수하는 행위를 말한다(광고제작업, 광고대행업, 옥외광고업 등).

통신이란 유선·무선·광선 또는 그 밖의 전자적 방식으로 부호·문언·음향 또는 영상을 송신하거나 수신하는 것을 말한다고 볼 수 있으므로, 통신에 관한 행위는 전기통신역무를 제공하는 사업을 말한다고 볼 수 있다(전기통신사업법 2조).

정보란 특정 목적을 위하여 광 또는 전자적 방식으로 처리되어 부호, 문자, 음성, 음향 및 영상 등으로 표현된 모든 종류의 자료 또는 지식을 말하는 바(국가정보화기본법 3조), 정보에 관한 행위란 위와 같은 정보의 제공을 인수하는 행위를 말한다(신용정보업, 신용조사업 등).

아. 수신·여신·환 기타의 금융거래(46조 8호)

수신이란 예금·적금의 수입, 유가증권 기타 채무증서의 발행을 통해 자금을 유치함을 말하고, 여신이란 자금의 대출 또는 어음의 할인을 통해 자금을 대여함을 말하며, 환이란 내국환 및 외국환을 말하는 바, 수신·여신·환 기타의 금융거래란 이와 같은 금융거래의 인수를 하는 행위를 말한다(은행업 등).

자. 공중이 이용하는 시설에 의한 거래(46조 9호)

공중이 이용하는 시설에 의한 거래란 불특정다수의 사람들로 하여금 유상으로 호텔, 모텔 등 숙박업소, 카페, 극장, 미용실, 수영장, 당구장, 놀이공원, 식물원 등 시설을 이용하게 하는 행위를 말한다.

차. 상행위의 대리의 인수(46조 10호)

상행위의 대리의 인수란 대리상(87조)과 같은 독립된 상인이 다른 일정한 상인을 위하여 계속적으로 상행위를 대리할 것을 인수하는 행위를 말한다.

카. 중개에 관한 행위(46조 11호)

중개에 관한 행위란 타인간의 법률행위의 중개를 인수하는 행위를 말한다. 중개인(93조) 또는 중개대리상(87조)이 하는 행위가 이에 속하며, 민사중개인(중고자동차중개인, 직업소개업자, 공인중개사, 결혼중개업자 등)이 하는 행위도 이에 속한다.[판례96]

[판례96] 대법원 1968.7.24. 선고 68다955 판결

복덕방에 상호를 내걸고 부동산 매매 등의 소개업을 하는 자는 상법 46조 11호, 상법 4조에 의하여 상인임이 명백하고, 상인인 위 소개업자가 그 영업범위 내에서 타인을 위하여 행위를 한 이상 특별한 약정이 없다 하여도 본법 61조에 의하여 소개를 부탁한 상대방에 대하여 상당한 보수를 청구할 수 있다 할 것이고, 이 경우에는 소개요금액이 상당한 범위 내의 보수에 해당되는가의 여부에 대하여 직권으로라도 증거조사를 하여 심리판단해야 한다.

타. 위탁매매 기타의 주선에 관한 행위(46조 12호)

위탁매매 기타의 주선에 관한 행위란 자신의 명의, 타인의 계산으로 보수를 받기 위해 대리행위를 하는 것을 인수하는 행위를 말한다. 위탁매매인(101조), 운송주선인(114조), 준위탁매매인(113조)이 하는 행위가 이에 속한다.

파. 운송의 인수(46조 13호)

운송의 인수란 물건 또는 여객의 운송을 인수하는 행위 즉, 운송계약을 말하는 바, 여객운송, 물건운송, 육상운송(제2편 제9장), 해상운송(제5편), 항공운송(제6편) 등을 포함한다.

하. 임치의 인수(46조 14호)

임치의 인수란 타인을 위하여 금전, 유가증권, 기타 물건을 보관할 것을 인수하는 계약을 말한다. 창고업자의 임치계약(155조)이 그 전형적인 예이다.

거. 신탁의 인수(46조 15호)

신탁이란 신탁을 설정하는 자("위탁자")와 신탁을 인수하는 자("수탁자") 간의 신임관계에 기하여 위탁자가 수탁자에게 특정의 재산(영업이나 저작재산권의 일부를 포함)을 이전하거나 담보권의 설정 또는 그 밖의 처분을 하고 수탁자로 하여금 일정한

자("수익자")의 이익 또는 특정의 목적을 위하여 그 재산의 관리, 처분, 운용, 개발, 그 밖에 신탁 목적의 달성을 위하여 필요한 행위를 하게 하는 법률관계를 말하는 바(신탁법 2조), 신탁의 인수란 이와 같은 신탁에 대한 계약을 말한다.

너. 상호부금 기타 이와 유사한 행위(46조 16호)

상호부금이란 일정한 기간을 정하고 부금을 납입하게 하여 그 기간 중에 또는 만료시에 부금자에게 일정한 금전을 지급할 것을 약정하여 행하는 부금의 수입과 급부금의 지급 업무를 말하며(상호저축은행법 2조 3호), 기타 이와 유사한 행위란 일정한 계좌수와 기간 및 금액을 정하고 정기적으로 계금을 납입하게 하여 계좌마다 추첨·입찰 등의 방법으로 계원에게 금전을 지급할 것을 약정하여 행하는 계금의 수입과 급부금의 지급 업무를 말한다(동조 2호).

더. 보험(46조 17호)

보험이란 당사자 일방이 약정한 보험료를 지급하고 재산 또는 생명이나 신체에 불확정한 사고가 발생할 경우에 상대방이 일정한 보험금이나 그 밖의 급여를 지급하는 것을 말한다(638조). 영리보험에 한하므로, 상호보험 또는 사회보험(국민건강보험, 산업재해보상보험, 고용보험 등)은 제외된다.

러. 광물 또는 토석의 채취에 관한 행위(46조 18호)

광물 또는 토석의 채취에 관한 행위란 광물 또는 토석의 채취를 인수하는 행위 및 광물 또는 토석을 채취하여 매도하는 행위를 말한다. 광산업자 또는 골재채취업자 등이 하는 행위가 이에 속한다.

머. 기계, 시설, 그 밖의 재산의 금융리스에 관한 행위(46조 19호)

기계, 시설, 그 밖의 재산의 금융리스에 관한 행위란 금융리스이용자가 선정한 기계, 시설, 그 밖의 재산을 제3자로부터 취득하거나 대여받아 금융리스이용자에게 이용하게 하는 것을 말한다(168조의2).

버. 상호·상표 등의 사용허락에 의한 영업에 관한 행위(46조 20호)

상호·상표 등의 사용허락에 의한 영업에 관한 행위라 함은 자신의 상호·상표 등을 제공하는 것을 영업으로 하는 자("가맹업자")로부터 그의 상호 등을 사용할 것을 허락받아 가맹업자가 지정하는 품질기준이나 영업방식에 따라 하는 영업을 말하는 바(168조의6), 프랜차이즈(Franchise)라고도 하며, 치킨가맹점, 커피가맹점 등이 대표적이다.

서. 영업상 채권의 매입·회수 등에 관한 행위(46조 21호)

영업상 채권의 매입·회수 등에 관한 행위란 타인이 물건·유가증권의 판매, 용역의 제공 등에 의하여 취득하였거나 취득할 영업상의 채권을 매입하여 회수하는 것을 말하는 바(168조의11), 팩토링(factoring)이라고도 불리우며, 여신전문금융업법상의 여신전문금융회사(신용카드업자, 시설대여업자, 할부금융업자 또는 신기술사업금융업자) 또는 은행법상의 은행 등이 이를 영위할 수 있다.

어. 신용카드, 전자화폐 등을 이용한 지급결제 업무의 인수(46조 22호)

신용카드란 이를 제시함으로써 반복하여 신용카드가맹점에서, ① 금전채무의 상환, ② 자본시장법 3조 1항에 따른 금융투자상품 등 대통령령으로 정하는 금융상품, ③ 게임산업진흥에 관한 법률 2조 1호의2에 따른 사행성게임물의 이용 대가 및 이용에 따른 금전의 지급(다만, 외국인(해외이주법 2조에 따른 해외이주자를 포함)이 관광진흥법에 따라 허가받은 카지노영업소에서 외국에서 신용카드업에 상당하는 영업을 영위하는 자가 발행한 신용카드로 결제하는 것은 제외) 또는 ④ 그 밖에 사행행위 등 건전한 국민생활을 저해하고 선량한 풍속을 해치는 행위로 대통령령으로 정하는 사항의 이용 대가 및 이용에 따른 금전의 지급을 제외한 사항을 결제할 수 있는 증표로서 신용카드업자(외국에서 신용카드업에 상당하는 영업을 영위하는 자를 포함)가 발행한 것을 말한다(여신전문금융업법 2조 3호).

한편, 전자화폐란 이전 가능한 금전적 가치가 전자적 방법으로 저장되어 발행된 증표 또는 그 증표에 관한 정보로서 다음 요건(① 대통령령이 정하는 기준 이상의 지역 및 가맹점에서 이용될 것, ② 전자금융거래법 2조 14호 가목의 요건(발행인 외의 제3자로부터 재화 또는 용역을 구입하고 그 대가를 지급하는데 사용될 것 및 구입할 수 있는 재화 또는 용역의 범위가 2개 업종이상일 것)을 충족할 것, ③ 구입할 수 있는 재화 또는 용역의 범위가 5개 이상으로서 대통령령이 정하는 업종 수 이상일 것, ④ 현금 또는 예금과 동일한 가치로 교환되어 발행될 것 및 ⑤ 발행자에 의하여 현금 또는 예금으로 교환이 보장될 것)을 모두 갖춘 것을 말한다(전자금융거래법 2조 15호).

상법상 신용카드, 전자화폐 등을 이용한 지급결제 업무의 인수와 관련하여 본 규정을 제외한 별도의 규정은 없으나, 본 기본적 상행위는 신용카드회사 등이 영위하는 신용카드, 전자화폐 등을 이용한 지급결제 업무를 말한다고 보아야 할 것이다.

2. 준상행위

준상행위란 의제상인이 영업으로 하는 행위 즉, 기본적 상행위를 영위하지 아니하는 의제상인의 행위를 말한다(66조, 5조). 이러한 준상행위에는 상법 제2편 제1장 통칙규정이 적용된다.

3. 보조적 상행위

가. 의의

보조적 상행위란 상인이 하는 기본적 상행위 또는 준상행위의 수행에 직접 또는 간접으로 관련되는 행위로서, 이에 대한 구분은 각 상인의 영업에 비추어 개별적으로 판단되어야 한다. 예를 들어, 은행이 자금을 대여함은 은행의 기본적 상행위이나, 매매업자가 매매를 촉진시키기 위해 매수인에게 자금을 대여함은 매매업자의 보조적 상행위이다.

나. 요건

(1) 상인이 하는 행위여야 함

보조적 상행위의 주체는 당연상인이든 의제상인이든 소상인이든 불문한다. 의제상인인 회사도 포함되고, 공공적 법인도 상인성이 인정된다면 해당될 수 있으며, 설립중의 회사도 개업준비행위와 관련하여 원칙적으로 해당될 수 있다.234)

한편, 개업준비행위와 관련하여, 영업의 목적인 상행위를 개시하기 전에 영업을 위한 준비행위를 하는 자는 영업으로 상행위를 할 의사를 실현하는 것이므로 준비행위를 한 때 상인자격을 취득함과 아울러 개업준비행위는 영업을 위한 행위로서 최초의 보조적 상행위가 되는 것이고, 이와 같은 개업준비행위는 반드시 상호등기·개업광고·간판부착 등에 의하여 영업의사를 일반적·대외적으로 표시할 필요는 없으나, 점포구입·영업양수·상업사용인의 고용 등 준비행위의 성질로 보아 영업의사를 상대방이 객관적으로 인식할 수 있으면 당해 준비행위는 보조적 상행위로서 여기에 상행위에 관한 상법의 규정이 적용된다.235)[판례97] 한편, 장차 설립될 회사의 영업을 위하여 향후 대표이사가 될 자연인이 개인 자격으로 한 행위가 나중에 설립된 회사의 개업준비행위로 인정되는지는 별론으로 하고, 장래 설립될 회사가 상인이라는 이유만으로 당연히 개인의 상행위가 되는 것은 아니다.[판례98]

[판례97] 대법원 2012.4.13. 선고 2011다104246 판결

영업자금 차입 행위는 행위 자체의 성질로 보아서는 영업의 목적인 상행위를 준비하는 행위라고 할 수 없지만, 행위자의 주관적 의사가 영업을 위한 준비행위이었고 상대방도 행위자의 설명 등에 의하여 그 행위가 영업을 위한 준비행위라는 점을 인식하였던 경우에는 상행위에 관한 상법의 규정이 적용된다고 봄이 타당하다(갑이 학원 설립과정에서 영업준비자금으로 을에게서 돈을 차용한 후 학원을 설립하여 운영한 사안에서, 제반 사

234) 판례는 도시재개발사업지구 일대의 대지 및 무허가 건물을 매입·전매하는 등 부동산중개업을 동업으로 운영한 조합체를 상법 46조 11호, 4조에 의한 상인으로 보고 있음(대법원 1995.4.21. 선고 94다36643 판결).

235) 판례는 부동산임대업을 개시할 목적으로 그 준비행위의 일환으로 당시 같은 영업을 하고 있던 자로부터 건물을 매수한 경우, 위 매수행위는 보조적 상행위로서의 개업준비행위에 해당하므로 위 개업준비행위에 착수하였을 때 상인 자격을 취득한다고 보고 있음(대법원 1999.1.29. 선고 98다1584 판결).

정에 비추어 갑이 운영한 학원업은 점포 기타 유사한 설비에 의하여 상인적 방법으로 영업을 하는 경우에 해당하여 갑은 상법 5조 1항에서 정한 '의제상인'에 해당하는데, 갑의 차용행위는 학원영업을 위한 준비행위에 해당하고 상대방인 을도 이러한 사정을 알고 있었으므로 차용행위를 한 때 갑은 상인자격을 취득함과 아울러 차용행위는 영업을 위한 행위로서 보조적 상행위가 되어 상법 64조에서 정한 상사소멸시효가 적용된다고 한 사례).

[판례98] 대법원 2012.7.26. 선고 2011다43594 판결

영업을 준비하는 행위가 보조적 상행위로서 상법의 적용을 받기 위해서는 행위를 하는 자 스스로 상인자격을 취득하는 것을 당연한 전제로 하므로, 어떠한 자가 자기 명의로 상행위를 함으로써 상인자격을 취득하고자 준비행위를 하는 것이 아니라 다른 상인의 영업을 위한 준비행위를 하는 것에 불과하다면, 그 행위는 행위를 한 자의 보조적 상행위가 될 수 없다. 여기에 회사가 상법에 의해 상인으로 의제된다고 하더라도 회사의 기관인 대표이사 개인은 상인이 아니어서 비록 대표이사 개인이 회사 자금으로 사용하기 위해서 차용한다고 하더라도 상행위에 해당하지 아니하여 차용금채무를 상사채무로 볼 수 없는 법리를 더하여 보면, 회사 설립을 위하여 개인이 한 행위는 그것이 설립중 회사의 행위로 인정되어 장래 설립될 회사에 효력이 미쳐 회사의 보조적 상행위가 될 수 있는지는 별론으로 하고, 장래 설립될 회사가 상인이라는 이유만으로 당연히 개인의 상행위가 되어 상법 규정이 적용된다고 볼 수는 없다(갑이 을 등과 함께 시각장애인용 인도블록을 제조하는 공장을 운영하기로 한 후 병에게서 사업자금을 차용하기 위하여 을이 병에게 부담하고 있던 채무를 연대보증하고 추가로 자금을 차용하여 합계 금액을 차용금액으로 하는 금전차용증서를 작성하였고, 그 후 시각장애인용 점자블록 제조 등을 목적으로 하는 정 주식회사를 설립하여 대표이사로 취임한 사안에서, 갑은 직접 자신의 명의로 시각장애인용 인도블록 제조 공장이나 그에 관한 사업을 운영하기 위한 목적이 아니라 설립이 예정된 정 회사의 사업과 관련하여 필요한 자금을 마련하기 위해서 병에게서 금원을 차용하였다고 볼 수 있고, 이러한 사정만으로는 <u>갑을 자기 명의로 시각장애인용 인도블록 사업을 하는 상인으로 볼 수 없으므로</u> <u>정 회사의 행위가 아닌 갑의 차용행위를 보조적 상행위로서 개업준비행위 등에 해당한다고 볼 수 없음에도, 이와 달리 갑의 차용금채무가 상사채무로서 5년의 소멸시효가 적용된다고 본 원심판결에 법리오해 등의 위법이 있다</u>고 한 사례).

(2) 영업을 위하여 하는 행위여야 함

보조적 상행위는 유상·무상과 상관없이, 영업을 위하여 하는 행위 즉, <u>직·</u>

간접으로 영업과의 관련성이 있어야 한다.236) 상인의 행위는 영업을 위하여 하는 것으로 즉, 보조적 상행위로 추정된다(47조 2항). 이 추정을 번복하기 위해서는 그와 다른 반대사실을 주장하는 자가 이를 증명할 책임이 있다.[판례99]

[판례99] 대법원 2008.12.11. 선고 2006다54378 판결

영업을 위하여 하는 것인지 여부가 분명치 아니한 상인의 행위는 상법 47조의 규정에 의하여 영업을 위하여 하는 것으로 추정되고, 그와 같은 추정을 번복하기 위해서는 그와 다른 반대사실을 주장하는 자가 이를 증명할 책임이 있다. 그런데 금전의 대여를 영업으로 하지 아니하는 상인이라 하더라도 그 영업상의 이익 또는 편익을 위하여 금전을 대여하거나 영업자금의 여유가 있어 이자 취득을 목적으로 이를 대여하는 경우가 있을 수 있으므로, 이러한 상인의 금전대여행위는 반증이 없는 한 영업을 위하여 하는 것으로 추정된다(음식점업을 영위하는 상인이 부동산중개업을 영위하는 상인에게 금원을 대여한 행위는 상법 47조 2항에 의하여 영업을 위하여 하는 것으로 추정되고, 그 금전대여행위가 상호 고율의 이자소득을 얻기 위한 목적으로 행하여졌다는 사정만으로는 위 추정이 번복된다고 볼 수 없다고 한 사례).

따라서 회사는 물론이고 공법인도 상인성을 인정할 수 있다면 보조적 상행위의 주체가 될 수 있으며, 나아가 개인상인의 경우에도 위 추정규정이 적용된다.

한편, 보조적 상행위는 재산법적 행위이어야 하며 따라서 신분법상의 행위는 보조적 상행위가 될 수 없다. 또한 계약뿐만 아니라 단독행위(취소, 해제, 상계 등)도 가능하며, 채권행위뿐만 아니라 물권행위도 가능하다. 그리고 법률행위뿐만 아니라 준법률행위(최고, 통지 등)도 가능하나, 불법행위는 보조적 상행위에 해당할 수 없다고 보아야 할 것이며,237)[판례100] 사실행위도 보조적 상행위에 해당될 수 없다.238) 그 밖의 보조적 상행위에는 변제약정,[판례101] 준소비대차,239)[판례102]

236) 판례는 근로계약(대법원 1976.6.22. 선고 76다28 판결)이나 단체협약이 보조적 상행위에 해당함을 이유로, 단체협약에 기한 근로자의 유족들의 회사에 대한 위로금채권에 5년의 상사소멸시효기간이 적용된다고 보고 있음(대법원 2006.4.27. 선고 2006다1381 판결). 한편, 판례는 상인이 영업과 상관없이 개인 자격에서 돈을 투자하는 행위는 상인의 기존 영업을 위한 보조적 상행위로 볼 수 없다고 판시하고 있음(대법원 2018.4.24. 선고 2017다205127 판결).

237) 김병연외, 210; 김성태, 424; 김정호, 184; 서헌제, 193; 손진화, 148; 이철송, 327; 정경영, 134. 그러나 이에 반대하는 견해로는 손주찬, 218; 임중호, 278; 장덕조, 86; 정동윤, 138; 정찬형, 200; 최기원, 219; 최준선, 99.

238) 김성태, 424; 김정호, 184; 서헌제, 193; 이철송, 327; 정경영, 134. 그러나 이에 반대하는 견해로는 김병연외, 210; 김홍기, 156; 손진화, 147; 임중호, 278; 장덕조, 86; 정동윤, 138; 정찬형, 200; 최준선, 99.

정산약정,[판례103] 부동산중개업자의 금원대여행위[판례104] 등이 있다.

[판례100] 대법원 1985.5.28. 선고 84다카966 판결

상법 812조에 의하여 준용되는 같은법 121조 1항, 2항의 단기소멸시효의 규정은 운송인의 운송계약상의 채무불이행으로 인한 손해배상청구에만 적용되고 일반불법행위로 인한 손해배상청구에는 적용되지 아니하는 것이고, 또한 상법 64조의 일반상사시효 역시 상행위로 인한 채권에만 준용되고 상행위 아닌 불법행위로 인한 손해배상채권에는 적용되지 아니한다. 또한 상법 54조의 상사법정이율은 상행위로 인한 채무나 이와 동일성을 가진 채무에 관하여 적용되는 것이고 상행위가 아닌 불법행위로 인한 손해배상채무에는 적용되지 아니한다.

[판례101] 대법원 1994.3.22. 선고 93다31740 판결

갑이 상인인 을과 사이에 을이 회수한 갑이 대표이사로 있는 회사 발행의 부도난 어음과 수표 액면금을 갑 개인이 을에게 변제하기로 약정하였다면 특별한 사정이 없는 한 을의 행위는 영업을 위하여 하는 것으로 추정되고, 상인인 을이 영업을 위하여 하는 행위는 상행위로 보아야 하며 이와 같이 당사자 중 그 1인의 행위가 상행위인 때에는 전원에 대하여 상법이 적용되므로 을이 위 약정에 따라 갑에 대하여 취득한 채권은 5년의 단기소멸시효에 걸리는 상사채권이다.

[판례102] 대법원 1989.6.27. 선고 89다카2957 판결

갑과 을이 골재채취업을 동업하다가 을이 탈퇴하고 갑이 을에게 지급할 정산금을 소비대차의 목적으로 하기로 약정한 경우 갑은 골재채취를 영업으로 하는 자이어서 상인이고 이 준소비대차계약은 상인인 갑이 그 영업을 위하여 한 상행위로 추정함이 상당하므로(이 점은 위 약정을 경개라고 하더라도 마찬가지이다), 이에 의하여 새로이 발생한 채권은 상사채권으로서 5년의 상사시효의 적용을 받는다.

---

239) 판례는 민법 164조 3호 소정의 단기소멸시효의 적용을 받는 노임채권이라도 채권자인 원고와 채무자인 피고 회사사이에 위 노임채권에 관하여 준소비대차의 약정이 있었다면 동 준소비대차계약은 상인인 피고 회사가 영업을 위하여 한 상행위로 추정함이 상당하고, 이에 의하여 새로이 발생한 채권은 상사채권으로서 5년의 상사시효의 적용을 받게 된다고 보고 있음(대법원 1981.12.22. 선고 80다1363 판결).

[판례103] 대법원 1992.7.28. 선고 92다10173 판결

건설회사가 갑으로부터 수회에 걸쳐 합계 금 120,000,000원을 차용하였다가 원리금의 변제를 제대로 하지 못하자 갑으로 하여금 4세대분의 아파트를 임의로 타인에게 처분하여 위 채무원리금에 충당하도록 하고, 갑이 부담하게 될 위 아파트 등에 대한 제세금과 은행융자금에 대한 이자 등을 합한 채무원리금 변제에 충당하고도 남는 채무액은 이를 금 40,000,000원으로 하여 정산합의를 한 경우에 있어 건설회사가 갑으로부터 위 금 120,000,000원을 차용할 때 이자의 약정이 있었음에도 금 40,000,000원의 잔존채무가 종전의 채무와 어떠한 관계에 있은 것인지를 밝히지도 아니하고 또 위 잔존채무에 대한 지연손해금에 대하여 종전의 약정이율이 적용되지 아니할 이유를 명백히 설시하지도 아니한 채 민사법정이율인 연 5푼의 이율을 적용하였는바, 이러한 원심판결에는 이유불비나 또는 심리미진의 위법이 있다고 아니할 수 없고 약정이율이 적용되지 않는 것이 정당하다고 하더라도 위 정산약정은 상인인 피고 반도건설이 그 영업을 위하여 한 상행위로 추정된다고 할 것이어서, 연 6푼의 상사법정이율에 의하여야 할 것이다.

[판례104] 대법원 1995.4.21. 선고 94다36643 판결

부동산중개업자의 금원대여 행위를 상법 47조에 의하여 영업을 위하여 한 상행위로 추정함이 상당하다 하여, 이로 인하여 발생한 채권은 상사채권으로서 5년의 상사시효의 적용을 받게 된다고 한 사례.

Ⅳ. 상행위법의 특칙

1. 민법총칙에 대한 특칙

가. 상행위에 관한 대리의 비현명주의

(1) 의의

상행위의 대리인이 본인을 위한 것임을 표시하지 아니하여도 그 행위는 본인에 대하여 효력이 있다. 그러나 상대방이 본인을 위한 것임을 알지 못한 때에는 대리인에 대하여도 이행의 청구를 할 수 있다(48조). 민법상으로는 현명주의원

칙이 적용되므로, 상대방이 대리인으로서 한 것임을 알았거나 알 수 있었을 때를 제외하고, 대리인이 본인을 위한 것임을 표시하지 아니한 때에는 그 의사표시는 자기를 위한 것으로 보나(민법 115조), 상법은 이에 대한 특칙으로 비현명주의를 채택하여 상법의 대량적·집단적 거래의 속성 및 거래의 신속·안전이라는 이념을 반영시키고 있다.

(2) 요건

최소한 대리권은 적법하게 존속하여야 하고, 본인을 대리한다는 의사는 존재하여야 한다.240)[판례105]

[판례105] 대법원 2000.10.13. 선고 2000다20069 판결

화물자동차운송사업면허를 가진 운송사업자와 실질적으로 자동차를 소유하고 있는 차주간의 계약으로 외부적으로는 자동차를 운송사업자 명의로 등록하여 운송사업자에게 귀속시키고 내부적으로는 각 차주들이 독립된 관리 및 계산으로 영업을 하며 운송사업자에 대하여는 지입료를 지불하는 운송사업형태(이른바 지입제)에 있어, 그 지입차주가 지입된 차량을 직접 운행·관리하면서 그 명의로 화물운송계약을 체결하였다고 하더라도, 대외적으로는 그 차량의 소유자인 회사의 위임을 받아 운행·관리를 대행하는 지위에 있는 지입차주가 지입회사를 대리한 행위로서 그 법률효과는 지입회사에 귀속된다.

또한 본 규정은 본인에게 상행위가 되는 행위를 대리한 경우에 한하여 적용된다.[판례106], [판례107]

[판례106] 대법원 2009.1.30. 선고 2008다79340 판결

민법 114조 1항은 "대리인이 그 권한 내에서 본인을 위한 것임을 표시한 의사표시는 직접 본인에게 대하여 효력이 생긴다"라고 규정하고 있으므로, 원칙적으로 대리행위는 본인을 위한 것임을 표시하여야 직접 본인에 대하여 효력이 생기는 것이고, 한편 민법상 조합의 경우 법인격이 없어 조합 자체가 본인이 될 수 없으므로, 이른바 조합대리에 있어서는 본인에 해당하는 모든 조합원을 위한 것임을 표시하여야 하나, 반드시 조합원 전원의 성명을 제시할 필요는 없고, 상대방이 알 수 있을 정도로 조합을 표시하는 것으로 충분하다. 그리고 상법 48조는 "상행위의 대리인이 본인을 위한 것임을 표시하지

240) 대법원 1987.9.8. 선고 87다카1026 판결 및 대법원 1985.10.8. 선고 85다351 판결.

아니하여도 그 행위는 본인에 대하여 효력이 있다. 그러나 상대방이 본인을 위한 것임을 알지 못한 때에는 대리인에 대하여도 이행의 청구를 할 수 있다"고 규정하고 있으므로, 조합대리에 있어서도 그 법률행위가 조합에게 상행위가 되는 경우에는 조합을 위한 것임을 표시하지 않았다고 하더라도 그 법률행위의 효력은 본인인 조합원 전원에게 미친다(갑이 금전을 출자하면 을이 골재 현장에서 골재를 생산하여 그 이익금을 50:50으로 나누어 분배하기로 하는 내용의 동업계약에서, 을은 민법상 조합의 업무집행조합원에 해당한다고 볼 수 있고, 을이 위 골재 현장의 터파기 및 부지 평탄작업에 투입될 중장비 등에 사용할 목적으로 유류를 공급받는 행위는 골재생산업을 영위하는 상인인 갑과 을을 조합원으로 한 조합이 그 영업을 위하여 하는 행위로서 상법 47조 1항에 정한 보조적 상행위에 해당한다고 볼 여지가 충분하므로, 을이 위 골재현장에 필요한 유류를 공급받으면서 그 상대방에게 조합을 위한 것임을 표시하지 아니하였다 하더라도 상법 48조에 따라 그 유류공급계약의 효력은 본인인 조합원 전원에게 미친다고 한 사례).

[판례107] 대법원 1987.7.21. 선고 87누224 판결

상법 48조 및 395조의 각 규정은 거래행위에 관하여 적용되는 규정들로서 조세의 부과 및 징수에 관하여는 적용될 것이 아니다.

한편, 판례는 어음행위의 대리에 있어서는 형식적 요건으로서 본인을 위한다는 대리의 문구를 기재하고 대리인이 기명날인을 하여야 하고, 실질적 요건으로서는 대리인이 된 자가 본인을 위하여 어음행위를 할 수 있는 권한이 있어야 하는 것이나, 위의 형식적 요건의 하나인 대리문구는 반드시 본인을 위하여서라는 문구의 기재가 없더라도 그 어음상으로 보아 일반적으로 기명날인을 한 자가 자기자신을 위한 것이 아니고 다른 사람을 위하여 어음행위를 한 것이라고 보여지는 기재가 있으면 족하다 할 것이며, 실질적 요건인 대리권한 유무는 일반적인 증거에 의하여 인정해야 한다고 판시하고 있다.[241)][판례108]

[판례108] 대법원 1968.5.28. 선고 68다480 판결

원심은 그 적시된 증거에 의하여, 재단법인 소외 1재단이 조직을 변경하여 피고재단으로 되었다는 사실, 위의 재단법인 소외 1재단은 신학교를 유지 경영하는 재단인 바, 위 재단의 간사라는 명칭으로 동 재단의 행정과 경리사무들을 관장하여 사무장직을 맡아

241) 대법원 1968.5.28. 선고 68다480 판결.

보고 있는 소외 2가 위 재단의 대표이사인 소외 3을 대리하여 1963.9.24. 원고에게 약속어음을 발행 교부함에 있어서(소외 4주식회사와 공동으로 발행하였다) 그 발행인 표시를 "재단법인 소외 1재단 간사 소외 2"라 기재하고 위 재단의 직인과 소외 2의 인장을 각각 날인하였다는 사실을 인정하였는 바, 원심이 위의 소외 2는 자기자신을 위한 것이 아니고, 본인인 재단법인 소외 1재단을 위하여 그를 대리하여 본건 약속어음을 발행한 것이라고 판단하였음에 위법이 있다고 할 수 없다.

(3) 효력

상행위의 대리인이 본인을 위한 것임을 표시하지 아니하여도, 상대방이 본인을 위한 것임을 알았던지 알지 못했던지에 상관없이, 그 행위는 본인에 대하여 효력이 있다. 상대방뿐만 아니라 본인도 그 효력을 주장할 수 있다.[판례109]

[판례109] 대법원 2012.10.11.자 2010마122 결정

매도인과 매수인이 본선인도조건(F.O.B.)으로 수출입매매계약을 체결하면서도 매수인이 선복을 확보하지 않고 매도인이 수출지에서 선복을 확보하여 운송계약을 체결하되, 운임은 후불로 하여 운임후불(FREIGHT COLLECT)로 된 선하증권을 발행받아, 매수인이 수하인 또는 선하증권의 소지인으로서 화물을 수령할 때 운송인에게 운임을 지급하기로 약정한 경우, 특별한 사정이 없는 한 매수인이 매도인에게 자신을 대리하여 운송계약을 체결하는 권한을 부여하여 운송계약을 체결한 것으로 보아야 하므로 운송계약의 당사자는 해상운송인과 매수인이다.

나아가 상대방이 본인을 위한 것임을 알지 못한 때에는 대리인에 대하여도 이행의 청구를 할 수 있다. 이 경우 본인과 대리인은 부진정연대채무관계에 있게 된다.[242] 한편, 상대방이 알지 못한데 과실이 있는 경우에도 불문한다는 견해가 있으나,[243] 악의와 동일시될 정도의 중대한 과실있는 선의를 보호할 필요는 없는 것이므로 형평의 원칙상, 중대한 과실로 상대방이 본인을 위한 것임을 알지 못한 경우에는 본조 단서는 적용되지 않는다고 보는 것이 타당할 것이다.[244] 입증책임

242) 김병연외, 215; 김성태, 432; 김정호, 188; 송옥렬, 97; 안강현, 192; 이철송, 335; 전우현, 199; 정경영, 137; 주석상법(1), 387; 최기원, 224. 이에 반대하는 견해로는 손주찬, 222; 임중호, 296; 정동윤, 150; 최준선, 225.

243) 김성태, 432; 손진화, 151; 이기수외, 312; 이철송, 335; 정찬형, 205; 최기원, 224.

244) 송옥렬, 97; 정경영, 137; 최준선, 225. 이에 대하여 과실이 있는 경우에는 적용될 수 없다는 견해

과 관련해서도 이 책임에서 면하려는 대리인이 상대방의 악의 또는 중대한 과실 있는 선의를 주장·입증해야 할 것이다.[245]

나. 상인인 본인의 사망과 대리권의 불소멸

상인이 그 영업에 관하여 수여한 대리권은 본인의 사망으로 인하여 소멸하지 아니한다(50조). 민법상으로는 본인의 사망으로 대리권이 소멸하나(민법 127조 1호), 상거래의 안전 및 기업유지의 이념상 상인인 본인의 사망이 대리권에 영향을 미치지 못하게 한 것이다.

따라서 상인인 본인이 사망하면 본인의 대리인은 상속인의 대리인이 되나, 상속인은 수권을 철회할 수 있다. 또한 본인이 상인인 경우에만 적용되고, 본인이 상인이 아니고 상대방이 상인인 경우에는 적용되지 아니하며, 본인인 상인에 대하여 기본적 상행위, 준상행위 또는 보조적 상행위 그 어디에 해당하든 상관없고, 대리권수여의 기초가 되는 법률관계는 위임뿐만 아니라 고용·조합 등도 가능하며, 회사가 본인인 경우에는 회사의 사망이란 개념이 없고 소멸로 해석하더라도 소멸하면 영업은 당연히 폐지되므로, 본조는 회사에 대해서는 적용되지 아니한다.[246]

다. 상사시효

(1) 의의

상행위로 인한 채권은 본법에 다른 규정이 없는 때에는 5년간 행사하지 아니하면 소멸시효가 완성한다. 그러나 다른 법령에 이보다 단기의 시효의 규정이 있는 때에는 그 규정에 의한다(64조). 민법상 일반채권의 소멸시효는 10년이지만, 상행위의 집단성·반복성 및 신속성을 고려하여 단기소멸시효를 규정한 것이다.

로는 서헌제, 198; 손주찬, 221; 안강현, 192; 임중호, 296; 전우현, 198; 정동윤, 150.

245) 손주찬, 222; 안강현, 193; 이철송, 335; 최기원, 225. 그러나 이에 반하여 상대방이 선의임을 입증해야 한다는 견해로는 김성태, 432; 전우현, 199; 정경영, 137; 주석상법(1), 388.

246) 김성태, 434; 송옥렬, 99; 이기수외, 314; 전우현, 201; 정경영, 140; 정동윤, 151; 정찬형, 205; 최기원, 226.

(2) 요건

(가) 상행위로 인한 채권

상행위로 인한 채권이면 일방적 상행위로 인한 채권으로 족하다.[247] [판례110], [판례111] 또한 기본적 상행위, 준상행위 또는 보조적 상행위로 인한 채권 모두에게 상사시효가 적용된다.[248]

---

247) 대법원 2000.8.22. 선고 2000다19922 판결 및 대법원 2000.5.12. 선고 98다23195 판결. 단, 의사가 의료기관에 대하여 갖는 급여, 수당, 퇴직금 등 채권은 상사채권에 해당한다고 할 수 없음. 왜냐하면, 의사의 영리추구 활동을 제한하고 직무에 관하여 고도의 공공성과 윤리성을 강조하며 의료행위를 보호하는 의료법의 여러 규정에 비추어 보면, 개별 사안에 따라 전문적인 의료지식을 활용하여 진료 등을 행하는 의사의 활동은 간이,신속하고 외관을 중시하는 정형적인 영업활동, 자유로운 광고,선전을 통한 영업의 활성화 도모, 인적,물적 영업기반의 자유로운 확충을 통한 최대한의 효율적인 영리추구 허용 등을 특징으로 하는 상인의 영업활동과는 본질적으로 차이가 있으며 또한 의사의 의료행위와 관련하여 형성된 법률관계에 대하여 상인의 영업활동 및 그로 인하여 형성된 법률관계와 동일하게 상법을 적용하여야 할 특별한 사회경제적 필요 내지 요청이 있다고 볼 수도 없기때문임(대법원 2022.5.26. 선고 2022다200249 판결).

248) 대법원 2024.3.12. 선고 2021다309927 판결(당사자 쌍방에 대하여 모두 상행위가 되는 행위로 인한 채권뿐만 아니라 당사자 일방에 대하여만 상행위에 해당하는 행위로 인한 채권도 상법 64조에서 정한 5년의 소멸시효 기간이 적용되는 상사채권에 해당하고, 그 상행위에는 상법 46조 각호에 해당하는 기본적 상행위뿐만 아니라 상인이 영업을 위하여 하는 보조적 상행위도 포함된다. 또한 상법 5조, 47조에 의하면, 회사는 상행위를 하지 않더라도 상인으로 보고, 상인이 영업을 위하여 하는 행위는 상행위로 보며, 상인의 행위는 영업을 위하여 하는 것으로 추정된다. 그러므로 회사가 한 행위는 그 영업을 위하여 한 것으로 추정되고, 회사가 그 영업을 위하여 하는 행위는 상행위로 보아야 한다. 이와 같은 추정을 번복하기 위해서는 회사의 행위가 영업을 위하여 한 것이 아니라는 사실을 주장하는 사람이 이를 증명할 책임이 있음; 甲 주식회사가 도시개발사업의 사업시행대행자 및 시공사로 선정된 乙 주식회사로부터 사업권 일부를 얻을 목적으로 乙 회사의 대표이사 丙에게 위 사업의 사업비로 사용할 금전을 대여하였다가 乙 회사가 부도로 사업에서 배제된 후 파산선고를 받자, 丙 및 乙 회사의 공동대표이사 丁과 위 대여금 채권의 정산에 관한 내용이 포함된 금전소비대차계약을 체결하고, 丙, 丁이 戊 신탁회사에 신탁한 부동산에 관하여 甲 회사 명의의 근저당권설정등기를 마친 사안에서, 甲 회사가 丙, 丁과 금전소비대차계약을 체결한 행위는 영업을 위하여 한 것으로 추정되고, 위 계약이 기존 대여금 채권의 원금과 이자를 확정하고 이를 다시 甲 회사가 丙에게 대여하는 것으로 정하고 있다는 등의 사정만으로는 그러한 추정이 번복된다고 보기 부족하므로, 위 근저당권의 피담보채권인 금전소비대차계약에 기한 정산금 채권에는 5년의 상사 소멸시효 기간이 적용된다고 보아야 하는데도, 금전소비대차계약 체결행위가 영업을 위하여 한 것임을 丁이 증명하여야 한다는 그릇된 전제에서 甲 회사가 상행위 또는 영업으로 금전소비대차계약을 체결하였다고 인정할 증거가 부족하다는 이유로 위 근저당권의 피담보채권은 상사채권이 아닌 민사채권으로서 소멸시효 기간이 10년이라고 본 원심판단에 법리오해 등의 잘못이 있다고 한 사례), 대법원 2023.7.27. 선고 2023다227418 판결(변호사가 소속 법무법인에 대하여 갖는 급여채권은 상사채권에 해당한다고 할 수 없음), 대법원 2012.4.13. 선고 2011다104246 판결 및 대법원 2006.4.27. 선고 2006다1381 판결.

[판례110] 대법원 2002.9.24. 선고 2002다6760 판결

당사자 쌍방에 대하여 모두 상행위가 되는 행위로 인한 채권뿐만 아니라 당사자 일방에 대하여만 상행위에 해당하는 행위로 인한 채권도 상법 64조 소정의 5년의 소멸시효기간이 적용되는 상사채권에 해당하는 것이고, 그 상행위에는 상법 46조 각 호에 해당하는 기본적 상행위뿐만 아니라 상인이 영업을 위하여 하는 보조적 상행위도 포함되며, 상인이 영업을 위하여 하는 행위는 상행위로 보되 상인의 행위는 영업을 위하여 하는 것으로 추정되는 것이다.

[판례111] 대법원 2005.5.27. 선고 2005다7863 판결

차용금채무의 연대보증인이 그 채권자인 주식회사의 금융기관에 대한 대출금을 변제함으로써 위 차용금채무를 변제한 것으로 하기로 채권자와 약정한 경우, 위 약정에 따른 채권은 채권자인 주식회사의 영업을 위한 상사채권에 해당함.

(나) 상행위로 인한 채권과 동일성이 있는 채권 모두 포함

원채권인 상행위로 인한 채권과 동일성이 있는 채권 즉, 상행위로 인한 채무의 불이행으로 인한 손해배상청구권의 경우에는 대상이 되지 않는다는 판례[249] [판례112]와 대상이 된다는 판례[250][판례113], [판례114]로 나뉘며, 상행위인 계약의 해제로 인한 원상회복청구권도 상법 64조의 상사시효의 대상이 된다.[251] 상행위에 대한 하자담보책임도 대상이 된다.[판례115]

[판례112] 대법원 2005.11.10. 선고 2004다22742 판결

상법 64조의 상사시효제도는 대량, 정형, 신속이라는 상거래관계 특유의 성질에 기

249) 사용자가 상인으로서 영업을 위하여 근로자와 체결하는 근로계약이 보조적 상행위에 해당하더라도 사용자가 근로계약에 수반되는 신의칙상의 부수적 의무인 보호의무를 위반하여 근로자에게 손해를 입힘으로써 발생한 근로자의 손해배상청구와 관련된 법률관계는 근로자의 생명, 신체, 건강 침해 등으로 인한 손해의 전보에 관한 것으로서 그 성질상 정형적이고 신속하게 해결할 필요가 있다고 보기 어려우므로, 근로계약상 보호의무 위반에 따른 근로자의 손해배상청구권은 특별한 사정이 없는 한 10년의 민사 소멸시효기간이 적용된다고 봄이 타당함(대법원 2021.8.19. 선고 2018다270876 판결).

250) 대법원 1997.8.26. 선고 97다9260 판결.

251) 대법원 1993.9.14. 선고 93다21569 판결.

인한 제도임을 고려하면, 상인이 그의 영업을 위하여 근로자와 체결하는 근로계약은 보조적 상행위에 해당한다고 하더라도, 근로자의 근로계약상의 주의의무위반으로 인한 손해배상청구권은 상거래관계에 있어서와 같이 정형적으로나 신속하게 해결할 필요가 있다고 볼 것은 아니므로 특별한 사정이 없는 한 5년의 상사 소멸시효기간이 아니라 10년의 민사 소멸시효기간이 적용된다고 봄이 타당하다.

(대법원 1985.6.25. 선고 84다카1954 판결(주식회사의 이사 또는 감사의 회사에 대한 임무해태로 인한 손해배상책임은 일반불법행위책임이 아니라 위임관계로 인한 채무불이행책임이므로 그 소멸시효기간은 일반채무의 경우와 같이 10년이라고 보아야 함) 참조).

[판례113] 대법원 2013.4.11. 선고 2011다112032 판결

다수의 전기수용가와 사이에 체결되는 전기공급계약에 적용되는 약관 등에, 계약종별 외의 용도로 전기를 사용하면 그로 인한 전기요금 면탈금액의 2배에 해당하는 위약금을 부과한다고 되어 있지만, 그와 별도로 면탈한 전기요금 자체 또는 손해배상을 청구할 수 있도록 하는 규정은 없고 면탈금액에 대해서만 부가가치세 상당을 가산하도록 되어 있는 등의 사정이 있는 경우, 위 약관에 의한 위약금은 손해배상액의 예정과 위약벌의 성질을 함께 가지는 것으로 봄이 타당하다. 그리고 계약종별 위반으로 약관에 의하여 부담하는 위약금 지급채무는 전기의 공급에 따른 전기요금 채무 자체가 아니므로, 3년의 단기소멸시효가 적용되는 민법 163조 1호의 채권, 즉 '1년 이내의 기간으로 정한 금전의 지급을 목적으로 한 채권'에 해당하지 않는다. 그러나 '영업으로 하는 전기의 공급에 관한 행위'는 상법상 기본적 상행위에 해당하고(상법 46조 4호), 전기공급주체가 공법인인 경우에도 법령에 다른 규정이 없는 한 상법이 적용되므로(상법 2조), 그러한 전기공급계약에 근거한 위약금 지급채무 역시 상행위로 인한 채권으로서 상법 64조에 따라 5년의 소멸시효기간이 적용된다.

[판례114] 대법원 2008.3.14. 선고 2006다2940 판결

이자 또는 지연손해금은 주된 채권인 원본의 존재를 전제로 그에 대응하여 일정한 비율로 발생하는 종된 권리라 할 것인데, 하나의 금전채권의 원금 중 일부가 변제로 소멸된 후 나머지 원금에 대하여 소멸시효가 완성된 경우, 가분채권인 금전채권의 성질상 변제로 소멸한 원금 부분과 소멸시효 완성으로 소멸한 원금 부분을 구분하는 것이 가능하고, 이 경우 원금에 종속된 권리인 이자 또는 지연손해금 역시 변제로 소멸한 원금 부분에서 발생한 것과 시효완성으로 소멸된 원금 부분에서 발생한 것으로 구분하는 것이 가능하므로, 위 소멸시효 완성의 효력은 소멸시효가 완성된 원금 부분으로부터 그 시효

완성 전에 발생한 이자 또는 지연손해금에는 미치나, 변제로 소멸한 원금 부분으로부터 그 변제 전에 발생한 이자 또는 지연손해금에는 미치지 않는다고 봄이 타당하다. 한편, 은행이 영업행위로서 한 대출금에 대한 변제기 이후의 지연손해금은 그 원본채권과 마찬가지로 상행위로 인한 채권에 관하여 적용될 5년간의 소멸시효를 규정한 상법 64조가 적용된다(대법원 1979.11.13. 선고 79다1453 판결 참조).

[판례115] 대법원 2012.11.15. 선고 2011다56491 판결

수급인의 담보책임에 기한 하자보수에 갈음하는 손해배상청구권에 대하여는 민법 670조 또는 671조의 제척기간이 적용되고, 이는 법률관계의 조속한 안정을 도모하고자 하는 데에 취지가 있다. 그런데 이러한 도급인의 손해배상청구권에 대하여는 권리의 내용·성질 및 취지에 비추어 민법 162조 1항의 채권 소멸시효의 규정 또는 도급계약이 상행위에 해당하는 경우에는 상법 64조의 상사시효의 규정이 적용되고, 민법 670조 또는 671조의 제척기간 규정으로 인하여 위 각 소멸시효 규정의 적용이 배제된다고 볼 수 없다.

불법행위로 인한 손해배상청구권과 관련해서, 판례는 적용대상이 되지 않는다고 판시하고 있다.[판례116]

[판례116] 대법원 1985.5.28. 선고 84다카966 판결

상법 812조에 의하여 준용되는 같은법 121조 1항, 2항의 단기소멸시효의 규정은 운송인의 운송계약상의 채무불이행으로 인한 손해배상청구에만 적용되고 일반불법행위로 인한 손해배상청구에는 적용되지 아니하는 것이고, 또한 상법 64조의 일반상사시효 역시 상행위로 인한 채권에만 준용되고 상행위 아닌 불법행위로 인한 손해배상채권에는 적용되지 아니한다.

부당이득과 관련해서도 대상이 되지 않는다는 판례[판례117], [판례118][252]와

252) 부당이득반환청구권이라도 그것이 상행위인 계약에 기초하여 이루어진 급부 자체의 반환을 구하는 것으로서, 그 채권의 발생 경위나 원인, 당사자의 지위와 관계 등에 비추어 그 법률관계를 상거래 관계와 같은 정도로 신속하게 해결할 필요성이 있는 경우 등에는 5년의 소멸시효를 정한 상법 64조가 적용되나 이와 달리 부당이득반환청구권의 내용이 급부 자체의 반환을 구하는 것이 아니거나, 위와 같은 신속한 해결 필요성이 인정되지 않는 경우라면 특별한 사정이 없는 한 상법 64조는 적용되지 않고 10년의 민사소멸시효기간이 적용됨. [회사는 대차대조표의 순자산액으로부터 자본의 액, 그 결산기까지 적립된 자본준비금과 이익준비금의 합계액, 그 결산기에 적립하여야 할 이익준비금의 액을 공제한 액을 한도로 하여 이익의 배당을 할 수 있고(상법 462조 1항), 일정한

대상이 된다는 판례[판례119], [판례120]로 나뉜다.[253)]

[판례117] 대법원 2010.10.14. 선고 2010다32276 판결

교통사고 피해자가 가해차량이 가입한 책임보험의 보험자로부터 사고로 인한 보험금을 수령하였음에도 자동차손해배상 보장사업을 위탁받은 보험사업자로부터 또다시 피해보상금을 수령한 것을 원인으로 한 위 보험사업자의 피해자에 대한 부당이득반환청구권에 관하여는 상법 64조가 적용되지 아니하고, 그 소멸시효기간은 민법 162조 1항에 따라 10년이라고 봄이 상당하다.

[판례118] 대법원 2003.4.8. 선고 2002다64957·64964 판결

주식회사인 부동산 매수인이 의료법인인 매도인과의 부동산매매계약의 이행으로서 그 매매대금을 매도인에게 지급하였으나, 매도인 법인을 대표하여 위 매매계약을 체결한 대표자의 선임에 관한 이사회결의가 부존재하는 것으로 확정됨에 따라 위 매매계약이 무

요건을 갖추면 중간배당을 할 수 있지만 이때에도 배당 가능한 이익이 있어야 함(상법 462조의3 1항, 2항). 만약 회사가 배당 가능한 이익이 없음에도 이익의 배당이나 중간배당을 하였다면 위 조항에 반하는 것으로 무효라 할 것이므로 회사는 배당을 받은 주주에게 부당이득반환청구권을 행사할 수 있음] 이익의 배당이나 중간배당은 회사가 획득한 이익을 내부적으로 주주에게 분배하는 행위로서 회사가 영업으로 또는 영업을 위하여 하는 상행위가 아니므로 배당금지급청구권은 상법 64조가 적용되는 상행위로 인한 채권이라고 볼 수 없음. 이에 따라 위법배당에 따른 부당이득반환청구권 역시 근본적으로 상행위에 기초하여 발생한 것이라고 볼 수 없음. 특히 배당가능이익이 없는데도 이익의 배당이나 중간배당이 실시된 경우 회사나 채권자가 주주로부터 배당금을 회수하는 것은 회사의 자본충실을 도모하고 회사 채권자를 보호하는 데 필수적이므로, 회수를 위한 부당이득반환청구권 행사를 신속하게 확정할 필요성이 크다고 볼 수 없다. 따라서 위법배당에 따른 부당이득반환청구권은 민법 162조 1항이 적용되어 10년의 민사소멸시효에 걸린다고 보아야 함(대법원 2021.6.24. 선고 2020다208621 판결).

253) 가맹점사업자인 갑 등이 가맹본부인 을 유한회사를 상대로 을 회사가 가맹계약상 근거를 찾을 수 없는 'SCM Adm'(Administration Fee)이라는 항목으로 갑 등에게 매장 매출액의 일정 비율에 해당하는 금액을 청구하여 지급받은 것은 부당이득에 해당한다며 그 금액 상당의 반환을 구한 사안에서, 갑 등이 청구하는 부당이득반환채권은 갑 등과 을 회사 모두에게 상행위가 되는 가맹계약에 기초하여 발생한 것일 뿐만 아니라, 을 회사가 정형화된 방식으로 가맹계약을 체결하고 가맹사업을 운영해 온 탓에 수백 명에 달하는 가맹점사업자들에게 갑 등에게 부담하는 것과 같은 내용의 부당이득반환채무를 부담하는 점 등 채권 발생의 경위나 원인 등에 비추어 볼 때 그로 인한 거래관계를 신속하게 해결할 필요가 있으므로, 위 부당이득반환채권은 상법 64조에 따라 5년간 행사하지 않으면 소멸시효가 완성됨(대법원 2018.6.15. 선고 2017다248803·248810 판결). 실제로 발생하지 않은 보험사고의 발생을 가장하여 청구·수령된 보험금 상당 부당이득반환청구권의 경우도 같음(대법원 2021.8.19. 선고 2018다258074 판결). 보험계약자가 다수의 계약을 통하여 보험금을 부정 취득할 목적으로 체결한 보험계약이 민법 103조에 따라 무효인 경우, 보험금에 대한 부당이득반환청구권에 상법 64조를 유추적용하여 5년의 상사소멸시효기간이 적용됨(대법원 2021.7.22. 선고 2019다277812 전원합의체 판결).

효로 되었음을 이유로 민법의 규정에 따라 매도인에게 이미 지급하였던 매매대금 상당액의 반환을 구하는 부당이득반환청구의 경우, 거기에 상거래 관계와 같은 정도로 신속하게 해결할 필요성이 있다고 볼 만한 합리적인 근거도 없으므로 위 부당이득반환청구권에는 상법 64조가 적용되지 아니하고, 그 소멸시효기간은 민법 162조 1항에 따라 10년이다.

[판례119] 대법원 2007.5.31. 선고 2006다63150 판결

이 사건 각 보증보험계약은 제3자가 그 보험계약자인 소외 1, 3의 명의를 도용하여 체결한 것이어서 무효이므로, 원고는 피고에게 이 사건 각 보증보험계약에 따라 지급한 보험금의 반환을 구할 수 있다. 이와 같은 원고의 부당이득반환청구권은 근본적으로 상행위에 해당하는 이 사건 각 보증보험계약에 기초한 급부가 이루어짐에 따라 발생한 것일 뿐만 아니라, 그 채권 발생의 경위나 원인, 원고와 피고의 지위와 관계 등에 비추어 그 법률관계를 상거래 관계와 같은 정도로 신속하게 해결할 필요성이 있다고 보이므로 이에 대하여는 5년의 소멸시효를 정한 상법 64조가 적용되는 것으로 보아야 한다.

[판례120] 대법원 2008.12.11. 선고 2008다47886 판결

보험회사가 보험금청구권의 질권자에게 화재보험금을 지급하였으나 그 화재가 피보험자의 고의로 인한 것이라는 이유로 위 보험금 상당의 부당이득반환청구권을 행사하는 경우, 5년의 상사소멸시효기간이 적용된다고 본 원심의 판단을 수긍한 사례.

한편, 판례는 매립사업을 목적으로 하는 영리법인과 상인이 아닌 양수인 간의 매립지 양도약정에 기한 양수인의 소유권이전등기청구권이 상사채권에 해당한다고 보고 있다.[판례121]

[판례121] 대법원 2000.5.12. 선고 98다23195 판결

매립사업자가 매립공사 준공등기 후 매립지 중 일부를 즉시 양도하기로 약정하였으나 그 선택권이 누구에게 있는지에 관하여 약정이 없었던 경우, 매립지에 대한 매립사업자 명의의 소유권보존등기가 경료되고 도시계획결정 및 지적고시가 이루어져 그 소유토지의 위치와 면적이 확정된 때로부터 매립사업자의 선택권 행사에 필요한 상당한 기간이 경과한 날로부터 양수인의 소유권이전등기청구권의 상사소멸시효가 진행된다고 본 사례.

(다) 주채무와 보증채무와의 관계

주채무가 상사채무이면 보증채무도 부종성에 의해 상사시효의 적용대상이나, 주채무가 민사채무이더라도 보증채무가 상행위로 인하여 생긴 것인 때에는 보증채무에만 상사시효가 적용될 것이며, 보증인이 상인인 경우 당해 보증이 보증인의 영업범위내인 경우에는 보증채무를 이행한 보증인의 주채무자에 대한 구상권도 상사시효의 적용대상이 될 것이나,[254] 판례는 물상보증은 채무자 아닌 사람이 채무자를 위하여 담보물권을 설정하는 행위이고 채무자를 대신해서 채무를 이행하는 사무의 처리를 위탁받는 것이 아니므로, 물상보증인이 변제 등에 의하여 채무자를 면책시키는 것은 위임사무의 처리가 아니고 법적 의미에서는 의무없이 채무자를 위하여 사무를 관리한 것에 유사한 것이어서 물상보증인의 채무자에 대한 구상권은 그들 사이의 물상보증위탁계약의 법적 성질과 관계없이 민법에 의하여 인정된 별개의 독립한 권리이고, 그 소멸시효에 있어서는 민법상 일반채권에 관한 규정이 적용된다고 판시하고 있다.[255][판례122]

[판례122] 대법원 2001.4.24. 선고 2001다6237 판결

원심이, 원고는 피고가 인천시수산업협동조합으로부터 사업자금을 대출받음에 있어 부동산을 담보로 제공하여 주기로 한 약정에 따라 1989.1.13. 인천수협에게 자신의 소유인 부동산에 관하여 채무자를 피고로 한 채권최고액 42,000,000원의 근저당권설정등기를 경료하여 주었는데, 피고가 그 피담보채무를 변제하지 아니하여, 원고가 1991.6.27. 및 1991.7.27.에 인천수협에게 합계 37,915,066원을 대위변제함으로써 피고에 대하여 같은 액의 구상금채권을 취득하였다고 판단한 것은 정당하고, 거기에 상고이유의 주장과 같은 심리미진이나 채증법칙 위반 등의 위법이 없다.

(라) 어음·수표금 채권 등

어음·수표금 채권 및 이득상환청구권은 별도의 단기소멸시효가 규정되어 있으므로(어음법 70조, 수표법 51조) 상법 64조가 적용되지 않는다고 보아야 할 것이

---

254) 김홍기, 166; 손진화, 153; 이기수외, 321; 이철송, 339; 정찬형, 208; 주석상법(1), 426; 최기원, 229.

255) 판례는 공제조합이 공동불법행위자 중의 1인과 체결한 공제계약에 따라 그 공동불법행위자를 위하여 직접 피해자에게 배상함으로써 그 공동불법행위자의 다른 공동불법행위자에 대한 구상권을 보험자대위의 법리에 따라 취득한 경우, 공제계약이 상행위에 해당한다고 하여 그로 인하여 취득한 구상권 자체가 상사채권으로 변한다고 할 수 없다고 보고 있음(대법원 1996.3.26. 선고 96다3791 판결).

다.[256] 그러나 판례는 갑이 상인인 을과 사이에 을이 회수한 갑이 대표이사로 있는 회사 발행의 부도난 어음과 수표 액면금을 갑 개인이 을에게 변제하기로 약정하였다면 특별한 사정이 없는 한 을의 행위는 영업을 위하여 하는 것으로 추정되고, 상인인 을이 영업을 위하여 하는 행위는 상행위로 보아야 하며 이와 같이 당사자 중 그 1인의 행위가 상행위인 때에는 전원에 대하여 상법이 적용되므로 을이 위 약정에 따라 갑에 대하여 취득한 채권은 5년의 단기소멸시효에 걸리는 상사채권이라고 판시하고 있다.[257]

(마) 준소비대차 및 경개 등

기존의 상사채무를 준소비대차로 변경하거나 경개한 경우에는 기존의 상사채무와는 관계없이 새로운 채무부담행위의 성질에 따라 상사시효의 적용여부를 결정해야 한다.[258][판례123]

[판례123] 대법원 2005.5.27. 선고 2005다7863 판결

피고는 건축 및 실내장식업, 용역 및 서비스업, 부동산 매매 및 임대업, 무역업(건축자재), 각 호에 관련된 부대사업, 유통업을 목적으로 설립된 주식회사인 사실이 인정되므로, 원심의 인정과 같이 이 사건 차용금은 상가분양사업을 위하여 임경택 등에게 대여된 것이고, 이 사건 대출금은 피고 소유의 상가를 담보로 제공하고 차용한 것이라면, 주식회사인 피고를 기준으로도, 반증이 없는 한, 이 사건 차용금채무자에 대한 채권과 이 사건 대출금채무는 피고의 상행위로 인한 것으로서 상사채권과 상사채무라고 할 것이고(원심은 삼창유통을 기준으로 이 사건 차용금채무가 상사채무라고, 한신상호저축은행을 기준으로 이 사건 대출금채권이 상사채권이라고 인정하였음은 위에서 본 바와 같다.), 또한 원심의 인정과 판단에 의하더라도, 이 사건 약정은 상인인 피고를 기준으로 볼 때에 상사채권인 이 사건 차용금 채무자에 대한 채권을 그 연대보증인인 원고로부터 변제받은(회수한) 것으로 하고, 상사채무인 이 사건 대출금채무를 원고로 하여금 변제하도록 하는(인수시키는) 내용의 약정이라고 할 것이므로, 피고의 이 사건 약정행위가 영업을 위하여 하는 것이 아니라고 보기는 어려워 보인다(차용금채무의 연대보증인이 그 채권자인 주식회사의 금융기관에 대한 대출금을 변제함으로써 위 차용금채무를 변제한 것으로 하기로 채권자와 약정한 경우, 위 약정에 따른 채권이 상사채권에 해당하지 아니한다고 한 원심판결을 파기한 사례).

---

256) 김정호, 189; 김홍기, 169; 손주찬, 226; 안강현, 195; 이철송, 340; 정동윤, 153; 최기원, 231; 최준선, 228.

257) 대법원 1994.3.22. 선고 93다31740 판결.

258) 대법원 1981.12.22. 선고 80다1363 판결; 김성태, 439; 이철송, 340; 정찬형, 209; 주석상법(1), 426.

한편, 판례는 면책적 채무인수의 경우에도, 인수채무가 원래 5년의 상사시효의 적용을 받던 채무라면 그 소멸시효의 기간은 여전히 5년의 상사시효의 적용을 받는다고 보고 있다.[판례124]

[판례124] 대법원 1999.7.9. 선고 99다12376 판결

면책적 채무인수라 함은 채무의 동일성을 유지하면서 이를 종래의 채무자로부터 제3자인 인수인에게 이전하는 것을 목적으로 하는 계약으로서, 채무인수로 인하여 인수인은 종래의 채무자와 지위를 교체하여 새로이 당사자로서 채무관계에 들어서서 종래의 채무자와 동일한 채무를 부담하고 동시에 종래의 채무자는 채무관계에서 탈퇴하여 면책되는 것일 뿐이므로, 인수채무가 원래 5년의 상사시효의 적용을 받던 채무라면 그 후 면책적 채무인수에 따라 그 채무자의 지위가 인수인으로 교체되었다고 하더라도 그 소멸시효의 기간은 여전히 5년의 상사시효의 적용을 받는다 할 것이고, 이는 채무인수행위가 상행위나 보조적 상행위에 해당하지 아니한다고 하여 달리 볼 것이 아니다(면책적 채무인수가 있은 경우, 인수채무의 소멸시효기간은 채무인수와 동시에 이루어진 소멸시효 중단사유, 즉 채무승인에 따라 채무인수일로부터 새로이 진행됨).

(3) 상사시효의 적용배제

다른 법령에 상사시효보다 단기의 시효의 규정이 있는 때에는 그 규정에 의한다(64조 단서).

(가) 상법상 상법 64조보다 단기의 시효가 규정되어 있는 경우

상법상 6개월의 단기소멸시효를 별도로 규정하고 있는 경우로는, 공중접객업자의 책임이 있다(154조).

상법상 1년의 단기소멸시효를 별도로 규정하고 있는 경우로는, 운송주선인의 책임(121조)과 운송주선인의 채권(122조), 물건운송인의 책임(147조, 121조)과 물건운송인의 채권(147조, 122조), 창고업자의 책임(166조)과 창고업자의 채권(167조)이 있다.

상법상 2년의 단기소멸시효를 별도로 규정하고 있는 경우로는, 보험료의 청구권(662조), 운송인의 채권(919조)이 있다.

상법상 3년의 단기소멸시효를 별도로 규정하고 있는 경우로는, 보험금청구권과 보험료 또는 적립금의 반환청구권(662조)이 있다.

(나) 민법상 상법 64조보다 단기의 시효가 규정되어 있는 경우

다음 채권은 3년간 행사하지 아니하면 소멸시효가 완성한다(민법 163조).

① 이자, 부양료, 급료, 사용료 기타 1년 이내의 기간으로 정한 금전 또는 물건의 지급을 목적으로 한 채권[259)]

② 의사, 조산사, 간호사 및 약사의 치료, 근로 및 조제에 관한 채권

③ 도급받은 자, 기사 기타 공사의 설계 또는 감독에 종사하는 자의 공사에 관한 채권

④ 변호사, 변리사, 공증인, 공인회계사 및 법무사에 대한 직무상 보관한 서류의 반환을 청구하는 채권

⑤ 변호사, 변리사, 공증인, 공인회계사 및 법무사의 직무에 관한 채권

⑥ 생산자 및 상인이 판매한 생산물 및 상품의 대가[판례125]

⑦ 수공업자 및 제조자의 업무에 관한 채권

[판례125] 대법원 1996.1.23. 선고 95다39854 판결

3년의 단기소멸시효가 적용되는 민법 163조 6호 소정의 '상인이 판매한 상품의 대가'란 상품의 매매로 인한 대금 그 자체의 채권만을 말하는 것으로서, 상품의 공급 자체와 등가성 있는 청구권에 한한다. 또한, 위탁자의 위탁상품 공급으로 인한 위탁매매인에 대한 이득상환청구권이나 이행담보책임 이행청구권은 위탁자의 위탁매매인에 대한 상품공급과 서로 대가관계에 있지 아니하여 등가성이 없으므로 민법 163조 6호 소정의 '상인이 판매한 상품의 대가'에 해당하지 아니하여 3년의 단기소멸시효의 대상이 아니고, 한편 위탁매매는 상법상 전형적 상행위이며 위탁매매인은 당연한 상인이고 위탁자도 통상 상인일 것이므로, 위탁자의 위탁매매인에 대한 매매 위탁으로 인한 위의 채권은 다른 특별한 사정이 없는 한 통상 상행위로 인하여 발생한 채권이어서 상법 64조 소정의 5년의 상사소멸시효의 대상이 된다(위탁매매에 있어서 위탁자가 매도위탁을 위하여 위탁매매인에게 하는 상품의 공급은 매도인이 민법 제568조 소정의 매매계약 의무를 이행하기 위하여 매수인에게 하는 상품의 공급과는 의미가 다른 것이어서, 위탁매매인은 상품 그 자체를 계약상 자신의 청구 이행의 목적으로 취득하는 것이 아니라 위임업무 처리과정에서 보수를 지급받을 뿐이므로 위탁매매인의 계약상 의무는 위탁인의 보수지급 의무와 대응할 뿐이고 위탁인의 상품공급 자체에는 대응하지 아니한다고 할 것임; 원고의 피고들에 대한 위 광명지점 거래잔대금 채권은 위탁자인 원고가 위탁매매인인 피고들과의 사이

259) 전게 대법원 2013.4.11. 선고 2011다112032 판결.

의 이 사건 위탁판매계약에 기하여 원고의 광명지점을 통하여 1986. 2.부터 1987. 4.까지 사이에 이 사건 전자제품을 피고들에게 매도 위탁을 위하여 공급하고 위 계약에 기하여 피고들이 부담한 할부판매대금 수금책임에 따라 피고들이 원고에게 지급하여야 할 거래잔대금 채권인바, 이는 원고와 피고들 사이의 위탁판매계약에 기한 이행담보책임의 이행을 구하는 채권으로서 원고가 공급한 상품과 직접적 대가관계(등가성)가 없음).

한편, 다음 채권은 1년간 행사하지 아니하면 소멸시효가 완성한다(민법 164조).

① 여관, 음식점, 대석, 오락장의 숙박료, 음식료, 대석료, 입장료, 소비물의 대가 및 체당금의 채권

② 의복, 침구, 장구 기타 동산의 사용료의 채권

③ 노역인, 연예인의 임금 및 그에 공급한 물건의 대금채권

④ 학생 및 수업자의 교육, 의식 및 유숙에 관한 교주, 숙주, 교사의 채권

2. 민법 물권편에 대한 특칙

가. 유질계약의 허용

(1) 의의

민법 339조의 규정은 상행위로 인하여 생긴 채권을 담보하기 위하여 설정한 질권에는 적용하지 아니한다(59조). 민법은 339조에서 질권설정자는 채무변제기전의 계약으로 질권자에게 변제에 갈음하여 질물의 소유권을 취득하게 하거나 법률에 정한 방법에 의하지 아니하고 질물을 처분할 것을 약정하지 못하도록 규정하고 있는 바, 상법은 상인의 합리적 판단능력을 믿고, 또한 상인의 자금조달에 있어 편익을 위해 유질계약을 허용하고 있다.[판례126]

[판례126] 대법원 2008.3.14. 선고 2007다11996 판결

상행위로 인하여 생긴 채권을 담보하기 위하여 설정한 질권의 경우에는 이른바 유질계약이 허용된다고 할 것이나(상법 59조, 민법 339조), 그렇다고 하여 모든 상사질권설정계약이 당연히 유질계약에 해당한다고 할 수는 없는 것이고, 상사질권설정계약에 있어

서 유질계약의 성립을 인정하기 위하여서는 그에 관하여 별도의 명시적 또는 묵시적인 약정이 성립되어야 할 것이다.

(2) 피담보채권의 범위

상행위로 인한 채권의 범위를 어디까지 볼 것인가와 관련하여, 채무자 및 채권자 모두에게 상행위가 되는 경우에 적용된다는 점에 대하여는 이론의 여지가 없으나, 채무자 또는 채권자의 어느 일방만의 상행위로 인한 채권인 경우도 포함되는지가 문제된다. 살피건대, 채무자 또는 채권자의 어느 일방이든 상행위가 되는 행위에 의해 생겨난 채권이면 충분하다고 보는 견해[260]가 있으나, 채무자에 대해 상행위가 되지 않는 경우까지 본조의 적용범위를 넓힌다는 것은 본 특칙의 취지에도 부합하지 않으므로 **채무자에 대하여 상행위가 되는 채권 즉, 상인인 채무자가 질권을 설정하는 경우에 한해** 본조를 적용함이 타당하다고 생각한다.[261] 그러나 판례는 질권설정계약에 포함된 유질약정이 상법 59조에 따라 유효하기 위해서는 질권설정계약의 피담보채권이 상행위로 인하여 생긴 채권이면 충분하고, 질권설정자가 상인이어야 하는 것은 아니나, 일방적 상행위로 생긴 채권을 담보하기 위한 질권에 대해서도 유질약정을 허용한 상법 59조가 적용된다고 본다.[262]

260) 서돈각외, 151; 손주찬, 231; 안강현, 198; 전우현, 216; 정동윤, 156; 최기원, 232.

261) 김병연외, 224; 김성태, 455; 송옥렬, 106; 이기수외, 324; 정경영, 149; 정찬형, 214; 최준선, 234.

262) 대법원 2017.7.18. 선고 2017다207499 판결. 한편, 상행위로 인하여 생긴 채권을 담보하기 위하여 유질약정이 포함된 질권설정계약이 체결된 경우, 질권의 실행 방법이나 절차는 원칙적으로 질권설정계약에서 정한 바에 따라야 하며, 비상장주식에 대하여 유질약정이 포함된 질권설정계약이 적법하게 체결된 경우, 질물인 비상장주식의 가격이나 그 산정방식에 관하여 질권설정계약에서 정한 바가 없고 또 객관적으로 형성된 시장가격이 없거나 이를 확인하기 어려운 형편이라면, 채권자가 유질약정을 근거로 처분정산의 방법으로 질권을 실행할 때 일반적으로 허용된 여러 비상장주식 가격 산정방식 중 하나를 채택하여 그에 따라 처분가액을 산정한 이상, 설령 나중에 그 가격이 합리적인 가격이 아니었다고 인정되더라도, 다른 특별한 사정이 없는 한, 유질약정의 내용에 따라 채권자와 채무자 사이에서 피담보채무의 소멸 범위나 초과액의 반환 여부, 손해배상 등이 문제 될 여지가 있을 뿐이고, 채권자와 처분 상대방 사이에서 채권자의 처분행위 자체가 무효로 된다고 볼 수는 없음(대법원 2021.11.25. 선고 2018다304007 판결).

나. 상사유치권

(1) 의의

상인간의 상행위로 인한 채권이 변제기에 있는 때에는 채권자는 변제를 받을 때까지 그 채무자에 대한 상행위로 인하여 자기가 점유하고 있는 채무자소유의 물건 또는 유가증권을 유치할 수 있다. 그러나 당사자간에 다른 약정이 있으면 그러하지 아니하다(58조). 민법 320조에 의하면, 타인의 물건 또는 유가증권을 점유한 자는 그 물건이나 유가증권에 관하여 생긴 채권이 변제기에 있는 경우에는 변제를 받을 때까지 그 물건 또는 유가증권을 유치할 권리가 있으나, 상인간의 거래로 인한 채권에 유치권을 설정함에 있어 위 민법상 유치권규정에 따를 경우 피담보채권이 유치물로부터 생긴 것에 한하기 때문에 유치물에 제한이 가해져서 거래의 신속과 편익을 해치게 되므로, 이를 해결하기 위해 본 특칙을 두게 된 것이다.

(2) 요건

(가) 채권자 및 채무자 모두 상인인 경우에만 허용

상사유치권은 채권자와 채무자 모두가 상인인 경우에만 적용된다. 민사유치권에서 요구되는 피담보채권이 유치물로부터 생길 필요는 없는 대신, 채무자의 보호가 너무 소홀해지는 것을 방지하기 위함이다.

이때 위 상인자격은 채권자·채무자 모두에게 피담보채권이 발생한 시점에 구비되어야 한다. 그리고 유치물의 점유를 개시한 시점에서도 모두에게 상인자격이 구비되어야 한다.[263] 그러나 일단 유치권이 성립한 이후 채권의 변제기 또는 유치권의 행사시점에서는 채권자 또는 채무자의 일방 또는 쌍방이 상인자격을 상실하더라도 그 유치권의 효력에는 영향이 없다.[264]

---

263) 김성태, 449; 송옥렬, 102; 이철송, 345; 임중호, 321; 전우현, 212; 최준선, 230. 이에 반하여 유치물의 점유시에는 채권자에게만 상인자격을 요한다는 견해로는 손주찬, 227; 정경영, 145; 최기원, 234.

264) 김홍기, 171; 손진화, 154; 이기수외, 326; 이철송, 346, 정동윤, 154; 정찬형, 210.

(나) 피담보채권

1) 채권의 발생원인 – 상행위로 인한 채권이어야 함

유치권의 대상인 피담보채권은 채권자와 채무자 모두에게 상행위가 되는 행위로 인하여 발생한 채권이어야 한다.[265] 상행위가 기본적 상행위이든 준상행위이든 보조적 상행위이든 불문한다.

한편, 채권자가 제3자로부터 양수한 채권에 대하여는, 채무자가 예상할 수 있는 범위를 벗어나므로 원칙적으로 상사유치권이 성립하지 않는다고 보아야 할 것이다. 그러나 ① 지시식 또는 무기명식 유가증권의 경우에는 그 자체의 속성상 채권자의 변경이 예정되어 있다고 볼 수 있으므로, 상사유치권이 허용되며, 나아가 채권양도가 예정되어 있는 경우도 마찬가지이고,[판례127] ② 합병·상속과 같은 포괄승계의 경우에도 상사유치권이 허용된다고 보아야 할 것이며, ③ 영업양도에 의해 채권과 유치물에 대한 점유가 함께 이전하는 경우에도 마찬가지이다.[266]

[판례127] 대법원 2000.10.10.자 2000그41 결정

이 사건 계약은 채무자에 대한 사전통지 또는 동의를 거칠 필요 없이 주간사에 대한 등록절차만으로 금융기관간의 채권양도를 예정하고 있는 양도성 대출계약인 데다가 그 양수인 자격도 금융기관으로 제한하고 있어 채무자로서는 금융기관에 의한 위 대출금채권의 양수를 충분히 예상하고 그에 대하여 직접 채무를 부담할 의사를 가지고 있었다고 인정될 뿐 아니라 특히 이 사건에 있어서와 같이 금융기관이 채무자에게 외화자금을 조달해주기 위하여 자신의 외국 현지법인을 통하여 대출을 실행하였다가 그 현지법인의 폐지에 따라 대출금채권의 관리를 이관받은 것이라면 단지 그 과정에서 채권자인 금융기관이 그의 현지법인으로부터 대출금채권을 양도받는 형식을 취하였다는 이유만으로 위 대출금채권이 채권자와 채무자간의 상거래로 인한 채권에 해당하지 않는다거나 이를 두고 채권자가 제3자로부터 무담보의 상거래채권을 양도받아 인위적으로 유치권을 발생시킴으로써 채무자에게 예상치 못한 불이익을 주는 경우에 해당된다고 볼 수 없다.

---

265) 송옥렬, 102; 이기수외, 326; 이철송, 346; 전우현, 212; 정동윤, 154; 정찬형, 219; 주석상법(1), 409.

266) 김성태, 450; 손주찬, 229; 이철송, 347; 정경영, 145; 주석상법(1), 409; 최기원, 234; 최준선, 231.

2) 피담보채권의 종류

피담보채권은 금전채권이어야 하나, 반드시 처음부터 금전채권일 필요는 없고, 종국적으로 금전채권으로 전환될 수 있는 성질의 채권이면 충분하므로, 종류물채권 또는 특정물채권일지라도 향후 채무불이행시 손해배상채권으로 전환된 경우에는 상사유치권의 피담보채권이 될 수 있다.

3) 변제기의 도래

피담보채권의 변제기가 도래해야 유치권을 행사할 수 있다. 유치물의 점유시 변제기에 있지 않아도 상관없다.

(다) 유치물

상사유치권은 채무자소유의 물건 또는 유가증권에 대하여서만 성립할 수 있다(일반적 견련성만 요구). 민법상의 유치권이 피담보채권이 유치물로부터 생기기만 했으면(개별적 견련성의 요구) 채무자소유가 아니더라도 상관없는 것과 대조되는 바, 상사유치권은 피담보채권이 유치물로부터 생길 필요는 없으므로 제3자의 소유권을 침해할 우려가 있기 때문이다.[판례128] 이 판결의 취지상, 부동산에 대하여도 상사유치권의 성립이 가능하다고 보아야 할 것이다. 한편, 유치물이 채무자의 소유여야 한다는 요건은 성립요건이지 존속요건은 아니므로, 일단 성립한 유치권은 목적물의 소유권이 채무자에서 제3자로 이전되더라도 소멸되지 아니한다.[267]

[판례128] 대법원 2013.2.28. 선고 2010다57350 판결

상사유치권은 민사유치권과 달리 피담보채권이 '목적물에 관하여' 생긴 것일 필요는 없지만 유치권의 대상이 되는 물건은 '채무자 소유'일 것으로 제한되어 있다(상법 58조, 민법 320조 1항 참조). 이와 같이 상사유치권의 대상이 되는 목적물을 '채무자 소유의 물건'에 한정하는 취지는, 상사유치권의 경우에는 목적물과 피담보채권 사이의 견련관계가 완화됨으로써 피담보채권이 목적물에 대한 공익비용적 성질을 가지지 않아도 되므로 피담보채권이 유치권자와 채무자 사이에 발생하는 모든 상사채권으로 무한정 확장될 수 있고, 그로 인하여 이미 제3자가 목적물에 관하여 확보한 권리를 침해할 우려가 있어 상사유치권의 성립범위 또는 상사유치권으로 대항할 수 있는 범위를 제한한 것으로 볼 수 있다. 즉 상사유치권이 채무자 소유의 물건에 대해서만 성립한다는 것은, 상사유치권은 성립 당시 채무자가 목적물에 대하여 보유하고 있는 담보가치만을 대상으로 하는 제한물

267) 김병연외, 222; 손주찬, 229; 송옥렬, 102; 이기수외, 327; 임중호, 328; 정찬형, 211; 주석상법(1), 411.

권이라는 의미를 담고 있다 할 것이고, 따라서 유치권 성립 당시에 이미 목적물에 대하여 제3자가 권리자인 제한물권이 설정되어 있다면, 상사유치권은 그와 같이 제한된 채무자의 소유권에 기초하여 성립할 뿐이고, 기존의 제한물권이 확보하고 있는 담보가치를 사후적으로 침탈하지는 못한다고 보아야 한다. 그러므로 채무자 소유의 부동산에 관하여 이미 선행저당권이 설정되어 있는 상태에서 채권자의 상사유치권이 성립한 경우, 상사유치권자는 채무자 및 그 이후 채무자로부터 부동산을 양수하거나 제한물권을 설정받는 자에 대해서는 대항할 수 있지만, 선행저당권자 또는 선행저당권에 기한 임의경매절차에서 부동산을 취득한 매수인에 대한 관계에서는 상사유치권으로 대항할 수 없다.

(라) 유치물의 점유

유치물은 채권자가 채무자와의 상행위로 인하여 점유를 취득하게 되었어야 한다. 즉, 점유취득행위 자체가 상행위이어야 한다는 말이 아니라 점유취득의 원인행위가 상행위이어야 한다. 이 점유취득의 원인이 되는 상행위는 채권자에게 상행위이면 족하지, 반드시 쌍방적 상행위일 필요는 없다.[268]

상사유치권은 채권자가 유치물을 점유하고 있을 경우에만 성립한다. 여기서 점유란 채무자가 직접점유자인 간접점유를 제외한 모든 점유를 말하며, 채무자의 의사에 반한 점유취득에 의한 상사유치권은 당연히 인정되지 아니한다.[269]

(마) 유치권배제의 특약 가능

당사자 즉, 채권자와 채무자와의 특약으로 상사유치권을 성립을 배제시킬 수 있다(58조 단서). 이 점은 민사유치권과 동일하며, 묵시적인 방법으로도 할 수 있다(단순히 물건을 보관하다가 일정 시점에서 이를 반환할 것을 약속한 것만으로는 묵시적 특약이 있다고 보기는 어려우나, 채권자가 점유물을 일정한 방법으로 처분할 의무를 부담하게 되는 약정을 채무자와 하는 경우에는 묵시적 특약이 있다고 볼 수 있음).[판례129]

[판례129] 대법원 2012.9.27. 선고 2012다37176 판결

갑 주식회사에 대한 회생절차에서, 갑 회사에 대출금 채권을 가지고 있던 을 은행이 갑 회사한테서 추심위임을 받아 보관 중이던 병 주식회사 발행의 약속어음에 관한 상사

268) 김성태, 451; 손진화, 155; 이철송, 349; 정동윤, 155; 정경영, 146; 주석상법(1), 411; 최기원, 235.

269) 김홍기, 172; 장덕조, 99; 주석상법(1), 411; 최준선, 232.

유치권 취득을 주장하며 그 어음금 상당의 채권을 회생담보권으로 신고하자 갑 회사의 관리인이 이를 부인하였는데, 대출금 약정 당시 계약에 편입된 을 은행의 여신거래기본약관에는 '채무자가 채무이행을 지체한 경우, 은행이 점유하고 있는 채무자의 동산·어음 기타 유가증권을 담보로 제공된 것이 아닐지라도 계속 점유하거나 추심 또는 처분 등 처리를 할 수 있다'는 취지의 조항이 있는 사안에서, 어음에 관하여 위 약관 조항의 내용과 달리 상사유치권을 행사하지 않기로 하는 상사유치권 배제의 특약이 있었다고 인정하기 위하여는 당사자 사이에 약관 조항에 우선하는 다른 약정이 있었다는 점이 명확하게 인정되어야 하는데, 그러한 내용의 명시적 약정이 존재하지 않는 상황에서 어음의 추심위임약정만으로 을 은행과 갑 회사 사이에 유치권 배제의 묵시적 의사합치가 있었다고 보아 을 은행의 위 어음에 관한 상사유치권 성립을 부정한 원심판결에 상사유치권 배제 특약에 관한 법리오해의 위법이 있다고 한 사례.

(3) 효력

상법은 상사유치권의 효력과 관련하여, 상인간의 상행위로 인한 채권이 변제기에 있는 때에는 채권자가 변제를 받을 때까지 그 채무자에 대한 상행위로 인하여 자기가 점유하고 있는 채무자소유의 물건 또는 유가증권을 유치할 수 있다고 명시하고 있는 바(58조 본문), 그 밖의 효력에 관하여는 민사유치권에 관한 규정이 준용된다고 보아야 할 것이다(1조).

따라서 [1] 유치권자는 채권의 변제를 받기 위하여 유치물을 경매할 수 있고(민법 322조 1항), 우선변제권은 없으나 변제없이는 유치물을 반환받을 수 없으므로 사실상 우선변제권과 같은 효력을 누릴 수는 있다. 또한 [2] 정당한 이유있는 때에는 유치권자는 미리 채무자에게 통지함을 조건으로 감정인의 평가에 의하여 유치물로 직접 변제에 충당할 것을 법원에 청구할 수 있다(민법 322조 2항). 한편, [3] 유치권자는 유치물의 과실을 수취하여 다른 채권보다 먼저 그 채권의 변제에 충당할 수 있으며(단, 과실이 금전이 아닌 때에는 경매하여야 함; 민법 323조), [4] 유치권자는 보존에 필요한 범위 내에서 유치물을 사용할 수 있다(민법 324조 2항 단서). 그리고 [5] 유치권자가 유치물에 관하여 필요비를 지출한 때에는 소유자에게 그 상환을 청구할 수 있고, 유치권자가 유치물에 관하여 유익비를 지출한 때에는 그 가액의 증가가 현존한 경우에 한하여 소유자의 선택에 좇아 그 지출한 금액이나 증가액의 상환을 청구할 수 있다(단, 법원은 소유자의 청구에 의하여 상당한 상환기간을 허여할 수 있음; 민법 325조). 한편, [6] 파산재단에 속하는 재산상에 존재하는 유치권에 따른 담보권을 가진 자는 그 목적인 재산에 관하여 별제권을 가지며(채무자회생법 411조), [7] 회생채권이나 회생절차개시 전의 원인으로 생긴 채무자 외의 자에 대한 재산상의 청구권으로서 회생절차개시 당시 채무자의 재산상에 존재하는 유치권에 따른 담보권으로 담보된 범위의 것은 회생담보권으로 한다(단, 이자 또는 채무불이행으로 인한 손해배상이나 위약금의 청구권에 관하여는 회생절차개시결정 전날까지 생긴 것에 한함; 동법 141조).

반면에, 유치권자는 선량한 관리자의 주의로 유치물을 점유하여야 하며, 채무자의 승낙없이 유치물의 사용, 대여 또는 담보제공을 하지 못하고, 유치권자가 이를 위반한 때에는 채무자는 유치권의 소멸을 청구할 수 있다(민법 324조).[270]

(4) 기타 상사유치권

상법은 58조에 의한 일반적인 상사유치권 외에도 대리상(91조), 위탁매매인(111조), 운송주선인(120조), 운송인(147조), 해상운송인(800조 2항)에 대하여 특수한 상사유치권을 규정하고 있다. 운송주선인·운송인·해상운송인의 유치권에 있어서

---

270) 대법원 2022.6.16. 선고 2018다301350 판결(민법 321조는 "유치권자는 채권 전부의 변제를 받을 때까지 유치물 전부에 대하여 그 권리를 행사할 수 있다."라고 정하므로, 유치물은 그 각 부분으로써 피담보채권의 전부를 담보하고, 이와 같은 <u>유치권의 불가분성은 그 목적물이 분할 가능하거나 수 개의 물건인 경우에도 적용되며, 상법 58조의 상사유치권에도 적용됨</u>. 또한 민법 324조는 '유치권자에게 유치물에 대한 선량한 관리자의 주의의무를 부여하고, 유치권자가 이를 위반하여 채무자의 승낙 없이 유치물을 사용, 대여, 담보 제공한 경우에 채무자는 유치권의 소멸을 청구할 수 있다.'고 정하는 바, <u>하나의 채권을 피담보채권으로 하여 여러 필지의 토지에 대하여 유치권을 취득한 유치권자가 그중 일부 필지의 토지에 대하여 선량한 관리자의 주의의무를 위반하였다면</u> 특별한 사정이 없는 한 <u>위반행위가 있었던 필지의 토지에 대하여만 유치권 소멸청구가 가능하다고 해석하는 것이 타당함</u>. 구체적인 이유는 다음과 같음. ① 여러 필지의 토지에 대하여 유치권이 성립한 경우 유치권의 불가분성으로 인하여 각 필지의 토지는 다른 필지의 토지와 관계없이 피담보채권의 전부를 담보함. 이때 일부 필지 토지에 대한 점유를 상실하여도 나머지 필지 토지에 대하여 피담보채권의 담보를 위한 유치권이 존속함. 같은 취지에서 일부 필지 토지에 대한 유치권자의 선량한 관리자의 주의의무 위반을 이유로 유치권 소멸청구가 있는 경우에도 그 위반 필지 토지에 대하여만 소멸청구가 허용된다고 해석함이 타당함. ② 민법 321조에서 '유치권의 불가분성'을 정한 취지는 담보물권인 유치권의 효력을 강화하여 유치권자의 이익을 위한 것으로서 이를 근거로 오히려 유치권자에게 불이익하게 선량한 관리자의 주의의무 위반이 문제 되지 않는 유치물에 대한 유치권까지 소멸한다고 해석하는 것은 상당하지 않음. ③ 유치권은 점유하는 물건으로써 유치권자의 피담보채권에 대한 우선적 만족을 확보하여 주는 법정담보물권임(민법 320조 1항, 상법 58조). 한편 민법 324조에서 정한 유치권 소멸청구는 유치권자의 선량한 관리자의 주의의무 위반에 대한 제재로서 채무자 또는 유치물의 소유자를 보호하기 위한 규정임. 유치권자가 선량한 관리자의 주의의무를 위반한 정도에 비례하여 유치권소멸의 효과를 인정하는 것이 유치권자와 채무자 또는 소유자 사이의 이익균형을 고려한 합리적인 해석임)

는 민사유치권과 마찬가지로 피담보채권과 목적물 사이에 개별적 견련성이 요구되지만 목적물이 채무자의 소유일 필요는 없다(단, 목적물이 운송물에 국한됨). 반면에 대리상과 위탁매매인의 유치권에 있어서는 상법 58조와 마찬가지로 개별적 견련성은 필요 없지만, 목적물이 채무자의 소유일 필요도 없다는 점에서 특색이 있다.

3. 민법 채권편에 대한 특칙

가. 상행위의 수임인의 권리

상행위의 위임을 받은 자는 위임의 본지에 반하지 아니한 범위 내에서 위임을 받지 아니한 행위를 할 수 있다(49조). 민법상 수임인은 위임의 본지에 따라 선량한 관리자의 주의로써 위임사무를 처리하여야 하는 바(민법 681조), 본 상법상의 규정은 민법상 선관주의의무를 다시 한번 강조한 주의적 규정으로 보는 것이 타당할 것이다.[271]

이와 관련하여, 판례는 신디케이티드 론에서 원칙적으로 대리은행은 대리조항에 의하여 명시적으로 위임된 사무의 범위 내에서 위임 본지에 따라 선량한 관리자의 주의로써 위임사무를 처리하여야 하고, 명시적으로 위임받은 사무 이외의 사항에 대하여는 이를 처리하여야 할 의무를 부담한다고 할 수 없다고 판시하고 있다.[판례130]

[판례130] 대법원 2012.2.23. 선고 2010다83700 판결

복수의 참여은행이 신디케이트를 구성하여 채무자에게 자금을 융자하는 신디케이티드 론(syndicated loan) 거래에서, 참여은행으로부터 신디케이티드 론과 관련된 행정 및 관리사무의 처리를 위탁받아 참여은행을 대리하게 되는 대리은행(agent bank)은 위탁받은 사무에 관하여 참여은행과 위임관계에 있다. 이 경우 구체적인 위임사무의 범위는 신디케이티드 론 계약의 대리조항(agency clause)에 의하여 정해지지만, 참여은행과 대리은행은 모두 상호 대등한 지위에서 계약조건의 교섭을 할 수 있는 전문적 지식을 가진 거래주체라는 점에서 원칙적으로 대리은행은 대리조항에 의하여 명시적으로 위임된 사무

271) 손주찬, 224; 송옥렬, 99; 이철송, 337; 정경영, 140; 정동윤, 152; 정찬형, 206; 주석상법(1), 390; 최기원, 226. 이에 반하여 예외규정으로 보는 견해로는 서돈각외, 148; 이기수외, 313.

의 범위 내에서 위임 본지에 따라 선량한 관리자의 주의로써 위임사무를 처리하여야 하고, 명시적으로 위임받은 사무 이외의 사항에 대하여는 이를 처리하여야 할 의무를 부담한다고 할 수 없다(다른 은행들과 신디케이트를 구성하여 갑 주식회사에 아파트 신축사업 자금을 융자하는 데 참여한 을 은행이 대출금 집행의 관리·감독사무를 위임받은 병 은행을 상대로, 병 은행이 갑 회사가 대주단에 담보로 제공할 토지의 소유권 확보 목적으로 사용하기로 한 잔여 대출금을 다른 토지의 계약금으로 사용하는 데 동의하게 되면 약정한 매입가 이상인 토지의 담보제공이 이루어질 수 없는 사정을 알았거나 알 수 있었음에도 즉시 이를 을 은행 등 참여은행에 알리지 않았다며 손해배상을 구한 사안에서, 제반 사정에 비추어 융자협약 당시 병 은행이 참여은행에게서 그러한 사정이 발생하는지를 감시하여 보고하는 사무를 별도로 위임받지 않은 이상 즉시 이를 을 은행 등 참여은행에 알리지 않았다고 하여 병 은행이 대출금 집행의 관리·감독사무에 관하여 선량한 관리자의 주의의무를 위반하였다고 볼 수 없다고 한 사례).

나. 대화자간의 청약의 구속력

대화자간의 계약의 청약은 상대방이 즉시 승낙하지 아니한 때에는 그 효력을 잃는다(51조). 거래의 신속한 종결을 위한 규정이다. 민법은 이에 관한 규정이 없지만 이와 같이 해석되므로, 본 규정은 민법에 대한 특칙이 아니라 주의적 규정으로 보아야 할 것이다.[272)]

한편, 격지자간의 상사계약의 성립과 관련하여, 상법에 특칙은 없는 바, 계약의 청약은 승낙기간을 정한 청약과 정하지 않은 청약으로 나누어 볼 수 있는 바, 전자의 경우 그 기간 내에는 청약을 철회할 수 없으나(민법 527조), 청약자가 승낙기간 내에 승낙의 통지를 받지 못한 것을 해제조건으로 하여 승낙기간 내에 승낙을 발송한 때에 동 계약이 성립한다(민법 528조 1항, 531조). 한편, 후자의 경우, 청약자가 상당한 기간 내에 승낙의 통지를 받지 못한 것을 해제조건으로 하여 상당한 기간 내에 승낙을 발송한 때에 동 계약이 성립한다(민법 529조. 531조).

272) 김홍기, 178; 손진화, 156; 송옥렬, 113; 이기수외, 330; 정동윤, 157; 정찬형, 222; 최기원, 239.

다. 청약수령자의 의무

(1) 낙부통지의무

(가) 의의

상인이 상시 거래관계에 있는 자로부터 그 영업부류에 속한 계약의 청약을 받은 때에는 지체없이 낙부의 통지를 **발송**하여야 하며, 만일 이를 해태한 때에는 승낙한 것으로 본다(53조). 일반적으로 계약의 청약을 받은 자가 승낙의 의사표시를 하지 않은 경우에는 계약이 성립된다고 볼 수는 없다. 그러나 본 규정은 이에 대한 예외로서, 상시 거래관계에 있는 상인이 영업부류에 속한 계약의 청약을 받은 경우에 한하여, 그 상거래의 신속을 기하고, 상대방의 계약체결에 대한 신뢰를 보호하기 위한 것이며, 반면에 청약을 받은 상인입장에서도 매번 승낙의 의사표시를 할 필요없이 계약을 체결할 수 있다는 편리함이 있다.

(나) 요건

1) 상시 거래관계에 있는 자로부터 청약을 받았을 것

청약을 받은 사람은 상인이어야 할 것이나, 청약을 한 사람은 상인이 아니어도 무방하고, 동 계약이 청약자에게 상행위인지 여부를 묻지 아니한다 할 것이다.[273]

한편, 상시 거래관계에 있다 함은 과거부터 청약을 받을 때까지 빈번히 거래가 있어 왔던 관계를 의미한다고 보아야 할 것이다.[274] 이는 거래의 관행, 규모 또는 종류 등을 고려하여 판단하여야 할 것이다.

2) 승낙기간을 정하지 아니한 격지자간의 청약에만 적용

본 규정은 승낙기간을 정하지 아니한 격지자간의 청약에만 적용된다고 보아야 할 것이다. 왜냐하면, 승낙기간을 정한 청약의 경우에는 청약자가 자진하여 승낙기간동안 승낙여부를 기다리겠다고 한 것이므로, 구태여 승낙을 의제할 필요

---

273) 김성태, 466; 김정호, 202; 서헌제, 215; 안강현, 205; 장덕조, 107; 주석상법(1), 395; 최준선, 239.

274) 통설은 향후에도 같은 거래가 되풀이될 것이 예상되는 관계를 유지해야 한다고 주장하나, 본 규정의 취지상 과거의 거래에 비추어 판단해야지 미래의 계속거래가능성 여부까지 그 요건으로 한다는 것은 본 규정의 적용가능성을 부당하게 감소시킬 위험성이 있으므로, 부당하다고 판단됨.

가 없기 때문이다. 한편, 대화자간에는 상법 51조가 우선적용되어, 즉시 승낙하지 않으면 청약의 효력이 상실되기 때문이다.

3) 영업부류에 속한 계약의 청약을 받을 것

청약을 받은 상인이 자신의 영업부류에 속한 계약의 청약을 받았어야 한다. 여기서 영업부류에 속한 거래란 기본적 상행위와 준상행위는 포함하나 보조적 상행위는 포함하지 않는다고 보아야 할 것이다. 왜냐하면 본 의무는 상인에게 부과되는 특별한 의무인데 그 범위를 보조적 상행위에까지 넓힌다면 형평의 이념상 당해 상인에게 너무 과도한 부담이 될 수 있고, 보조적 상행위에 대한 상대방의 신뢰를 보호할 실익이 낮기 때문이다.[275]

한편, 외환, 금융, 증권거래와 같이 고도의 위험성을 수반하는 거래의 경우에는 청약을 받은 상인의 입장에서 보다 신중한 판단이 요구된다 할 것이므로, 본 규정의 적용이 배제된다고 보아야 할 것이다.[판례131] 본 규정을 배제하는 특약이 있거나 다른 상관습이 있는 경우 또는 청약의 내용이 종전의 거래내용에 비추어 상당히 다른 경우에도 마찬가지이다.[276]

[판례131] 대법원 2007.5.10. 선고 2007다4691 판결

통상의 금융거래에 있어서 연대보증인에서 제외시켜 달라는 채무자측의 요청은, 채권자인 금융기관의 입장에서 볼 때 이미 다른 확실한 물적·인적 담보가 확보되어 있다거나 또는 그 연대보증에 대신할 만한 충분한 담보가 새로이 제공된다는 등의 특별한 사정이 없는 한 그에 대한 승낙이 당연히 예상된다고 할 수는 없기 때문에, 위와 같은 특별한 사정이 없는 연대보증인 제외 요청에 대하여 금융기관이 승낙 여부의 통지를 하지 않았다고 하여 상법 53조에 따라 금융기관이 그 요청을 승낙한 것으로 볼 수는 없다.

(다) 효력

청약을 거절하고자 하는 경우에는 지체없이 거절의 통지를 발송하여야 한다. 그 발송에 대한 입증책임(지체없이 발송이 되지 않았다는 점)은 청약자가 부담한다고 보아야 할 것이다.

---

275) 송옥렬, 115; 손주찬, 234; 이기수외, 334; 이철송, 359; 정동윤, 159; 정찬형, 224; 주석상법(1), 395.
276) 김성태, 467; 안강현, 206; 이기수외, 335; 정찬형, 224. 그러나 이에 반대하는 견해로는 최기원, 241.

거절의 통지를 해태한 경우에는 계약의 체결이 의제되므로, 청약자는 청약을 철회할 수 없으며, 상당한 기간내에 승낙이 없었음을 이유로 계약의 불성립을 주장할 수도 없다.

청약수령자가 통지를 해태하더라도 계약의 체결이 의제될 뿐, 손해배상책임까지 부담하지는 아니하므로 불완전의무 또는 간접의무라고 볼 수 있다.277)

청약수령자인 상인의 **귀책사유없이** 청약사실을 알지 못하여 통지의무를 이행하지 못한 경우가 문제되나, 형평의 이념상 이런 경우까지 본 규정을 귀책사유없는 청약수령자에게 적용하는 것은 너무나 가혹한 것이므로 적용되지 않는다고 보아야 할 것이다.278)

(2) 물건보관의무

(가) 의의

상인이 그 영업부류에 속한 계약의 청약을 받은 경우에 견품 기타의 물건을 받은 때에는 그 청약을 거절한 때에도 청약자의 비용으로 그 물건을 보관하여야 한다. 그러나 그 물건의 가액이 보관의 비용을 상환하기에 부족하거나 보관으로 인하여 손해를 받을 염려가 있는 때에는 그러하지 아니하다(60조).

민법상으로는 청약을 받은 자가 청약을 거절할 경우에는 청약자의 물건을 보관할 의무는 없다할 것이다. 그러나 상거래상 청약받는 자의 영업부류에 속하는 계약의 청약을 하는 청약자는 청약을 받는 자에게 시험용으로 또는 승낙을 해 줄 것이라는 기대감에서 견품을 보내는 경우가 많은데, 이 경우 청약을 거절하더라도 청약자가 보낸 견품 등을 보관해 줄 것이라 믿는 경우가 일반적이다. 또한 청약을 받는 자 측에서도 이러한 규정으로 인해 신속하게 수락여부를 결정하게 되고 안전하게 물품을 보관하게 될 것이다. 따라서 이러한 청약자의 신뢰 및 거래의 신속·안전을 보호하기 위해서 원칙적으로 청약거절시에도 청약자의 비용으로 당해 물건을 보관토록 한 것이다.

277) 손주찬, 234; 임중호, 288; 정동윤, 159; 주석상법(1), 396; 최준선, 240.
278) 이철송, 360; 정동윤, 159; 정찬형, 224; 최기원, 241.

(나) 요건

1) 당사자

낙부통지의무에서와 같이, 청약자는 상인이 아니어도 무방하나 청약의 상대방은 상인이어야 한다. 그러나 상시거래관계를 요구하지 않는 점이 낙부통지의무와 다르다. 상시거래가 없음에도 불구하고 단지 영업부류에 속한다는 이유만으로 청약관련 물품을 보관해야 한다는 것은 청약을 받은 자에게 심대한 부담이 될 수 있을 것이므로, 입법론적으로는 낙부통지의무와 같이 상시거래관계를 요건으로 추가하는 것이 타당하다고 본다.[279)]

2) 청약물품에 대한 지배

본 규정의 취지상, 대화자·격지자간을 불문하고, 청약물품이 청약을 받은 자의 지배하에 있는 경우에는 본조가 적용된다고 보는 것이 타당할 것이다.[280)]

3) 청약받은 상인의 영업부류에 속한 거래일 것

영업부류에 속한 거래라도 소모될 것을 전제로 보낸 물품의 경우에는 이 규정이 적용되지 않는다고 보아야 할 것이다. 나머지는 낙부통지의무에서 설명한 바와 같다.

4) 물품제공시기 등

물품은 반드시 청약과 동시에 제공될 필요는 없고, 청약과 관련하여 송부된 것이 명백하다면 다른 시점에 보내도 무방하다고 보아야 할 것이다. 그리고 물품의 매매 이외에도 물품의 인도가 동반되는 거래라면 그 어떠한 계약에도 본 규정이 적용된다고 보아야 할 것이다(예를 들어, 창고업자가 물품보관을 청약하면서 보관가능한 물품의 견본을 임치인에게 송부한 경우). 또한 본 규정의 취지상 수령을 거절한 경우에도 본 규정을 적용해야 할 것이다.

(다) 보관의무의 내용

청약을 받은 자는 청약을 거절할 때에도 청약자의 비용으로 청약물품을 선

---

279) 송옥렬, 117; 이기수외, 336; 이철송, 361; 주석상법(1), 416.

280) 김정호, 204; 임중호, 289; 정동윤, 160; 주석상법(1), 417; 최준선, 240. 이에 대하여 격지자간의 청약에만 적용된다는 견해로는 손주찬, 235; 안강현, 208; 이기수외, 337; 이철송, 361; 정찬형, 225; 최기원, 242; 한창희, 208.

량한 관리자의 주의의무로서 보관하여야 한다. 자신이 직접 보관하거나 제3자를 통해 보관할 수도 있으며 운송업자를 통해 반품할 수도 있다. 여기서 청약자의 비용이란 종국적으로 청약을 받은 자가 비용을 부담한다는 의미가 아니라 일단 청약을 받은 자가 보관비용을 부담하고 추후 청약자에게 상환을 청구한다는 의미로 해석하여야 할 것이다.

보관비용이란 물건의 현상이나 가치를 반송할 때까지 계속 유지, 보존하는 데 드는 보관비용을 말하는 바, 그 물건이 보관된 장소의 사용이익 상당의 손해의 배상에 관한 규정은 아니다.[281] 청약을 받은 자는 이 보관비용에 대한 채권으로서 보관물에 대한 유치권을 행사할 수 있을 것이며, 이 보관의무는 상인에게 부과된 상법상의 특별의무이므로, 상법 61조의 보수청구권은 적용되지 아니한다.[282] 상인이 본 규정에 따른 보관의무를 위반한 경우에는 손해배상책임을 부담해야 할 것이다.

그러나 그 물건의 가액이 보관의 비용을 상환하기에 부족하거나 보관으로 인하여 손해를 받을 염려가 있는 때에는 그러하지 아니하다(60조 단서). 전자의 경우에는 보관비용을 상환받기 위한 유치권의 행사가 사실상 무의미해 지는 이유이고, 후자의 경우에는 손해까지 감수시키는 것은 청약을 받은 자에게 과도한 부담을 주게 되기 때문이다. 여기서 손해란 상인이 물건보관을 위해 초래되는 기회비용이 아니라 물건보관으로 인한 적극적으로 발생하는 손해를 말한다고 보아야 할 것이다(예를 들어, 보관할 물건의 하자로 인해 보관장소에 발생하는 손해를 말함).[283]

라. 상인의 영리추구를 전제로 한 권리

(1) 보수청구권

(가) 의의

상인이 그 영업범위 내에서 타인을 위하여 행위를 한 때에는 이에 대하여 상당한 보수를 청구할 수 있다(61조). 민법상으로는 위임, 임치계약 또는 사무관리

281) 대법원 1996.7.12. 선고 95다41161·41178 판결.

282) 김성태, 469; 이기수외, 338; 정찬형, 226; 주석상법(1), 418. 이에 반대하는 견해로는 안강현, 208.

283) 김성태, 469; 이기수외, 338; 이철송, 363; 주석상법(1), 418.

등에 기초하여 타인을 위한 행위를 하더라도 별도의 약정이 없는 한, 비용만을 청구할 수 있지 별도 보수를 청구할 수는 없는 바(민법 686조 1항, 701조, 739조), 상거래통념상 영업과 관련하여 타인을 위한 행위를 한다는 것은 영리성을 전제로 하고 있다고 볼 수 있으며, 또한 향후 발생할지 모를 보수관련 분쟁을 예방하기 위해 본 규정을 둔 것이다.[284)]

(나) 요건

1) 당사자

타인을 위해 행위를 한 사람은 상인이어야 하나, 타인은 상인일 필요는 없다. 복덕방에 상호를 내걸고 부동산 매매 등의 소개업을 하는 자도 타인을 위해 행위를 한 사람에 포함된다.[판례132]

[판례132] 대법원 1968.7.24. 선고 68다955 판결

복덕방에 상호를 내걸고 부동산 매매 등의 소개업을 하는 자는 상법 46조 11호, 상법 4조에 의하여 상인임이 명백하고, 상인인 위 소개업자가 그 영업범위 내에서 타인을 위하여 행위를 한 이상 특별한 약정이 없다 하여도 상법 61조에 의하여 소개를 부탁한 상대방에 대하여 상당한 보수를 청구할 수 있다 할 것이고, 이 경우에는 소개요금액이 상당한 범위 내의 보수에 해당되는가의 여부에 대하여 직권으로라도 증거조사를 하여 심리판단해야 한다.

2) 타인을 위한 행위

타인을 위한 행위란 타인의 이익을 위하여 행위함을 말한다.[285)] 따라서 부동산소개업자라도 부동산매매중개에 있어서 어느 당사자의 이익을 위하여 행위한 사실이 인정되지 않는 이상 그 당사자에 대하여는 보수청구권이 없다.[286)] 그러나 타인과 동시에 자기 또는 제3자를 위하여 행위한 경우에도 타인에게 보수권을 가진다고 보아야 할 것이다.[287)] 한편, 타인을 위한다는 의사를 가지고 행동하는 것으로 충분하고, 그 결과가 현실적으로 타인에게 이익이 되었을 것까지 요구하지는 않는다고 보아야 할 것이다.[288)]

284) 이기수외, 339; 이철송, 363; 임중호, 300; 장덕조, 103; 정찬형, 239; 주석상법(1), 419.
285) 전게 대법원 1996.7.12. 선고 95다41161·41178 판결.
286) 대법원 1977.11.22. 선고 77다1889 판결.
287) 손진화, 159; 이기수외, 339; 이철송, 364; 임중호, 301; 주석상법(1), 420.

3) 영업범위내의 행위

상인이 그 영업범위 내에서 행위를 하였어야 한다. 여기서 영업범위 내의 행위란 영업부류에 속한 거래보다는 넓은 개념이므로 기본적 상행위 및 준상행위뿐만 아니라 보조적 상행위도 포함한다고 보아야 할 것이다.289) 이 행위에는 법률행위(채무보증, 어음인수 등)뿐만 아니라 사실행위(물품보관, 운송 등)도 포함된다.

상인이 어떤 일의 완성을 목표로 하였으나 완성하지 못한 경우에는 당사자의 약정이 있는 경우에는 그에 따를 것이나, 약정이 없는 경우 당해 일의 성격과 상거래관행에 따라 결정하되, 이미 수행한 부분이 타인에게 이익이 되는 경우에는 보수를 청구할 수 있지만 이익이 되지 않는 경우에는 보수를 청구할 수 없다고 보아야 할 것이다.290)

상인의 행위는 영업을 위하여 하는 것으로 추정되므로(47조 2항), 상인이 타인을 위하여 행위를 하게 되면 일반적으로 보수를 청구할 수 있게 될 것이다.291)

4) 보수

상인의 영업범위 내에서 타인을 위하여 행위를 한 상인이 받을 상당한 보수는 거래관행과 사회통념에 의하여 결정하되, 노력의 정도, 처리한 업무의 내용, 타인이 얻은 이익 등을 종합적으로 고려하여 판단하여야 한다.[판례133]

[판례133] 대법원 2010.1.14. 선고 2007다55477 판결

사무관리가 성립하기 위해서는 관리자가 법적인 의무없이 타인의 사무를 관리해야 하는바, 관리자가 처리한 사무의 내용이 관리자와 제3자 사이에 체결된 계약상의 급부와 그 성질이 동일하다고 하더라도, 관리자가 위 계약상 약정된 급부를 모두 이행한 후 본인과의 사이에 별도의 계약이 체결될 것을 기대하고 사무를 처리하였다면 그 사무는 위 약정된 의무의 범위를 벗어나 이루어진 것으로서 법률상 의무없이 사무를 처리한 것이며, 이 경우 특별한 사정이 없는 한 그 사무처리로 인한 사실상의 이익을 본인에게 귀속시키려는 의사, 즉 타인을 위하여 사무를 처리하는 의사가 있다고 봄이 상당하다.

직업 또는 영업에 의하여 유상으로 타인을 위하여 일하는 사람이 향후 계약이 체결될 것을 예정하여 그 직업 또는 영업의 범위 내에서 타인을 위한 행위를 하였으나 그

288) 김성태, 456; 김정호, 205; 송옥렬, 107; 이기수외, 339; 주석상법(1), 420; 최기원, 243; 최준선, 235.
289) 손주찬, 239; 송옥렬, 107; 이기수외, 339; 정동윤, 162; 정경영, 150; 주석상법(1), 420; 최기원, 243.
290) 이철송, 365; 주석상법(1), 420.
291) 김성태, 457; 송옥렬, 107; 이기수외, 339; 이철송, 365; 정찬형, 239; 주석상법(1), 420.

> 후 계약이 체결되지 아니함에 따라 타인을 위한 사무를 관리한 것으로 인정되는 경우에 상법 61조는 상인이 그 영업범위 내에서 타인을 위하여 행위를 한 때에는 이에 대하여 상당한 보수를 청구할 수 있다고 규정하고 있어 직업 또는 영업의 일환으로 제공한 용역은 그 자체로 유상행위로서 보수 상당의 가치를 가진다고 할 수 있으므로 그 관리자는 통상의 보수를 받을 것을 기대하고 사무관리를 하는 것으로 보는 것이 일반적인 거래 관념에 부합하고, 그 관리자가 사무관리를 위하여 다른 사람을 고용하였을 경우 지급하는 보수는 사무관리 비용으로 취급되어 본인에게 반환을 구할 수 있는 것과 마찬가지로, 다른 사람을 고용하지 않고 자신이 직접 사무를 처리한 것도 통상의 보수 상당의 재산적 가치를 가지는 관리자의 용역이 제공된 것으로서 사무관리 의사에 기한 자율적 재산희생으로서의 비용이 지출된 것이라 할 수 있으므로 그 통상의 보수에 상응하는 금액을 필요비 내지 유익비로 청구할 수 있다고 봄이 타당하고, 이 경우 통상의 보수의 수준이 어느 정도인지는 거래관행과 사회통념에 의하여 결정하되, 관리자의 노력의 정도, 사무관리에 의하여 처리한 업무의 내용, 사무관리 본인이 얻은 이익 등을 종합적으로 고려하여 판단하여야 한다.

그러나, 다음의 경우 즉, ① 당사자의 특약으로 보수청구권을 배제시킨 경우,[292] ② 계약상의 대가에 이미 포함되어 있는 경우(판매물건에 대한 설명, 통상적인 포장비용), ③ 거래관행상 무상으로 인식되는 경우(견적서의 작성), ④ 상법상 보수청구권에 대한 별도의 규정이 명시되어 있는 경우(100조 1항, 134조 1항) 및 ⑤ 상법상 보수청구권이 인정되지 않는 경우(물건보관의무(60조), 해제시 매수인의 목적물 보관의무(70조 1항))에는 상법 61조에 의한 보수청구권은 인정되지 않는다고 보아야 할 것이다.[293]

(2) 상사법정이율

(가) 의의

상행위로 인한 채무의 법정이율은 연 6분으로 한다(54조). 민법상의 법정이율은 다른 법률의 규정이나 당사자의 약정이 없으면 연 5분인 바(민법 379조), 상거래상 투하자본의 수익률이 더 높은 것이 일반적이므로 연 1분 높게 책정한 것이다.

---

292) 대법원 2007.9.20. 선고 2006다15816 판결.

293) 서헌제, 223; 이철송, 365; 주석상법(1), 421.

(나) 적용범위

상행위로 인한 채무[판례134]이면, 기본적 상행위, 준상행위 또는 보조적 상행위[294][판례135] 어느 것이든 해당되고, 일방적 상행위[판례136], [판례137] 또는 쌍방적 상행위를 구별하지 아니한다.

[판례134] 대법원 2004.2.27. 선고 2003다52944 판결

가집행선고의 실효에 따른 원상회복의무는 상행위로 인한 채무 또는 그에 준하는 채무라고 할 수는 없으므로, 그 지연손해금에 대하여는 민법 소정의 법정이율에 의하여야 하는 것이고, 상법 소정의 법정이율을 적용할 것은 아니다.

[판례135] 대법원 1992.7.28. 선고 92다10173 판결

건설회사가 갑으로부터 수회에 걸쳐 합계 금 120,000,000원을 차용하였다가 원리금의 변제를 제대로 하지 못하자 갑으로 하여금 4세대분의 아파트를 임의로 타인에게 처분하여 위 채무원리금에 충당하도록 하고, 갑이 부담하게될 위 아파트 등에 대한 제세금과 은행융자금에 대한 이자 등을 합한 채무원리금 변제에 충당하고도 남는 채무액은 이를 금 40,000,000원으로 하여 정산합의를 한 경우에 있어 건설회사가 갑으로부터 위 금 120,000,000원을 차용할때 이자의 약정이 있었던 사실을 인정하였음에도 위 정산합의에 의한 잔존채무가 종전의 채무와 어떠한 관계에 있는 것인지를 밝히지도 아니하고 또 위 잔존채무에 대한 지연손해금에 대하여 종전의 약정이율이 적용되지 않을 이유를 명백히 설시하지도 않은 채 민사법정이율인 연 5푼의 이율을 적용한 원심판결에 이유불비 또는 심리미진의 위법이 있다고 한 사례.

위의 경우 약정이율이 적용되지 않는 것이 정당하다고 하더라도 위 잔존채무에 대한 정산약정은 상인인 건설회사가 그 영업을 위하여 한 상행위로 추정된다고 할 것이어서 연 6푼의 상사법정이율에 의하여야 할 것이라고 한 사례.

[판례136] 대법원 2016.6.10. 선고 2014다200763 판결

국가계약의 본질적인 내용은 사인 간의 계약과 다를 바가 없어, 법령에 특별한 규정이 있는 경우를 제외하고는 사법의 규정 내지 법원리가 그대로 적용된다. 한편

---

294) 대법원 1977.4.12. 선고 76다497 판결(대한석탄공사가 석탄채취에 관한 영업을 위하여 체결한 근로계약은 보조적 상행위로 볼 것이므로, 상사법정이율인 연 6분의 비율에 의한 지연손해금을 지급하여야 함).

상법 제54조의 상사법정이율이 적용되는 '상행위로 인한 채무'에는 상행위로 인하여 직접 생긴 채무뿐만 아니라 그와 동일성이 있는 채무 또는 변형으로 인정되는 채무도 포함되고, 당사자 쌍방에 대하여 모두 상행위가 되는 행위로 인한 채무뿐만 아니라 당사자 일방에 대하여만 상행위에 해당하는 행위로 인한 채무도 포함된다.

[판례137] 대법원 2000.10.27. 선고 99다10189 판결

주택건설사업 등을 목적으로 하는 영리법인인 주택건설업자의 아파트분양계약은 그의 영업을 위하여 하는 상행위라 할 것이고, 당사자 쌍방에 대하여 모두 상행위가 되는 행위로 인한 채권뿐만 아니라 당사자 일방에 대하여만 상행위가 되는 행위로 인한 채권도 상사법정이율이 적용되는 상사채권에 해당한다고 할 것인바, 그 주택건설업자의 아파트 입주 지연에 따른 지체상금은 상행위인 분양계약의 불이행으로 인한 손해배상채권으로서 그 지연손해금에 대하여도 상법 54조 소정의 연 6푼의 상사법정이율을 적용하여야 한다.

또한 상행위로 인한 채무의 동일성이 인정되는 변형물인 채무, 예를 들어, 채무불이행으로 인한 손해배상채무,[295] 계약해제로 인한 원상회복채무 등에도 상사법정이율이 적용된다. 그러나 불법행위로 인한 손해배상채무 등 동일성이 인정되지 아니하는 채무에는 민사법정이율이 적용된다.[296][판례138]

[판례138] 대법원 2018.2.9.자 2017마5829 결정, 대법원 2004.3.26. 선고 2003다34045 판결

상법 54조의 상사법정이율은 상행위로 인한 채무나 이와 동일성을 가진 채무에 관하여 적용되는 것이고, 상행위가 아닌 불법행위로 인한 손해배상채무에는 적용되지 아니한다.

295) 전게판례 및 대법원 1986.9.9. 선고 84다464 판결(원고회사가 상행위를 목적으로 하는 주식회사이고 피고 또한 미역을 수집, 가공하여 수출하는 상인으로서 다만 그 물품에 대한 수출대행만을 원고회사에 의뢰하고 원고회사가 그 전도자금등으로 금원을 선급한 경우 원·피고간의 위 거래관계는 상행위라 할 것이고, 따라서 원고회사의 피고에 대한 채권은 상행위로 인하여 생긴 채권이므로 위 채권에 대하여는 민사법정이율에 의할 것이 아니라 상법 소정의 연 6분의 비율에 의한 이자의 지급을 명하여야 함(원고 주식회사 창인상사(이하 원고회사라 한다)와 피고 사이에 피고가 수집가공하는 염장미역 등 해조류를 원고회사가 수출대행하기로 하는 계약을 체결하고 원고회사는 피고에게 생산 전도금을 대여하고 그 자금을 포함한 수출대행료 등 일체의 채무는 수출대전에서 우선 청산키로 약정한 사실과 피고의 거래로 인한 잔채무를 원고회사가 대신 변제한 금 12,000,000원을 포함하여 금 78,405,677원의 원고회사에 대한 채무를 확정한 사안임)).

296) 대법원 1985.5.28. 선고 84다카966 판결.

(3) 소비대차의 이자청구

상인이 그 영업에 관하여 금전을 대여한 경우에는 법정이자를 청구할 수 있다(55조 1항). 민법상 금전소비대차는 무이자가 원칙인 바(민법 598조), 상인의 경우에는 영업을 통해 영리를 추구하므로 상인의 금전대여의 경우 이자약정이 없더라도 법정이자청구권을 인정한 것이다.

대주가 상인이면 상인이 아닌 자에게 대여한 경우에도 인정되고, 상인의 금전대여가 상인의 기본적 상행위일 필요는 없으나 최소한 보조적 상행위에는 해당되어야 할 것이다.[297]

(4) 체당금의 이자청구

(가) 의의

상인이 그 영업범위 내에서 타인을 위하여 금전을 체당(替當)하였을 때에는 체당한 날 이후의 법정이자를 청구할 수 있다(55조 2항). 금전소비대차에 의하지 아니한 상인의 금전출연에 대하여 영리성의 취지에 입각해 법정이자청구권을 인정해 준 것이다.

(나) 내용

금전의 체당이란 금전소비대차에 의하지 아니하고 널리 타인을 위하여 금전을 출연하는 것을 말하는데, 위임[298]·임치[299]·도급·고용·위탁매매·운송 등의 계약관계에서 행하여지는 경우뿐만 아니라(운송인이 운송물의 통관비용을 부담하는 경우) 사무관리 또는 법률상의 의무(예를 들어, 상법 60조의 물건보관의무의 경우 보관료)를 이행하는 과정에서 행하여질 수도 있다.[300]

한편, 체당금에 대한 법정이자청구권과 체당행위에 대한 보수청구권이 별개로 인정될 수 있는지 여부와 관련하여, 이를 부정하는 견해가 있으나,[301] 두 개념

297) 김성태, 459; 송옥렬, 107; 이기수외, 342; 이철송, 368; 정찬형, 238; 주석상법(1), 399; 최준선, 236.

298) 위임의 경우에는 이와 관련하여 수임인의 금전소비책임(민법 685조; 수임인이 위임인에게 인도할 금전 또는 위임인의 이익을 위하여 사용할 금전을 자기를 위하여 소비한 때에는 소비한 날 이후의 이자를 지급하여야 함), 수임인의 비용상환청구권(민법 688조 1항; 수임인이 위임사무의 처리에 관하여 필요비를 지출한 때에는 위임인에 대하여 지출한 날 이후의 이자를 청구할 수 있음)이 있음.

299) 임치의 경우에도 이와 관련하여 수치인의 비용상환청구권(민법 701조, 688조 1항)이 있음.

300) 손주찬, 236; 송옥렬, 108; 이기수외, 343; 정동윤, 162; 정찬형, 241; 최기원, 244; 한창희, 222.

은 구별될 수 있는 것으로서, 법정이자청구권에 의해 보전되지 못하는 보수청구권이 존재할 수도 있는 것이므로, 이를 긍정하는 것이 타당하다고 본다.302)

영업범위내란 상법 61조의 보수청구권에서 설명한 바와 같으며, 타인이 상인인지 여부는 불문한다.

마. 채무이행

(1) 채무이행장소

(가) 의의

채권자의 지점에서의 거래로 인한 채무이행의 장소가 그 행위의 성질 또는 당사자의 의사표시에 의하여 특정되지 아니한 경우, 특정물 인도외의 채무이행은 그 지점을 이행장소로 본다(56조). 본래 거래당사자간에 채무이행장소를 정한 경우에는 이에 따라야 하지만 이에 관한 합의가 없는 경우에는 법이 정하는 장소에서 채무를 이행하여야 하는 바, 상법은 지점거래로 인한 채무이행장소만을 정하고 있으므로 그 밖의 채무이행장소는 민법의 규정에 의하여야 한다.

(나) 일반원칙

채무의 성질 또는 당사자의 의사표시로 변제장소를 정하지 아니한 때에는 특정물의 인도는 채권성립당시에 그 물건이 있던 장소에서 하여야 한다(민법 467조 1항). 한편, 특정물인도 이외의 채무변제는 채권자의 현주소에서 하여야 하나(지참채무), 영업에 관한 채무의 변제는 **채권자**의 현영업소에서 하여야 한다(민법 467조 2항). 또한 지시채권·무기명채권 또는 금전의 지급청구권, 물건 또는 유가증권의 인도청구권이나 사원의 지위를 표시하는 유가증권의 경우에는 증서에 변제장소를 정하지 아니한 때에는 **채무자**의 현영업소를 변제장소로 한다. 영업소가 없는 때에는 현주소를 변제장소로 한다(65조, 민법 516조, 524조).

---

301) 이철송, 369.

302) 서헌제, 221; 손주찬, 236; 손진화, 161; 임중호, 304; 정경영, 152; 정동윤, 162; 최기원, 244; 한창희, 223.

(다) 상법상 특칙

영업에 관한 채무의 변제가 채권자의 현영업소에서 하여야 하는 것(민법 467조 2항)에 대한 예외로서, 채권자의 지점에서의 거래로 인한 채무이행의 장소가 그 행위의 성질 또는 당사자의 의사표시에 의하여 특정되지 아니한 경우 특정물 인도외의 채무이행은 그 지점을 이행장소로 하고 있다(56조). 지점이라는 영업거래와 관련한 독립된 장소의 특성을 감안하여 지점거래로 인한 채무의 이행장소는 당해 지점이어야 함을 정하고 있는 것이다. 물론 그 행위의 성질(건설공사계약 또는 이삿짐운송계약과 같이 계약내용 중에 이행장소가 묵시적으로 특정되어 있다고 해석되는 경우[303]) 또는 당사자의 의사표시에 의하여 특정되는 경우에는 그에 따라야 한다.

(2) 채무이행 또는 이행청구 시간

법령 또는 관습[304]에 의하여 영업시간이 정하여져 있는 때에는 채무의 이행 또는 이행의 청구는 그 시간 내에 하여야 한다(63조). 민법에서 채무이행시간에 대한 규정이 없음에도 민법의 해석상으로도 이와 같이 해석되므로,[305] 본 규정은 주의적 규정으로 보아야 할 것이다.[306]

본 규정은 일방만이 상인인 경우에도 적용된다고 보아야 할 것이다. 채무의 이행은 영업시간 내에 해야 하므로 상인인 채권자가 영업시간 내가 아님을 이유로 수령을 거절하더라도 수령지체에 빠지지 않는다. 반면에 이행의 청구도 마찬가지이므로, 채권자가 영업시간 내에 이행의 청구를 하지 아니한 경우에는 상인인 채무자는 이행을 거절하더라도 이행지체에 빠지지 않고, 시효중단의 효력도 없다.[307] 물론 당사자의 특약으로 본 규정의 적용을 배제할 수는 있다.

303) 김성태, 474; 손진화, 163; 이철송, 374; 정동윤, 164; 최준선, 242.

304) 대법원 2005.4.29. 선고 2004다65299 판결 및 서울고등법원 2004.11.10. 선고 2003나47913 판결(시중은행이 평일 영업시간을 09:30부터 16:30까지로 하고 있는 것은 전국의 모든 시중은행이 장기간에 걸쳐 통일적으로 이를 시행하여 옴으로써 은행거래를 하는 일반인에게 관행적으로 인식되어 상관습이 되었다고 할 것이므로, 이 사건 복권의 당첨금의 지급청구는 위 상법 규정에 따라 그 지급기한의 영업시간 내인 2002.9.30. 16:30까지 하여야 한다고 보아야 할 것이고, 따라서 원고가 위 기한 내에 피고에게 이사건 복권 2장에 대한 당첨금 지급청구를 하지 아니한 이상, 피고는 원고에게 당첨금을 지급할 의무가 없다 할 것임).

305) 곽윤직, 채권총론, 254.

306) 손주찬, 241; 이기수외, 345; 전우현, 228; 정경영, 159; 정동윤, 164; 주석상법(1), 423; 최기원, 247.

307) 이기수외, 346; 이철송, 375; 정동윤, 164; 정찬형, 221. 그러나 이에 반대되는 견해로는 주석상법

바. 무상수치인의 주의의무

(1) 의의

상인이 그 영업범위 내에서 물건의 임치를 받은 경우에는 보수를 받지 아니하는 때에도 선량한 관리자의 주의를 하여야 한다(62조). 민법에 의하면, 보수없이 임치를 받은 자는 임치물을 자기재산과 동일한 주의로 보관하면 되나(민법 695조), 상법은 이에 대한 특칙으로 무상수치의 경우에도 선관주의의무를 부담토록 한 것이다. 상인은 보수와 관계없이 임치와 관련한 선관주의의무를 부담할 수 있는 능력이 있음을 전제로 이에 대한 제3자의 신뢰를 보호함으로써 상거래의 안전을 도모함과 동시에 상인은 다른 형태로 보상을 받을 것이 일반적이라는 점이 본 규정을 둔 취지이다.

(2) 요건

수치인은 상인이어야 하나 임치인은 상인이 아니어도 무방하다. 영업범위 내의 의미는 상법 61조의 보수청구권에서 설명한 바와 같이, 기본적 상행위 및 준상행위뿐만 아니라 보조적 상행위(온천장과 같은 공중접객업소가 타인이 맡긴 물품을 보관하는 경우)도 포함한다고 보아야 할 것이다.[판례139]

> [판례139] 대법원 1994.4.26. 선고 93다62539 판결
>
> 갑이 을과의 임치계약에 의하여 건고추를 창고업자인 병 소유의 냉동창고중 을이 임차한 부분에 운반, 적치하고 그 입고시에 병이 갑이 제시한 서류만을 근거로 하여 그 서류에 기재된 입고량에 따른 인수증을 갑에게 발행하였다면, 갑과 을 간의 위 임치계약은 위 창고부분의 소유자이자 임대인인 병이 가동하는 냉동시설의 가동에 의하여 그 계약목적을 달성하려는 것이 당연 전제되어 있다고 보이는데다 창고업자인 병이 그 영업범위 내에서 위 건고추의 입고와 보관에 관여한 점 등에 비추어, 병은 위 물품인수증을 갑에게 발행함으로써 갑에 대한 관계에서는 적어도 위 건고추에 대한 무상수치인의 지위에서 선량한 관리자로서의 주의의무를 진다.

상인이 그 영업범위 내에서 타인을 위하여 행위를 한 때에는 이에 대하여 상당한 보수를 청구할 수 있으므로(61조), 보수를 받지 아니하는 때란 상법규정에 따

(1), 424.

라 보수청구권이 인정되지 아니하는 경우(60조, 95조), 무보수의 특약이 있는 경우, 수치인이 보수청구권을 포기하는 경우 또는 상거래통념상 무보수가 인정되는 경우를 말한다고 보아야 할 것이다.308)

(3) 효력

상인인 수치인이 무상수치와 관련하여 선관주의의무를 위반한 경우에는 손해배상책임을 부담한다. 그러나 수치인이 적법하게 임치계약을 해지하고 임치인에게 임치물의 회수를 최고하였음에도 불구하고 임치인의 수령지체로 반환하지 못하고 있는 사이에 임치물이 멸실 또는 훼손된 경우에는 수치인에게 고의 또는 중대한 과실이 없는 한 채무불이행으로 인한 손해배상책임이 없다.[판례140]

[판례140] 대법원 1983.11.8. 선고 83다카1476 판결

수치인이 임치인에게 보관중인 건고추를 속히 처분하지 않으면 벌레가 먹어 못쓰게 되니 빨리 처분하든지 인도받아 가라고 요구하였다면 이는 임치계약을 해지하고 임치물의 회수를 최고한 의사표시라고 볼 여지가 있고, 이에 대하여 임치인이 시세가 싸다는 등 이유로 그 회수를 거절하였다면 이때로부터 수령지체에 빠진 것이라고 하겠다.

한편, 이 규정은 임의규정이므로 당사자간의 특약으로 감경·배제하는 것은 가능하다. 단, 공중접객업자가 고객의 휴대물에 대하여 책임이 없음을 알린 경우에도 상법 152조 1항과 2항의 책임을 면하지 못한다(152조 3항).

사. 다수채무자 또는 채무자와 보증인의 연대책임

(1) 다수채무자의 연대책임

(가) 의의

수인이 그 1인 또는 전원에게 상행위가 되는 행위로 인하여 채무를 부담한 때에는 연대하여 변제할 책임이 있다(57조 1항). 민법상으로는 채무자가 수인인 경우에 특별한 의사표시가 없으면 각 채무자는 균등한 비율로 의무를 부담하는 바

308) 김성태, 486; 손진화, 162; 이철송, 371; 정찬형, 243; 주석상법(1), 422.

(분할채무), 상행위로 창출된 상인들의 신용에 대한 연대적인 책임을 물음으로써 채권자를 보호하고 상거래의 안전을 보호하기 위한 규정 즉, 상사거래에 있어서의 인적 담보를 강화하여 채무이행을 확실히 하고 거래의 안전을 도모함으로써 상거래의 원활을 기하려는 취지이다.[판례141]

[판례141] 대법원 1987.6.23. 선고 86다카633 판결

상법 57조 1항의 취의는 상사거래에 있어서의 인적 담보를 강화하여 채무이행을 확실히 하고 거래의 안전을 도모함으로써 상거래의 원활을 기하려는 것으로 민법상 다수당사자간의 채무이행에 있어서의 분할채무 원칙에 대한 특별규정이라 할 것이므로 여기에서 연대채무를 지우게 되는 행위는 수인이 그 1인 또는 전원에게 상행위가 되는 행위로 인하여 채무를 부담하는 경우이어야 한다.

계열회사들의 효율적인 물품구매 및 경비절감을 위하여 그룹내에 조달본부를 설치하여 각 계열회사들은 각자 필요한 물품을 물품구매요구서를 첨부하여 위 조달본부에 구매요구하면 조달본부는 그룹회장의 결제를 받아 납품업체와 계약을 체결하고 납품업체는 조달본부장의 요구에 따라 실수요 회사인 각 계열회사에 물품을 인도하고 세금계산서를 발행하여 왔다면 위 조달본부는 법인격 없는 그룹내의 편의상 기구에 불과한 것으로서 조달본부의 물품구매행위는 동 그룹내의 각 독립한 법인체인 계열회사들이 조달본부에 그 대행을 위임하거나 이에 관한 대리권수여에 따른 행위로 봄이 타당하고 따라서 각 거래는 계열회사와 물품공급회사 사이에 이루어진 것으로서 그 법률효과는 그 당사자에게만 직접 미치고 유관관계가 없는 다른 계열회사는 아무런 권리의무가 발생하지 아니하는 제3자의 지위에 있음에 불과하다 할 것인즉, 조달본부에서 물품을 발주 구입하였다는 사실을 들어 상법 57조 1항 소정의 수인이 그 1인 또는 전원에게 상행위로 인하여 부담하는 공동구매라고 할 수 없으므로 위 각 계열회사들 사이에 동 법조에 따른 연대채무관계는 발생할 수 없다 할 것이다(동지 대법원 2018.8.1. 선고 2017다246739 판결: 영농조합법인의 채권자가 조합원에 대하여 권리를 행사하는 경우에 관하여는 구 농어업경영체법 등에 특별히 규정된 것이 없으므로, 영농조합법인의 채권자는 원칙적으로 조합원에 대한 채권자의 권리행사에 관한 민법 712조에 따라 채권 발생 당시의 각 조합원에 대하여 지분비율에 따라 또는 균분해서 해당 채무의 이행을 청구할 수 있음. 다만 조합채무가 조합원 전원을 위하여 상행위가 되는 행위로 부담하게 된 것이라면 상법 57조 1항을 적용하여 조합원들의 연대책임을 인정하여야 하는데, 이러한 법리는 영농조합법인의 채권자가 권리를 행사하는 경우에도 마찬가지임).

(나) 요건

수인이 그 1인 또는 전원에게 상행위가 되는 행위로 인하여 채무를 부담한

때에 본 규정이 적용되므로[309] 채무자 중 1인은 반드시 상인이어야 한다. 그러나 채권자는 상인이 아니어도 무방하다.

기본적 상행위 및 준상행위뿐만 아니라 보조적 상행위도 본 규정의 적용대상으로 보아야 할 것이다. 당해 채무가 직접 상행위로부터 발생됐을 필요는 없고 상행위로 인하여 발생한 채무와 동일성을 인정할 수 있는 채무(채무불이행으로 인한 손해배상채무, 계약해지로 인한 원상회복의무 등)는 모두 본 규정의 적용대상으로 보아야 할 것이다.[310][판례142], [판례143]

[판례142] 대법원 1998.3.13. 선고 97다6919 판결

원심이 인정한 사실관계와 갑 제8호증의 33(증인신문조서) 등 관계 증거에 의하면, 피고 박남철 및 위 정동출은 상호 출자하여 위 망인으로부터 이 사건 각 토지를 매수하여 그 지상에 이 사건 연립주택을 신축한 후 분양하는 공동사업을 경영하여 이익을 분배하기로 하였고, 원고는 피고 박남철, 위 정동출로부터 위 연립주택 제104호를 포함한 3세대를 매수하였음을 알 수 있는바, 사실관계가 그러하다면 피고 박남철과 위 정동철 사이의 법률관계는 동업관계라고 할 것이고, 또 피고 박남철, 위 정동철이 원고에 대하여 부담하는 위 매매로 인한 이 사건 제2토지에 관한 소유권이전등기의무는 위 동업체의 조합채무로서 그 조합원 전원을 위하여 상행위가 되는 행위로 인하여 부담하게 된 경우에 해당한다 할 것이므로, 피고 박남철은 상행위인 위 주택분양사업의 동업자인 위 정동출과 연대하여 이를 이행할 의무가 있고, 따라서 원심 판시와 같은 사정에 의하여 위 소

---

309) 대법원 1976.1.27. 선고 75다1606 판결("갑"과 "을"은 시멘트가공보도부록 등을 제조판매하는 "병" 회사로부터 물품을 구입하여 동업으로 "정"에 공사자재납품을 하는 사업 및 도로포장 공사를 하되 "갑"은 주로 "정"에 대한 교섭과 사업자금을 제공하고 "을"은 물품의 구입과 납품 및 금전출납 등 업무를 분담 종사한 경우에는 "갑"과 "을"은 동업자로서 "병"에 대하여 상법 57조에 따른 상행위로 인하여 위 물품대금채무를 부담한 것이므로 연대하여 이를 변제할 책임이 있음).

310) 서돈각외, 157; 송옥렬, 109; 이철송, 376; 정경영, 159; 주석상법(1), 403; 대법원 1991.11.22. 선고 91다30705 판결(피고가 제1심 공동피고 주길성, 소외 김만권 등과 함께 1983.6.2. 판시와 같은 "보광쇼핑센타"라는 상가건물의 건축 및 그 점포 분양 등 사업을 공동으로 경영하기로 약정하고 그 동업 대표자로 선정된 사실, 이에 따라 피고가 1984.1.15. 원고에게 위 상가건물 내의 1층 107호 점포를 대금 85,428,000원에 분양 매도하고, 원고로부터 그 대금 일부로 합계 금 39,899,800원을 수령한 사실, 그 후 원고와 피고는 1984.8.15. 판시와 같은 사정에 의하여 위 분양계약을 합의해제하면서 그 원상회복으로 피고가 원고에게 위 수령대금액 중 금 36,735,800원을 반환지급하기로 약정한 사실 등을 인정하고, 이에 터잡아 피고는 상행위인 위 상가분양사업의 동업자들인 위 주길성, 김만권 등과 연대하여 원고에게 위 약정한 금 36,735,800원 및 이에 대한 지연손해금을 지급할 의무가 있음) 및 대법원 1976.12.14. 선고 76다2212 판결(업무집행조합원 "갑"이 부당하게 이 사건 공탁금을 찾아 갔기 때문에 "갑"이 업무집행조합원으로 있는 동업체에서 부담하게 된 부당이득반환채무가 본래 상행위로 인하여 발생한 채무인 경우 "갑"이 대표로 있는 공업사의 조합채무로서 그 공동경영자 전원을 위하여 상행위가 되는 행위로 인하여 부담하게 된 위의 반환채무에 관하여 조합구성원에게 대하여 상법 57조를 적용하여 연대채무를 인정해야 함).

유권이전등기의무가 이행불능이 되었다면 이로 인하여 피고 박남철과 위 정동철이 원고에 대하여 부담하게 되는 손해배상채무 역시 연대채무라고 보아야 할 것이다.

[판례143] 대법원 1992.11.27. 선고 92다30405 판결

피고들은 광산을 경영하기 위한 공동 광업권자로서의 지위에 있고, 이에 따라 소외 이교충과 조광권설정계약을 체결하였다가 사정에 의하여 이를 합의해지하면서 그 원상회복으로 수령하였던 보증금을 반환하기로 한 것이라면, 위 보증금반환채무는 본래 상행위로 인하여 발생한 것이어서 피고들은 연대하여 이를 지급할 의무가 있다.

수인이 그 1인 또는 전원에게 상행위가 되는 행위로 인하여 채무를 부담하는 경우로서, 공동이행방식의 공동수급체는 민법상 조합의 성질을 가지는데, 조합의 채무는 조합원의 채무로서 특별한 사정이 없는 한 조합채권자는 각 조합원에 대하여 지분의 비율에 따라 또는 균일적으로 권리를 행사할 수 있지만, 조합채무가 조합원 전원을 위하여 상행위가 되는 행위로 인하여 부담하게 된 것이라면 상법 57조 1항을 적용하여 조합원들의 연대책임을 인정함이 타당하다.[311][판례144]

[판례144] 대법원 2016.7.14. 선고 2015다233098 판결

공동수급체의 구성원들이 상인인 경우 탈퇴한 조합원에 대하여 잔존 조합원들이 탈퇴 당시의 조합재산상태에 따라 탈퇴 조합원의 지분을 환급할 의무는 구성원 전원의 상행위에 따라 부담한 채무로서 공동수급체의 구성원들인 잔존 조합원들은 연대하여 탈퇴한 조합원에게 지분환급의무를 이행할 책임이 있다.

(다) 효력

위와 같은 요건을 충족하면, 수인은 연대하여 변제할 책임이 있다. 즉, 수인 중 어느 1인이라도 독립적으로 채무전부에 대하여 채권자에게 이행할 책임을 부담하며, 이를 이행하면 나머지 채무자의 채무는 소멸된다.

채무자 중 1인이 상인이고, 나머지는 상인이 아닌 경우, 본 규정에 의하여 비상인의 채무가 상사채무가 되는 것은 아니나, 당사자 1인의 행위가 상행위인

311) 대법원 2018.4.12. 선고 2016다39897 판결.

때에는 전원에 대하여 상법을 적용하므로(3조), 비상인의 채무 또는 채권에 대해서도 상사법정이율(54조) 및 상사시효(64조) 등이 적용되며, 변제한 채무자 1인은 다른 채무자에 대하여 구상권을 취득한다.312)

한편, 당사자의 특약으로 본 규정의 적용을 배제할 수 있다고 보아야 할 것이다.

(2) 보증인의 연대책임

(가) 의의

보증인이 있는 경우에 그 보증이 상행위이거나 주채무가 상행위로 인한 것인 때에는 주채무자와 보증인은 연대하여 변제할 책임이 있다(57조 2항). 민법상으로는 보증채무는 당사자간의 특약이 없는 한 보충성(최고·검색의 항변권)을 갖고(민법 437조), 분별의 이익을 갖는 바(민법 439조), 상거래 채권자의 보호를 통해 거래의 안전을 강화하기 위한 규정이다.

(나) 요건

보증이 상행위이거나 주채무가 상행위로 인한 것이어야 한다. 전자는 상인의 보증행위가 기본적 상행위(보증보험회사가 보증하는 경우), 준상행위 또는 보조적 상행위(은행이 수출업자를 위하여 보증하는 경우)에 해당하는 경우를 말하며, 주채무가 상행위가 아닌 경우에도 상관없다. 후자는 보증인의 보증행위가 상행위가 아니라도 상관없고, 주채무의 원인된 행위가 상인의 기본적 상행위, 준상행위 또는 보조적 상행위이든지를 불문한다(상인이 자금을 대출받음에 있어 비상인이 보증을 서는 경우).313)

이와 관련하여, 주채무가 상행위도 아니고, 보증도 상행위가 아니나 단지 채권자가 상인인 경우(회사가 종업원을 채용하는데 상인이 아닌 자가 신원보증을 서는 경우)에도 본 규정이 적용된다는 견해가 있으나,314) 법문상 분명히 보증이 상행위이거나 주채무가 상행위인 때로 한정하고 있고, 이런 경우까지 법이 나서서 능력을 갖춘 상인을 특별히 보호할 필요가 없으므로, 적용되지 않는다고 보는 것이 타당할 것이다.315)

---

312) 이철송, 378; 주석상법(1), 404.

313) 이철송, 379; 정동윤, 167; 정찬형, 219; 주석상법(1), 405.

314) 안강현, 201; 손주찬, 243; 최기원, 250.

어음상의 보증은 독립된 채무부담행위이므로 어음보증인은 연대채무와는 별개의 합동책임을 부담한다(어음법 47조).

(다) 효력

위 요건이 충족되면, 보증인은 주채무자와 연대하여 책임을 진다. 즉, 보증채무의 보충성이 소멸되고, 보증인은 분별의 이익을 갖지 못한다.

보증인이 수인있는 경우 본 규정이 적용되는지와 관련하여 이를 긍정하는 견해가 있으나,[316] 주채무가 상행위인 경우에는 보증인이 주채무자와 연대책임을 부담하고, 보증인간에도 연대책임을 부담할 것이나, 주채무가 상행위가 아닌 경우에는 상행위가 아닌 보증의 보증인은 본 규정의 적용대상이 아니라고 보아야 할 것이다.[317]

한편, 당사자의 특약으로 본 규정의 적용을 배제할 수 있다고 보아야 할 것이다.

아. 상사매매의 특칙

(1) 의의

상법은 67조 내지 71조에서 민법상 매매의 특칙을 규정하고 있다. 거래의 신속과 신용의 보강을 위한 규정이다. 상인간의 매매에만 적용되며, 일방적 상행위인 매매에는 적용되지 아니하고(이 경우 민법의 매매에 관한 규정이 적용됨), 상인의 영업부류에 속한 매매에 한하지 아니하고 보조적 상행위로서 하는 매매에도 적용된다.[318]

한편, 본 특칙은 원칙적으로 상사매매를 제외한 다른 거래에 적용되지 아니한다고 보아야 할 것이다.[판례145] 그러나 교환은 매매와 사실상 동일하므로 적용될 수 있을 것이고,[319] 상인인 위탁자가 그 영업에 관하여 물건의 매수를 위탁

315) 김성태, 481; 손진화, 165; 송옥렬, 110; 임준호, 318; 정경영, 161; 정동윤, 167; 정찬형, 218; 최준선, 247.

316) 안강현, 201; 서돈각외, 158; 손진화, 165; 최기원, 250; 최준선, 247.

317) 김성태, 481; 송옥렬, 111; 서헌제, 229; 이철송, 380; 임준호, 319; 장덕조, 112; 정동윤, 167; 정찬형, 219.

318) 김홍기, 184; 손주찬, 246; 송옥렬, 112; 이철송, 382; 정경영, 163; 정찬형, 226; 주석상법(1), 439.

319) 김성태, 492; 이철송, 382; 주석상법(1), 439; 최기원, 252.

한 경우에는 위탁자와 위탁매매인간의 관계에는 매도인의 공탁·경매권을 제외한 상법 68조 내지 71조의 규정이 준용된다는 특칙이 있다(110조). 물론 당사자의 특약으로 본 규정들의 적용을 배제시킬 수 있다.

[판례145] 대법원 1995.7.14. 선고 94다38342 판결

상사매매에 관한 상법 69조는, 민법의 매매에 관한 규정이 민법 567조에 의하여 매매 이외의 유상계약에 준용되는 것과 달리, 상법에 아무런 규정이 없는 이상 상인간의 수량을 지정한 건물의 임대차계약에 준용될 수 없다.

(2) 매도인의 목적물의 공탁·경매권

(가) 의의

상인간의 매매에 있어서 매수인이 목적물의 수령을 거부하거나 이를 수령할 수 없는 때에는 매도인은 그 물건을 공탁하거나 상당한 기간을 정하여 최고한 후 경매할 수 있으며, 이 경우 매수인에 대하여 최고를 할 수 없거나 목적물이 멸실 또는 훼손될 염려가 있는 때에는 **최고없이** 경매할 수 있고, 매도인이 그 목적물을 경매한 때에는 그 대금에서 경매비용을 공제한 잔액을 공탁하여야 하나 그 전부나 일부를 매매대금에 충당할 수 있다(67조).

민법상으로도 채권자가 수령을 지체하는 경우 채무자가 목적물을 공탁·경매할 수는 있으나(민법 487조, 490조), 법원의 허가를 얻어야 경매할 수 있는데 반하여 본 규정은 법원의 허가없이도 가능하며 또한 본 규정은 민법과는 달리 매매대금의 충당도 가능하므로 매도인의 보호에 유리하다는 점에 그 특색이 있다. 한편, 본 규정은 매도인의 권리이지 의무가 아니므로, 매도인은 본 규정에 의하지 않고, 계약을 해제하고 매수인에게 손해배상을 청구할 수도 있다.[320]

(나) 공탁권

상인간의 매매에 있어서 매수인이 목적물의 수령을 거부하거나 이를 수령할 수 없는 때에는 매도인은 그 물건을 공탁할 수 있으며, 이 경우에는 지체없이 매수인에 대하여 그 통지를 발송하여야 한다(67조 1항).

320) 이기수외, 359; 이철송, 383; 임중호, 340; 주석상법(1), 441.

공탁권은 상인간의 매매에만 인정된다. 당사자 모두에게 상행위가 되는 매매이어야 하고, 일방적 상행위인 매매에는 인정되지 아니한다. 쌍방적 상행위인 경우에는 기본적 상행위, 준상행위 또는 보조적 상행위인지 여부를 불문한다.

민법 487조에는 변제자가 과실없이 채권자를 알 수 없는 경우에도 공탁하여 채무를 면할 수 있도록 규정되어 있는 바, 상법에는 이와 같은 명문의 규정은 없으나, 해석상 매도인이 과실없이 매수인을 알 수 없는 경우에는 "목적물을 수령할 수 없는 때"에 해당된다고 보아야 할 것이다.[321]

목적물에 부동산이 포함되지 않는다는 견해가 있으나,[322] 매도인의 자금회수의 신속성을 감안하여 포함된다고 보는 것이 타당할 것이다.[323]

(다) 경매권

1) 의의

상인간의 매매에 있어서 매수인이 목적물의 수령을 거부하거나 이를 수령할 수 없는 때에는 매도인은 공탁에 갈음하여 상당한 기간을 정하여 최고한 후 경매할 수 있으며, 이 경우 매수인에 대하여 최고를 할 수 없거나 목적물이 멸실 또는 훼손될 염려가 있는 때에는 최고없이 경매할 수 있고, 매도인이 그 목적물을 경매한 때에는 그 대금에서 경매비용을 공제한 잔액을 공탁하여야 하나 그 전부나 일부를 매매대금에 충당할 수 있다(67조 2항, 3항).

2) 요건

위 공탁권에서 설명한 상인간의 매매에 해당되어야 하고, 매수인이 수령을 거부하거나 이를 수령할 수 없는 때에만 경매할 수 있다. 매도인이 과실없이 매수인을 알 수 없는 경우에도 수령할 수 없는 때에 해당함은 위 공탁권에서 설명한 바와 같다. 목적물에 부동산이 포함된다함은 공탁권에서 이미 설명하였다.

매수인이 이미 대금을 완납한 경우에도 경매할 수 있을 것인지가 문제되나, 자기 채무를 면할 필요성이 있으므로 공탁은 가능할 것이나, 목적물이 공탁에 적당하지 아니하거나 멸실 또는 훼손될 염려가 있거나 공탁에 과다한 비용을 요하

---

321) 김성태, 495; 김홍기, 185; 손진화, 171; 이철송, 384; 정경영, 312; 정찬형, 227; 주석상법(1), 441.

322) 최기원, 254; 최준선, 251.

323) 김정호, 222; 이기수외, 359; 이철송, 386; 정경영, 312; 주석상법(1), 441.

는 경우(민법 490조) 이외에는 굳이 경매의 필요성이 없으므로 상법상으로는 허용되지 아니하고, 민법규정에 따라서만 가능하다고 보아야 할 것이다.[324]

원칙적으로 경매 전에 매수인에게 상당한 기간을 정하여 경매의 최고를 하여야 하는 바, 상당한 기간이란 수령여부를 결정하는데 소요되는 시간이라는 견해가 있으나[325] 목적물의 수령준비에 소요되는 시간이라고 해석함이 더 타당하다고 본다.[326] 서명 또는 구두로도 가능하다.

최고를 할 수 없거나 목적물이 멸실 또는 훼손될 염려가 있는 때에는 최고없이 경매할 수 있다.

3) 효력

위 요건을 갖춘 경우에는 매도인은 목적물을 경매할 수 있다. 경매한 경우에는 지체없이 매수인에 대하여 그 통지를 발송하여야 한다(67조 1항 단서). 매도인이 그 목적물을 경매한 때에는 그 대금에서 경매비용을 공제한 잔액을 공탁하여야 하나 그 전부나 일부를 매매대금에 충당할 수 있다. 만일 충당하고도 부족하면 매수인에게 별도로 잔금을 청구할 수 있을 것이다.

(3) 확정기매매의 해제

(가) 의의

<u>상인간의 매매</u>에 있어서 <u>매매의 성질</u> 또는 <u>당사자의 의사표시</u>에 의하여 <u>일정한 일시 또는 일정한 기간 내에 이행하지 아니하면</u> <u>계약의 목적을 달성할 수 없는 경우</u>에 <u>당사자의 일방이 이행시기를 경과한 때</u>에는 <u>상대방은 즉시 그 이행을 청구하지 아니하면 계약을 해제한 것으로 본다</u>(68조). 이는 정기매매와 해제(계약의 성질 또는 당사자의 의사표시에 의하여 일정한 시일 또는 일정한 기간내에 이행하지 아니하면 계약의 목적을 달성할 수 없을 경우에 당사자 일방이 그 시기에 이행하지 아니한 때에는 상대방은 전조의 최고를 하지 아니하고 계약을 해제할 수 있음; 민법 545조)의 특칙으로서, <u>매수인으로서는 해제의 의사표시를 하는 번거로움을 없애고 그 입증의 부담없이 곧바로 해제의 효과를 주장할 수 있고</u>, <u>매도인으로서도 신속히 거래관계를 종결시킬 수 있다</u>는

324) 김성태, 497; 김병연외, 232; 이철송, 385; 주석상법(1), 443.
325) 서헌제, 242; 손주찬, 248; 임중호, 340; 최기원, 255; 최준선, 252.
326) 김성태, 496; 이기수외, 361; 이철송, 385.

장점이 있다.

(나) 요건

1) 상인간의 매매이어야 함

상인간의 매매 즉, 상인간의 쌍방적 상행위로서의 매매이어야 하며, 목적물에 별도의 제한이 없다.

2) 확정기매매이어야 함

매매의 성질 또는 당사자의 의사표시에 의하여 일정한 일시 또는 일정한 기간 내에 이행하지 아니하면 계약의 목적을 달성할 수 없는 경우이어야 한다. 상인간의 확정기매매인지 여부는 매매목적물의 가격 변동성, 매매계약을 체결한 목적 및 그러한 사정을 상대방이 알고 있었는지 여부, 매매대금의 결제 방법 등과 더불어 이른바 시.아이.에프(C.I.F.) 약관과 같이 선적기간의 표기가 불가결하고 중요한 약관이 있는지 여부, 계약 당사자 사이에 종전에 계약이 체결되어 이행된 방식, 당해 매매계약에서의 구체적인 이행 상황 등을 종합하여 판단하여야 한다.[327][판례146]

[판례146] 대법원 2009.7.9. 선고 2009다15565 판결

원심이 들고 있는 사정들은 모두 원자재 국제 중개무역에 있어서의 일반적인 성질에 불과한 것들로서 이 사건 계약이 확정기매매라고 인정할 충분한 사정에 이르지 못하였을 뿐만 아니라, 오히려 원심판결 이유와 원심이 배척하지 아니한 증거들에 의하면, 이 사건 계약 전에 체결된 원·피고 사이의 페로몰리브덴 계약의 이행을 보더라도 계약에서 정한 이행기를 경과하여 이행되었음에도 대금이 정상적으로 지급되어 마무리된 사실, 이 사건 계약의 이행기 후에 계약의 일부가 이행되었는데 일부 이행의 상업송장에 이 사건 계약 번호가 기재되어 있고 이 사건 계약의 내용과 일치하는 조건으로 대금이 지급된 사실, 일부 이행 후에 원·피고 사이에 나머지 부분의 이행에 대하여 계속 논의를 하였으며 그 논의 과정과 내용을 보면 이 사건 계약의 나머지 부분 이행에 대한 것임이 명백한 사실을 알 수 있으므로, 이 사건 계약이 상법 68조의 확정기매매로서 그 이행기를 경과하고 원고가 즉시 이행을 청구하지 않음으로써 해제되었고 이행기 후의 일부 이행과 나머지 부분 이행에 관한 논의는 해제로 인하여 법률상 이행의무 또는 수령의무가 없는 상태에서 호의적으로 이루어진 이행과 수령에 불과하다는 원심의 판단을 수긍하기 어렵다.

327) 대법원 2009.7.9. 선고 2009다15565 판결.

매매의 성질에 따른 확정기매매란 매매의 성질상 매매목적물의 이행시점이 매우 중요한 의미를 갖는 매매를 말한다.[판례147]

[판례147] 대법원 2003.4.8. 선고 2001다38593 판결

상인 사이에 이루어진 선물환계약은 그 약정 결제일에 즈음하여 생길 수 있는 환율 변동의 위험(이른바, 환리스크)을 회피하기 위하여 체결되는 것으로서, 그 성질상 그 약정 결제일에 이행되지 않으면 계약의 목적을 달성할 수 없는 상법 68조 소정의 확정기 매매라 할 것이다.

한편, 당사자의 의사표시에 의한 확정기매매란 매매의 성질 또는 매매계약서에 표시된 매수인의 주관적 동기에 비추어볼 때 이행시기가 한정되어 있음을 알 수 있는 경우를 말한다.328)[판례148]

[판례148] 대법원 1995.5.26. 선고 93다61543 판결

국제해상매매계약에 있어서 이른바 시아이에프(C.I.F.) 약관이 있는 경우에 매도인은 목적물을 계약 소정의 목적지까지 운송하기 위하여 운송계약을 체결하고 약정된 일자 또는 기간 내에 선적항의 본선상에 물품을 인도하여야 하고, 그 운송에 관한 선하증권 및 보험증권, 상품송장 등의 서류를 매수인(신용장이 개설된 경우에는 신용장개설은행)에게 교부하고 그 대금을 청구할 수 있는 것으로서, 이 경우에 선하증권상의 선적기일은 원칙적으로 계약상의 선적기일과 부합하여야 하는 것이므로, 이러한 시아이에프 매매계약에 있어서 선적기간의 표기는 불가결하고 중요한 계약요건이 되며, 더욱이 매매의 목적물이 매매 당시 가격변동이 심한 원자재이고, 매수인은 수출입을 주된 업무로 하는 종합상사로서 전매를 목적으로 하여 매매계약을 체결한 경우에는 보통 수입상은 수입원자재의 재고량, 수요·공급상황, 국제 및 국내의 가격동향, 선적지로부터 양륙지까지의 물품의 항해일수 등을 감안하여 가장 유리한 시점에 물품이 수입항에 도착되도록 수출상과 교섭하여 선적기일을 정하는 것이므로 선적기일에 관한 약정은 계약상 특히 중요한 의미를 가지며, 선적이 늦어지는 경우에는 사정에 따라서는 매수인이 손해를 볼 우려가 있으며, 또 매매대금은 매도인을 수익자로 하는 신용장을 개설하는 방법에 의하여 결제하기로 하였으면, 매도인으로서는 계약상 내지 신용장상의 선적기간 내에 목적물이 선적되었다는 기재가 있는 선하증권을 신용장개설은행에 제시하여야만 은행으로부터 그 대금을 지급받을 수 있다는 등의 사정을 종합하여, 원자재매매계약이 그 성질 또는 당사자의 의사표시

328) 대법원 2009.7.9. 선고 2009다15565 판결.

에 의하여 약정된 선적기간 내에 선적되지 아니하면 계약의 목적을 달성할 수 없는 상법 68조 소정의 이른바 확정기매매에 해당한다고 본 사례.

3) 채무불이행이어야 함

매도인의 귀책사유로 목적물의 급부가 매수인에게 이루어지지 않아야 한다. 이에 대하여 매도인의 귀책사유가 없는 경우에도 본 규정이 적용될 수 있다는 견해가 있으나,[329] 귀책사유가 없는 매도인에게 계약해제로 인한 원상회복의무 또는 손해배상의무를 부담시키는 것은 심히 부당하다고 판단된다.[330]

4) 이행청구가 없을 것

매도인의 채무불이행이 있더라도 매수인이 즉시 이행을 청구한 때에는 매매계약이 해제되지 아니한다. 이행시기를 지체하더라도 매수인의 입장에서 이행을 청구하는 것이 유리할 수도 있는 것이므로 매수인의 이익을 위하여 해제여부의 최종적인 선택권을 매수인에게 부여한 것이다. 여기서 즉시라 함은 이행기의 도래와 동시 또는 그 직후를 말하며, 즉시 도달되지 아니한 때에는 계약의 해제에 영향이 없다.[331]

(다) 효력

위 요건을 모두 구비하면 확정기매매계약이 해제된 것으로 본다. 즉, 해제에 대한 별도의 의사표시 없이 해제된다. 따라서 민법상 계약해제의 일반원칙에 따라 계약은 소급적으로 소멸하고, 매도인과 매수인은 원상회복의무를 지며, 귀책사유가 있는 자는 손해배상책임을 부담하게 된다(민법 548조, 551조). 이행기에 목적물의 일부가 인도되었더라도 일부의 이행만으로 계약의 목적을 달성할 수 없을 때에는 계약의 전부에 대하여 계약해제의 효과가 발생한다고 보아야 할 것이다.[332]

---

329) 김병연외, 233; 김성태, 517; 서헌제, 256; 안강현, 214; 임중호, 343; 전우현, 241; 정동윤, 202; 최기원, 271.

330) 김홍기, 188; 송옥렬, 119; 이철송, 390; 장덕조, 117; 정경영, 171; 정찬형, 230; 최준선, 263.

331) 김성태, 517; 서헌제, 256; 손주찬, 251; 안강현, 214; 이기수외, 365; 임중호, 343; 정동윤, 203.

332) 정동윤, 203; 주석상법(1), 447; 최기원, 271.

(4) 매수인의 목적물의 검사와 하자통지의무

(가) 의의

상인간의 매매에 있어서 매수인이 목적물을 수령한 때에는 지체없이 이를 검사하여야 하며, 하자 또는 수량의 부족을 발견한 경우에는 즉시 매도인에게 그 통지를 발송하지 아니하면 매도인이 악의인 경우를 제외하고는 이로 인한 계약해제, 대금감액 또는 손해배상을 청구하지 못한다(69조 1항 전단, 2항).

이 규정은 민법상의 매도인의 담보책임에 대한 특칙으로서, 민법에 의하면, 매수인이 악의인 경우 계약한 날로부터 1년 내에, 선의인 경우 사실을 안 날로부터 1년 또는 6월 내에 행사하도록 되어 있는 바(민법 573조, 582조), 계약의 효력을 민법 규정과 같이 오랫동안 불안정한 상태로 방치하는 것은 매도인에 대하여는 인도 당시의 목적물에 대한 하자의 조사를 어렵게 하고 전매의 기회를 잃게 될 뿐만 아니라, 매수인에 대하여는 그 기간 중 유리한 시기를 선택하여 매도인의 위험으로 투기를 할 수 있는 기회를 주게 되는 폐단 등이 있어 이를 막기 위하여 하자를 용이하게 발견할 수 있는 전문적 지식을 가진 매수인에게 신속한 검사와 통지의 의무를 부과함으로써 상거래를 신속하게 결말짓도록 한 것이다.[333] 민법의 담보책임이 로마법에 기원을 두고 있음에 반하여, 본 규정은 게르만법의 「매수인은 주의하라(caveat emptor)」는 원칙으로부터 유래한 것이다.[334] 본 규정은 임의규정이므로, 당사자의 특약에 의하여 배제할 수 있다.[판례149]

[판례149] 대법원 2008.5.15. 선고 2008다3671 판결

원고와 피고 사이에 체결된 이 사건 계약서 12조는 어떠한 경우라도 품질상의 하자로 판명되면 피고는 지체없이 대체 납품하여야 하며 이로 인해 발생한 원고의 손해는 피고가 부담하도록 규정하고 있고, 15조는 피고는 계약목적물의 준공 후 36개월간 품질 및 성능을 보증하며, 제품 자체의 결함 또는 원고가 요구하는 물품의 사양에 맞지 않는 제품으로 인해 발생한 하자에 대하여는 보증기간 경과 후라도 피고가 책임을 부담하도록 규정하고 있으며, 23조는 피고의 납품불이행, 하자발생 등으로 인한 손해는 피고가 별도로 배상하도록 규정하고 있음을 알 수 있는 바, 이러한 약정의 취지는 상법 69조 1항과

333) 대법원 1987.7.21. 선고 86다카2446 판결.

334) 김성태, 499; 이기수외, 367; 임중호, 345; 주석상법(1), 449.

달리 위 조항에 따른 목적물 수령시 검사의무와 즉시 하자통지의무를 이행하지 않더라도 원고가 피고에게 이 사건 가구의 하자로 인한 손해배상을 구할 수 있도록 한 것이라고 볼 것이다.

(나) 요건

1) 상인간의 매매이어야 함

본 규정이 적용되기 위해서는 먼저 상인간의 매매이어야 하고,[335] 당해 매매가 당사자 쌍방에 대하여 상행위이어야 함은 매도인의 목적물의 공탁·경매권에서 설명한 바와 같다.

2) 목적물이 매수인에게 인도되어야 함

매수인이 목적물을 검사할 수 있는 상태가 전제가 되어야 하므로, 목적물이 매수인에게 인도되어야 한다. 따라서 화물상환증·선하증권의 인도에 의한 목적물의 인도나 기타 목적물반환청구권의 양도에 의한 인도의 경우에는 본조가 적용되지 아니하며, 목적물이 수회에 걸쳐 부분적으로 인도된 경우에는 각 인도한 물건별로 검사·통지의무가 발생한다고 보아야 할 것이다.[336]

3) 목적물

본 규정이 적용되기 위한 목적물은 특정물·불특정물을 불문하며, 부동산도 포함된다. 부대체물(不代替物)도 일반적으로는 본 규정의 적용대상이 되지만, 특정인의 수요를 만족시키기 위하여 부대체물(不代替物)을 제작하여 공급하는 제작물공급계약은 도급의 성질을 강하게 띠고 있다고 할 것이므로 본조를 적용하기 어렵다.[337][판례150]

[판례150] 대법원 1987.7.21. 선고 86다카2446 판결

당사자의 일방이 상대방의 주문에 따라 자기소유의 재료를 사용하여 만든 물건을 공급할 것을 약정하고 이에 대하여 상대방이 대가를 지급하기로 약정하는 이른바 제작물공급계약은 그 제작의 측면에서는 도급의 성질이 있고 공급의 측면에서는 매매의 성질이

335) 대법원 1993.6.11. 선고 93다7174·7181(반소) 판결.
336) 김성태, 503; 손주찬, 252; 안강현, 215; 이기수외, 368; 임중호, 346; 정경영, 166; 정찬형, 232.
337) 김성태, 501; 서헌제, 245; 송옥렬, 122; 안강현, 216; 임중호, 346; 정찬형, 232; 주석상법(1), 449.

있어 이러한 계약은 대체로 매매와 도급의 성질을 함께 가지고 있는 것으로서 그 적용법률은 계약에 의하여 제작공급하여야 할 물건이 대체물인 경우에는 매매로 보아서 매매에 관한 규정이 적용된다고 할 것이나, 물건이 특정의 주문자의 수요를 만족시키기 위한 불대체물인 경우에는 당해 물건의 공급과 함께 그 제작이 계약의 주목적이 되어 도급의 성질을 강하게 띠고 있다 할 것이므로 이 경우에는 매매에 관한 규정이 당연히 적용된다고 할 수 없다.

4) 다른 법률상의 특칙이 없을 것

본 규정에 우선하는 다른 법률상의 특칙이 존재하지 아니하여야 한다.[판례151]

[판례151] 대법원 1991.8.13. 선고 91다14970 판결

농수산물유통및가격안정에관한법률 39조, 43조, 위 법 시행규칙 13조에 따라 농수산부장관의 승인을 얻어 농수산물공판장을 개설할 수 있고 그 개설승인신청시공판사업규정 및 운영관리계획서를 제출하도록 정하여져 있으며 위 법률 33조에서는 도매시장에 상장된 농수산물의 매수인은 매매가 성립한 즉시 그 농수산물을 인수하여야 하고 매수인이 정당한 사유 없이 인수를 거부, 또는 태만히 한때에는 그 매수인의 부담으로 농수산물을 일정기간 보관하거나 그 이행을 최고하지 아니하고 그 매매를 해제하여 다시 매매할 수 있고 이로 인한 차손금은 당초의 매수인이 이를 부담하도록 규정하고 있으며 위 법률에 기한 피고의 공판사업규정인 판매및이용가공사업규정 19조는 위탁물의 경락 후 매수자는 인수를 거부할 수 없고 다만 매수자가 정당한 사유로 인수를 거부코자 할 때에는 경매현장에서 즉시 이의를 신청하여야 하며 그 경우 정당한 사유라 함은 육안으로 식별할 수 없었던 불량품, 또는 저질품의 다량혼입으로 매수자에게 현저하게 손해를 끼친다고 인정될 경우를 말한다고 규정하고 있으며, 원고는 원·피고 사이의 중매인거래약정서 제8조에 따라 위 약정 및 피고의 정관, 총회 및 이사회의 결정 기타 위 약정 이외의 사업수행상 필요한 피고의 지시를 준수하여야 하도록 되어 있고 위 경매일에 피고는 경매를 하기 위하여 야적장에 약 270드럼의 새우젓을 상장하였고 원고는 다른 중매인들과 경매시작전에 2, 3시간 동안 그곳에 비치된 감별기로 이물질의 투입여부나 드럼통 깊숙한 곳의 새우젓의 상태 등을 감별한 후 그 중 3드럼의 새우젓에서 석유냄새가 난다고 하여 가려 놓기도 한 사실이 인정되므로 따라서 피고조합과 중매인간의 수산물매매에 있어서는 거래의 신속한 결제를 위하여 매수인이 목적물인 수산물을 수령한 때에는 현장에서 이를 검사하여야 하며 하자 또는 수량의 부족을 발견한 경우(하자 또는 수량의 부족 정도는 육안으로 식별할 수 없었던 불량품 또는 저질품이 다량혼입되어 현저한 손해를 입힐 경우이어야 한다)에는 매매현장에서 매도인인 피고에게 그 통지(이의신청)를 하지

아니하면 이로 인한 계약해제, 대금감액 또는 손해배상청구를 하지 못하도록 되어 있고 한편 원고는 다년간 새우젓의 경매에 관여하여 온 중매인으로서 위 경매당일 3드럼의 새우젓에서 석유냄새가 나는 것이 발견되기도 했던 점에 비추어 경매시에 석유냄새가 나는 새우젓을 다 가려내지 못했더라도 위 경매 후에라도 지체없이 위 새우젓들을 검사하였더라면 석유냄새가 나는 새우젓을 감별해 낼 수 있었을 것이고 위 인정의 공판규정에 따라 육안으로 식별할 수 없었던 불량품임을 주장하여 현장에서 즉시 이의하고 그 인수를 거부할 수 있었을 터인데 위에서 인정된 바와 같이 위 경매 후 아무런 검사도 하지 아니하고 바로 소매상 등에게 위 매수한 새우젓들을 판매해 버렸기 때문에 위 경매 후 여러날이 지나서 소매상들로부터 반품이 있고서야 뒤늦게 위 하자를 알게 되어 피고에게 이의함으로써 원고가 준수하여야 할 위 공판규정상의 즉시이의신청규정을 위배한 것이어서 원고는 피고에게 위 하자로 인한 손해배상을 청구할 수 없게 되었다고 판시하고, 당시 날씨가 추웠으므로 새우젓 고유의 냄새 외에 드럼통 깊숙한 내용물 속에 혼입된 석유로 인한 석유냄새를 맡을 수는 없었던 것이고 이러한 하자는 상법 69조 1항 소정의 숨은 하자에 해당되므로 6개월 내에 이를 발견하고 반품한 원고에게는 위 법에서 정한 바의 손해배상청구권이 있다는 주장에 대하여는 농수산물의 유통 및 가격안정을 기하기 위하여 제정된 위 농수산물유통및가격안정에관한법률이 농수산물의 거래에 관한 한 일반법인 민법 및 상법의 특별법의 위치에 있다고 하여 이를 배척한 사례.

5) 목적물에 하자 또는 수량의 부족이 있을 것

매수인이 인도받은 물품에 하자가 있거나 그 수량이 부족한 경우를 말하며, 권리에 하자가 있는 경우에는 많은 시간이 소요될 수 있으므로 본 규정이 적용되지 않는다고 보는 것이 타당할 것이다.[338]

6) 매도인에게 악의가 없어야 함

매도인이 악의가 아니어야 하는 바, 여기서 악의란 매수인이 목적물을 인도받을 당시에 매도인이 목적물에 하자가 있거나 수량에 부족함을 알고 있는 경우를 말한다. 형평의 원칙상 매도인의 선의에 중대한 과실이 있는 경우에도 본 규정이 적용되지 않는다고 보는 것이 타당할 것이다. 만일 매도인이 악의 또는 선의에 중대한 과실이 있는 경우에는 본 규정은 적용되지 않지만, 민법상의 하자담보책임규정에 의해 책임을 추궁할 수 있을 것이다.

---

338) 손주찬, 252; 이기수외, 368; 이철송, 394; 정동윤, 204; 정찬형, 233; 주석상법(1), 450; 최기원, 260.

(다) 의무의 내용

1) 검사의무

매수인은 매도인으로부터 매매목적물을 인도받은 후 지체없이 검사하여야 한다. 지체없이라는 뜻과 검사에 소요되는 시간은 당해 목적물의 종류·수량·성질·인도장소 및 검사방법 등에 따라 달라질 것인 바, 매수인의 질병 등 주관적인 사정은 고려되지 않는다고 보아야 할 것이다.339)

매매의 목적물에 즉시 발견할 수 없는 하자가 있는 경우에는 6월 내에 검사하여야 하는 바(69조 1항 후단), 여기서 즉시 발견할 수 없는 하자는 객관적으로 판단되어야지 매수인의 부주의 등 주관적인 사정은 영향을 미치지 아니한다.[판례152]

[판례152] 대법원 1993.6.11. 선고 93다7174·7181(반소) 판결.

원고가 피고로부터 매수한 21-22kg들이 사과 1,300상자를 해체하여 15kg들이 1,650상자로 다시 포장한 사과 중 537상자의 사과에 과심이 썩은 하자가 있었는 바, 위와 같은 하자는 육안으로 쉽게 확인될 수 있는 성질의 것이 아니고 위 사과를 쪼개어 보지 않으면 발견하기 어려운 성질의 숨은 하자이다.

한편 판례는, 설령 매매의 목적물에 상인에게 통상 요구되는 객관적인 주의의무를 다하여도 즉시 발견할 수 없는 하자가 있는 경우에도, 매수인은 6월 내에 그 하자를 발견하여 지체 없이 이를 통지하지 아니하면 매수인은 과실의 유무를 불문하고 매도인에게 하자담보책임을 물을 수 없다고 해석함이 상당하다고 판시하고 있다.340)

2) 하자통지의무

매수인이 목적물을 검사하여 하자 또는 수량부족을 발견한 때에는 지체없이 매도인에게 그 통지를 발송하여야 한다. 매매의 목적물에 즉시 발견할 수 없는 하자가 있는 경우에 매수인이 6월 내에 이를 발견한 때에도 같다. 통지발송에 대

339) 서헌제, 248; 손진화, 174; 임중호, 348; 장덕조, 119; 정경영, 167; 주석상법(1), 450, 최준선, 256.

340) 대법원 1999.1.29. 선고 98다1584 판결; 손주찬, 254; 송옥렬, 123; 안강현, 218; 이기수외, 372; 정동윤, 205; 주석상법(1), 452; 최기원, 262; 최준선, 257. 이에 반대하는 견해로는 이철송, 396.

한 입증책임은 매수인이 부담한다.[판례153] 통지방법은 서면 또는 구두 등 여하한 방법이 인정되며, 통지의 부도달로 인한 위험은 매도인이 부담하게 된다.341)

[판례153] 대법원 1990.12.21. 선고 90다카28498 판결

상법 69조는 상인 간의 매매에 있어서는 매수인의 매매목적물에 대한 검사와 하자통지의무를 매수인이 매도인에 대하여 매매목적물에 관한 하자담보책임을 묻기 위한 전제요건으로 삼고 있음이 분명하므로 그와 같은 하자담보책임의 전제요건, 즉 매수인이 목적물을 수령한 때에 지체 없이 그 목적물을 검사하여 즉시 매도인에게 그 하자를 통지한 사실, 만약 매매의 목적물에 즉시 발견할 수 없는 하자가 있는 경우에는 6월 내에 이를 발견하여 즉시 통지한 사실 등에 관한 입증책임은 매수인에게 있다.

(라) 효력

매수인이 위 검사의무를 이행하여 하자 또는 수량부족을 발견하고 이를 통지한 때에는 매도인에게 담보책임을 물을 수 있다. 따라서 특정물의 하자의 경우에는 매매계약의 목적을 달성할 수 없는 경우에 한하여 계약을 해제할 수 있고, 기타의 경우에는 손해배상만을 청구할 수 있으며(민법 580조 1항, 575조 1항), 불특정물의 하자의 경우에는 매매계약의 목적을 달성할 수 없는 경우에 한하여 계약을 해제하거나 손해배상을 청구하거나 아니면 하자없는 물건과의 교환을 청구할 수 있다(민법 581조, 580조 1항, 575조 1항). 또한 수량이 부족한 경우에는 대금감액을 청구할 수 있다(민법 574조, 572조).

만일 매수인이 위 검사·통지의무를 이행하지 아니한 경우에는 위 담보책임을 물을 수 없다. 즉, 매수인은 위 담보책임을 물을 수 있는 권리를 상실할 뿐이지 매도인에게 손해배상책임을 부담하는 것은 아니다(불완전의무).342)[판례154]

매수인이 목적물의 검사는 지체없이 하였으나, 통지를 즉시 하지 아니한 경우에도 매수인은 권리를 상실한다.

[판례154] 대법원 2015.6.24. 선고 2013다522 판결

상인간의 매매에서 매수인이 목적물을 수령한 때에는 지체 없이 이를 검사하여 하자

341) 김성태, 504; 김정호, 233; 서헌제, 248; 이철송, 395; 임중호, 350; 주석상법(1), 451.

342) 손주찬, 254; 안강현, 217; 이기수외, 371; 임중호, 354; 정동윤, 205; 정찬형, 235; 최기원, 264.

또는 수량의 부족을 발견한 경우에는 즉시, 즉시 발견할 수 없는 하자가 있는 경우에는 6개월 내에 매수인이 매도인에게 그 통지를 발송하지 아니하면 그로 인한 계약해제, 대금감액 또는 손해배상을 청구하지 못하도록 규정하고 있는 상법 69조 1항은 민법상 매도인의 담보책임에 대한 특칙으로서, 채무불이행에 해당하는 이른바 불완전이행으로 인한 손해배상책임을 묻는 청구에는 적용되지 않는다(갑 유한회사가 을 주식회사를 상대로 을 회사가 유류, 중금속 등으로 오염된 토지를 매도하였다는 이유로 매도인의 하자담보책임 또는 불완전이행으로 인한 손해배상을 구한 사안에서, 갑 회사와 을 회사의 매매계약은 상인간의 매매인데 갑 회사가 토지를 인도받아 소유권이전등기를 마친 때로부터 6개월이 훨씬 경과한 후에야 토지에 토양 오염 등의 하자가 있음을 통지하였다는 이유로 하자담보책임에 기한 손해배상청구는 배척하고, 을 회사가 오염된 토양을 정화하지 않은 채 토지를 인도한 것은 불완전이행에 해당한다는 이유로 오염된 토양을 정화하는 데 필요한 비용 상당의 손해배상책임을 인정한 원심판단이 정당하다고 한 사례).

(5) 매수인의 목적물보관·공탁의무

(가) 의의

상법 69조 매수인의 목적물의 검사와 하자통지의무규정에 따라 매수인이 계약을 해제한 때에도 원격지매매의 경우, 매도인의 비용으로 매매의 목적물을 보관 또는 공탁하여야 한다(70조). 민법에 의하면 매매 목적물의 하자 또는 수량부족으로 매수인이 계약을 해제한 때에는 매수인은 목적물을 매도인에게 반환하여야 하나, 원격지의 상인들간의 매매의 경우 이 원칙을 적용하면 매도인은 목적물 소재지에서 전매할 기회를 상실하고 운송 중의 위험을 부담해야 할 뿐만 아니라 운송비까지 부담해야 하므로, 이러한 매도인의 불이익을 고려하여, 매수인에게 목적물의 보관·공탁의무에 관한 상법상 특칙을 규정한 것이다. 매도인으로부터 매수인에게 인도한 물건이 매매의 목적물과 상위하거나 수량이 초과한 경우에 그 상위 또는 초과한 부분도 마찬가지이다(71조).

(나) 요건

1) 당사자 모두 상인이어야 함

본 규정은 상법 69조 매수인의 목적물의 검사와 하자통지의무를 전제로 하고 있으므로, 위에서 살펴본 바와 같이 상인간의 매매 즉, 당사자 모두 상인이어야 하고 쌍방 모두에 대하여 상행위이어야 한다.

2) 계약해제 또는 목적물상위(相違)·수량초과

① 매수인이 목적물하자 또는 수량부족으로 계약을 해제하거나 ② 매수인이 인도받은 물건이 매매의 목적물과 상위하거나 수량이 초과한 경우이어야 한다(②의 경우에는 계약의 해제를 전제로 하지 아니함). 명문의 규정은 없으나, 이행이 지체된 확정기매매를 해제한 경우, 약정해제권에 의해 해제한 경우 또는 매도인이 매수인의 채무불이행을 이유로 계약을 해제한 경우에도 본 규정을 유추적용하는 것이 타당할 것이다.343)

3) 원격지매매이어야 함

목적물의 인도장소가 매도인의 영업소 또는 주소와 동일한 특별시·광역시·시·군에 있지 아니하여야 한다(70조 3항). 만일 목적물의 인도장소가 매도인의 영업소 또는 주소와 같은 특별시 등에 있다면 매도인이 목적물을 인도받는데 어려움이 없으므로 매수인에게 굳이 보관·공탁의무를 부과할 이유가 없기 때문이다. 본 규정이 매수인의 영업소 또는 주소와는 상관이 없음에 유의하여야 한다.

4) 매도인의 악의가 없을 것

본 규정은 상법 69조를 전제로 하므로, 위 2)의 ① 및 ②의 모든 경우에 매도인이 악의인 경우에는 매수인에게 본 규정에 따른 보관·공탁의무가 없다고 보아야 할 것이다. 나아가, 매도인이 선의에 중대한 과실이 있는 경우에도 형평의 원칙상 악의와 같이 취급하여야 하므로, 매도인이 중대한 과실있는 선의의 경우에도 매수인에게 본 규정에 따른 보관·공탁의무가 없다고 보아야 할 것이다.

(다) 의무의 내용

1) 보관·공탁의무

매수인이 목적물하자 또는 수량부족으로 계약을 해제하거나 매수인이 인도받은 물건이 매매의 목적물과 상위하거나 수량이 초과한 경우, 매수인은 매도인의 비용으로 매매의 목적물 또는 그 상위 또는 초과한 부분을 보관 또는 공탁하여야 한다. 매수인이 보관하느냐 공탁하느냐는 재량이나 상법 62조의 선량한 관리자의 주의의무가 유추적용된다고 보아야 할 것이므로,344) 목적물의 성질에 비

343) 김성태, 509; 손주찬, 255; 손진화, 175; 안강현, 219; 정경영, 169; 정찬형, 237; 최기원, 267; 최준선, 259.

추어 가장 적절한 방법을 선택해야 할 것이다.

보관기간에 대하여는 명문의 규정이 없으나, 매도인이 목적물에 대하여 적절한 조치를 취하는데 소요되는 상당한 기간을 말한다고 보아야 할 것이다.[345]

한편, 이 경우 매수인에게 보수청구권이 인정될 수 있는지와 관련하여, 이를 부정하는 견해가 있으나,[346] 객관적으로 보아 매도인의 보관·비용으로 보전되지 못하는 매수인의 보수비용을 인정할 수밖에 없는 경우에는 형평의 원칙상 이를 인정하는 것이 타당하다고 본다.[347]

2) 경매의무

이 경우 매매목적물이 멸실 또는 훼손될 염려가 있는 때에는 법원의 허가를 얻어 경매하여 그 대가를 보관 또는 공탁하여야 하며, 매수인이 경매한 때에는 지체없이 매도인에게 그 통지를 발송하여야 한다(70조 1항 단서, 2항). 매매목적물이 멸실 또는 훼손될 염려가 있음을 법원에서 인정해 줌을 전제로 경매하여 그 대가를 보관·공탁할 의무를 규정한 것이다.

3) 의무위반의 효과

매수인이 본 규정에 위반하여 보관 또는 공탁을 하지 아니한 경우에는 매도인에 대하여 손해배상책임을 부담하여야 할 것이다. 또한 멸실·훼손의 염려가 있는데도 법원에 허가를 신청하지 않아 결국 경매를 하지 못한 경우에는 이로 인한 손해배상책임은 매수인이 부담해야 할 것이다. 그러나 법원이 멸실 또는 훼손의 염려가 있음을 전제로 경매를 허가한 경우에는 가사 객관적으로 멸실 또는 훼손의 염려가 없었다고 하더라도 이는 국가배상책임의 원인은 될 수 있을지 몰라도 매수인의 손해배상책임이 발생하지는 않는다고 보는 것이 타당할 것이다.

---

344) 김병연외, 235; 손주찬, 256; 손진화, 176; 이기수외, 374; 이철송, 400; 정찬형, 237; 최기원, 268.
345) 서헌제, 252; 손주찬, 256; 안강현, 220; 이기수외, 374; 정동윤, 206; 최기원, 268; 최준선, 260.
346) 이철송, 400, 정찬형, 238.
347) 김병연외, 235; 서헌제, 252; 손주찬, 256; 안강현, 220; 이기수외, 374; 정동윤, 207; 최기원, 269.

4. 유가증권에 대한 규정

가. 의의

금전의 지급청구권, 물건 또는 유가증권의 인도청구권이나 사원의 지위를 표시하는 유가증권에 대하여는 다른 법률에 특별한 규정이 없으면 민법 508조부터 525조까지의 규정을 적용하는 외에 어음법 12조 1항 및 2항을 준용한다(65조 1항). 한편, 이 유가증권은 상법 356조의2 1항의 전자등록기관의 전자등록부에 등록하여 발행할 수 있다. 이 경우 상법 356조의2 2항부터 4항까지의 규정을 준용한다(65조 2항).

유가증권이란 재산권을 표창하는 증권으로서 권리의 발생·행사·이전의 전부 또는 일부에 증권을 필요로 하는 것을 말한다.[348)]

본 규정은 상법이 명시한 유가증권에 관한 일반적 규정인 바, 어음에 대해서는 어음법이, 수표에 대하여는 수표법이 별도로 제정되어 있으며, 특정 유가증권 즉, 화물상환증, 창고증권, 선하증권, 주권, 채권 등에 관하여는 상법 내에 각기 언급되어 있고, 민법에는 지시채권과 무기명채권이 규정되어 있다.

나. 유가증권의 기능

유가증권은 다음과 같은 기능을 가지고 있다. 첫째, 유통적 기능이다. 즉, 화물상환증, 창고증권, 선하증권 등 특정 재화의 권리를 표창하는 유가증권을 통해 그 소유권을 이전시킴으로써 당해 재화를 직접 양도함이 없이도 간편하게 권리관계의 변동을 종결지울 수 있어 상거래를 촉진시키고 발전시키는데 기여한다. 둘째, 자금조달기능이다. 즉, 주식, 사채와 같은 유가증권을 통해 불특정다수로부터 자금을 조달함으로써 효율적인 자원집중을 통한 경제발전에 기여한다. 셋째, 지급수단 및 신용거래로서의 기능이다. 즉, 어음과 수표과 같은 지급수단을 통해 현금이 아니더라도 보다 안전하고 효율적으로 자금을 결제하면서 동시에 장래에 지급된다는 믿음에 대한 신용을 표창하는 수단으로 이용되고 있다.

---

348) 김성태, 519; 김홍기, 893; 안강현, 224; 이철송, 402; 임중호, 333; 주석상법(1), 429; 최기원, 299.

다. 유가증권의 종류

(1) 기명증권 · 지시증권 · 무기명증권

증권상 권리의 행사권자를 정하는 방법에 따른 분류방법이다. 첫째, 기명증권이란 증권에 권리를 행사할 자가 명시된 유가증권을 말하는데, 그 자가 권리를 행사해야 하며, 이에는 기명사채 · 기명주식 등이 이에 해당된다. 둘째, 지시증권이란 증권상의 권리자 또는 그가 지시한 자가 권리를 행사할 수 있는 유가증권을 말하는데, 어음 · 화물상환증 · 창고증권 등이 이에 해당한다. 셋째, 무기명증권이란 증권상에 권리자가 특정되어 명시되지 않고, 당해 증권을 소지한 자가 권리를 행사할 수 있는 증권을 말하는 바, 무기명사채 · 무기명수표 등이 이에 해당한다.

(2) 설권증권 · 비설권증권

증권의 작성에 의해 권리가 발생하느냐 여부에 따른 구별인데, 설권증권은 증권의 작성이 권리발생에 필요한 유가증권인 바, 이에는 어음 · 수표가 포함된다. 이에 비해 비설권증권이란 증권의 작성이 권리발생과 관련이 없고 단지 이미 성립된 권리를 표창할 뿐인 유가증권을 말하는데, 이에는 주권이 대표적이다.

(3) 유인증권 · 무인증권

증권상의 권리와 그 원인관계와의 관련성에 따른 분류로서, 유인증권이란 증권상의 권리의 발생에 그 법률상의 원인의 존재가 필요한 유가증권인 바, 화물상환증 · 선하증권 · 창고증권 · 주권 등이 속한다. 이에 반하여 무인증권이란 증권상의 권리의 발생에 그 법률상의 원인의 존재가 필요없는 유가증권을 말하는 바, 이에는 어음 · 수표가 속한다.

(4) 채권적 증권 · 물권적 증권 · 사원권적 증권

유가증권이 표창하고 있는 권리의 내용에 따른 분류인 바, 첫째, 채권적 증권이란 당해 유가증권이 표창하고 있는 권리가 채권인 유가증권을 말하는데, 어음 · 수표 · 사채권 · 화물상환증 · 창고증권 · 선하증권 등을 말한다. 둘째, 물권적 증권이란 당해 유가증권이 표창하고 있는 권리가 물권인 유가증권을 말하는데, 우리나라에는 없고, 독일의 저당증권·토지채무증권·정기토지채무증권 등이 이에 해당한다.[349] 셋째, 사원권적 증권이란 당해 유가증권이 표창하고 있는 권리가 사원권인 유가증권을 말하는데, 주권이 그 대표적인 것이다.

(5) 완전유가증권·불완전유가증권

완전유가증권은 권리의 발생·행사·이전 모두가 증권에 의해 이루어지는 유가증권으로서 어음·수표가 속하며, 불완전유가증권이란 권리의 발생·행사·이전 중 일부가 증권에 의해 이루어지는 유가증권으로서 어음·수표 이외의 대부분의 유가증권이 이에 속한다.[350]

(6) 문언증권·비문언증권

문언증권이란 증권에 기재된 내용에 따라 권리의 내용이 결정되므로 선의의 제3자를 보호할 수 있는 유가증권으로서, 어음·수표뿐만 아니라 화물상환증·선하증권·창고증권이 이에 속한다. 이에 대하여 비문언증권이란 증권에 기재된 내용이 따라 권리의 내용이 결정되는 것이 아니라 실질적인 내용에 따라 결정되는 유가증권을 말하는데, 주권이 이에 속한다.[351]

V. 상호계산

1. 의의

상호계산이란 상인간 또는 상인과 비상인간에 상시 거래관계가 있는 경우에 일정한 기간의 거래로 인한 채권채무의 총액에 관하여 상계하고 그 잔액을 지급할 것을 약정하는 계약을 말한다(72조). 즉, 민법상의 상계규정에 관한 특칙인 바, 민법상 상계는 단독행위이지만 상호계산은 계약이며, 전자는 개별적으로 채권·

349) 손주찬, 260; 정동윤, 173; 주석상법(1), 432; 최기원, 303.
350) 손주찬, 260; 이철송, 406; 최기원, 302.
351) 손주찬, 261; 정동윤, 174; 주석상법(1), 433; 최기원, 303.

채무를 소멸시키지만 후자는 일정기간동안 발생한 채권·채무를 포괄적으로 소멸시킨다는 점에서 차이가 있으므로 상호계산이란 상법이 규정한 특별한 계약을 말한다고 보아야 할 것이다.[352)]

2. 기능

매번 결제해야 하는 번거로움을 없애고, 결제비용과 위험을 감소시키며, 일정기간까지 대금결제를 연기할 수 있게 됨으로써 신용공여의 기능을 하게 되고, 또한 상대방의 이행여부에 대한 부담을 해소하게 됨으로써 담보적 기능도 수행하게 된다.[353)]

3. 연혁

13세기 초 이태리의 여러 도시의 은행거래상 관습법으로 발달하였는데, 최초에는 부기수단으로 이용되다가 독일 신상법에서 상호계산에 관한 조문을 두게 됨으로써 본격적으로 법제도로 발전하였으며, 우리 상법이 이를 도입한 것이다.[354)]

4. 당사자

상호계산은 상인간 또는 상인과 비상인간의 계약이므로, 당사자 중 일방은 상인이어야 한다. 상인인 당사자에게 상호계산은 영업 그 자체는 아니고 영업을 위해 하는 보조적 상행위(47조)로 보아야 할 것이다.[355)]

---

352) 김성태, 388; 김홍기, 194; 임중호, 360; 정동윤, 177; 정경영, 174; 주석상법(1), 459; 정찬형, 249.

353) 김정호, 240; 손주찬, 273; 이기수외, 379; 전우현, 245; 정경영, 173; 정찬형, 246; 최기원, 272; 한창희, 243.

354) 서돈각외, 171; 서헌제, 257; 이기수외, 376; 이철송, 409; 정경영, 173; 정희철외, 153; 주석상법(1), 457.

355) 김병연외, 252; 손주찬, 271; 손진화, 177; 이기수외, 376; 정찬형, 246; 최기원, 273; 최준선, 267.

5. 대상

상호계산의 대상은 상인간 또는 상인과 비상인간의 일정한 기간의 거래로 인한 채권채무인 바, 당해 채권은 동종의 채권 즉, 금전채권이어야 하며, 최소한 어느 일방당사자에게는 상행위가 되는 거래로 인하여 채권이 발생하여야 하고, 사무관리·부당이득·불법행위 등으로 인하여 생긴 채권이나 제3자로부터 양수한 채권 그리고 담보부채권 및 어음금·수표금채권은 제외되나, 당사자의 약정으로 특정거래를 제외하거나 특정 종류의 거래에 한정하는 것은 가능하다.[356] 일정한 기간은 당사자간에 정하되, 만일 특별한 정함이 없으면 6월로 한다(74조).

6. 효력

가. 소극적 효력

(1) 당사자간의 효력

(가) 원칙 - 상호계산불가분의 원칙

상호계산은 일정기간에 발생한 일정 채권채무를 상계하는 계약이므로, 그 기간 동안의 당해 채권·채무는 독립성을 상실하며, 이를 상호계산불가분의 원칙이라 하고, 따라서 당해 채권·채무를 개별적으로 분리시켜 행사하지 못하며, 양도·입질이 허락되지 아니하고, 당해 기간중에는 시효가 진행되지 아니하고 이행지체도 발생하지 아니한다. 또한 상호계산에 포함되지 아니한 다른 채무·채무와는 상계도 허락되지 아니한다. 그러나 당해 채권·채무는 당해 기간중에 소멸되지 않고 동일성을 유지하면서 존속한 후 그 기간 종료시 소멸될 뿐이므로 개별채권의 존재확인이 소를 제기할 수 있고, 개별채권에 대한 취소권·해제권 등을 행사할 수 있다.[357]

한편, 불법행위로 인한 손해배상청구권과 같이 거래에서 생기지 아니한 채권은 상호계산의 대상이 아니다.

---

356) 서돈각외, 172; 손주찬, 272; 안강현, 230; 이철송, 411; 정경영, 175; 주석상법(1), 459; 최기원, 274.
357) 김성태, 393; 손진화, 178; 이철송, 412; 주석상법(1), 462; 최준선, 269.

(나) 예외

어음 기타의 상업증권으로 인한 채권채무를 상호계산에 계입한 경우에 그 증권채무자가 변제하지 아니한 때에는 당사자는 그 채무의 항목을 상호계산에서 제거할 수 있다(73조). 즉, 상업증권으로 인한 채권·채무를 상호계산에 계입한 경우에 그 증권채무자가 변제하지 아니한 때에는 그 채무의 항목을 상호계산에서 제거할 수 있도록 한 것이다. 여기서 어음 기타의 상업증권으로 인한 채권·채무란 어음 기타 유가증권의 수수에 관한 대가지급의 채무를 말하고, 증권에 체화된 채권·채무를 뜻하는 것은 아니다.[358]

(2) 제3자에 대한 효력

상호계산의 효력이 제3자에 대하여 미치느냐와 관련하여, 절대적 효력설(상호계산은 상법이 정한 강행규정이므로 당사자일방이 상호계산에 계입된 채권을 양도·입질·압류하더라도 제3자의 선의·악의를 불문하고 무효이라는 견해[359]), 상대적 효력설(상호계산은 당사자간의 계약관계이므로, 당사자일방이 상호계산에 계입된 채권을 양도·입질·압류하더라도 손해배상책임은 별론으로 하고 선의의 제3자에 대하여는 유효하며, 채무면탈에 의한 제3자의 손해를 방지하기 위하여 당사자 일방의 제3채권자는 선의·악의를 불문하고 채권을 압류할 수 있다는 견해[360]), 채권의 양도·입질에는 상대적 효력설, 압류에는 절대적 효력설에 찬동하는 견해,[361]가 있는 바, 상호계산은 당사자간의 계약을 기초로 하므로, 이에 위반한 채권의 양도·입질이 선의의 제3자에게 절대적 효력을 발생한다는 것은 부당하며, 압류의 경우에도 선의의 제3자의 채권은 보호받아야 할 것이므로 상대적 효력설에 찬성한다.

358) 김정호, 242; 이철송, 413; 주석상법(1), 463(예컨대, 상호계산의 당사자 甲이 상대방 乙에게 1000만원의 환어음을 어음할인에 의하여 배서양도하고 그 대가 900만원을 받을 채권을 상호계산에 계입한 경우에 어음채무자 丙이 만기에 어음을 지급하지 아니하는 때에는 乙이 丙에 대하여 가지는 채권은 변제받지 못하고 있는데 그 대가인 甲의 乙에 대한 채권은 상호계산에 계입되어 상계되는 결과를 가져오므로 乙에게는 가혹하고 불공평함).

359) 손주찬, 275; 이기수외, 382; 이범찬, 77; 임중호, 367; 정희철외, 157.

360) 김성태, 394; 서돈각외, 172; 서헌제, 264; 손진화, 179; 안강현, 234; 장덕조, 125; 전우현, 247; 정찬형, 251; 최준선, 271; 한창희, 247.

361) 김정호, 245; 이철송, 414; 정경영, 178; 정동윤, 279.

나. 적극적 효력

(1) 잔액채권의 성립

적극적 효력이란 상호계산이 기간의 종료에 의하여 발생되는 효력을 말하는 바, 그 상호기간 중에 발생한 채권·채무는 상계되어 소멸되며 그 결과 잔액채권이 성립하는데, 그 잔액채권의 성립시점과 관련하여, 당사자가 계산서를 승인해야 잔액채권이 성립한다는 견해가 있으나,[362] 상호계산기간의 경과로 자동적으로 잔액채권이 성립한다고 보는 것이 타당하다고 본다.[363]

한편, 잔액채권의 성립시부터 소멸시효가 진행되며, 채권자의 제3채권자는 이를 압류할 수 있다. 또한 잔액채권에 대하여는 연 6분의 법정이자가 발생하는데, 당사자는 상호계산에 계입한 날로부터 이자를 붙일 것을 약정할 수 있으므로(76조 2항), 이 경우에는 계산폐쇄일 이후의 법정이자와 약정이자가 동시에 발생할 수 있다.[364]

(2) 계산서 승인의 효력

(가) 승인의 의의

상호계산기간이 종료하면 일반적으로 당사자 일방이 채권·채무의 각 항목을 기재하여 잔액을 산출한 계산서를 상대방에게 제시하고 상대방이 동의하는 방식에 의하여 계산서를 승인하는 절차를 경료하는 바, 묵시적인 승인도 가능하다고 보아야 할 것이다.

(나) 승인의 효력

당사자가 채권채무의 각 항목을 기재한 계산서를 승인한 때에는 그 각 항목에 대하여 이의를 하지 못한다(75조 본문). 혼란을 막고 잔액채권을 압류한 제3채권자를 보호하기 위한 규정이다. 이의를 하지 못한다는 의미는 개별채권이 무효·

---

362) 김병연외, 254; 서돈각외, 174; 정경영, 178; 최기원, 278.

363) 김정호, 245; 김홍기, 196; 이철송, 416; 임중호, 368; 정동윤, 179; 정찬형, 251; 주석상법(1), 466; 최준선, 271(다만, 기간 중에 채권이 무효·취소되면 잔액채권도 이에 따라 변동될 것임).

364) 서헌제, 265; 손주찬, 251; 손진화, 180; 안강현, 237; 이기수외, 382; 전우현, 250; 정동윤, 180; 최기원, 279.

취소되더라도 이를 다툴 수 없다는 뜻이다.

그러나 이 승인에 착오나 탈루가 있는 때에는 이의를 할 수 있다(75조 단서). 이 의미는 민법상의 일반적인 법률행위의 무효·취소사유를 주장하여 그 승인의 효력을 다툴 수 있다는 것으로 해석하는 것이 타당할 것이다.[365)]

7. 종료

가. 일반적인 종료사유

상호계산은 존속기간의 만료 기타 계약의 일반적인 종료사유에 의하여 종료된다. 이와 관련하여 상호계산의 존속기간은 이 기간이 만료되면 계약이 종료되나, 상호계산기간은 경과하더라도 자동적으로 상호계산계약 자체의 종료사유로 되지는 아니한다.

나. 특별 종료사유

(1) 해지

각 당사자는 언제든지 상호계산을 해지할 수 있다. 이 경우에는 즉시 계산을 폐쇄하고 잔액의 지급을 청구할 수 있다(77조). 상호계산은 당사자간의 합의에 따른 계약이므로 계약의 일반원칙상 언제든지 해지할 수 있게 함으로써 당사자 일방의 피해를 막고 권리관계를 신속하게 정리하도록 한 것이다.[366)]

(2) 기타 사유

상호계산은 당사자간의 거래관계를 전제로 한 것이므로, 당사자간의 거래관계가 종료되면 상호계산은 종료된다고 보아야 할 것이다.[367)] 한편, 당사자 일방에게 회생절차가 개시된 때(채무자회생법 125조; 이때 잔액청구권은 회생채권이 됨) 또는 당

365) 김성태, 398; 이철송, 418; 정희철외, 157; 주석상법(1), 467. 이에 반하여 승인행위 자체의 효력에는 영향이 없고, 부당이득반환청구만이 가능하다는 견해로는 송옥렬, 130; 이기수외, 383; 장덕조, 126; 최기원, 279.

366) 서헌제, 266; 손진화, 182; 이철송, 419; 임중호, 372; 정희철외, 158; 주석상법(1), 470; 한창희, 250.

367) 김성태, 401; 김정호, 251; 김홍기, 196; 이철송, 419; 정경영, 179; 최기원, 280.

사자 일방이 파산선고를 받은 때에도 종료된다(동법 343조; 이때 잔액청구권은 파산채권이 됨). 당사자의 신용관계에 중대한 변화가 초래되기 때문인 바, 이 경우에도 즉시 계산을 폐쇄하고 잔액의 지급을 청구할 수 있다(77조).

Ⅵ. 익명조합

1. 의의

익명조합은 당사자의 일방이 상대방의 영업을 위하여 출자하고, 상대방은 그 영업으로 인한 이익을 분배할 것을 약정하는 계약을 말한다(78조). 즉, 외부적으로는 영업자의 단독영업이나 내부적으로는 익명조합원의 출자의무와 이익발생시 이익배분을 받을 권리와 이에 대응하는 영업자의 영업수행의무 및 익명조합원에게 이익발생시 이익을 배분할 의무라는 계약관계로 구성되는 사업형태를 말한다. 이러한 익명조합은 10세기경부터 지중해 무역에서 널리 사용되던 commenda계약에서 유래하였으며, 이는 다시 자본가가 외부로 나타나는 합자회사와 익명조합으로 나뉘어 발전하였다.[368]

2. 성질

익명조합은 유상·쌍무·낙성계약으로서 상법상 특수한 계약이다. 민법상의 조합은 조합재산은 각자의 소유에 속하지만 단체적 구속을 받아야 하는 합유를 하게 되며, 부채도 역시 각자의 부채이어서 조합원으로서 소유하는 재산 즉, 조합재산 이외에 각자의 재산으로서 책임을 져야하는 점에서 익명조합과 차이가 있고,[369] 합자조합은 단체법적·조직법적 관계라는 점에서 익명조합과 차이가 있으며, 신탁은 수탁자의 파산시 신탁재산이 수탁자의 파산재단을 구성하지 아니한다는 점에서 익명조합과 차이가 있고(신탁법 24조), 자본시장법상 투자익명조합은

368) 서돈각외, 176; 서헌제, 268; 이기수외, 125; 이범찬, 79; 정경영, 180; 정희철외, 159; 최기원, 282.
369) 곽윤직, 채권각론, 292; 김홍기, 197; 손진화, 182; 한창희, 255.

영업자의 책임이 투자익명조합재산으로 한정된다는 점에서 익명조합과 차이가 있다(자본시장법 228조 2항, 신탁법 3장).[370]

3. 개념요소

가. 당사자

익명조합계약의 당사자는 출자를 하는 익명조합원과 영업을 하는 영업자이다. 모두 자연인이든 법인이든 상관없으며, 익명조합원은 상인여부를 불문하나 영업자는 상인이어야 한다.

나. 출자

익명조합원은 영업자의 영업을 위하여 출자할 의무를 부담한다. 출자는 금전 기타의 재산으로 할 수 있으나, 신용 또는 노무로 할 수는 없다(86조, 272조). 익명조합원이 출자한 금전 기타의 재산은 영업자의 재산으로 본다(79조).

다. 영업

익명조합을 통해 영위하고자 하는 영업이 특정되어야 한다. 반드시 영업자의 영업 전부이어야 하는 것은 아니다. 익명조합은 영업을 영위해야 하므로, 1회적인 거래에 출자하는 것은 익명조합에 해당되지 않는다.[371]

라. 이익의 분배

영업자는 그 영업으로 인한 이익을 익명조합원에게 분배하여야 한다. 반면에 손실분담은 보통 정해지지만 특약에 의해 배제될 수 있다.[372] 이익의 분배는 확정적일 수 없으므로, 시설투자자에게 정기적으로 일정액을 지급하고 타방이 단

370) 한국증권법학회, 자본시장법(주석서II), 282.
371) 김성태, 767; 이철송, 425; 주석상법(2), 35; 최준선, 275.
372) 서돈각외, 178; 손주찬, 283; 전우현, 255; 정경영, 183; 정동윤, 186; 정찬형, 262; 최기원, 287.

독으로 사업을 경영하기로 한 경우는 익명조합에 해당하지 아니한다.[판례155]

[판례155] 대법원 1983.5.10. 선고 81다650 판결

음식점시설제공자의 이익여부에 관계없이 정기적으로 일정액을 지급할 것을 약정하되 대외적 거래관계는 경영자가 그 명의로 단독으로 하여 그 권리의무가 그에게만 귀속되는 동업관계는 상법상 익명조합도 아니고 민법상 조합도 아니어서 대외적으로는 오로지 경영자만이 권리를 취득하고 채무를 부담하는 것이고, 그가 변제자력이 없거나 부족하다는 등의 특별한 사정이 있더라도 민법 713조가 유추적용될 여지는 없다(동지 대법원 1962.12.27. 선고 62다660 판결).

마. 효력

(1) 대내적 효력 - 익명조합원과 영업자간의 권리의무관계

(가) 출자

익명조합원은 영업자의 영업을 위하여 출자의무를 부담한다. 반면에 영업자는 출자의무가 없다. 출자의 이행시기는 조합계약으로 정해지는 것이 보통이나, 명시가 없으면, 영업자가 청구한 때에 이행해야 한다(민법 387조 2항). 또한 출자목적물은 영업자가 영업에 이용하기 위하여 영업자의 재산에 귀속하여야 하므로, [판례156], [판례157] 등기·인도·양도통지 등 재산권 이전에 필요한 행위를 경료하여야 한다. 출자목적물이 영업자에게 귀속된다는 점에서 민법상 조합 및 합자조합에서 전 조합원의 합유에 귀속되는 것과 다르다(86조의8 4항, 민법 704조). 그러므로 익명조합원은 손익분배의 약정을 하더라도 지분은 없다.

[판례156] 대법원 1971.12.28. 선고 71도2032 판결

익명조합관계에 있는 영업에 대한 익명조합원이 상대방의 영업을 위하여 출자한 금전 기타의 재산은 상대방인 영업자의 재산으로 되는 것이므로 영업자가 그 영업의 이익금을 함부로 자기 용도에 소비하였다 하여도 횡령죄가 될 수 없다.

[판례157] 대법원 2011.11.24. 선고 2010도5014 판결

피고인이 갑과 특정 토지를 매수하여 전매한 후 전매이익금을 정산하기로 약정한 다음 갑이 조달한 돈 등을 합하여 토지를 매수하고 소유권이전등기는 피고인 등의 명의로 마쳐 두었는데, 위 토지를 제3자에게 임의로 매도한 후 갑에게 전매이익금 반환을 거부함으로써 이를 횡령하였다는 내용으로 기소된 사안에서, 갑이 토지의 매수 및 전매를 피고인에게 전적으로 일임하고 그 과정에 전혀 관여하지 아니한 사정 등에 비추어, 비록 갑이 토지의 전매차익을 얻을 목적으로 일정 금원을 출자하였더라도 이후 업무감시권 등에 근거하여 업무집행에 관여한 적이 전혀 없을 뿐만 아니라 피고인이 아무런 제한 없이 재산을 처분할 수 있었음이 분명하므로 피고인과 갑의 약정은 조합 또는 내적 조합에 해당하는 것이 아니라 '익명조합과 유사한 무명계약'에 해당한다고 보아야 한다는 이유로, 피고인이 타인의 재물을 보관하는 자의 지위에 있지 않다고 보아 횡령죄 성립을 부정한 사례.

익명조합은 유상계약이므로 민법상 매매에 관한 규정이 준용되므로(민법 567조 본문), 익명조합원은 출자한 재산에 대하여 담보책임을 부담한다(민법 570조 내지 584조).

(나) 영업의 수행

익명조합원은 영업에 관한 업무집행을 하지 못하고(86조, 278조), 영업자가 영업을 수행한다. 익명조합원은 영업자에게 영업을 수행할 것을 청구할 수 있고, 영업자는 선량한 관리자의 주의로 영업을 수행해야 한다(민법 707조, 681조). 따라서 영업자는 경업금지의무를 부담한다고 보아야 할 것이나, 반대로 익명조합원은 이익충돌의 우려가 없으므로 이를 경업금지의무를 부담하지 아니할 것이다.[373]

(다) 감시권

익명조합원은 영업년도말에 있어서 영업시간 내에 한하여 영업자의 회계장부·대차대조표 기타의 서류를 열람할 수 있고 영업자의 업무와 재산상태를 검사할 수 있다. 중요한 사유가 있는 때에는 익명조합원은 언제든지 법원의 허가를 얻어 위 열람과 검사를 할 수 있다(86조, 277조). 익명조합원은 영업자의 영업수행과 중대한 이해관계를 갖게 되므로 영업자의 전횡으로부터 익명조합원을 보호하기

373) 이철송, 428; 주석상법(2), 40.

위한 규정이다.

(라) 손익분배

익명조합은 대외적으로 영업자가 무한책임을 지며, 익명조합원은 채권자에게 직접 책임을 부담하지 아니하므로 법률상 강제되는 자본이 존재하지 아니한다. 따라서 익명조합에 있어서 이익 또는 손실은 익명조합원의 출자를 기준으로, 영업으로 인한 순재산의 증가 또는 감소를 말한다.374)

익명조합에 있어 이익분배는 본질적인 것으로서, 조합계약에서 정해지는 것이 원칙이나 만일 정함이 없으면, 민법상 조합의 규정을 유추적용하여 각자의 출자가액(익명조합원의 출자액에다 영업자 자신이 투자한 재산 및 노무에서 전자 및 후자가 각기 차지하는 비율)에 비례하여 정해져야 할 것이다.375)

익명조합에 있어 손실분담도 특약이 있으면 그에 따르나, 없으면 이익분배 비율과 동일한 것으로 추정한다(711조 2항). 그러나 익명조합원의 손실분담이란 실제로 재산을 출연하여 손실을 전보하는 의미는 아니고 익명조합원의 출자액이 감소됨을 말한다. 따라서 익명조합원의 출자가 손실로 인하여 감소된 때에는 그 손실을 전보한 후가 아니면 이익배당을 청구하지 못한다(82조 1항). 또한 손실로 인하여 출자액이 마이너스가 될지라도 익명조합원은 추가출자의무를 부담하지 아니하고, 배당받은 이익을 반환할 필요도 없으며, 결국 영업자의 손실로 귀결된다.376)

(마) 지위의 양도

익명조합원의 출자는 영업자에 대한 신뢰를 전제로 하므로, 영업자는 그 지위를 타인에게 양도할 수 없다고 보아야 할 것이고, 익명조합원도 추후 미이행된 출자에 대한 이행의무가 있으므로 원칙적으로 그 지위의 양도가 허용되지 않는다고 보아야 할 것이다.377)

374) 김성태, 779; 서돈각, 180; 손주찬, 284; 안강현, 243; 이기수외, 133; 정동윤, 185; 정찬형, 261; 최기원, 288.

375) 서헌제, 278; 손주찬, 284; 손진화, 186; 송옥렬, 136; 임중호, 380; 전우현, 258; 정동윤, 186; 최기원, 290.

376) 김성태, 781; 송옥렬, 136; 이철송, 430; 정동윤, 186; 주석상법(2), 41.

377) 김병연외, 259; 김정호, 259; 손진화, 187; 장덕조, 131; 정경영, 183; 정찬형, 368; 최준선, 278.

(2) 대외적 효력 - 익명조합원과 제3자간의 관계

(가) 출자재산의 귀속

익명조합원이 출자한 금전 기타의 재산은 영업자의 재산으로 보기 때문에 영업자의 대외적인 책임재산을 구성하며 따라서 영업자의 채권자는 이에 대하여 압류 등 권리행사를 할 수 있다. 반면, 익명조합원의 채권자는 이 재산에 대하여 압류할 수 없으나 익명조합원의 영업자에 대한 이익배당청구권 및 조합계약을 해지함으로써 발생하는 출자가액의 반환청구에 대한 압류는 가능하다.[378)]

(나) 영업상의 권리의무의 귀속

영업상의 거래로 인한 권리의무는 영업자에게 귀속되며, 익명조합원은 영업과 관련한 상대방인 제3자에 대하여 권리의무를 부담하지 아니한다. 즉, 익명조합원은 영업상의 채무에 대하여 책임을 부담하지 아니한다.[379)]

그러나 익명조합원이 자기의 성명을 영업자의 상호 중에 사용하게 하거나 자기의 상호를 영업자의 상호로 사용할 것을 허락한 때에는 그 사용 이후의 채무에 대하여 영업자와 연대하여 변제할 책임이 있다(81조). 상법 24조(명의대여자의 책임)와 같이 외관이론 또는 금반언의 법리에 근거하여 제3자를 보호하기 위한 규정으로서, 명문의 규정은 없으나, 상법 24조와 같이 중과실없는 선의의 제3자 즉, 익명조합원을 영업자로 오인하여 과실로 이를 알지 못한 제3자(중대한 과실이 있는 경우는 제외)에 대하여만 책임을 부담하는 것으로 보는 것이 타당할 것이다.[380)]

바. 종료

(1) 계약의 해지

익명조합은 계약이므로 존속기간의 만료, 채무불이행 등 계약의 일반적인 종료사유로 종료된다. 그 밖에도 상법은 조합계약으로 조합의 존속기간을 정하지 아니하거나 어느 당사자의 종신까지 존속할 것을 약정한 때에는 6개월 전의 상대

378) 이철송, 431.

379) 김정호, 260; 김홍기, 201; 손주찬, 285; 임중호, 382; 정경영, 184; 정찬형, 368; 최기원, 291; 최준선, 281.

380) 서헌제, 280; 이철송, 432; 주석상법(2), 39; 최준선, 282.

방에 대한 예고로 각 당사자는 영업연도말에 계약을 해지할 수 있다(83조 1항). 그리고 조합의 존속기간의 약정의 유무에 불구하고 부득이한 사정이 있는 때에는 각 당사자는 언제든지 계약을 해지할 수 있다(83조 2항). 타방당사자에 대한 신뢰가 상실된 때에는 일방당사자의 의사로 계약을 해지할 수 있게 한 것이다. 여기서 부득이한 사유란 동업관계를 지속할 수 없는 객관적인 상황을 말한다고 보아야 할 것이다.

(2) 당연종료사유

(가) 영업의 폐지 또는 양도(84조 1호)

이 사유가 발생한 경우에는 익명조합의 전제조건인 영업 자체가 소멸되므로, 당연히 종료된다.

(나) 영업자의 사망 또는 성년후견개시[381](84조 2호)

이 사유가 발생하면 익명조합원의 신뢰대상이자 영업의 주체가 소멸되므로, 익명조합은 당연히 종료되도록 한 것이다. 그러나 영업자가 사망 또는 피성년후견이 개시된 경우 특약으로 상속인 또는 피성년후견인의 법정대리인이 그 지위를 승계하여 영업을 하게 할 수 있다고 보아야 할 것이다.[382] 영업자가 회사인 경우 해산한 경우에도 정상적인 영업이 불가능하므로 익명조합의 종료사유로 해석하는 것이 타당할 것이다.

익명조합원이 사망한 경우와 관련하여 명문의 규정이 없는 바, 그 지위를 승계할 수 있다는 견해도 있으나,[383] 익명조합원의 지위는 양도될 수 없으므로 같은 취지에서 사망시 승계로 인정될 수 없다고 보는 것이 타당할 것이다.[384]

(다) 영업자 또는 익명조합원의 파산(84조 3호)

영업자가 파산한 경우에는 영업의 수행이 사실상 불가능하고 익명조합원이 파산한 경우에는 익명조합에 대한 출자를 환수해야 하므로 익명조합의 종료사유로 규정한 것이다.[385]

---

381) 금치산은 2011년 민법개정으로 성년후견제도로 대체되었음.
382) 이철송, 433; 주석상법(2), 44.
383) 손주찬, 287; 안강현, 246; 이기수외, 136; 임중호, 383; 최기원, 294; 한창희, 260.
384) 김성태, 783; 이철송, 433.

(3) 종료의 효과

조합계약이 종료한 때에는 영업자는 익명조합원에게 그 출자의 가액을 반환하여야 한다. 그러나 출자가 손실로 인하여 감소된 때에는 그 잔액을 반환하면 된다(85조). 반환해야 할 것은 출자한 그 자체가 아니라 출자의 가액이며 현물로 출자한 경우에는 그 현물을 금전으로 평가한 가액을 반환해야 할 것이나, 손실을 부담하지 않기로 특약한 때에는 손실과 관계없이 출자가액 전액을 반환하여야 할 것이다.[386]

Ⅶ. 합자조합

1. 의의

합자조합은 조합의 업무집행자로서 조합의 채무에 대하여 무한책임을 지는 조합원과 출자가액을 한도로 하여 유한책임을 지는 조합원이 상호출자하여 공동사업을 경영할 것을 약정하는 상법상의 조합을 말한다(86조의2).

2. 다른 제도와의 비교

무한책임을 지는 업무집행조합원과 유한책임을 지는 유한책임조합원으로 구성된다는 점에 합자회사와 유사하나, 법인격이 부여되지 않는다는 점에서 합자회사와 다르다. 한편, 구성원간의 계약관계로 형성된다는 점에서는 익명조합과 같으나, 외형상 영업자의 단독기업이고 익명조합원은 내부투자자에 불과한 익명조합과는 달리 합자조합은 조합원의 공동기업으로서 소유형태가 합유라는 점에서 차이가 있다. 또한 민법상의 조합과 비교하여, 계약관계이고 법인격이 없다는 점

385) 손주찬, 287; 안강현, 246; 이기수외, 136; 임중호, 383; 정동윤, 188; 정찬형, 266; 최기원, 294; 한창희, 261.

386) 김병연외, 261; 김성태, 785; 안강현, 246; 이기수외, 136; 전우현, 261; 정찬형, 265; 최기원, 294.

에서는 같으나, 민법상은 조합은 전 조합원이 무한책임을 지는 단일구조되어 있다는 점에서 차이가 있다. 그리고 미국의 Limited partnership은 독립적인 권리의무의 주체가 될 수 있다는 점에서 단순히 계약관계에 불과한 합자조합과는 차이가 있다.

3. 합자조합 성립의 구성요소

가. 당사자

합자조합은 무한책임조합원인 업무집행조합원과 유한책임조합원으로 구성된다. 회사가 합자조합의 업무집행조합원이 될 수 있는가가 문제되나, 회사는 다른 회사의 무한책임사원이 되지 못한다는 규정(173조)이 합자조합에는 적용되지 아니하므로, 가능하다고 보며,[387] 회사가 유한책임조합원이 됨에는 문제가 없다고 본다. 그러나 업무집행조합원이 동시에 유한책임조합원이 되는 것은 양자의 분리를 전제로 하고 있는 합자조합제도의 성질상 허용되지 않는다고 보아야 할 것이다.[388]

나. 상호출자

업무집행조합원과 유한책임조합원 모두는 합자조합에 출자할 의무가 있다. 유한책임조합원은 조합계약에 다른 규정이 없으면 노무·신용출자가 금지되나(86조의8 3항, 272조), 업무집행조합원은 노무·신용출자가 허용된다고 보아야 할 것이다. 이러한 출자에 대한 약정만으로 충분하다.

다. 공동사업의 경영

합자조합은 공동사업을 경영할 것을 약정하여야 하는 바, 사회질서·강행법규에 위반되는 사업을 목적으로 하는 합자조합은 무효라고 보아야 할 것이다. 또

387) 권기범, "개정상법상의 합자조합에 관한 소고", 서울법학 19권 1호, 2011, 229; 이철송, 437; 임중호, 387; 정찬형, 269; 주석상법(2), 54. 이에 반대하는 견해로는 김홍기, 205.

388) 이철송, 438; 주석상법(2), 54.

한 당해 사업은 합자조합원 모두의 공동사업이어야 하는 바, 민법상 조합과는 달리, 유한책임사원은 소극적 의미에서의 출자만으로도 이 요건을 충족한다고 볼 수 있을 것이다.[389]

라. 조합계약

합자조합의 설립을 위한 조합계약에는 다음과 같은 13가지 사항을 적고, 총조합원이 기명날인하거나 서명하여야 한다(86조의3). 즉, 합자조합은 요식계약이므로 서면에 의하지 아니한 합자조합계약은 그 효력이 없다고 보아야 할 것이고, 합자조합은 유상계약이며, 상법상의 특수한 계약으로 보아야 할 것이다.[390]

(1) 목적(86조의3 1호)

조합이 영위할 공동사업의 내용을 말하며, 업무집행자의 권한의 범위를 정하는데 의미가 있는 바,[391] 목적은 영업이라는 영리활동이 되겠지만 부수적으로 비영리활동을 기재하는 것도 그 본질을 해치지 않는 범위 내에서 허용된다고 보는 것이 타당할 것이다.[392]

(2) 명칭(86조의3 2호)

합자조합의 명칭이 기재되어야 하는 바, 이 명칭은 상호로서 상법 18조 내지 28조가 적용될 것이다. "합자조합"이라는 글자가 반드시 들어가야 한다는 명문의 규정은 없으나, 거래상대방을 보호하기 위하여 반드시 들어가는 것으로 해석하는 것이 타당할 것이며, 입법적으로 해결하는 것이 최선으로 본다.[393]

---

389) 주석상법(2), 55.

390) 정찬형, 268; 주석상법(2), 56.

391) 이철송, 438.

392) 정대익, "상법개정안상 새로운 기업유형에 대한 검토", 상사법연구 28권 3호, 2009, 83. 이에 반대하는 견해로는 권기범, 전게논문, 227; 이철송, 438; 정찬형, 268.

393) 이철송, 438; 정찬형, 269.

(3) 업무집행조합원의 성명 또는 상호, 주소 및 주민등록번호(86조의3 3호) 및 유한책임조합원의 성명 또는 상호, 주소 및 주민등록번호(86조의3 4호)

회사가 업무집행조합원 또는 유한책임조합원인 경우에는 주민등록번호 대신에 법인등록번호를 기재해야 할 것이다.

(4) 주된 영업소의 소재지(86조의3 5호)

주된 영업소란 공동사업을 경영하는 주된 장소를 말하는 바, 합자조합의 조합원에 대한 영업상의 채무의 이행지(민법 467조 2항), 합자조합에 대한 업무와 관련된 소제기시 특별재판적(민사소송법 12조) 및 송달장소(민사소송법 183조 1항 본문)가 된다.

(5) 조합원의 출자(出資)에 관한 사항(86조의3 6호)

유한책임조합원은 조합계약에서 달리 정하지 아니하면 금전이나 재산의 출자만 가능하고 신용 또는 노무를 출자의 목적으로 하지 못하나(86조의8 3항, 272조), 무한책임조합원의 출자의 목적에는 제한이 없으므로, 노무나 신용도 출자의 대상이 될 수 있다.

(6) 조합원에 대한 손익분배에 관한 사항(86조의3 7호)

업무집행조합원과 유한책임조합원이 자유롭게 정할 수 있다고 보아야 할 것이므로, 반드시 출자가액에 비례할 필요도 없고, 이익분배와 손실분담의 비율이 같을 필요도 없다.[394]

(7) 유한책임조합원의 지분(持分)의 양도에 관한 사항(86조의3 8호)

유한책임조합원의 지분은 조합계약에서 정하는 바에 따라 양도할 수 있다(86조의7 2항). 따라서 조합계약에서 자유로이 유한책임조합원의 지분양도에 관하여 정할 수 있다. 만일 조합계약에서 이에 대한 명시적인 언급이 없다 할지라도, 업무집행조합원과 같이(86조의7 1항) 조합원 전원의 동의를 얻어 양도할 수 있다고 해석함이 타당할 것이다.

---

394) 권기범, 전게논문, 232; 정동윤, 193; 정찬형, 270; 주석상법(2), 61.

(8) 둘 이상의 업무집행조합원이 공동으로 합자조합의 업무를 집행하거나 대리할 것을 정한 경우에는 그 규정(86조의3 9호)

업무집행조합원은 조합계약에 다른 규정이 없으면 각자가 합자조합의 업무를 집행하고 대리할 권리와 의무가 있는 바(86조의5 1항), 이는 업무집행조합원이 복수일 경우 각자 합자조합의 업무를 집행·대리하는 것이 원칙이라는 의미이나, 조합계약에서 합자조합의 업무집행을 공동업무집행조합원에 의하도록 정할 수 있다는 의미이다.

(9) 업무집행조합원 중 일부 업무집행조합원만 합자조합의 업무를 집행하거나 대리할 것을 정한 경우에는 그 규정(86조의3 10호)

업무집행조합원이 복수인 경우, 조합계약에 의해 일부 업무집행조합원만이 합자조합의 업무를 집행·대리하도록 제한할 수 있다는 의미이다.

(10) 조합의 해산시 잔여재산 분배에 관한 사항(86조의3 11호)

조합계약에서 조합원들이 자유롭게 해산시 잔여재산분배에 관한 사항을 정할 수 있도록 한 것이다. 만일 정함이 없으면, 민법상 조합규정의 준용에 따라 출자가액에 비례하여 분배해야 할 것이다(86조의8 4항, 민법 724조 2항).

(11) 조합의 존속기간이나 그 밖의 해산사유에 관한 사항(86조의3 12호)

합자조합은 업무집행조합원 또는 유한책임조합원의 전원이 퇴사한 때에는 해산된다(86조의8 1항, 285조 1항). 이 밖에도 조합계약에서 존속기간이나 기타 해산사유를 규정할 수 있다는 의미이다.

(12) 조합계약의 효력발생일(86조의3 13호)

조합계약의 효력발생일을 명시할 수 있다는 의미이고, 만일 이 규정이 없으면 계약체결일에 조합계약의 효력이 발생한다고 보아야 할 것이다.

마. 등기

(1) 등기사항

업무집행조합원은 합자조합 설립 후 2주 내에 조합의 주된 영업소의 소재지에서 ① 상법 86조의3 1호 내지 5호(4호의 경우에는 유한책임조합원이 업무를 집행하는 경우에 한정), 9호, 10호, 12호 및 13호의 사항 및 ② 조합원의 출자의 목적, 재산출자의 경우에는 그 가액과 이행한 부분을 등기하여야 한다. 이 등기는 합자조합의 설립요건은 아니나[395] 제3자의 이해관계에 영향을 미칠 수 있는 사항이기 때문에 등기하도록 한 것이다.

조합의 영업소를 이전하는 경우에도 2주간 내에 구소재지에서는 신소재지와 이전 년월일을, 신소재지에서는 위 사항을 등기하여야 한다(86조의8 1항, 182조 1항).

(2) 등기의 효력

합자조합에는 상법 37조 및 39조가 적용되므로, 등기할 사항을 등기하지 아니하면 선의의 제3자에게 대항하지 못하고, 고의 또는 과실로 인하여 사실과 상위한 사항을 등기한 자는 그 상위를 선의의 제3자에게 대항하지 못한다. 예를 들어, 조합계약에서 업무집행조합원이 공동으로만 업무를 집행·대리할 수 있도록 정한 경우 이를 등기하지 아니하면 선의의 제3자에게 그 업무집행·대리의 무효를 주장하지 못하고, 유한책임조합원을 업무집행조합원으로 잘못 등기하였을 경우에는 당해 유한책임조합원은 선의의 제3자에게 무한책임을 부담해야 한다.

4. 대내적 관계

가. 업무집행

(1) 업무집행권

업무집행조합원은 조합계약에 다른 규정이 없으면 각자가 합자조합의 업무를 집행하고 대리할 권리와 의무가 있다(86조의5 1항). 이와 관련하여, 조합계약에

---

395) 권기범, 전게논문, 229; 안강현, 253; 이철송, 440; 임중호, 388.

의해 유한책임조합원에게 업무집행·대리권을 부여하는 것은 가능하다고 보아야 할 것이다(86조의4 1항 1호, 86조의8 3항, 278조).[396)]

(2) 업무집행방법

둘 이상의 업무집행조합원이 있는 경우에 조합계약에 다른 정함이 없으면, 그 각 업무집행조합원의 업무집행에 관한 행위에 대하여 다른 업무집행조합원의 이의가 있는 경우에는 그 행위를 중지하고 업무집행조합원 과반수의 결의에 따라야 한다(86조의5 3항). 업무집행조합원의 각자의 업무집행이 충돌되는 경우에 전체 업무집행조합원의 과반수에 의해 이를 해결하기 위한 규정이다. 물론 조합계약에서 이와 다른 해결방법을 규정할 수는 있다.

또한 조합계약에 의해, 둘 이상의 업무집행조합원이 공동으로 합자조합의 업무를 집행하거나 대리할 것을 정할 수 있다(86조의3 9호).

(3) 업무집행의 범위 및 선관주의의무 등

업무집행조합원 각자가 집행할 업무란 합자조합의 통상사무를 말하며(민법 706조 3항), 그 밖의 업무집행은 업무집행조합원의 과반수로써 결정해야 한다(민법 706조 2항).[397)]

한편, 업무집행조합원은 선량한 관리자의 주의로써 합자조합의 업무를 집행하여야 한다(86조의3 9호). 이 의무를 위반한 경우에는 손해배상책임을 지며, 유한

---

396) 김병연외, 269; 송옥렬, 142; 안강현, 260; 이철송, 443; 임중호, 389; 정찬형, 273; 최기원, 298.(미국 Uniform Limited Partnership Act("ULPA") 406조(a)에 의하면, "Each general partner has equal rights in the management and conduct of the limited partnership's activities and affairs. Except as otherwise provided in this [act], any matter relating to the activities and affairs of the partnership is decided exclusively by the general partner or, if there is more than one general partner, by a majority of the general partners."라고 기재되어 있으나, 302조(b)("A person's status as a limited partner does not prevent or restrict law other than this [act] from imposing liability on a limited partnership because of the person's conduct.")의 Comment인 Subsection (b)에서 "The phrase "as a limited partner" indicates that: (i) this section does not disable a general partner that also owns a limited partner interest; (ii) the partnership agreement may as a matter of contract allocate managerial rights to one or more limited partners; and (iii) a separate agreement can empower and entitle a person that is a limited partner to act for the limited partnership in another capacity, e.g., as an agent."라고 규정함으로써, 결론적으로 유한책임조합원의 업무집행·대리를 허용하고 있음). 그러나 이에 반대하는 견해로는 권기범, 전게논문, 237; 손진화, 192; 안강현, 254; 장덕조, 132; 정동윤, 192.

397) 안강현, 255; 주석상법(2), 73.

책임조합원은 업무집행조합원의 업무집행에 대하여 감시권을 가진다(86조의8 3항, 277조). 또한 업무집행조합원은 조합계약으로 달리 정하지 않는 한, 보수청구권이 없다고 보는 것이 타당할 것이다.398)

그리고 업무집행조합원의 업무집행을 정지하거나 직무대행자를 선임하는 가처분을 하거나 그 가처분을 변경·취소하는 경우에는 본점 및 지점이 있는 곳의 등기소에서 이를 등기하여야 한다(86조의8 3항, 183조의2). 이 직무대행자는 가처분명령에 다른 정함이 있는 경우 또는 법원의 허가를 별도로 얻은 경우 외에는 합자조합의 통상업무에 속하지 아니한 행위를 하지 못하며, 직무대행자가 이에 위반한 행위를 한 경우에도 합자조합원들은 선의의 제3자에 대하여 책임을 진다(86조의8 3항, 200조의2).

나. 출자

조합계약에서 조합원의 출자에 관한 사항을 명시하게 된다(86조의3 6호). 유한책임조합원의 경우 신용 또는 노무를 출자의 목적으로 할 수 없으나, 조합계약으로 허용할 수 있으며(86조의8 3항, 272조), 이와 반대로 업무집행조합원의 경우 신용 또는 노무를 출자의 목적으로 할 수 있으나, 조합계약으로 금지시킬 수 있다.

다. 손익분배

조합계약에서 조합원에 대한 손익분배에 관한 사항을 정할 수 있다(86조의3 7호). 따라서 조합원은 출자비율과 관계없이 자유롭게 손익분배비율을 정할 수 있는 바, 만일 약정이 없는 경우에는 민법의 조합에 관한 규정이 준용되어(86조의8 4항 본문), 당사자가 손익분배의 비율을 정하지 아니한 때에는 각 조합원의 출자가액에 비례하여 이를 정하고, 이익 또는 손실에 대하여 어느 하나만의 분배의 비율을 정한 때에는 그 비율은 이익과 손실에 공통된 것으로 추정한다(민법 711조).

398) 참고로 미국 모범합자조합법도 동일(ULPA §406 (e) A general partner is not entitled to remuneration for services performed for the limited partnership).

라. 이익충돌

(1) 업무집행조합원의 경업금지

업무집행조합원은 다른 조합원의 동의가 없으면 자기 또는 제3자의 계산으로 합자조합의 영업부류에 속하는 거래를 하지 못하며 동종영업을 목적으로 하는 다른 회사의 무한책임사원 또는 이사가 되지 못한다(86조의8 2항 본문, 198조 1항). 또한 업무집행조합원이 이에 위반하여 거래를 한 경우에 그 거래가 자기의 계산으로 한 것인 때에는 합자조합은 이를 자신의 계산으로 한 것으로 볼 수 있고 제3자의 계산으로 한 것인 때에는 그 업무집행조합원에 대하여 합자조합은 이로 인한 이득의 양도를 청구할 수 있으며, 이 규정은 합자조합의 그 업무집행조합원에 대한 손해배상의 청구에 영향을 미치지 아니하고, 이 개입권은 다른 업무집행조합원 과반수의 결의에 의하여 행사하여야 하며, 다른 업무집행조합원의 1인이 그 거래를 안 날로부터 2주간을 경과하거나 그 거래가 있은 날로부터 1년을 경과하면 소멸한다(86조의8 2항, 198조 2항 내지 4항). 그러나 이러한 업무집행조합원의 경업금지와 관련해서는 조합계약으로 달리 정할 수 있다(86조의8 2항 단서). 즉, 합자조합의 업무집행조합원의 경업은 원칙적 금지, 예외적 허용이다.

이에 반하여, 유한책임조합원은 조합계약으로 달리 정하지 않는 한, 다른 조합원의 동의없이 자기 또는 제3자의 계산으로 합자조합의 영업부류에 속하는 거래를 할 수 있고 동종영업을 목적으로 하는 다른 회사의 무한책임사원 또는 이사가 될 수 있다(86조의8 3항, 275조). 즉, 합자조합의 유한책임조합원의 경업은 원칙적 허용, 예외적 금지이다.

(2) 업무집행조합원 및 유한책임조합원의 자기거래금지

업무집행조합원 및 유한책임조합원은 조합계약으로 달리 정하지 않는 한, 다른 업무집행조합원 또는 유한책임조합원 과반수의 결의가 있는 때에 한하여 자기 또는 제3자의 계산으로 합자조합과 거래를 할 수 있다(86조의8 2항 본문, 199조). 즉, 합자조합의 업무집행조합원 및 유한책임조합원의 자기거래는 원칙적 허용, 예외적 금지이다.

마. 조합원의 변동

(1) 새로운 조합원의 가입

새로운 조합원의 가입은 기존의 업무집행조합원과 유한책임조합원간의 조합계약의 당사자의 변경을 초래하는 중대한 사안이므로 전 조합원의 동의를 요한다고 보아야 할 것이다.

(2) 지분의 양도

(가) 허용여부

업무집행조합원은 다른 조합원 전원의 동의를 받지 아니하면, 그 지분의 전부 또는 일부를 타인에게 양도하지 못한다(86조의7 1항). 즉, 원칙적 금지, 예외적 허용이다. 참고로, 민법상의 조합의 경우도 조합원 전원의 동의하에서만 양도할 수 있다.[판례158]

[판례158] 대법원 1958.2.6. 선고 4290민상693 판결

조합원이 타조합원 전원의 동의하에 조합에 대한 권리의무 일체를 포괄적으로 양도함으로서 탈퇴하고 양수인이 동 권리의무 일체를 포괄적으로 양수함으로서 동 조합에 가입하여 조합원의 지위를 승계한다는 것은 반대의 특약이 없는 한, 가능하다고 할 것이다.

그러나 유한책임조합원의 지분은 조합계약에서 정하는 바에 따라 양도할 수 있다(86조의7 2항). 이는 다른 조합원의 동의 없이도 지분을 양도할 수 있다. 즉, 원칙적 허용, 예외적 금지를 말한다.

(나) 지분양도의 효과

1) 유한책임조합원의 지분양도의 경우

유한책임조합원의 지분을 양수한 자는 양도인의 조합에 대한 권리·의무를 승계한다(86조의7 3항). 여기서 권리의 승계란 원칙적으로 조합재산에 대한 합자지분 및 합자조합의 구성원으로서 보유하는 의결권 등 비재산적 권리를 별도 이전절차없이 지분양도만에 의하여 이전받음을 의미하나, 합자조합의 재산 중에 등

기·등록을 요하는 경우에는 그에 대한 양도인인 유한책임조합원의 합유지분은 재산별로 등기·등록을 경유해야 한다고 보아야 할 것이다.[399]

한편, 의무의 승계란 출자의무의 승계를 말하는 바, 양도인이 이미 출자를 완료하였다면 승계할 의무는 없으며, 출자미이행부분이 있는 경우에는 당해 금액 및 당해 합자조합이 이익이 없음에도 양도인이 배당을 받은 금액으로 인한 변제 의무는 승계된다.[400]

2) 업무집행조합원의 지분양도의 경우

업무집행조합원의 지분양도와 관련하여 상법상 명문의 규정은 없다. 업무집행조합원의 권리란 조합재산에 대한 지분 및 업무집행권을 말하는 바, 모두 적법하게 양수인에게 승계된다. 한편, 의무는 조합의 채무에 대한 직접·무한책임인 바, 조합원 전원이 동의한 때에는 양도인과 양수인간의 채무승계도 가능할 것이나, 단 조합채권자가 이에 대해 동의하지 않는 한 면책적 채무인수의 효력은 발생치 아니한다고 보아야 할 것이다(민법 454조).[401]

(3) 탈퇴

합자조합원의 탈퇴와 관련해서는 상법상 명문의 규정이 없으므로, 조합계약에 달리 명시된 바가 없다면, 민법상 조합에서의 탈퇴에 관한 규정이 준용된다(86조의8 4항).

(가) 탈퇴사유

1) 임의탈퇴

조합계약으로 조합의 존속기간을 정하지 아니하거나 조합원의 종신까지 존속할 것을 정한 때에는 각 조합원은 언제든지 탈퇴할 수 있다. 그러나 부득이한 사유없이 조합의 불리한 시기에 탈퇴하지 못한다(민법 716조 1항). 조합의 존속기간을 정한 때에도 조합원은 부득이한 사유가 있으면 탈퇴할 수 있다(민법 716조 2항). 조합계약으로 임의탈퇴 요건을 강화하거나 완화하는 것은 허용된다고 보아야 할 것이다.[402]

---

399) 이철송, 448.
400) 이철송, 448.
401) 이철송, 450.

2) 비임의탈퇴

조합원은 사망, 파산, 성년후견의 개시 또는 제명으로 탈퇴된다(민법 717조). 그러나 유한책임조합원이 사망한 때에는 그 상속인이 그 지분을 승계하며(283조 1항), 성년후견개시 심판을 받은 경우에도 퇴사되지 아니한다(284조). 조합계약으로 탈퇴사유를 추가하는 것도 가능하다.[403] 그러나 업무집행조합원의 경우 그 업무집행·대리의 특성을 고려할 때 조합계약으로도 사망, 파산 또는 성년후견의 개시를 탈퇴사유에서 배제시킬 수 없다고 보는 것이 타당할 것이다.[404]

한편, 조합원의 제명은 정당한 사유있는 때에 한하여 다른 조합원의 일치로써 이를 결정하는 바, 이 제명결정은 제명된 조합원에게 통지하지 아니하면 그 조합원에게 대항하지 못한다(민법 718조). 조합계약으로 제명의 요건 및 절차를 강화하거나 완화하는 것은 허용된다고 볼 것이다.[405]

(나) 탈퇴의 효과

탈퇴한 조합원과 다른 조합원간의 계산은 탈퇴당시의 조합재산상태에 의하며, 탈퇴한 조합원의 지분은 그 출자의 종류여하에 불구하고 금전으로 반환할 수 있고, 탈퇴당시에 완결되지 아니한 사항에 대하여는 완결 후에 계산할 수 있다(민법 719조). 물론 이 지분계산과 관련하여 조합계약으로 달리 정할 수 있다.

5. 대외적 관계

가. 합자조합의 법인격 불인정

합자조합은 법인이 아니므로 법인격 즉, 권리의무의 주체가 되지 못한다. 따라서 조합재산은 조합원의 합유에 속하지만, 합자조합의 소유재산이라는 의미는 아니다.

---

402) 이철송, 450; 주석상법(2), 85. 이에 대하여 조합계약으로 강화하는 것은 가능하나 이 경우에도 조합원의 탈퇴를 금지하는 조합계약은 무효라는 견해로는 곽윤직, 채권각론, 318; 안강현, 259; 정찬형, 277.

403) 이철송, 450; 주석상법(2), 85.

404) 주석상법(2), 86.

405) 주석상법(2), 87.

나. 업무집행조합원에 의한 대리

업무집행조합원은 조합계약에 다른 규정이 없으면 각자가 합자조합의 업무를 집행하고 대리할 권리와 의무가 있다(86조의5 1항). 그러나 조합계약으로 업무집행조합원 중 일부 업무집행조합원만 합자조합의 업무를 집행하거나 대리할 것을 정할 수 있다(86조의3 10호).

한편, 조합계약에 따른 유한책임조합원에 의한 대리도 가능한지가 문제되는 바, 업무집행과 같은 명문의 규정(86조의4 1항 1호)이 없다 할지라도, 대리의 성질상 사적자치에 의해 규율될 성질의 것이므로 허용된다고 보는 것이 타당할 것이다.[406]

업무집행조합원은 조합계약에 다른 규정이 없으면 각자가 합자조합의 업무를 집행하고 대리할 권리와 의무가 있다(86조의5 1항). 그러나 조합계약에서 둘 이상의 업무집행조합원이 공동으로 합자조합의 업무를 집행하거나 대리할 것을 정할 수 있다(86조의3 9호). 한편, 제3자가 합자조합원들에게 하는 의사표시는 공동업무집행조합원 중의 어느 1인에 대하여 하여도 그 효력이 발생한다(86조의8 2항, 208조 2항).

업무집행조합원이 합자조합을 대리함에는 조합원 전원을 현명함이 원칙이나 합자조합의 명칭만 표명함으로써 상대방이 조합원 전체의 의사표시임을 알 수 있을 경우에는 적법한 대리행위로 볼 수 있을 것이다.[407]

업무집행조합원은 회사의 영업에 관하여 재판상 또는 재판외의 모든 행위를 할 권한이 있으며, 이 권한에 대한 제한은 선의의 제3자에게 대항하지 못한다(86조의8 2항, 209조).

한편, 업무집행조합원이 업무집행으로 인하여 불법행위를 하더라도 다른 조합원이 손해배상책임을 부담하지는 않는다고 보아야 할 것이다.[408]

---

406) 손진화, 194; 송옥렬, 144; 이철송, 452; 임중호, 393; 정찬형, 275. 이에 대하여 부정하는 견해로는 김홍기, 207; 정동윤, 194.

407) 대법원 2009.1.30. 선고 2008다79340 판결.

408) 이철송, 453(단, 사용자배상책임(민법 756조)을 지는 것은 별론임).

다. 책임

(1) 업무집행조합원의 책임

합자조합의 재산으로 합자조합의 채무를 완제할 수 없는 때에는 업무집행조합원은 연대하여 변제할 책임이 있으며, 조합재산에 대한 강제집행이 주효하지 못한 때에도 동일하고, 이 책임은 업무집행조합원이 합자조합에 변제의 자력이 있으며 집행이 용이한 것을 증명한 때에는 적용하지 아니한다(86조의8 2항, 212조). 이 책임은 직접·무한·연대책임이다.[409]

신입조합원은 가입 이후의 채무에 대하여만 책임을 부담한다고 보는 것이 타당할 것이다. 다만 조합계약으로 달리 정할 수 있으므로 중첩적으로 채무인수하는 것도 가능할 것이다.

한편, 탈퇴한 조합원은 탈퇴 이후에 발생한 조합채무에 대해 책임을 지지 않음은 물론이다. 그러나 탈퇴 당시의 조합채무에 관한 책임을 어느 정도 부담하는지는 상법이 정하고 있지 않다. 살피건대, 탈퇴 시점에 현존하는 채무에 대한 책임을 소멸되지 않고 탈퇴조합원이 내부적으로는 자신의 지분범위 내에서 책임을 지지만 대외적으로 조합채권자에게는 탈퇴시의 조합채무 전부에 대하여 직접·무한·연대책임을 부담한다(86조의8 2항, 212조 1항, 2항). 그러나 이 책임은 탈퇴조합원이 합자조합에 변제의 자력이 있으며 집행이 용이한 것을 증명한 때에는 적용하지 아니한다(86조의8 2항, 212조 3항). 이와 관련하여, 지분계산에 있어 조합채무를 조합의 손실로 계산하여 조합재산에서 공제한 후의 잔액만을 탈퇴자에게 환급한 경우에는 나머지 조합원이 탈퇴조합원의 부담부분을 인수한 것으로 볼 수 있으므로 탈퇴조합원은 내부적으로는 면책을 주장할 수 있으나, 조합채권자에 대하여는 그의 승낙이 있어야 대항할 수 있다고 보아야 할 것이다.[410]

(2) 유한책임조합원의 책임

유한책임조합원은 조합계약에서 정한 출자가액에서 이미 이행한 부분을 뺀 가액을 한도로 하여 조합채무를 변제할 책임이 있으며, 이 경우 합자조합에 이익

409) 김홍기, 208; 손진화, 195; 송옥렬, 144; 안강현, 260; 이철송, 454; 임중호, 393; 정동윤, 195; 정찬형, 275; 주석상법(2), 81.

410) 이철송, 454; 주석상법(2), 87.

이 없음에도 불구하고 배당을 받은 금액은 변제책임을 정할 때에 변제책임의 한도액에 더한다(86조의6). 유한책임조합원에 대하여는 민법 713조에 의한 연대책임이 준용되지 아니하므로(86조의8 4항 단서), 유한책임조합원의 책임은 분할책임이다.

유한책임조합원이 탈퇴하는 경우에도 위 책임은 존속하나, 다만 지분계산시 위 책임금액을 차감하고 환급받는 경우에는 업무집행조합원과 달리 소멸된다고 보아야 할 것이다.[411]

6. 해산

가. 해산사유

합자조합의 해산사유로는 존속기간의 만료 기타 합자조합계약에서 해산사유로 정한 사유의 발생(86조의3 12호), 목적의 달성이나 불능, 업무집행조합원 또는 유한책임조합원 중 어느 한 종류의 조합원 전원의 탈퇴(86조의8 1항, 285조)를 들 수 있으며, 부득이한 사유가 있는 때에는 각 조합원은 조합의 해산을 청구할 수 있다(86조의8 4항, 민법 720조).

나. 합자조합의 계속

계속이란 해산 후 청산종료 전에 해산 전 상태로 복귀함을 말한다. 이와 관련하여 상법에 의하면, 업무집행조합원 또는 유한책임조합원 중 어느 한 종류의 조합원 전원의 탈퇴의 경우에, 잔존한 업무집행조합원 또는 유한책임조합원은 전원의 동의로 새로 유한책임조합원 또는 업무집행조합원을 가입시켜서 회사를 계속할 수 있으며(86조의8 1항, 285조 2항), 그 계속 후에 가입한 조합원은 가입 전에 생긴 조합채무에 대하여 다른 조합원과 동일한 책임을 지고(86조의8 1항, 285조 3항, 213조). 이미 해산등기를 하였을 때에는 본점소재지에서는 2주간 내, 지점소재지에서는 3주간 내에 계속등기를 하여야 한다(86조의8 1항, 285조 3항, 229조 3항).

한편, 명문의 규정은 없으나, 존속기간만료 기타 합자조합계약에서 정한 해산사유가 발생한 경우에도 조합원 전원의 동의로, 공동사업의 경영이 가능한 경

---

411) 이철송, 455.

우에는 그 전원의 동의로 합자조합의 계속을 허용하는 것이 타당하다고 본다.[412]

7. 청산

합자조합의 해산 후에는 잔여재산의 분배 등의 청산업무는 청산인이 담당한다. 합자조합의 청산인은 업무집행조합원 과반수의 의결로 선임하는 바, 이를 선임하지 아니한 때에는 업무집행조합원이 청산인이 된다(86조의8 2항, 287조).

청산인의 직무 및 권한은 현존사무의 종결, 채권의 추심 및 채무의 변제, 잔여재산의 인도 및 이를 위하여 필요한 모든 행위이다(86조의8 4항, 민법 724조 1항, 민법 87조). 조합의 해산시 잔여재산 분배에 관한 사항은 조합계약에 미리 명시할 수 있다(86조의3 11호).

청산인이 선임된 때에는 그 선임된 날로부터, 업무집행조합원이 청산인이 된 때에는 해산된 날로부터 본점소재지에서는 2주간 내, 지점소재지에서는 3주간 내에 ① 청산인의 성명·주민등록번호 및 주소(다만, 회사를 대표할 청산인을 정한 때에는 그 외의 청산인의 주소 제외), ② 회사를 대표할 청산인을 정한 때에는 그 성명 그리고 ③ 수인의 청산인이 공동으로 회사를 대표할 것을 정한 때에는 그 규정을 각 등기하여야 한다(86조의8 1항, 253조 1항). 그 사항에 관한 변경이 있는 때에는 본점소재지에서는 2주간 내, 지점소재지에서는 3주간 내에 변경등기를 하여야 한다(86조의8 1항, 253조 1항, 183조).

청산이 종결된 때에는 청산인은 총사원의 승인이 있은 날로부터 본점소재지에서는 2주간 내, 지점소재지에서는 3주간 내에 청산종결의 등기를 하여야 한다(86조의8 1항, 264조).

합자조합의 업무집행조합원, 상법 86조의8에 따라 준용되는 183조의2 또는 253조에 따른 직무대행자 또는 청산인이 등기를 게을리한 경우에는 500만원 이하의 과태료를 부과한다(86조의9). 합자조합이 아니라 업무집행조합원, 직무대행자 또는 청산인 개인에게 부과된다.

---

412) 이철송, 457; 주석상법(2), 88.

Ⅷ. 대리상

1. 의의

대리상이란 일정한 상인을 위하여 상업사용인이 아니면서 상시 그 영업부류에 속하는 거래의 대리 또는 중개를 영업으로 하는 자를 말한다(87조). 중개인 또는 위탁매매인과 같이 불특정다수를 위해 일하지 않으면서 특정지역의 시장을 지속적으로 유지·관리하기 위해 당해 지역에 밝은 자를 임명하여, 그의 실적에 따른 보수를 지급함으로써 상인은 대리상을 통해 시간과 비용을 절약할 수 있으며, 상인 자신이 직접 시장을 개척할 때 발생할 수 있는 판매시장 개척의 어려움을 극복하기 위한 규정이다.

2. 구성요소

가. 본인은 상인이어야 함

대리상이 대리·중개의 역할을 수행하는 대상인 본인은 반드시 상인이어야 한다. 따라서 상인이 아닌 자를 위해 대리·중개를 하더라도 이는 상법상의 대리상이 아니다. 즉, 민사대리상은 상법상의 대리상이 아니다.

나. 본인인 상인의 특정 및 계속성

본인인 상인은 특정되어야 하며 대리상은 본인과 상시 계속적인 관계를 유지하여야 한다. 이 점에서 불특정다수를 위해 대리·중개를 하는 중개인 또는 위탁매매인과 구별된다. 따라서 대리상은 본인의 위한 대리·중개의 인수를 함으로써 비로소 대리인 자격을 취득한다. 그러나 반드시 1인의 상인만을 위할 필요는 없고 복수의 특정 상인을 위해 계속적으로 대리·중개를 하는 것도 가능하다.

다. 대리상은 독립적인 상인이어야 함

대리상은 본인에게 종속되는 상업사용인과 달리 자신의 명의와 계산으로 상행위의 대리의 인수(46조 10호) 또는 중개의 인수(46조 11호)를 영업으로 하는 독립적인 상인이다.[판례159]

[판례159] 대법원 1962.7.5. 선고 62다244 판결

원고와 소외 이웅기 간에 체결된 화재보험도급계약서라는 제목의 계약서로서 그 내용은 원고 회사 대전지점의 설치 및 운영관계를 규정한 것이며 이웅기는 소관 구내에서 원고 회사의 명의로 보험계약의 모집 및 체결을 하고 또 보험료를 영수하며 원고는 이웅기에 대하여 보수로서 매월 금 2만환을 지급하는 외에 보통 화재보험에 있어서는 순 보험료의 40% 월불 화재보험에 있어서는 순 보험료의 30%를 지급하고 보험계약모집에 필요한 제반경비 관내 대리점에 대한 수수료 교통비 및 교제비기타 일절 비용은 이웅기가 부담하기로 한 기재가 있으나 갑 제6호증의 내용을 면밀히 살펴본 즉 제8조 및 제11조 등의 규정등을 보면 이웅기는 원고회사의 상업사용인에 불과하며 단지 이웅기가 받을 보수에 관하여 위와 같은 수수료제를 취하는 동시 그 경비에 관하여도 위와 같은 약정을 한 것에 불과한 취지이며 갑 제6호증으로서 원고와 이웅기 간의 계약이 대리상 계약이라고 인정할 수 없을 뿐만 아니라 이복봉의 원심에서의 진술 중에도 그와 같은 부분을 발견할 수 없음에도 불구하고 그 인용의 증거에 의하여 원고와 이복봉의 관계를 사용인이 아니고 대리상 관계라고 인정하고 따라서 본건 보증관계를 판시와 같이 신원보증법상의 보증이 아니라고 판시한 원판결에는 채증법칙에 위반하여 사실 인정을 한 위법이 있음은 물론 상법상대리상의 법리와 신원보증법상의 신원보증계약의 법리를 오해한 위법이 있다.

라. 본인을 보조하는 자

대리상은 다른 상인을 보조하기 위하여 중개·대리의 방법을 사용하는 자이며, 따라서 중개인·위탁매매인·운송주선인과 같은 보조상인 바, 본인의 거래를 대리하는 체약대리상과 본인의 거래를 중개하는 중개대리상으로 나눌 수 있다.

마. 본인의 영업부류에 속하는 거래를 대리·중개함

대리상은 본인인 상인의 영업부류에 속하는 거래를 대리·중개하는 자인 바, 영업부류에 속한다 함은 상인의 기본적 상행위를 말한다고 보아야 할 것이므로 다

른 상인의 보조적 상행위를 대리·중개하는 자는 대리상이 될 수 없다.[413)] [판례160]

[판례160] 대법원 1999.2.5. 선고 97다26593 판결

어떤 자가 제조회사와 대리점 총판 계약이라고 하는 명칭의 계약을 체결하였다고 하여 곧바로 상법 87조의 대리상으로 되는 것은 아니고, 그 계약 내용을 실질적으로 살펴 대리상인지의 여부를 판단하여야 하는바, 제조회사와 대리점 총판 계약을 체결한 대리점이 위 제조회사로부터 스토어(노래방기기 중 본체)를 매입하여 위 대리점 스스로 10여 종의 주변기기를 부착하여 노래방기기 세트의 판매가격을 결정하여 위 노래방기기 세트를 소비자에게 판매한 경우에는 위 대리점을 제조회사의 상법상의 대리상으로 볼 수 없고, 또한 제조회사가 신문에 자사 제품의 전문취급점 및 A/S센터 전국총판으로 위 대리점을 기재한 광고를 한 번 실었다고 하더라도, 전문취급점이나 전국총판의 실질적인 법률관계는 대리상인 경우도 있고 특약점인 경우도 있으며 위탁매매업인 경우도 있기 때문에, 위 광고를 곧 제조회사가 제3자에 대하여 위 대리점에게 자사 제품의 판매에 관한 대리권을 수여함을 표시한 것이라고 보기 어렵다고 한 사례.

3. 대리상계약

대리상은 본인인 상인과 상시 그 영업부류에 속하는 거래를 대리·중개하기로 하는 계약 즉, 거래의 대리라는 법률행위(대리중개상)와 중개라는 사실행위(체약대리상)를 위탁하는 계약이므로 그 법적 성질은 위임(민법 680조)이고, 따라서 대리상은 선량한 관리자의 주의의무를 부담한다(민법 681조).

한편, 대리상에 대하여는 상사대리에 대한 상법 48조(대리상이 본인을 위한 것임을 표시하지 아니하여도 그 행위는 본인에 대하여 효력이 있음), 49조(대리상은 대리상계약의 본지에 반하지 아니한 범위 내에서 위임을 받지 아니한 행위를 할 수 있음) 및 50조(본인인 상인이 그 영업에 관하여 수여한 대리상의 지위는 본인의 사망으로 소멸하지 아니함)가 적용된다.

4. 대리상의 의무

가. 통지의무

대리상이 거래의 대리 또는 중개를 한 때에는 지체없이 본인에게 그 통지를

413) 김성태, 535; 손진화, 199; 송옥렬, 146; 이기수외, 392; 이철송, 460; 정경영, 187; 주석상법(2), 93.

발송하여야 한다(88조). 대리상계약이 계속적이며 반복하여 대리·중개가 이루어지는 특성을 반영하여 본인이 그 내용을 수시로 파악할 수 있도록 하고, 특히 중개의 경우에는 본인이 직접 계약을 체결해야 하므로 이에 대비할 수 있도록 즉시 본인에게 통지토록 한 것이다. 그러나 도달주의가 아닌 발송주의를 채택한 것은 대리상의 이익을 고려한 것이다.

나. 경업·겸직금지의무

(1) 의의

대리상은 본인의 허락없이 자기나 제3자의 계산으로 본인의 영업부류에 속한 거래를 하거나 동종영업을 목적으로 하는 회사의 무한책임사원 또는 이사가 되지 못한다(89조 1항). 대리상의 활동이 본인이 이익에 배치되는 경우에 본인을 보호하기 위한 규정이다.

(2) 내용

(가) 경업금지

대리상은 본인의 허락없이 자기나 제3자의 계산으로 본인의 영업부류에 속한 거래를 하지 못하는 바, 본인의 허락은 명시적·묵시적이든 구두·서면이든 사전·사후이든 상관없고, 자기나 제3자의 계산이란 거래의 명의에 불구하고 자기나 제3자가 거래로 인한 손익의 주체가 됨을 말하며, 영업부류에 속한 거래란 기본적 상행위 또는 준상행위를 말하고 보조적 상행위는 해당되지 않는다고 보아야 할 것이다.[414]

(나) 겸직금지

대리상은 동종영업을 목적으로 하는 회사의 무한책임사원 또는 이사가 되지 못하는 바, 동종영업에 국한하여 겸직금지의무가 부과된다. 한편, 다른 상인의 사용인이 될 수 있는지와 관련하여, 이를 부정하는 견해가 있으나,[415] 금지하는 명

---

414) 주석상법(2), 97.

415) 정찬형, 286; 주석상법(2), 98. 이에 대하여 입법론적으로 개정해야 한다는 견해로는 이철송, 466.

문의 규정이 없는 이상, 입법론으로는 몰라도 해석론적으로는 가능하다고 보는 것이 타당할 것이다.

(다) 의무위반의 효과

1) 경업금지위반의 효과

상업사용인의 경업금지위반의 효과가 대리상의 경업금지위반에 그대로 준용되므로, 첫째, 개입권의 행사 즉, 대리상의 경업금지로 인한 거래가 대리상의 계산으로 한 것인 때에는 본인은 이를 본인의 계산으로 한 것으로 볼 수 있고 제3자의 계산으로 한 것인 때에는 본인은 대리상에 대하여 이로 인한 이득의 양도를 청구할 수 있으며, 이 권리는 본인이 그 거래를 안 날로부터 2주간을 경과하거나 그 거래가 있은 날로부터 1년을 경과하면 소멸하고(89조 2항, 17조 2항, 4항), 둘째, 위와는 별도로 본인은 대리상에 대하여 대리상계약의 해지를 주장할 수 있으며, 손해배상을 청구할 수도 있다(89조 2항, 17조 3항).

2) 겸직금지위반의 효과

대리상이 겸직금지의무를 위반한 경우, 본인은 대리상계약을 해지할 수 있고, 손해배상을 청구할 수도 있다. 그러나 겸직금지자체는 거래가 아니므로 개입권을 행사할 수는 없다.

다. 비밀준수의무

(1) 의의

대리상은 계약의 종료 후에도 계약과 관련하여 알게 된 본인의 영업상의 비밀을 준수하여야 한다(92조의3). 대리상은 선관주의의무를 부담하므로, 대리상계약기간 중에 선관주의의무에 속하는 비밀준수의무를 부담함은 당연하나, 계약 종료 후에도 계약 중에 대리상이 알게 된 비밀을 준수하는 것이 본인의 이익을 위해 긴요하므로 이 규정을 두게 된 것이다.

(2) 영업비밀의 정의

영업비밀이란 공연히 알려져 있지 아니한 정보로서, 본인이 비밀로서 배타적으로 유지·관리하고 있으며, 경제적 가치를 가지고 이용할 수 있는 정보를 말한다. 이에는 특허권, 상표권, 사업활동·계획, 기업내부조직, 고객명단 등이 포함된다.

(3) 의무의 내용

(가) 비밀을 지켜야 할 의무 – 소극적 의무

대리상 자신이 본인의 영업비밀을 공개하지 않아야 할 뿐만 아니라 타인에 의해서도 공개되지 아니하도록 주의를 베풀 의무까지 포함하는 바, 법상 공시의무가 있다 할지라도(예를 들어, 재무제표(448조) 등) 공시 전까지는 비밀을 지켜야 할 것이며, 범죄행위 또는 기타 위법행위는 이 의무의 대상이 아니라고 보아야 할 것이다.[416]

(나) 사익을 위해 이용하지 말아야 할 의무 – 적극적 의무

경업이든 아니면 기타 방법을 이용하든 대리상은 영업비밀을 자신의 이익을 위해 이용하지 말아야 한다(예를 들면, 자본시장법상 내무자거래(Insider Trading) 등).[417]

(4) 의무위반의 효과

대리상이 위 비밀유지의무를 위반한 경우에는 본인은 계약위반을 이유로 대리상계약을 해지할 수 있고, 손해배상을 청구할 수 있다. 그러나 대리상의 귀책사유로 계약이 종료된 경우이므로 보상청구권은 발생하지 아니한다(92조 1항 단서). 한편, 대리상계약이 종료된 이후에 비밀유지의무를 위반한 경우에는 본인이 대리상의 계약위반을 이유로 손해배상청구는 가능하나 이는 대리상의 보상청구권에는 영향을 미치지 아니한다고 보아야 할 것이며, 비밀유지의무위반이 불법행위를 구성하는 경우에는 본인은 채무불이행 또는 불법행위를 원인으로 한 손해배상청구권을 선택적으로 행사할 수 있다고 보아야 할 것이다.[418]

---

416) 이철송, 468; 주석상법(2), 110; 최준선, 289.

417) 김병연외, 277; 이철송, 469; 주석상법(2), 111.

418) 김병연외, 273; 안강현, 272; 이기수외, 396; 이철송, 469; 임중호, 403; 장덕조, 139. 이에 반하여 위임계약위반을 이유로 한 손해배상청구권을 행사할 수 없다는 견해로는 송옥렬, 148; 정경영, 193.

5. 대리상의 권리

가. 보수청구권

본인과 대리상간의 대리상계약에서 보수약정이 없는 경우에도 대리상은 본인에 대하여 보수청구권을 가진다(61조). 그 보수의 지급시기는 대리상의 대리·중개에 의해 계약이 성립되고 그 이행이 종결된 시점이라고 보아야 할 것인 바, 그 이유는 대리상은 본인에게 거래의 효과를 귀속시킬 의무가 있다고 보아야 할 것이기 때문이고, 한편, 본인의 귀책사유로 이행이 종결되지 아니한 경우에는 이행이 종결된 것으로 간주되어야 할 것이다.[419]

나. 보상청구권

(1) 의의

대리상의 활동으로 본인이 새로운 고객을 획득하거나 영업상의 거래가 현저하게 증가하고 이로 인하여 계약의 종료 후에도 본인이 이익을 얻고 있는 경우에는 대리상은 본인에 대하여 상당한 보상을 청구할 수 있다(92조의2 1항 본문). 대리상계약기간 중에 대리상은 보수를 받게 되지만, 대리상의 활동으로 인하여 본인이 현저한 이익증가를 얻었고 이것이 계약종료 후에도 계속되는 경우에도 대리상은 계약이 종료되면 더 이상 보수를 청구할 수는 없는 것이므로, 형평의 이념상 본인에게 별도의 보상청구권을 인정하자는 취지이다.[420]

(2) 법적 성질

이 보상청구권은 손해배상청구권, 부당이득반환청구권 또는 부양청구권도 아닌 상법이 정한 특별한 권리로 보아야 할 것이다.[421]

---

419) 김병연외, 275; 이철송, 470; 정동윤, 213.

420) 대법원 2013.2.14. 선고 2011다28342 판결.

421) 김병연외, 276; 손진화, 202; 송옥렬, 149; 정경영, 195; 정찬형, 289; 주석상법(2), 105. 이에 대하여 대리상계약에 의한 당초의 보수에 부수하여 발생하는 계약상의 권리라는 견해로는 이철송, 471.

(3) 성립요건

(가) 대리상계약의 종료

보상청구권은 대리상계약이 종료한 후에 발생하나 대리상계약의 종료가 대리상의 책임있는 사유로 인한 경우에는 보상청구권이 발생하지 아니한다(92조의2 1항). 이와 관련하여 판례는 제조자나 공급자로부터 제품을 구매하여 그 제품을 자기의 이름과 계산으로 판매하는 영업을 하는 대리상이 아닌 자에게도 일정한 요건하에 이 보상청구권을 유추적용할 수 있다고 보고 있다.[422)][판례161]

[판례161] 대법원 2013.2.14. 선고 2011다28342 판결

대리상의 보상청구권에 관한 위와 같은 입법 취지 및 목적 등을 고려할 때, 제조자나 공급자로부터 제품을 구매하여 그 제품을 자기의 이름과 계산으로 판매하는 영업을 하는 자에게도, ① 예를 들어 특정한 판매구역에서 제품에 관한 독점판매권을 가지면서 제품판매를 촉진할 의무와 더불어 제조자나 공급자의 판매활동에 관한 지침이나 지시에 따를 의무 등을 부담하는 경우처럼 계약을 통하여 사실상 제조자나 공급자의 판매조직에 편입됨으로써 대리상과 동일하거나 유사한 업무를 수행하였고, ② 자신이 획득하거나 거래를 현저히 증가시킨 고객에 관한 정보를 제조자나 공급자가 알 수 있도록 하는 등 고객관계를 이전하여 제조자나 공급자가 계약 종료 후에도 곧바로 그러한 고객관계를 이용할 수 있게 할 계약상 의무를 부담하였으며, ③ 아울러 계약체결 경위, 영업을 위하여 투입한 자본과 그 회수 규모 및 영업 현황 등 제반 사정에 비추어 대리상과 마찬가지의 보호필요성이 인정된다는 요건을 모두 충족하는 때에는, 상법상 대리상이 아니더라도 대리상의 보상청구권에 관한 상법 92조의2를 유추적용할 수 있다고 보아야 한다.

(나) 대리상의 활동으로 본인이 새로운 고객을 획득하거나 영업상의 거래가 현저하게 증가하였어야 함

여기서 새로운 고객이란 과거의 고객이지만 대리상의 활동으로 본인과 영업거래가 현저하게 증가하여 경제적으로 새로운 고객을 획득한 것으로 볼 수 있을 때 고객과 본인 사이에 유용한 영업결합이 생긴 자도 포함된다고 보아야 할 것이다.[423)] 그리고 영업상의 거래가 현저하게 증가하는 것에는 기존의 고객을 상대로

422) 김정호, 542; 이철송, 479; 임중호, 407; 정동윤, 214; 정찬형, 289. 이에 반대하는 견해로는 송옥렬, 151; 최기원, 315; 최준선, 291.

영업거래의 양을 늘리거나 종전과 다른 내용의 계약을 체결하는 것도 포함된다고 보아야 할 것이다.[424]

(다) 대리상계약의 종료 후에도 본인이 이익을 얻고 있는 경우이어야 함

본인이 이익을 얻고 있는 경우란 회계학적인 영업이익이 아니고, 대리상이 개척한 고객과의 거래가 유지됨으로써 얻는 기업상의 경제적 가치를 말한다.[425]

대리상계약의 종료 후에도 본인이 이익을 얻고 있어야 하므로, 본인이 대리상계약 종료 후 영업을 폐지하거나 대리상이 체결한 상대방과의 거래를 중단한다면 보상청구권은 발생하지 않는다고 보아야 할 것이다(92조의2 1항 단서).

(라) 입증책임

이상의 요건은 대리상이 입증해야 할 것이다. 이와 관련하여, 대리상은 자신이 고객과 체결한 거래관계가 지속되고 있음을 증명하면 족하고 본인의 구체적인 현존이익을 증명할 필요는 없다고 보는 견해가 있으나,[426] 명문의 규정상 본인이 이익을 얻고 있는 것 및 영업상의 거래가 현저하게 증가했다는 사실에 대한 입증책임도 역시 보상청구권을 주장하는 대리상이 입증해야 한다고 보는 것이 타당할 것이다.

(4) 보상청구권의 내용

본인은 대리상에 대하여 상당한 보상을 해주어야 하는 바, 여기서 상당한 보상이란 대리상의 활동내역 및 본인이 얻는 이익을 비교형량하여 판단해야 할 것이다.

한편, 이 보상금액은 대리상계약의 종료 전 5년간의 평균년보수액을 초과할 수 없다(92조의2 2항 전단). 여기서 5년간의 평균연보수액이란 5년간의 평균액으로 계산한 1개년치의 평균연보수액을 말한다고 보아야 할 것이다.[427] 또한 계약의 존속기간이 5년 미만인 경우에는 그 기간의 평균연보수액을 기준으로 한다(92조

423) 김성태, 542; 김정호, 273; 주석상법(2), 106; 최기원, 317; 최준선, 291.
424) 송옥렬, 150; 이철송, 474.
425) 송옥렬, 150; 이철송, 475; 정동윤, 213; 정찬형, 289; 주석상법(2), 106.
426) 이철송, 475; 주석상법(2), 107. 이에 반대하는 견해로는 최기원, 317.
427) 이철송, 477; 주석상법(2), 108.

의2 2항 후단). 여기서의 5년 미만 기간의 평균연보수액도 동 기간의 평균액으로 계산한 1개년치의 평균연보수액을 말한다고 보아야 할 것이다.

(5) 행사기간 · 배제 · 포기

이 보상청구권은 대리상계약이 종료한 날부터 6월을 경과하면 소멸한다(92조의2 3항). 이 기간은 제척기간으로 보아야 할 것이다.[428]

한편, 이 보상청구권을 대리상계약시 또는 대리상계약 중에 배제할 수 있는지가 문제되는 바, 이를 부정하는 견해가 있으나,[429] 대리상에 관한 상법규정은 본인과 대리상간의 사적 자치를 보완하는 기능을 수행하므로 독일상법과 같이 명문으로 이를 배제하는 규정이 없는 이상 배제가 허용된다고 보는 것이 타당할 것이다.[430] 따라서 대리상계약 종료 후 대리상이 이미 발생한 보상청구권을 포기하는 것은 당연히 허용될 것이다.[431]

다. 유치권

대리상은 거래의 대리 또는 중개로 인한 채권이 변제기에 있는 때에는 그 변제를 받을 때까지 본인을 위하여 점유하는 물건 또는 유가증권을 유치할 수 있다. 그러나 당사자간에 다른 약정이 있으면 그러하지 아니하다(91조 본문). 대리상이 본인에게 가지는 수수료채권, 체당금채권 또는 보수채권 등에 대한 이행을 확보하기 위하여 민사유치권(민법 320조 내지 328조) 또는 상사유치권(58조)과 다른 특별한 유치권을 규정한 것이다. 즉, 상사유치권에 비해 유치물의 소유자가 본인임을 요구하지 않으며, 대리상의 피담보채권이 유치물로부터 발생한 것임을 요구하지 않는다는 점에서 보다 강력하다고 볼 수 있다. 그러나 당사자간의 다른 약정에 의해 이 유치권의 적용을 배제시키거나 유치권의 내용을 변경시킬 수 있다(91조 단서).

---

428) 김정호, 275; 손진화, 202; 송옥렬, 150; 임중호, 409; 정동윤, 214; 정찬형, 290; 최기원, 321; 한창희, 273.

429) 김병연외, 276; 김성태, 542; 김정호, 275; 서헌제, 294; 안강현, 273; 이철송, 478; 임중호, 407; 정경영, 196; 정찬형, 289.

430) 송옥렬, 150; 전우현, 421; 최기원, 321; 최준선, 291.

431) 김병연외, 276; 이철송, 478.

6. 대리상계약의 종료

대리상계약은 위임계약관계를 전제로 하므로 위임에 관한 일반적 종료원인(민법 690조)에 의해 종료된다. 즉, 본인의 파산, 대리상의 사망·파산·성년후견개시심판으로 종료된다. 그러나 본인의 사망은 상법 50조(상인이 그 영업에 관하여 수여한 대리권은 본인의 사망으로 인하여 소멸하지 아니함)에 의해 종료원인이 되지 않는다고 보아야 할 것이다.

한편, 대리상계약은 존속기간을 정한 경우 그 기간의 만료로 종료되고, 본인 또는 대리상의 영업의 폐지로도 종료될 것이다. 본인 또는 대리상의 영업이 양도된 경우에는 대리상계약의 신뢰관계를 고려할 때, 상대방 및 양수인이 이를 승인하지 않는 한 종료된다고 보는 것이 타당할 것이다.432)

만일 당사자가 계약의 존속기간을 약정하지 아니한 때에는 각 당사자는 2월 전에 예고하고 계약을 해지할 수 있다(92조 1항). 이는 민법상 즉시해고원칙(민법 689조)에 대한 특칙이다. 그러나 대리상계약의 존속기간의 약정의 유무에 불구하고 부득이한 사정이 있는 때에는 각 당사자는 언제든지 계약을 해지할 수 있다(92조 2항, 83조 2항). 여기서 부득이한 사정이란 해지당사자의 귀책사유가 아닌 사유에 의한 해지를 말한다고 보는 것이 타당할 것이다.

7. 대리상과 제3자와의 관계

물건의 판매나 그 중개의 위탁을 받은 대리상은 매매의 목적물의 하자 또는 수량부족 기타 매매의 이행에 관한 통지를 받을 권한이 있다(90조). 물건의 판매나 그 중개의 위탁을 받은 대리상의 거래상대방이 매매의 목적물의 하자 또는 수량부족 기타 매매의 이행에 관한 통지를 본인에 대해서만 해야 한다면 거래의 신속을 저해함으로써 거래상대방의 이익을 해칠 뿐만 아니라 본인의 입장에서도 문제의 신속한 해결에 도움이 안될 수 있으므로 이를 해결하기 위해 대리상으로 하여금 이 통지를 수령할 권한을 부여한 것이다. 체약대리상의 경우에는 당연히 이 권한을 가지고 있을 것이나, 중개대리상의 경우 대리권이 당연히 부여되는 것

432) 이기수외, 401; 정동윤, 215; 최준선, 293; 한창희, 277. 이에 반대하는 견해로는 김성태, 546; 서헌제, 296; 정찬형, 291.

이 아니므로 본 규정은 중개대리상의 경우에 그 의미가 있다.[433]

통지의 대상은 매매의 이행에 관한 통지에 국한되므로, 매매계약 자체에 관한 무효·취소·해제에 관한 통지는 대리상이 수령할 권한이 없다고 보아야 할 것이다.[434]

Ⅸ. 중개업

1. 의의

중개업이란 타인간의 상행위의 중개에 관한 영업을 말하며, 이러한 중개의 인수를 영업으로 하는 자를 중개인이라 한다(93조). 중개인의 중개행위를 통해 그의 정보 및 조직을 이용함으로써 상인은 비용을 절감할 수 있고, 그의 중개경험을 통해 거래의 성사가능성을 높일 수 있는 이점이 있다.

2. 중개인의 개념

가. 중개

중개란 거래당사자의 중간에서 계약의 체결을 위한 모든 사실행위를 말한다. 따라서 대리권을 가지는 체약대리상 또는 타인을 위해 계약을 체결하는 위탁매매인과 구별된다. 한편 중개란 불특정다수의 상인을 위해 중개한다는 점에서 특정한 상인을 위해 일하는 중개대리상과 구별된다.

433) 김성태, 545; 김홍기, 216; 손주찬, 295; 손진화, 203; 안강현, 270; 임중호, 406; 전우현, 272; 최준선, 292; 한창희, 274.

434) 대법원 1997.3.25. 선고 96다51271 판결; 김병연, 278; 김성태, 545; 김홍기, 216; 손주찬, 295; 손진화, 203; 안강현, 270; 임중호, 406; 전우현, 272; 정경영, 196; 정동윤, 215; 정찬형, 291; 최준선, 292; 한창희, 275.

나. 상행위의 중개

비상인간의 중개 즉, 민사중개에는 상법상의 중개규정이 적용되지 아니한다. 또한 기본적 상행위 또는 준상행위에 대한 중개는 당연히 상법상 중개에 해당되나 보조적 상행위에 대한 중개가 해당될 것인지와 관련하여 이를 부정하는 견해가 있으나,[435] 타인간의 상행위가 보조적 상행위라 할지라도 이의 중개를 영업으로 한다면 상법상의 중개규정을 적용할 필요성이 있으므로 긍정설이 타당하다고 본다.[436]

다. 중개를 영업으로 함

중개를 영업으로 함은 중개의 인수를 영업으로 함을 말한다(46조 11호). 중개의 인수란 법률행위로서 이를 영업으로 함으로써 중개인은 상인자격을 취득하고 당연상인이 된다(4조).[437]

3. 중개계약의 법적 성질

중개계약은 중개를 위탁한 자와 중개인간의 계약인 바, 중개인은 선량한 관리자의 주의의무를 부담한다고 해석하는 것이 일반적이므로(민법 681조), 중개계약은 위임계약이라고 봄이 타당할 것이다.[438] 한편, 여기서 선관주의로서의 중개란 특약이 없더라도 적극적으로 중개를 해야 할 의무를 포함한다고 보는 것이 당사자의 의사에 부합된다고 본다.[439]

---

435) 김정호, 278; 손진화, 205; 정동윤, 218; 정찬형, 292; 정희철외, 175; 최기원, 326.

436) 김병연외, 280; 김성태, 555; 안강현, 274; 이기수외, 404; 이철송, 485; 임중호, 411; 전우현, 275; 정경영, 199; 주석상법(2), 113; 최준선, 295.

437) 김정호, 278; 김홍기, 218; 서돈각외, 190; 서헌제, 300; 손진화, 205; 안강현, 274; 이기수외, 405; 임중호, 412; 정동윤, 218; 정찬형, 293; 주석상법(2), 114; 최준선, 295; 한창희, 281.

438) 김성태, 559; 김홍기, 218; 서돈각외, 191; 서헌제, 300; 손진화, 205; 송옥렬, 153; 안강현, 275; 이기수외, 406; 전우현, 278; 정경영, 200; 정찬형, 294; 주석상법(2), 115; 최기원, 325; 최준선, 296; 한창희, 283.

439) 김성태, 559; 김홍기, 219; 서헌제, 301; 안강현, 276. 그러나 이에 반하여 특약이 없는 한 적극적 중개의무를 부담하지 않는다는 견해로는 손주찬, 303; 손진화, 205; 이철송, 486; 임중호, 414; 전우현, 278; 최기원, 326; 최준선, 296.

4. 중개인의 의무

위에서 언급한 선량한 관리자의 주의의무 이외에도 중개인은 다음과 같은 의무를 부담한다.

가. 견품보관의무

중개인이 그 중개한 행위에 관하여 견품을 받은 때에는 그 행위가 완료될 때까지 이를 보관하여야 한다(95조). 향후 분쟁에 대비하여 증거를 보전키 위한 규정이다. 따라서 행위가 완료될 때란 매도인의 담보책임소멸, 이의기간경과, 시효기간만료, 계약해제 등 분쟁의 소지가 소멸된 때를 의미한다고 보아야 할 것이다.440)

이 견품보관의무는 법률상의 의무이므로 특약이 없는 한 이에 대한 보수를 청구할 수는 없다고 보아야 할 것이고, 보관의무종료 시에는 다른 약정이 없는 한 제공자에게 반환해야 한다고 보아야 할 것이다.441)

나. 결약서 교부의무

당사자간에 계약이 성립된 때에는 중개인은 지체없이 각 당사자의 성명 또는 상호, 계약연월일과 그 요령을 기재한 서면을 작성하여 기명날인 또는 서명한 후 각 당사자에게 교부하여야 한다(96조 1항). 이 결약서에 계약의 주요사항을 명시함으로서 계약내용과 관련한 분쟁발생을 예방하고, 향후 분쟁이 발생했을 경우 그 증거보전의 수단으로 이용키 위함이다.

이와 관련하여, 당사자가 즉시 이행을 하여야 하는 경우를 제외하고, 중개인은 각 당사자로 하여금 이 결약서에 기명날인 또는 서명하게 한 후 그 상대방에게 교부하여야 한다(96조 2항). 계약성립시와 이행기간에 시간적 간격이 있는 경우

440) 김병연외, 281; 김성태, 559; 김정호, 281; 김흥기, 220; 서돈각, 191; 서헌제, 303; 손주찬, 304; 손진화, 205; 송옥렬, 154; 안강현, 276; 이기수외, 407; 임중호, 418; 장덕조, 143; 전우현, 279; 정경영, 200; 정동윤, 219; 정찬형, 296; 최기원, 328; 최준선, 297; 한창희, 284.

441) 김정호, 281; 서돈각, 191; 서헌제, 303; 안강현, 277; 이기수외, 408; 정동윤, 219; 정찬형, 296; 최기원, 328.

당사자가 향후 계약내용에 대하여 말을 바꿀 가능성을 없애고 그 증거를 남기기 위한 규정이다. 또한 이 경우에 당사자의 일방이 서면의 수령을 거부하거나 기명날인 또는 서명하지 아니한 때에는 중개인은 지체없이 상대방에게 그 통지를 발송하여야 한다(96조 3항). 상대방으로 하여금 향후 발생할지 모를 분쟁에 대비할 수 있도록 하기 위함이다.

다. 장부작성의무

중개인은 결약서에 기재할 사항을 장부에 기재하여야 한다(97조 1항). 이 장부가 일기장인 바, 상법 29조의 상업장부는 아니나, 재산상황이나 영업회계에 관한 사항이 기재된다면 상업장부에 해당할 수도 있다.[442] 향후 분쟁에 대비하여 증거를 확보키 위한 규정이다.

한편, 당사자는 언제든지 자기를 위하여 중개한 행위에 관한 장부의 등본의 교부를 청구할 수 있다(97조 2항). 여기서 당사자는 계약을 위탁한 당사자뿐만 아니라 계약의 모든 당사자를 의미한다고 보아야 할 것이다.[443] 이 장부의 보존에 관하여는 명시적인 규정이 없으나, 상업장부의 보존에 관한 규정(33조)을 유추적용하여 장부를 폐쇄한 날로부터 10년간 보존해야 하는 것으로 해석하는 것이 타당할 것이다.[444]

라. 성명·상호 묵비(默祕)의무 및 개입의무

(1) 성명·상호 묵비의무

당사자가 그 성명 또는 상호를 상대방에게 표시하지 아니할 것을 중개인에게 요구한 때에는 중개인은 그 상대방에게 교부할 결약서(96조 1항) 및 등본(97조 2항)에 이를 기재하지 못한다(98조). 계약당사자가 당해 거래가 외부에 유출될 경우에 발생할 손해를 방지하기 위한 규정이다.

---

442) 김정호, 283; 손진화, 207; 송옥렬, 154; 이기수외, 410; 전우현, 280; 정경영, 201; 정동윤, 221; 정찬형, 297; 최기원, 330; 최준선, 299.

443) 정동윤, 221; 주석상법(2), 121.

444) 김성태, 563; 손진화, 207; 안강현, 278; 이기수외, 410; 정동윤, 221; 정찬형, 297; 한창희, 286; 최준선, 299.

(2) 개입의무

중개인이 임의로 또는 성명·상호 묵비의무규정(98조)에 의하여 당사자의 일방의 성명 또는 상호를 상대방에게 표시하지 아니한 때에는 상대방은 중개인에 대하여 이행을 청구할 수 있다(99조).[445] 이러한 중개인의 책임을 중개인의 개입의무라고 한다. 중개인이 당사자 일방을 표시하지 않음으로 인하여 중개인을 신뢰하고 계약을 체결한 상대방을 보호하기 위한 규정이다.

따라서 상대방은 이 경우 중개인이 계약의 당사자가 아님에도 계약의 이행을 청구할 수 있는 바, 만일 상대방이 중개인에게 이행청구를 한 후 중개인이 상대방에게 당사자의 성명 또는 상호를 표시한 경우에도 중개인은 이행책임을 부담해야 하는지가 문제되나, 상대방은 표시된 당사자에 대하여 계약이행을 주장할 수 있다 할지라도 여전히 상대방의 중개인에 대한 신뢰는 보장되어야 할 것이므로 상대방의 중개인에 대한 이행청구권은 존속한다고 보아야 할 것이다.[446]

한편, 중개인이 상대방에게 이행을 한 경우, 묵비한 당사자에 대하여 구상권을 가지며, 변제할 정당한 이익이 있는 자이므로 당연히 상대방을 대위한다고 보아야 할 것이다(민법 481조).

5. 중개인의 권리

가. 보수청구권

(1) 의의

중개인은 상인이므로 보수에 관한 약정이 없더라도 보수청구권을 가지는 바(61조), 이를 중개료라고도 한다.

---

445) 대법원 1972.8.22. 선고 72다1071·1072 판결.

446) 김병연외, 283; 김성태, 565; 손주찬, 307; 손진화, 208; 송옥렬, 155; 안강현, 279; 이기수외, 411; 전우현, 281; 정경영, 202; 정동윤, 222; 정찬형, 299; 주석상법(2), 124; 최기원, 330; 최준선, 300; 한창희, 288.

(2) 보수청구권의 발생요건

(가) 당사자간에 계약이 유효할 것

보수청구권은 중개한 당사자간의 계약이 유효하게 존속할 것을 요건으로 한다. 따라서 당해 계약이 무효·취소되면 보수청구권이 발생하지 아니한다. 채무불이행으로 해제되더라도 보수청구권은 소멸하지 아니하고, 계약의 이행여부는 불문하는데 원칙이나 계약의 이행을 조건으로 보수를 지급하기로 약정하거나 그러한 관습이 있는 경우에는 그 효력은 유효하다고 보아야 할 것이다.[447]

(나) 중개행위와 계약간에는 상당인과관계가 있어야 함

당해 계약이 중개인의 중개활동으로 인하여 체결되었어야 한다. 따라서 상당인과관계가 인정되는 한, 타인이 중개활동에 개입하였더라도 중개인의 보수청구권이 인정되며,[448] 중개를 위탁한 자의 책임있는 사유로 계약이 체결되지 못한 경우에는 신의칙상 보수청구권이 인정된다고 보아야 할 것이다.[449]

(다) 결약서교부의무를 종료하였을 것

중개인은 결약서교부의무(96조)의 절차를 종료하지 아니하면 보수를 청구하지 못한다(100조 1항).

(3) 지급의무자 및 지급액

중개인의 보수는 당사자쌍방이 균분하여 부담한다(100조 2항). 물론 당사자간의 특약으로 당사자간의 중개료의 부담을 달리 정할 수 있으나, 이로써 중개인에게 대항할 수는 없다고 보아야 할 것이고, 균분부담의 경우에 이는 분할채무(민법 408조)이므로 어느 당사자의 분담비율을 초과하여 타방당사자에게 청구할 수 없다고 본다.[450] 중개료는 정액으로 정하거나 그 산정기준을 달리 정하지 않는 한,

---

447) 김성태, 568; 김홍기, 221; 이기수외, 412; 이철송, 492; 정경영, 203; 주석상법(2), 125.

448) 손진화, 209; 주석상법(2), 126.

449) 김성태, 567; 서헌제, 306; 이기수외, 412; 이철송, 492; 임중호, 422; 정경영, 202; 정동윤, 222; 주석상법(2), 126; 최준선, 301(예를 들어, 중개인의 중개활동으로 계약을 체결할 수 있는 상황에서, 중개를 위탁한 자가 중개료를 지급하지 않기 위하여 중개계약을 해제하고 상대방과 직접 계약을 체결한 경우).

450) 서헌제, 307; 손주찬, 308; 손진화, 209; 전우현, 282; 정동윤, 223; 정찬형, 300; 최기원, 332; 한

거래가액을 기준으로 한다.451)

나. 비용청구권의 불인정

계약이 성립되지 않는 경우에는 물론이고, 특약 또는 상관습이 없는 한, 중개인이 중개활동을 통해 지출한 비용은 중개료와는 별도로 상환청구할 수 없다.452)

다. 급여수령권의 불인정

중개인은 다른 약정이나 관습이 없는 한, 그 중개한 행위에 관하여 당사자를 위하여 지급 기타의 이행을 받지 못한다(94조). 중개인은 당연히 계약당사자가 될 수도 없고, 당연히 대리인의 지위를 취득하게 되는 것도 아니기 때문이다.

한편, 다른 약정은 명시적으로 뿐만 아니라 묵시적으로도 할 수 있으므로, 중개를 위탁한 자가 자신의 성명 또는 상호를 상대방에게 표시하지 아니할 것을 요구한 때에는 급여수령권을 묵시적으로 부여한 것으로 해석할 수 있을 것이다.453)

X. 위탁매매업

1. 의의

위탁매매업은 위탁자로부터 물건 또는 유가증권의 매매를 위탁받은 위탁매매인이 자신의 이름으로 그러나 위탁자의 계산 즉, 그 경제적 효과가 위탁자에게 귀속되는 형식으로 제3자와 그 매매를 하는 영업을 말한다. 대리상과 같은 영업

창희, 288.

451) 대법원 1964.6.30. 선고 64다268 판결.

452) 김병연외, 284; 김성태, 569; 김정호, 285; 김홍기, 221; 서돈각외, 195; 서헌제, 308; 손주찬, 308; 안강현, 280; 이기수외, 413; 임중호, 423; 정동윤, 223; 정찬형, 300; 최기원, 333; 최준선, 302; 한창희, 289.

453) 김병연외, 284; 김성태, 570; 김홍기, 222; 손주찬, 308; 손진화, 210; 송옥렬, 156; 이기수외, 414; 이철송, 493; 정경영, 203; 정찬형, 301; 주석상법(2), 127; 최준선, 302.

조직이 없더라도 이용가능하고, 중개인만으로는 충족될 수 없는 신용을 보강할 수 있다는 측면에서 위탁매매인의 효용성이 있다.

2. 위탁매매인의 개념

위탁매매인은 자기명의로써 타인의 계산으로 물건 또는 유가증권의 매매를 영업으로 하는 자를 말한다(101조).

가. 자기명의·타인계산

자기명의로 그러나 타인의 계산으로 하는 법률행위를 주선이라 하는 바,[454] 위탁매매인은 자기명의로 즉, 자신이 매매계약의 당사자로서 권리의무의 주체가 되나, 타인의 계산으로 즉, 위탁자에게 그 경제적 효과를 귀속시킨다.[판례162] 예를 들어, 한국거래소의 회원인 증권회사와 같은 위탁매매인에게 상장주식의 매매를 위탁하는 경우, 위탁매매인인 증권회사는 자신의 이름으로 수탁된 주식을 제3자에게 매매하고 그 매매대금을 위탁자에게 귀속시키되, 증권회사는 그 매매활동에 대한 대가로 수수료를 받게 되는 경우를 말한다.

[판례162] 대법원 2011.7.14. 선고 2011다31645 판결

위탁매매란 자기의 명의로 타인의 계산에 의하여 물품을 매수 또는 매도하고 보수를 받는 것으로서 명의와 계산의 분리를 본질로 한다. 그리고 어떠한 계약이 일반의 매매계약인지 위탁매매계약인지는 계약의 명칭 또는 형식적인 문언을 떠나 그 실질을 중시하여 판단하여야 한다. 이는 자기명의로써, 그러나 타인의 계산으로 매매 아닌 행위를 영업으로 하는 이른바 준위탁매매(상법 113조)에 있어서도 마찬가지이다(동지 대법원 2008.5.29. 선고 2005다6297 판결).

454) 김병연외, 285; 손주찬, 310; 송옥렬, 157; 이기수외, 417; 정경영, 207; 정찬형, 303; 한창희, 292.

나. 물건 또는 유가증권의 매매

위탁매매인은 물건 또는 유가증권의 매매의 주선을 영업으로 한다. 여기서 물건에 부동산이 포함되느냐가 문제되는 바, 이를 긍정하는 견해가 있으나,[455) 상법 103조에 의하면 위탁을 통한 매매물건의 소유권이 위탁자에게 있는 바, 부동산은 등기를 그 소유권이전의 성립요건으로 하고 있어 위 상법규정의 적용대상이 될 수 없으므로, 해석론적으로 이를 부정하는 것이 타당할 것이다.[456)]

유가증권의 매매로서 대표적인 것은 증권시장인 한국거래소의 회원인 증권회사 등이 위탁매매인으로서 상장주식의 소유자로부터 매매위탁을 받아 당해 주식을 제3자에게 증권회사 등의 명의로 그러나 당해 주식소유자의 계산으로 제3자에게 매매하고, 그 매매대금을 당해 위탁자에게 지급하되, 수수료를 받는 경우이다.

다. 매매의 주선을 영업으로 함

위탁매매인의 영업은 매매의 주선을 인수하는 것(즉, 위탁자로부터 보수를 받고 위탁매매를 수탁받는 것)이지 매매자체는 아니므로(대리상·중개인과 동일함), 그 이후의 매매행위는 보조적 상행위가 된다.[457)][판례163]

[판례163] 대법원 1997.2.14. 선고 95다19140 판결

채권매매거래의 위탁계약의 성립시기는 위탁금이나 위탁채권을 받을 직무상의 권한이 있는 직원이 채권매매거래를 위탁한다는 의사로 이를 위탁하는 고객으로부터 금원이나 채권을 수령하면 곧바로 위탁계약이 성립하고, 그 이후에 그 직원의 금원수납에 관한 처리는 계약의 성립에 영향이 없다.

---

455) 손주찬, 310; 손진화, 211; 송옥렬, 157; 안강현, 282; 정동윤, 224; 정찬형, 303; 주석상법(2), 131.

456) 김병연외, 288; 김성태, 575; 김정호, 286; 김홍기, 223; 이기수외, 417; 이철송, 497; 임중호, 426; 장덕조, 146; 전우현, 284; 정경영, 207; 최기원, 335; 최준선, 304.

457) 김성태, 575; 김홍기, 224; 손진화, 212; 이기수외, 417; 임중호, 426; 정동윤, 225; 정찬형, 303; 최준선, 304.

3. 위탁매매의 관계

가. 위탁매매인과 매매계약의 상대방과의 관계

위탁매매인은 위탁자를 위한 매매로 인하여 상대방에 대하여 직접 권리를 취득하고 의무를 부담한다(102조). 즉, 위탁매매인이 매도인 또는 매수인과 같은 매매계약의 당사자로서의 법적 지위를 취득한다. 따라서 매매계약의 성립여부 또는 유효여부(행위무능력, 의사표시의 흠결, 착오·사기·강박 등)도 위탁매매인을 기준으로 판단되어야 하며, 상대방이 위탁매매라는 사실을 알고 있느냐 여부도 상관없다.[458]

나. 위탁자와 매매계약의 상대방과의 관계

위탁자는 위탁매매인과 상대방간의 매매계약의 당사자가 아니므로 상대방과 법률관계가 성립하지 않는다. 위탁자는 매매의 효력을 다툴 수 없고, 불이행을 이유로 손해배상을 청구할 수도 없고, 위탁자에게 발생한 사유는 매매에 영향을 주지 않으며, 상대방은 위탁자에 가지고 있는 채권으로 매매로 인한 채무와 상계하지 못한다. 위탁자는 상대방에게 직접적으로 이행을 청구할 수는 없으나, 상대방의 채무불이행에 대하여 위탁자는 채권자대위권을 행사하여 간접적으로 권리를 실현할 수는 있다. 한편, 상대방이 매매계약을 이행하지 않는 경우 위탁매매인은 상대방을 상대로 손해배상청구를 할 수 있다고 보아야 할 것이다.[459]

다. 위탁매매의 대내적 관계 - 위탁자와 위탁매매인간의 관계

상법 112조는 위탁자와 위탁매매인간의 관계에는 본장(7장 위탁매매업)의 규정 외에 위임에 관한 규정을 적용하는 것으로 규정하고 있다. 따라서 위탁매매의 대내적 관계인 위탁자와 위탁매매인간의 관계가 위임인 것임은 분명하다. 또한 준용이 아닌 적용이라는 표현을 사용한 것에서 위 양자간의 관계가 위임인 것에 의문의 여지가 없다. 그러므로 민법상 위임에 관한 규정이 적용된다.

위탁의 구체적 경우로서, 위탁자가 위탁매매인에게 물건 또는 유가증권의

---

458) 김홍기, 226; 서헌제, 313; 손주찬, 318; 이기수외, 428; 전우현, 290; 정찬형, 304; 최준선, 315.
459) 서돈각외, 205; 이기수외, 428; 이철송, 501; 주석상법(2), 134; 최기원, 339; 한창희, 295.

매도를 의뢰하는 경우, 또는 매수를 의뢰하는 경우 또는 양자를 모두 의뢰하는 경우로 나눌 수 있다.

라. 위탁물의 귀속관계

(1) 의의

위탁매매와 관련하여 대외적인 법률행위의 당사자는 위탁매매인이기 때문에 이러한 대외적인 명의관계를 강조하다 보면 실질관계인 그 경제적 효력이 위탁자에게 귀속된다는 측면이 경시됨으로써 위탁자의 이익이 심각하게 침해될 수 있다. 따라서 상법은 103조에서 위탁매매인이 위탁자로부터 받은 물건 또는 유가증권이나 위탁매매로 인하여 취득한 물건, 유가증권 또는 채권은 위탁자와 위탁매매인 또는 위탁매매인의 채권자간의 관계에서는 이를 위탁자의 소유 또는 채권으로 보는 것으로 규정하고 있다.[판례164]

[판례164] 대법원 1982.2.23. 선고 81도2619 판결

위탁판매에 있어서는 위탁품의 소유권은 위임자에게 속하고 그 판매대금은 다른 특약이나 특별한 사정이 없는 한 이를 수령함과 동시에 위탁자에 귀속한다 할 것이므로 위탁매매인이 이를 사용, 소비한 때에는 횡령죄가 성립한다(그러나 통상 위탁판매의 경우에 위탁판매인이 위탁물을 매매하고 수령한 금원은 위탁자의 소유에 속하여 위탁판매인이 함부로 이를 소비하거나 인도를 거부하는 때에는 횡령죄가 성립한다고 할 것이나, 위탁판매인과 위탁자간에 판매대금에서 각종 비용이나 수수료 등을 공제한 이익을 분배하기로 하는 등 그 대금처분에 관하여 특별한 약정이 있는 경우에는 이에 관한 정산관계가 밝혀지지 않는 한 위탁물을 판매하여 이를 소비하거나 인도를 거부 하였다 하여 곧바로 횡령죄가 성립한다고는 할 수 없음(대법원 1990.3.27. 선고 89도813 판결)).

(2) 적용대상

위탁자가 위탁매매인에게 매수의 위탁을 하며 맡긴 금전 및 위탁매매인이 위탁자로부터 받은 물건 또는 유가증권의 매매로 인하여 받은 대금은 이 규정의 적용대상이 아니다. 이 금전은 위탁매매인의 재산에 섞이는 순간 특정할 수 없기 때문이다. 한편, 위탁매매인의 매매계약의 상대방이 위탁매매인의 채권자에 포함

되느냐가 문제되나, 위탁매매인이 위탁물의 매매계약상의 의무를 불이행하여 매매의 상대방이 계약의 해제 또는 강제집행을 하는 경우 위탁자가 소유권을 주장할 수 있다면 형평에 반하므로 포함되지 않는다고 보아야 할 것이다.[460]

(3) 환취권과의 관계

위탁매매인이 위탁자로부터 물건 또는 유가증권을 받은 후 파산한 경우에는 위탁자가 환취권을 행사하여 돌려받을 수 있으며(채무자회생법 407조), 위탁매매의 반대급부로 위탁매매인이 위탁매매의 상대방으로부터 취득한 물건, 유가증권 또는 채권에 대해서도 대체적 환취권을 행사하여 그 이전을 구할 수 있다.[판례165]

[판례165] 대법원 2008.5.29. 선고 2005다6297 판결

위탁매매인이 위탁자로부터 받은 물건 또는 유가증권이나 위탁매매로 인하여 취득한 물건, 유가증권 또는 채권은 위탁자와 위탁매매인 또는 위탁매매인의 채권자 간의 관계에서는 이를 위탁자의 소유 또는 채권으로 보므로(상법 103조), 위탁매매인이 위탁자로부터 물건 또는 유가증권을 받은 후 파산한 경우에는 위탁자는 구 파산법(2005. 3. 31. 법률 제7428호 채무자 회생 및 파산에 관한 법률 부칙 2조로 폐지) 79조에 의하여 위 물건 또는 유가증권을 환취할 권리가 있고, 위탁매매의 반대급부로 위탁매매인이 취득한 물건, 유가증권 또는 채권에 대하여는 구 파산법 83조 1항에 의하여 대체적 환취권으로 그 이전을 구할 수 있다.

또한 위탁매매인의 채권자가 위탁물에 대하여 강제집행을 하는 경우, 위탁자는 자기 소유라는 주장을 하여 제3자이의의 소를 제기할 수 있다(민사집행법 48조 1항). 한편, 위탁매매인이 위 물건, 유가증권 또는 채권을 자신의 채권자에게 변제 또는 담보제공하는 경우에도 특별한 사정이 없는 한 위탁자에 대하여 그 효력이 없다.[판례166]

[판례166] 대법원 2011.7.14. 선고 2011다31645 판결

위탁매매인이 그가 제3자에 대하여 부담하는 채무를 담보하기 위하여 그 채권자에게 위탁매매로 취득한 채권을 양도한 경우에 위탁매매인은 위탁자에 대한 관계에서는 위

460) 김성태, 594; 서헌제, 316; 이철송, 503; 정동윤, 233; 주석상법(2), 138; 최준선, 314. 이에 반대하는 견해로는 정찬형, 305.

탁자에 속하는 채권을 무권리자로서 양도한 것이고, 따라서 그 채권양도는 무권리자의 처분 일반에서와 마찬가지로 양수인이 그 채권을 선의취득하였다는 등의 특별한 사정이 없는 한 위탁자에 대하여 효력이 없다. 이는 채권양수인이 양도의 목적이 된 채권의 귀속 등에 대하여 선의였다거나 그 진정한 귀속을 알지 못하였다는 점에 관하여 과실이 없다는 것만으로 달라지지 아니한다.

4. 위탁매매인의 의무

가. 선관주의의무

위탁매매인은 위탁매매거래 즉, 위탁물을 보관하고, 물건매도채권의 보전, 매수물건에 대한 하자여부 검사, 담보책임의 추궁 등 위탁매매와 관련된 모든 권리를 행사하고 위탁매매의 상대방에 대한 의무를 이행함에 있어 선량한 관리자의 주의의무를 다하여야 한다.461)

나. 통지의무 · 계산서제출의무

위탁매매인이 위탁받은 매매를 한 때에는 지체없이 위탁자에 대하여 그 계약의 요령과 상대방의 주소, 성명의 통지를 발송하여야 하며, 계산서를 제출하여야 한다(104조). 위임종료시에 보고하는 민법상 위임(민법 683조)과 달리, 이 의무의 이행을 통해 위탁자가 신속히 거래내용을 알게 되고 이에 기반한 적절한 지시를 통해 위탁매매인을 통제함으로써 위탁자를 보호하기 위한 규정이다.

이 의무를 불이행한 위탁매매인은 이로 인하여 위탁자에게 발생한 손해를 배상할 책임이 있을 것이나, 위탁매매계약의 효력에는 영향을 미치지 아니한다.

다. 지정가액준수의무

위탁자가 위탁물의 매매가액을 지정한 경우에는 당연히 위탁매매인은 이에 따라야 하고, 이를 정하지 아니한 경우에도 위탁매매인은 위탁자에게 최대한 유리한 가격으로 정해야 할 선관주의의무가 있다(민법 681조). 이와 관련하여, 상법

461) 김병연외, 288; 서돈각외, 199; 손주찬, 312; 이기수외, 420; 정동윤, 226; 정찬형, 306; 한창희, 296.

106조 1항은 위탁자가 지정한 가액보다 염가로 매도하거나 고가로 매수한 경우에도 위탁매매인이 그 차액을 부담한 때에는 그 매매는 위탁자에 대하여 효력이 있다고 규정하고 있는데, 이는 위탁자가 지정한 가격보다 고가로 매수하거나 저가도 매도하는 경우 위탁매매인이 그 차액을 부담하게 되면 위탁자에게 손해가 없게 되고 위탁매매인도 보수를 청구할 수 있으므로 양자의 이익에 문제가 없게 되는 것을 고려한 규정이다. 그러나 만일 위와 같은 지정가액준수의무 위반으로 인하여 별도의 손해가 발생한 경우에는 위탁매매인은 이에 대한 손해를 배상해야 할 것이다(위탁매매인의 지정가액준수의무위반으로 인하여 위탁자의 동종자산가액이 하락한 경우).[462] 물론, 위탁자와 위탁매매인간의 위탁계약상 지정가액을 준수하지 않는 경우 절대로 매매치 않겠다는 특약이 있는 경우에는 그 위반으로 인한 매매의 효력을 위탁자에게 귀속시킬 수는 없을 것이다.[463]

위탁자가 지정한 가액보다 고가로 매도하거나 염가로 매수한 경우에는 그 차액은 다른 약정이 없으면 위탁자의 이익으로 한다(106조 2항). 이러한 경우는 보통 위탁매매인의 능력이 많이 발휘된 경우인 바, 그렇다 하더라도 위탁매매인에게 그 차액을 귀속시키기로 하는 특약이 없는 이상, 거래의 귀속주체인 위탁자에게 그 차익이 귀속되도록 함으로써 특약이 없는 경우 그 차익으로 인한 분쟁의 발생을 예방하기 위함이다.

라. 이행담보책임

위탁매매인은 다른 약정이나 관습이 없는 한, 위탁자를 위한 매매에 관하여 상대방이 채무를 이행하지 아니하는 경우에는 위탁자에 대하여 이를 이행할 책임이 있다(105조). 민법상 위탁매매인의 상대방이 위탁매매계약상의 의무를 이행하지 않는 경우 그것에 위탁매매인의 귀책사유가 있지 않은 이상 위탁매매인이 이에 대해 책임질 이유는 없으나, 상법상 위탁자는 상대방에게 직접 이행을 청구할 수 없는 입장을 고려하여 위탁매매인에게 책임을 지움으로써 위탁자를 두텁게 보호하고자 하는 것이다.

---

462) 김홍기, 229; 서돈각외, 200; 서헌제, 321; 손주찬, 313; 손진화, 213; 이기수외, 423; 이철송, 506; 임중호, 433; 정경영, 213; 정동윤, 226; 정찬형, 307; 주석상법(2), 148; 최기원, 342; 최준선, 306.
463) 서돈각외, 200; 서헌제, 321; 정동윤, 226; 정찬형, 307; 주석상법(2), 147; 최준선, 306.

이 이행담보책임은 상대방의 채무가 대체이행이 가능한 채무에 한한다.[464] 한편, 상대방의 이행채무가 소멸한 경우에는 위탁매매인의 이행담보책임도 소멸한다고 보아야 할 것이다. 또한 상대방이 위탁매매인에게 대항할 수 있는 사유(예를 들어, 불완전이행 또는 동시이행의 항변권)는 위탁매매인도 위탁자에게 이를 가지고 대항할 수 있다고 보아야 할 것이다.[465] 그리고 위탁매매인이 이행담보책임을 이행한 경우 위탁자에 대한 관계에서 상대방이 채무를 이행한 경우와 동일하게 위탁자에게 계약이행에 관한 보수나 비용을 청구할 수 있으며, 상대방에 대한 관계에서는 위탁매매인은 상대방의 계약당사자로서 그에게 채무이행을 청구하거나 채무불이행을 이유로 손해배상을 청구할 수 있다고 보아야 할 것이다.[466]

이 이행담보책임은 위탁매매인의 영업상 채무이므로 5년의 시효로 소멸하는 바(64조), 민법상 3년의 단기소멸시효의 적용대상이 아니다.[판례167]

[판례167] 대법원 1996.1.23. 선고 95다39854 판결

위탁자의 위탁상품 공급으로 인한 위탁매매인에 대한 이득상환청구권이나 이행담보책임 이행청구권은 위탁자의 위탁매매인에 대한 상품 공급과 서로 대가관계에 있지 아니하여 등가성이 없으므로 민법 163조 6호 소정의 '상인이 판매한 상품의 대가'에 해당하지 아니하여 3년의 단기소멸시효의 대상이 아니고, 한편 위탁매매는 상법상 전형적 상행위이며 위탁매매인은 당연한 상인이고 위탁자도 통상 상인일 것이므로, 위탁자의 위탁매매인에 대한 매매 위탁으로 인한 위의 채권은 다른 특별한 사정이 없는 한 통상 상행위로 인하여 발생한 채권이어서 상법 64조 소정의 5년의 상사소멸시효의 대상이 된다.

마. 위탁물에 대한 통지발송의무

위탁매매인이 위탁매매의 목적물을 인도받은 후에 그 물건의 훼손 또는 하자를 발견하거나 그 물건이 부패할 염려가 있는 때 또는 가격저락의 상황을 안 때에는 지체없이 위탁자에게 그 통지를 발송하여야 한다(108조 1항). 위탁매매의 목적물에 대한 상황을 알고 있는 위탁매매인에게 통지발송의무를 부과함으로써 그

464) 김정호, 293; 김홍기, 230; 서돈각외, 201; 손주찬, 313; 안강현, 284; 이기수외, 421; 장덕조, 151; 정찬형, 308; 주석상법(2), 143; 최기원, 343; 최준선, 308; 한창희, 297.

465) 김성태, 583; 김정호, 294; 서돈각외, 201; 서헌제, 322; 손주찬, 314; 안강현, 284; 이기수외, 421; 임중호, 434; 정동윤, 228; 정찬형, 308; 주석상법(2), 144; 최기원, 344; 최준선, 309; 한창희, 298.

466) 김성태, 584; 주석상법(2), 144.

상황을 위탁자에게 알려 위탁자가 신속히 대처할 수 있는 기회를 제공하기 위한 규정이다. 특히 가격저락의 상황을 안 때를 추가한 것은 위탁자의 영리성을 존중하여 위탁매매인이 위탁자의 손실을 최소화시킬 특별한 의무를 부과한 것으로 보아야 할 것이다.[467)]

위탁매매인이 위탁자로부터 매도위탁을 받은 물건 및 매수위탁을 받아 매수한 물건 모두에 본 규정이 적용된다. 만일 위탁매매인이 이를 위반한 경우에는 이로 인하여 위탁자에게 발생한 손해를 배상해야 할 것이다.

5. 위탁매매인의 권리

위탁매매인은 민법상 위임에 관한 규정에 따라 비용선급청구권(민법 687조) 및 비용상환청구권(민법 688조) 등을 가지는 바, 그 밖에 상법상 명시된 권리는 다음과 같다.

가. 보수청구권

위탁매매인은 상인이므로 위탁계약에서 정한 바가 없더라도 보수청구권을 가진다고 보아야 할 것인 바(61조), 보수는 위탁계약의 실행 즉, 매매상대방의 계약이행이 완료되고 위탁매매인이 이를 위탁자에게 이전해야만 보수를 청구할 수 있다고 보아야 할 것이다.[468)]

나. 개입권

(1) 의의

위탁매매인이 거래소의 시세가 있는 물건 또는 유가증권의 매매를 위탁받은

467) 김병연외, 290; 김성태, 586; 안강현, 285; 이기수외, 420; 이철송, 507; 정동윤, 227; 주석상법(2), 154; 최기원, 345; 최준선, 306. 이에 반하여 주의적 규정이라는 견해로는 김정호, 295; 서돈각외, 200; 서헌제, 323; 손주찬, 315; 손진화, 213; 임중호, 435; 장덕조, 151; 정경영, 214; 정찬형, 309; 한창희, 299.

468) 김병연외, 290; 김성태, 586; 김정호, 295; 서헌제, 323; 손진화, 214; 안강현, 285; 이철송, 508; 정경영, 215; 정동윤, 228; 정찬형, 309; 한창희, 301.

경우에는 직접 그 매도인이나 매수인이 될 수 있다(107조 1항 전단). 이를 위탁매매인의 개입권이라 한다. 위탁자의 입장에서는 신속히 거래가 성사될 수 있는 이점이 있고, 위탁매매인 입장에서도 자신의 필요에 의해 직접 매매의 당사자가 됨으로서 거래상대방을 찾는데 소요되는 비용을 절약하는 이점도 있기 때문에, 그 거래소의 시세가 있어야 한다는 매매가격의 공정성 요건 충족을 전제로 이 규정의 효용성이 존재한다.

(2) 행사요건

(가) 거래소의 시세있는 물건 또는 유가증권일 것

위탁매매인이 거래소의 시세가 있는 물건 또는 유가증권의 매매를 위탁받은 경우에 한하여 행사될 수 있다. 여기서 거래소란 공개·경쟁을 통해 매매가 이루어지는 시장 즉, 농수산물시장 및 한국거래소의 유가증권시장·코스닥시장 등을 말한다.469) 위탁자가 소재하는 지역과 위탁매매인이 소재하는 지역에 거래소가 모두 존재하는 경우에는 위탁매매인이 소재하는 지역의 거래소를 의미한다고 보아야 할 것이다.470)

(나) 개입권의 행사를 금지하는 특약 또는 법률이 없을 것

개입권의 행사를 금지하는 특약(위탁자가 매매상대방을 지정하는 경우도 묵시적인 금지의사표시에 포함됨) 또는 법률이 없어야 한다. 개입권을 행사하기 전이면 위탁계약체결 이후라도 개입금지특약이 가능하다.471) 법률에 의한 금지의 예로는 자본시장법 67조에 따라 투자매매업자 또는 투자중개업자는 원칙적으로 금융투자상품에 관한 같은 매매에 있어 자신이 본인이 됨과 동시에 상대방의 투자중개업자가 되지 못하는 경우이다.

(다) 매매계약 체결되지 않았을 것

위탁매매인이 거래상대방과 위탁받은 물건 또는 유가증권에 대한 매매계약을 체결하지 않았어야 한다. 만일 위탁매매인이 거래상대방과 매매계약을 체결한

469) 김병연외, 219; 김성태, 588; 김홍기, 231; 송옥렬, 163; 서헌제, 325; 이기수외, 426; 이철송, 509; 임중호, 438; 정경영, 216; 정찬형, 312; 주석상법(2), 150; 한창희, 302.

470) 정찬형, 312; 주석상법(2), 150.

471) 손주찬, 316; 이철송, 510; 정찬형, 312; 주석상법(2), 150.

경우에는 그 거래와 관련한 권리와 의무가 모두 위탁자에게 귀속되므로, 개입권을 행사할 수 없게 된다.

(3) 행사방법

개입권은 형성권이므로 그 개입의 의사표시가 위탁자에게 도달하였을 때 그 개입권의 효력이 발생한다(민법 111조 1항).[472]

위탁매매인이 위탁받은 거래소 시세있는 물건 또는 유가증권의 매도인 또는 매수인이 된 경우에 그 매매대가는 위탁매매인이 매매의 통지를 발송할 때의 거래소의 시세에 따른다(107조 1항 후단). 가격결정과 관련하여 분쟁을 막고, 위탁자와 위탁매매인 양자의 이해를 조화시키기 위함이다.

(4) 행사의 효력

개입권의 행사로 매매계약이 성립하게 된다. 그러나 위탁계약이 소멸되는 것은 아니고, 위탁매매인은 위탁매매인으로서의 지위와 매수인 또는 매도인으로서의 지위를 동시에 가지게 된다. 따라서 위탁매매인은 매매계약의 이행과는 별도로 위탁계약의 실행으로 인한 보수를 청구할 수 있고, 이에 대한 유치권을 행사할 수도 있다.[473]

다. 매매목적물의 공탁·경매권

위탁매매인이 매수의 위탁을 받은 경우에 위탁자가 매수한 물건의 수령을 거부하거나 이를 수령할 수 없는 때에는 목적물을 공탁하거나 상당한 기간을 정하여 최고한 후 경매할 수 있다(109조, 67조 1항 전단). 위탁매매인이 위탁자에게 목적물을 이전하는 단계에서는 상사매매의 매도인과 유사한 경제적 상황에 있게 되므로 위탁매매인이 신속하게 책임에서 벗어나 영업자금을 회수할 수 있도록 하기 위한 규정이다.[474]

---

472) 김병연외, 291; 서돈각외, 203; 서헌제, 325; 손주찬, 317; 장덕조, 152; 정경영, 217; 정찬형, 313.
473) 김성태, 589; 김정호, 297; 이기수외, 427; 전우현, 289; 정동윤, 230; 최기원, 350; 최준선, 312; 한창희, 303.
474) 김병연외, 290; 김성태, 590; 이철송, 512; 임중호, 437; 정경영, 218; 주석상법(2), 158; 최기원, 347.

매수의 위탁을 받은 경우에만 적용되고, 매도의 위탁을 받은 경우에는 적용되지 아니하며, 물건에는 유가증권도 포함된다고 보아야 할 것이고, 이 경우에는 지체없이 위탁자에 대하여 그 통지를 발송하여야 한다(109조, 67조 1항 후단). 또한 위탁자에 대하여 최고를 할 수 없거나 목적물이 멸실 또는 훼손될 염려가 있는 때에는 최고없이 경매할 수 있으며(109조, 67조 2항), 위탁매매인이 그 목적물을 경매한 때에는 그 대금에서 경매비용을 공제한 잔액을 공탁하여야 하나 그 전부나 일부를 매매대금에 충당할 수 있다(109조, 67조 3항).

라. 유치권

위탁매매인은 당사자간에 다른 약정이 없는 한, 위탁매매로 인한 채권이 변제기에 있는 때에는 그 변제를 받을 때까지 위탁자를 위하여 점유하는 물건 또는 유가증권을 유치할 수 있다(111조, 91조). 대리상과 본인간의 신뢰관계와 유사한 신뢰관계가 위탁매매인과 위탁자간에 존재하므로, 대리상에 적용되는 유치권 규정이 위탁매매인에게 준용되는 바, 피담보채권과 목적물 사이에 견련관계가 요구되지 않으며, 유치물이 위탁자 소유가 아니어도 무방하다.[475]

마. 위탁물에 대한 처분권

위탁매매인이 위탁매매의 목적물을 인도받은 후에 그 물건의 훼손 또는 하자를 발견하거나 그 물건이 부패할 염려가 있는 때 또는 가격저락의 상황을 안 때, 위탁자의 지시를 받을 수 없거나 그 지시가 지연되는 때에는 위탁매매인은 위탁자의 이익을 위하여 적당한 처분을 할 수 있다(108조 2항). 위탁매매의 목적물에 대한 상황을 알고 있는 위탁매매인이 향후 발생할지 모를 분쟁에 대비하여 신속하게 대처할 수 있는 권리를 부여함으로써 자신의 이익을 보호함과 동시에 간접적으로 위탁자를 보호하기 위한 규정이다.

여기서 적당한 처분이란 상거래통념상 허용되는 범위 내에서의 보관방법의 강구, 하자담보책임의 추궁, 계약의 해제 또는 목적물의 공탁·전매·경매 등을 의미한다.[476]

---

475) 김병연외, 290; 손주찬, 315; 이기수외, 424; 정경영, 218; 정찬형, 310; 최기원, 346; 한창희, 300.
476) 김성태, 585; 손진화, 213; 이기수외, 423; 이철송, 507; 주석상법(2), 157; 한창희, 300.

6. 상인간의 매매에 관한 특칙의 준용

상인인 위탁자가 그 영업에 관하여 물건의 매수를 위탁한 경우에는 위탁자와 위탁매매인간의 관계에는 상법 68조 내지 71조의 규정을 준용한다(110조). 위탁매매인을 보호하기 위한 규정이다.

즉, 매매의 성질 또는 당사자의 의사표시에 의하여 일정한 일시 또는 일정한 기간내에 이행하지 아니하면 계약의 목적을 달성할 수 없는 경우에 위탁매매인이 이행시기를 경과한 때에는 상인인 위탁자는 즉시 그 이행을 청구하지 아니하면 계약을 해제한 것으로 본다(68조). 또한 상인인 위탁자는 위탁매매인으로부터 목적물을 수령한 때에는 지체 없이 이를 검사하여야 하며, 하자 또는 수량의 부족을 발견한 경우에는 즉시 위탁매매인에게 그 통지를 발송하여야 하고, 이를 게을리 하면 이로 인한 계약해제, 대금감액 또는 손해배상을 청구하지 못하며, 매매의 목적물에 즉시 발견할 수 없는 하자가 있는 경우에 위탁자가 6월 내에 이를 발견한 때에도 동일하나 위탁매매인이 악의인 경우에는 적용하지 아니한다(69조). 그리고 상인인 위탁자가 계약을 해제한 때에도 위탁매매인의 비용으로 매매의 목적물을 보관 또는 공탁하여야 하며, 그러나 그 목적물이 멸실 또는 훼손될 염려가 있는 때에 위탁자는 법원의 허가를 얻어 경매하여 그 대가를 보관 또는 공탁하여야 하고, 위탁자가 경매한 때에는 지체 없이 위탁매매인에게 그 통지를 발송하여야 하나 목적물의 인도장소가 위탁매매인의 영업소 또는 주소와 동일한 특별시·광역시·시·군에 있는 때에는 이를 적용하지 아니하고, 위탁자의 목적물 보관 및 공탁의무는 위탁자가 수령한 물건이 매매의 목적물과 상위하거나 수량이 초과한 경우에 그 상위 또는 초과한 부분에 대하여도 같다(70조, 71조).

7. 준위탁매매인

준위탁매매인은 자기명의로써 타인의 계산으로 매매아닌 행위를 영업으로 하는 자를 말한다(113조). 예를 들어, 출판·광고·보험·증권 등의 주선행위를 하는 자를 말하는 바, 준위탁매매인에 해당하는지 여부는 계약의 명칭 또는 형식적인 문언을 떠나 그 실질을 중시하여 판단하여야 한다.[477]

477) 대법원 2011.7.14. 선고 2011다31645 판결.

매매를 전제로 하지 않는 규정인 위탁매매인의 지위(102조), 위탁물의 귀속(103조), 통지·계산서제출의무(104조), 위탁매매인의 이행담보책임(105조), 지정가액준수의무(106조), 유치권(111조), 위임규정의 적용(112조) 등이 준용되며, 따라서 매매에 관한 규정인 위탁매매인의 개입권(107조), 위탁물의 훼손·하자에 관한 위탁매매인의 통지·처분의무(108조), 매수위탁물의 수령거부시 공탁·경매권(109조), 매수위탁자가 상인인 경우 상사매매규정의 준용규정(110조) 등은 준용되지 아니한다.

XI. 운송업

1. 의의

운송업이란 사람 또는 물건을 하나의 장소에서 다른 장소로 이동시키는 것을 인수하는 영업을 말한다. 문명과 무역이 발달함에 따라 운송은 세계화의 도구로서 필요불가결한 역할을 담당하고 있는 바, 그 운송의 대상인 사람 또는 물건의 보호에 중점을 두는 한편, 운송인이 대량운송으로 인한 위험에 노출되는 것을 방지하여 운송업을 발전시켜야 한다는 측면도 무시할 수 없게 되었다. 또한 공익적인 측면에서 여러 가지 공법적 규제들이 가해지고 있다.

2. 운송의 종류

가. 물건운송 · 여객운송 · 상업서류운송

운송의 대상에 따른 분류로서, 운송대상이 물건인 물건운송, 사람인 여객운송과 상업서류인 상업서류운송으로 나누고 있다. 특히 물건운송과 여객운송은 그 손해배상과 관련하여 운송의 책임이 다를 수밖에 없다.

나. 육상운송 · 해상운송 · 항공운송

운송지역에 따른 분류로서, 육상·호천 또는 항만에서의 운송을 육상운송이라 하고, 기타 해상에서의 운송을 해상운송이라 하며, 항공을 통한 운송을 항공운송이라 한다. 육상운송은 상행위편에서(125조 내지 150조), 해상운송은 제5편(791조 내지 895조)에서, 항공운송은 제6편(896조 내지 935조)에서 각기 규정하고 있다.

다. 단일운송·통운송·복합운송

하나의 운송에 개재하는 운송인 또는 운송수단이 단일인가 아니면 복수인가에 따른 구별이다. 단일운송이란 운송물을 하나의 운송인이 운송하는 것이고, 통운송은 동일한 운송물을 수인의 운송인이 각 구간별로 운송하는 것인 바, 통운송 중에서 운송수단을 달리하는 여러 운송인이 각 구간별 운송을 담당하는 것을 복합운송이라고 한다.[478]

라. 개품운송(個品運送)·전세운송

송하인이 운송수단을 임차하는가에 따른 구분인 바, 개품운송은 운송인이 운송수단을 송하인에게 임대하는 것이 아니라 개개의 물품의 운송을 인수하는데 반해, 전세운송은 운송수단의 전부 또는 일부를 송하인에게 임대하는 방법으로 하는 운송이다.[479]

3. 운송인의 개념

운송인은 육상 또는 호천, 항만에서 물건 또는 여객의 운송을 영업으로 하는 자 즉, 육상운송인만을 말한다.

육상운송은 육상에서의 이동을 주로 말하는데, 철도운송과 자동차운송이 주를 이루는 바, 지하철 및 케이블카를 통한 운송도 포함되고, 호수·하천 및 항만에서의 운송도 육상운송과 밀접한 연관이 있으므로 포함된다.[480] 한편, 육상운송

478) 서헌제, 345; 이기수외, 454; 임중호, 450; 정경영, 234; 주석상법(2), 222; 한창희, 322.

479) 정동윤, 237; 주석상법(2), 222; 최준선, 332.

480) 김성태, 619; 김정호, 300; 김홍기, 245; 송옥렬, 471; 안강현, 298; 이기수외, 455; 장덕조, 162; 최기원, 369.

의 대상은 물건 또는 여객을 말하는 바, 물건에는 운송할 수 있는 모든 동산 및 유가증권이 포함되며, 여객은 자연인이면 운송계약의 당사자가 아니더라도 상관없다. 또한 운송인은 운송의 인수를 영업으로 해야 하므로, 실제로 운송은 타인에게 맡겨도 무방하나,481) 그러나 오로지 임금을 받을 목적의 노무로서 행해지는 경우에는 운송에 포함되지 않는다고 보아야 할 것이다.

4. 물건운송

가. 운송계약

(1) 법적 성질

운송계약은 운송이라는 일의 완성을 목적으로 하므로, 도급계약이다(민법 664조).[판례168], [판례169]

[판례168] 대법원 1983.4.26. 선고 82누92 판결

물품운송계약이란 당사자의 일방이 물품을 한 장소로부터 다른 장소로 이동할 것을 약속하고 상대방이 이에 대하여 일정한 보수를 지급할 것을 약속함으로써 성립하는 계약을 말하며, 일의 완성을 목적하는 것이므로 도급계약에 속한다.

[판례169] 대법원 1963.4.18. 선고 63다126 판결

물품운송계약이란 당사자의 일방에 물품을 한 장소로부터 다른 장소로 이동할 것을 약속하고 상대방이 이에 대하여 일정한 보수를 지급할 것을 약속함으로써 성립하는 계약을 말하는 것이며 일정한 시간 또는 일정한 장소 사이를 일정한 화주물품을 운송하기 위하여 자동차가 제공되고 그에 대한 보수가 개개의 물품에 대하여 정하여지지 아니하고 일정한 시간 또는 일정한 장소 사이의 운행을 기준으로 하여 정하여지는 소위 대절계약인 경우에 있어서도 화주가 차량소유자에게 지급되는 금원이 운송에 대한 보수로서의 운임의 성질을 가진 것이며 화주에 대하여 운전수의 고용 및 자동차 사용을 목적으로 하는 법률관계를 인정할 수 없는 만큼 운송계약인 성격에 변동이 없으며 차량에 의하여 운송된 화주들의 물품의 운행중 보관은 사실상 그 적재하차가 누구에 의하든 차량소유회사에

481) 서돈각외, 217; 손주찬, 332; 손진화, 220; 정경영, 236; 정동윤, 238; 정찬형, 335; 최기원, 370; 한창희, 321.

의하여 된 것이라 할 것이다.

또한 운송계약은 낙성(諾成), 불요식(不要式)계약이므로, 계약의 성립에 운송물의 인도, 운임의 지급 또는 계약서의 작성을 요하지 아니하는 바, 이와 관련하여, 운송인의 청구에 의해 송하인이 작성·교부하는 화물명세서[482]가 있는데(126조 1항), 이는 증거증권에 불과하며, 유일한 증거방법은 아니므로 다른 증거에 의해 운송계약이 화물명세서의 기재사항과 다름을 증명할 수 있다.[483] 한편, 송하인이 화물명세서에 허위 또는 부정확한 기재를 한 때에는 운송인이 악의인 경우를 제외하고, 운송인에 대하여 이로 인한 손해를 배상할 책임이 있다(127조).

(2) 당사자

운송계약의 당사자는 송하인과 운송인인 바, 송하인은 운송을 운송인에게 위탁하는 자인 바, 운송물의 소유자가 아니어도 무방하고, 운송인은 당해 운송을 인수하는 자이며, 한편, 수하인은 운송계약의 당사자는 아니나 목적지에서 운송물을 인도받는 자인 바, 송하인인 경우와 제3자인 경우로 나뉜다.

나. 운송인의 의무

(1) 선관주의의무

(가) 의의

운송계약에 따라 송하인이 운송인에게 운송물을 위탁하면, 운송인은 이를 송하인이 지정한 목적지까지 운송하고 지정된 날에 수하인 등 운송물을 수령할 권한이 있는 자에게 인도하여야 하므로, 운송인은 위 업무를 선량한 관리자의 주의로서 수행하여야 하는 바, 이에는 운송물을 인도전까지 보존해야 할 의무도 포함된다(민법 374조).

482) ① 운송물의 종류, 중량 또는 용적, 포장의 종별, 개수와 기호, ② 도착지, ③ 수하인과 운송인의 성명 또는 상호, 영업소 또는 주소, ④ 운임과 그 선급 또는 착급의 구별 및 ⑤ 화물명세서의 작성지와 작성년월일을 기재하고, 송하인이 기명날인 또는 서명해야 함(126조 2항).

483) 송옥렬, 174; 이철송, 520; 주석상법(2), 230.

(나) 손해배상책임

1) 의의

위 선관주의의무위반의 경우 그 책임과 관련하여, 상법은 그 기본적인 내용으로, 운송인은 자기 또는 운송주선인이나 사용인, 그 밖에 운송을 위하여 사용한 자가 운송물의 수령, 인도, 보관 및 운송에 관하여 주의를 게을리하지 아니하였음을 증명하지 아니하면 운송물의 멸실, 훼손 또는 연착으로 인한 손해를 배상할 책임이 있다라고 규정하고 있다(135조). 이 규정은 민법상 손해배상책임을 구체화한 예시적인 규정으로 보아야 할 것이다.[484] 또한 연혁적으로 볼 때에는, 과거 로마법상의 레셉툼(receptum)책임 즉, 운송인은 결과책임을 부담해야 한다는 원칙에서 벗어나 과실책임원칙으로의 전환을 의미하는 규정이다.[485]

2) 책임경감의 필요성

운송인의 영업은 물건을 이동시키는 것인 바, 그 속성상 운송물의 멸실, 훼손 또는 연착의 가능성이 높을 수밖에 없다. 따라서 운송인으로서는 이러한 위험을 담보하기 위하여 운임을 고가로 책정할 수밖에 없는데, 그럴 경우 송하인의 경제적 부담으로 인하여 이용을 억제시킴으로써 물동량의 이동을 억제시키게 된다면 전체적인 견지에서 경제적 손실을 초래하게 될 것이다. 따라서 상법은 운송인의 책임을 경감시켜 운송업을 보호·육성하기 위하여, 손해배상액을 제한하고, 송하인이 명시하지 않은 고가물에 대한 손해배상책임을 경감시키며, 손해배상책임의 특별소멸사유 및 단기소멸시효를 규정하고 있다. 이하에서 이 특칙을 차례로 설명하기로 한다.

3) 손해배상액의 제한

가) 의의

민법상 손해배상책임규정에 의하면, 운송인은 운송계약상 채무불이행과 관련하여 상당인과관계에 있는 모든 손해를 배상하여야 하며, 운송인이 알았거나 알 수 있었던 특별손해까지 배상해야 하는 바, 이에 대한 특칙으로 상법 137조를 두어, 배상액을 원칙적으로 도착지의 물건의 가격으로 한정하고(동조 1항, 2항), 단,

---

484) 이철송, 528; 정찬형, 343; 정희철, 212; 주석상법(2), 274; 최기원, 379.

485) 김성태, 633; 서돈각외, 224; 서헌제, 355; 이철송, 529; 정동윤, 244; 정찬형, 342; 주석상법(2), 273.

운송인에게 고의·중과실이 있는 경우에 한하여 모든 손해를 배상하도록 규정하고 있다(동조 3항). 한편, 운송물의 멸실 또는 훼손으로 인하여 지급을 요하지 아니하는 운임 기타 비용은 배상액에서 공제하여야 한다(137조 4항).

나) 원칙

A) 전부멸실·연착의 경우

운송물이 전부멸실 또는 연착된 경우의 손해배상액은 인도할 날의 도착지의 가격에 따른다(137조 1항). 운송물의 전부멸실이란 법률상 또는 사실상 운송물을 인도할 수 없는 모든 경우를 포함한다. 연착이란 인도할 날에 인도하지 못하고 그 이후에 인도함을 말하고, 인도할 날이란 운송계약 또는 화물상환증상의 인도예정일을 말하며, 도착지의 가격이란 도착지에서 거래되는 시장가격을 말한다.[486]

이와 관련하여, 연착된 경우에도 그 손해배상액은 인도할 날의 도착지 가격에 의해야 하는 바, 만일 인도할 날의 도착지가격이 인도한 날의 도착지가격보다 낮은 경우에 그 차액에 대하여 운송인이 손해배상책임을 지지 않는 것은 부당하다. 따라서 법의 변경을 통해 해결되어야 할 것이다.[487]

B) 일부멸실·훼손된 경우

운송물이 일부멸실 또는 훼손된 경우의 손해배상액은 인도한 날의 도착지의 가격에 의한다(137조 2항). 여기서 훼손이란 운송물의 잔존부분이 독립적인 경제적 가치를 가지는 경우이며 훼손은 물건이 부패하거나 변질되어 경제적 가치가 손실됨을 말하는 바, 일부멸실·훼손으로 인해 사회통념상 나머지 부분도 그 효용이 상실되었다고 판단되는 경우에는 전부멸실로 보아야 할 것이다.[488] 이와 관련하여, 일부멸실 또는 훼손된 경우에는 인도할 날에 인도된 경우에는 문제가 없으나, 일부멸실 또는 훼손된 경우의 손해배상액도 인도할 날의 도착지가격이 인도한 날의 도착지가격보다 높은 경우에도 인도한 날의 도착지가격에 의해야 함은 부당하다. 따라서 이러한 문제점도 역시 법의 변경을 통해 해결되어야 할 것이다.[489]

---

486) 김성태, 636; 서헌제, 358; 손진화, 224; 이철송, 530; 임중호, 458; 정동윤, 245; 주석상법(2), 290.

487) 김성태, 636; 서헌제, 359; 손진화, 224; 송옥렬, 181; 장덕조, 171; 정찬형, 345; 주석상법(2), 292.

488) 김성태, 636; 서헌제, 359; 손진화, 225; 이철송, 531; 주석상법(2), 292; 최준선, 340.

다) 예외

A) 운송인의 고의·중과실이 있는 경우

운송물의 멸실, 훼손 또는 연착이 운송인의 고의나 중대한 과실로 인한 때에는 운송인은 모든 손해를 배상하여야 한다(137조 3항). 즉, 운송인은 채무불이행과 상당인과관계가 있는 모든 손해를 배상해야 함은 물론이고(민법 393조 1항), 특별손해에 대해서도 운송인이 그 사정을 알았거나 알 수 있었을 경우에는 배상하여야 한다(민법 393 2항). 그 입증책임은 그 청구하는 자에게 있다.

B) 멸실·훼손·연착 이외의 손해

멸실·훼손·연착 이외의 손해는 상법 137조 1항 및 2항이 적용되지 아니하므로, 기타의 행위로 인한 손해 예를 들어, 운송물처분의무(137조 1항)에 위반되거나 화물상환증 발행의 거부·오기로 인한 손해에 대하여는 민법상의 손해배상책임원칙에 따라 상당인과관계있는 일반손해뿐만 아니라 특별손해에 대해서까지 운송인이 배상해야 할 것이다.[490]

4) 고가물에 대한 특칙

가) 의의

화폐, 유가증권 기타의 고가물에 대하여는 송하인이 운송을 위탁할 때에 그 종류와 가액을 명시한 경우에 한하여 운송인이 손해를 배상할 책임이 있다(136조). 송하인이 고가물임을 명시하지 아니한 경우까지 고가물에 대한 책임을 운송인이 부담하는 것은 형평의 원칙에 반하며, 이 규정을 통해 고가물에 대한 명시를 촉진시켜 고가물과 관련한 손해를 방지하자는 취지도 담고 있는 규정이다.[491]

나) 요건

A) 고가물의 의미

고가물이란 중량 또는 부피에 비해 현저히 높은 가격의 물건을 말하는 바, 상법이 명시한 화폐·유가증권 이외에도 값비싼 귀금속·보석·반도체·기계·약품 등도 포함될 것이다. 판례에 의하면, 직지제조용 조직기[492]는 포함되나, 견직물

---

489) 이철송, 531.

490) 김성태, 637; 김정호, 321; 이철송, 532.

491) 김성태, 639; 김정호, 323; 서헌제, 360; 송옥렬, 181; 이기수외, 477; 임중호, 459; 장덕조, 173; 정찬형, 346; 최기원, 386; 최준선, 342; 한창희, 327.

492) 대법원 1991.1.11. 선고 90다8947 판결.

은 포함되지 아니하는 바,[493] 구체적인 경우마다의 시세 및 거래통념에 따라 판단되어야 할 것이다.

B) 종류 및 가액의 명시

송하인이 고가물에 대한 종류와 가액을 명시해야 한다. 그 명시는 운송인 및 그 대리인에 대하여 하면 되지, 그의 하수급인에게까지 해야 하는 것은 아니다. [판례170] 명시하지 않더라도 고가물임을 알 수 있는 경우에는 명시할 필요가 없다고 보아야 할 것이다.[494] 그 명시의 방법에는 서면·구두 등 제한이 없다고 보아야 할 것이다.

[판례170] 대법원 1991.1.11. 선고 90다8947 판결

기계의 소유자가 기계의 운송 및 하역을 운수회사에게 맡기면서 그 운송물의 내용을 알렸는데 운수회사의 의뢰를 받아 크레인으로 위 기계의 하역작업을 하던 중기회사의 크레인 운전업무상 과실로 기계가 파손된 경우 소유자는 중기회사에 대하여까지 위 기계가 고가물임을 알릴 의무가 있다 할 수 없으므로 이를 이유로 내세운 과실상계항변은 이유 없다.

C) 명시의 시점

송하인이 운송을 위탁할 때에 고가물임을 명시해야 한다. 이와 관련하여, 운송인에게 운송물을 인도할 때까지 하면 된다는 견해[495]와 운송계약의 성립시까지 해야 한다[496]는 견해가 있는 바, 고가물인지 여부는 운임 등 운송계약의 체결에 중요한 사항이므로, 후설이 타당하다고 본다.

다) 효과

A) 원칙

송하인이 고가물을 명시하지 아니한 경우에는 운송인은 원칙적으로 고가물에 대한 배상책임을 부담하지 아니한다. 고가물 및 명시하지 않은 점에 대한 입

493) 대법원 1963.4.18. 선고 63다126 판결(견직물은 오늘날 사회경제 및 거래상태로 보아 본조 소정의 고가물이라 볼 수 없으므로 그 종류와 가격을 명시하지 아니하였다 하여도 운송인은 손해배상책임을 면할 수 없음).

494) 주석상법(2), 285; 최기원, 386; 한창희, 327.

495) 김성태, 641; 김정호, 324; 서헌제, 361; 손진화, 225; 송옥렬, 182; 이기수외, 478; 정동윤, 246; 주석상법(2), 286; 최기원, 387; 최준선, 343.

496) 손주찬, 343; 이철송, 535; 임중호, 460; 한창희, 328.

증책임은 이를 통해 책임을 면하고자 하는 운송인이 부담해야 할 것이다. 물론 명시한 경우에는 상법 137조에 따라 고가물에 대한 책임을 부담한다. 한편, 운송인의 불법행위에 의해 고가물이 멸실·훼손된 경우에는 본 규정이 적용되지 아니하며, 운송인은 불법행위에 따른 손해배상책임을 부담해야 한다고 보아야 할 것이다.[판례171]

[판례171] 대법원 1991.8.23. 선고 91다15409 판결

상법 136조와 관련되는 고가물불고지로 인한 면책규정은 일반적으로 운송인의 운송계약상의 채무불이행으로 인한 청구에만 적용되고 불법행위로 인한 손해배상청구에는 그 적용이 없는 바(대법원 1977.12.13. 선고 75다107 판결; 대법원 1983.3.22. 선고 82다카1533 전원합의체 판결 각 참조), 운송인의 운송이행의무를 보조하는 자가 운송과 관련하여 고의 또는 과실로 송하인에게 손해를 가한 경우, 동인은 운송계약의 당사자가 아니어서 운송계약상의 채무불이행으로 인한 책임은 부담하지 아니하나, 불법행위로 인한 손해배상책임을 부담하므로 위 면책규정은 적용될 여지가 없다 할 것이다.

B) 보통물에 대한 주의도 기울이지 않은 경우

운송인이 고가물이 아닌 보통물에 대한 주의도 기울이지 않은 경우에도, 아무런 책임도 부담하지 않는다는 견해가 있으나,497) 고가물이 아닌 일반 운송물의 경우에 대한 주의를 운송인이 기울이지 않아 손해가 발생하였다면 당연히 손해배상책임을 부담하였을 텐데, 고가물의 경우 보통물에 대한 주의를 기울이지 않은 경우에 오히려 아무런 손해배상책임을 부담하지 않는다는 것은 형평의 원칙에 맞지 않으며, 이러한 경우 고가물에 대한 책임은 아니더라도 최소한 보통물에 대한 책임은 부담하는 것이 타당하다고 판단된다.498)

C) 운송인이 고가물임을 안 경우

송하인이 고가물임을 명시하지는 않았지만 어떠한 경로로든 운송인이 고가물임을 알게 된 경우에는, 이에 대하여 추가적인 운임청구권을 인정하는 전제하에서, 운송인에게 고가물에 대한 책임을 부담시키는 것이 공평의 원칙에 맞다고 판단된다.499)

---

497) 김성태, 642; 김정호, 326; 서헌제, 361; 손주찬, 343; 임중호, 461; 장덕조, 173; 전우현, 325; 정찬형, 346; 주석상법(2), 287; 최기원, 388; 한창희, 489.

498) 김병연외, 304; 이철송, 534.

499) 김병연외, 304; 김성태, 643; 서헌제, 362; 손주찬, 344; 이기수외, 477; 이철송, 534; 주석상법(2),

한편, 운송인이 중대한 과실로 고가물임을 알지 못한 경우에도, 악의인 경우와 마찬가지로, 추가적인 운임청구권을 인정하는 전제하에서, 운송인에게 고가물에 대한 책임을 부담시키는 것이 형평의 원칙에 맞다고 본다.500)

5) 손해배상책임의 소멸

가) 특별소멸사유

운송인 또는 그 사용인이 악의인 경우를 제외하고, 운송인의 책임은 수하인 또는 화물상환증소지인이 유보없이 운송물을 수령하고 운임 기타의 비용을 지급한 때에는 소멸하나, 운송물에 즉시 발견할 수 없는 훼손 또는 일부 멸실이 있는 경우에 운송물을 수령한 날로부터 2주간 내에 운송인에게 그 통지를 발송한 때에는 운송인의 책임은 소멸하지 아니한다(146조). 운송을 반복하는 운송업의 특성상 증거를 보존하기가 어려우므로 운송인의 책임을 신속히 종결시켜 운송인을 보호하기 위한 규정이다.

운송물의 수령을 전제로 하므로, 운송물의 전부멸실된 경우에는 적용되지 않으며, 악의란 운송물이 멸실·훼손된 사실을 알고 인도한 경우를 말하고, 운임 기타 비용을 사전에 지급한 경우에는 운송물의 유보없는 수령시 같은 효과가 발생한다고 보아야 할 것이다.501)

나) 단기소멸시효

운송인 또는 그 사용인이 악의인 경우를 제외하고, 운송인의 책임은 수하인이 운송물을 수령한 날로부터 1년을 경과하면 소멸시효가 완성하며, 이 기간은 운송물이 전부멸실한 경우에는 그 운송물을 인도할 날로부터 기산한다(147조, 121조). 이와 관련하여, 판례는 육상운송의 경우에는 이 기간을 연장·단축할 수 있다고 본다.502) 운송인 또는 그 사용인이 악의인 경우에는 일반상사시효인 5년(64조 본문)이 적용될 것인 바, 이 경우 악의란 운송물에 훼손 또는 일부멸실이 있다는

---

287. 이에 반하여, 보통물로서의 주의의무가 있고 이를 해태한 경우 고가물로서의 책임을 부담한다는 견해로는 김정호, 327; 손진화, 226; 안강현, 307; 임중호, 461; 전우현, 326; 정경영, 245; 정동윤, 247; 정찬형, 347; 한창희, 328; 최준선, 344.

500) 정경영, 245; 최준선, 344. 이에 반하여 상법 136조가 적용될 수는 없고, 일반 채무불이행 원리가 적용되어야 한다는 견해로는 이철송, 535. 한편, 일체 고가물로서의 책임이 없다는 견해로는 김정호, 327; 서돈각외, 225; 전우현, 326; 정동윤, 247; 정찬형, 347; 최기원, 389.

501) 김성태, 643; 안강현, 308; 이기수외, 480; 정동윤, 248; 최기원, 389; 최준선, 348; 한창희, 330.

502) 대법원 2009.8.20. 선고 2008다58978 판결(단, 상법 811조 1항에 의해 해상운송의 경우에는 연장할 수는 있으나 단축할 수는 없음).

것을 알면서 이를 수하인에게 알리지 않고 인도된 경우를 말한다고 보아야 할 것이다.[503]

6) 불법행위책임과의 경합

상법 135조 이하의 운송인의 손해배상책임과 관련하여, 민법상 불법행위책임(민법 750조)이 별도로 적용될 수 있는지와 관련하여, 청구권경합설(손해배상청구권과 불법행위책임은 그 요건과 효과를 달리하므로 송하인은 둘 중의 하나를 선택하여 청구할 수 있다는 견해)[504]과 법조경합설(손해배상책임이 성립하면 불법행위책임은 배제된다는 견해)[505]이 대립한다. 살피건대, 채무불이행책임과 불법행위책임은 그 요건과 효과에 차이가 있고, 송하인으로 하여금 선택권을 행사할 수 있게 하는 것이 송하인의 보호에 충실한 것이므로 전자가 보다 타당하다고 판단된다.

7) 면책특약

운송인의 손해배상책임에 관한 규정은 임의규정으로 보아야 할 것이어서, 당사자간의 특약으로 이를 가중 또는 감경하는 것은 가능하다고 보아야 할 것이다. 그러나 사회질서에 반하는 특약 예를 들어, 고의라도 면책한다는 특약은 무효로 보아야 할 것이다.[506] 한편, 채무불이행책임뿐만 아니라 불법행위책임도 면책될 수 있는지와 관련하여, 적용된다는 견해가 있으나,[507] 당사자간의 명시적 또는 묵시적 합의가 없는 한, 불법행위책임에는 적용되지 않는다는 견해가 타당할 것이다.[508]

---

503) 대법원 1987.6.23. 선고 86다카2107 판결; 김성태, 644; 송옥렬, 183; 정동윤, 249. 이에 반하여 운송인이 고의로 운송물을 멸실·훼손·연착시키거나 이러한 사실을 은폐하고 인도한 경우를 말한다는 견해로는 이철송, 536.

504) 김성태, 648; 김정호, 334; 서헌제, 367; 손주찬, 345; 이기수외, 479; 전우현, 327; 정경영, 243; 정동윤, 250; 정찬형, 349; 주석상법(2), 283; 최기원, 391; 한창희, 330. 대법원 1999.7.13. 선고 99다8711 판결(운송계약상의 채무불이행책임이나 불법행위로 인한 손해배상책임은 병존하고, 운송계약상의 면책특약은 일반적으로 이를 불법행위책임에도 적용하기로 하는 명시적 또는 묵시적 합의가 없는 한 당연히 불법행위책임에 적용되지 않음; 이에 반하여 대법원 1983.3.22. 선고 82다카1533 전원합의체 판결은 운송인이 선하증권에 기재한 면책약관은 채무불이행책임만을 대상으로 한 것이고 당사자 사이에 불법행위책임은 감수할 의도였다고 볼 수 없으므로 불법행위책임에 적용키로 하는 별도의 명시적·묵시적 합의가 없더라도 당연히 불법행위책임에도 그 효력이 미친다고 함).

505) 이균성, "해상운송인의 채무불이행책임과 불법행위책임의 경합", 민사판례연구(IV), 1982, 148.

506) 김병연외, 328; 손주찬, 346; 이기수외, 481; 이철송, 538; 최기원, 393.

507) 서헌제, 367; 손진화, 227; 이기수외, 482; 정동윤, 251.

508) 이철송, 538, 정찬형, 349. 대법원 1977.12.13. 선고 75다107 판결. 그러나 위에서 설명한 대법원

(2) 화물상환증 발행의무

(가) 의의

운송인은 송하인의 청구에 의하여 화물상환증을 교부하여야 한다(128조 1항). 여기서 화물상환증(Bill of Lading)이란 운송물의 수령을 증명하고, 목적지에서 운송물을 증권의 정당한 소지인에게 인도할 것을 약정함으로써, 운송물인도청구권을 표창하는 유가증권을 말한다.[판례172] 화물상환증은 송하인의 청구에 의해 운송인이 발행하는 점에서 송하인이 발행하는 위 화물명세서와 다르다.[509)]

[판례172] 대법원 1992.2.14. 선고 91다4249 판결

이른바 '보증도'에 관한 상관습은 운송인 또는 운송취급인의 정당한 선하증권 소지인에 대한 책임을 면제함을 목적으로 하는 것이 아니고 오히려 '보증도'로 인하여 정당한 선하증권 소지인이 손해를 입게 되는 경우 운송인 또는 운송취급인이 그 손해를 배상할 것을 전제로 하고 있는 것이므로 운송인 또는 운송취급인이 선하증권과 상환하지 아니하고 '보증도'에 의하여 운송물을 선하증권 소지인의 운송물에 대한 권리를 침해하였을 때에는 고의 또는 중대한 과실에 의한 불법행위가 성립된다.

'보증도' 등으로 운송물이 멸실된 경우 채무불이행으로 인한 손해배상청구권은 물론 불법행위로 인한 손해배상청구권도 선하증권에 화체되어 선하증권이 양도됨에 따라 선하증권 소지인에게 이전되는 것이므로 운송물이 멸실된 후에 선하증권을 취득(양수)하였다 하더라도 그 선하증권의 소지인이 손해배상채권을 행사할 수 있고, 별도의 양도통지가 필요치 않다.

(나) 화물상환증의 법적 성질

화물상환증은 유가증권으로서, 그 기재요건이 상법에 명시되어 있으므로 요식증권이며(128조 2항), 운송물인도청구권은 화물상환증의 발행에 의해 발생하는 것이 아니므로 비설권증권이고, 화물상환증을 발행하게 된 실질적 권리관계에 의하여 영향을 받으므로 요인증권이며, 화물상환증은 기명식인 경우에도, 배서를 금지하는 기재가 없는 한, 배서에 의하여 양도할 수 있으므로 원칙적인 지시증권이다(130조). 또한 화물상환증을 작성한 경우에는 이와 상환하지 아니하면 운송물

1983.3.22. 선고 82다카1533 전원합의체 판결에서는 선하증권에 기재된 면책약관이라 할지라도 고의 또는 중대한 과실로 인한 재산권 침해에 대한 불법행위책임에는 적용되지 않는다고 판시함.

509) 송옥렬, 187; 이철송, 547; 정경영, 248; 주석상법(2), 233.

의 인도를 청구할 수 없으므로 상환증권이며(129조),[판례173] 화물상환증을 작성한 경우에는 운송물에 관한 처분은 화물상환증으로써 하여야 하므로 처분증권이고 (132조),[판례174] 화물상환증에 의하여 운송물을 받을 수 있는 자에게 화물상환증을 교부한 때에는 운송물 위에 행사하는 권리의 취득에 관하여 운송물을 인도한 것과 동일한 효력이 있으므로 인도증권이다(133조).

[판례173] 대법원 1992.1.21. 선고 91다14994 판결

운송인 또는 운송취급인이 '보증도'를 한다고 하여 선하증권과 상환함이 없이 운송물을 인도함으로써 선하증권 소지인의 운송물에 대한 권리를 침해하는 행위가 정당한 행위로 된다거나 운송취급인의 주의의무가 경감 또는 면제된다고 할 수 없고, '보증도'로 인하여 선하증권의 정당한 소지인의 운송물에 대한 권리를 침해하였을 때에는 고의 또는 중대한 과실에 의한 불법행위의 책임을 진다.

상법 820조, 129조의 규정은 운송인에게 선하증권의 제시가 없는 운송물인도청구를 거절할 수 있는 권리와 함께 **인도를 거절하여야 할 의무가 있음**을 규정하고 있다고 봄이 상당하다.

[판례174] 대법원 2003.1.10. 선고 2000다70064 판결

선하증권은 해상운송인이 운송물을 수령한 것을 증명하고 양륙항에서 정당한 소지인에게 운송물을 인도할 채무를 부담하는 유가증권으로서, 운송인과 그 증권소지인 사이에는 증권 기재에 따라 운송계약상의 채권관계가 성립하는 채권적 효력이 발생하고, 운송물을 처분하는 당사자 사이에는 운송물에 관한 처분은 증권으로서 하여야 하며 운송물을 받을 수 있는 자에게 증권을 교부한 때에는 운송물 위에 행사하는 권리의 취득에 관하여 운송물을 인도한 것과 동일한 물권적 효력이 발생하므로 운송물의 권리를 양수한 수하인 또는 그 이후의 자는 선하증권을 교부받음으로써 그 채권적 효력으로 운송계약상의 권리를 취득함과 동시에 그 물권적 효력으로 양도 목적물의 점유를 인도받은 것이 되어 그 운송물의 소유권을 취득한다(동지 대법원 1998.9.4. 선고 96다6240 판결 및 대법원 1997.7.25. 선고 97다19656 판결).

(다) 화물상환증의 기능

화물상환증을 통해 화물의 운송중에 이를 처분·입질하여 그 교환가치를 이용할 수 있는 바, 우리나라의 경우 국토가 넓지 않고 남북분단인 상황인 관계로 육상운송에서 화물상환증은 거의 이용되지 않고 있으나, 창고증권 및 선하증

권에서 화물상환증에 관한 규정들이 준용된다는 점에서 그 활용도가 있다고 볼 수 있다.[510]

(라) 화물상환증의 발행

화물상환증은 송하인의 청구에 의하여 운송인이 발행한다(128조 1항). 운송인은 대리인(대리점)을 통해 화물상환증을 발행할 수 있으며, 운송주선인이 개입권을 행사한 경우에는 운송주선인도 이를 발행할 수 있다(116조 2항).[511] 송하인이 발행을 청구하면 운송인은 반드시 발행하여야 하므로, 이를 위반하여 송하인에게 손해가 발생하면 운송인은 손해배상책임을 져야 한다.

화물상환증은 운송물을 수령한 후에 발행함이 원칙이다.[512][판례175] 그러나 운송인이 운송물을 수령하기 전이라도 자신의 책임으로 화물상환증을 발행하는 것을 무효라고 볼 필요는 없을 것이다.[513]

[판례175] 대법원 1995.9.29. 선고 95도803 판결

선하증권 기재의 화물을 인수하거나 확인하지도 아니하고 또한 선적할 선편조차 예약하거나 확보하지도 않은 상태에서 수출면장만을 확인한 채 실제로 선적한 일이 없는 화물을 선적하였다는 내용의 선하증권을 발행, 교부하였다면 피고인들은 위 선하증권을 작성하면서 진실에 반하는 허위의 기재를 하였음이 명백할 뿐만 아니라 위 선하증권이 허위라는 사실을 인식하였다고 볼 것이고, 피고인들이 진실에 반하는 선하증권을 작성하면서 곧 위 물품이 선적될 것이라고 예상하였다고 하여 위 각 선하증권의 허위성의 인식이 없었다고 할 수 없으며, 화물이 선적되기도 전에 이른바 선선하증권을 발행하는 것이 해운업계의 관례라고 하더라도 이를 가리켜 정상적인 행위라거나 그 목적과 수단의 관계에서 보아 사회적 상당성이 있다고 할 수는 없으므로 피고인들이 위 행위가 죄가 되지 아니한다고 그릇 인식하였다고 하더라도 거기에 정당한 이유가 있는 경우라고 할 수 없으므로 허위유가증권작성죄의 죄책을 면할 수 없다.

---

510) 서헌제, 375; 송옥렬, 187; 이철송, 548; 정경영, 248; 주석상법(2), 233; 최기원, 406; 최준선, 361.
511) 정동윤, 258; 주석상법(2), 235.
512) 서돈각외, 233; 손주찬, 356; 이기수외, 486; 임중호, 472; 정동윤, 258; 정찬형, 358; 최기원, 407.
513) 김성태, 662; 이철송, 548.

(마) 화물상환증에 기재될 사항

1) 법정기재사항

화물상환증에는 다음의 사항을 기재하고 운송인이 기명날인 또는 서명하여야 한다(128조 2항). 한편, 아래 사항 중 일부가 누락되더라도, 화물상환증의 나머지 기재로부터 운송인이 운송물의 수령과 운송물의 동일성 및 도착지에서의 인도의무를 확인할 수 있는 정도이면 일부 기재사항을 흠결하여도 무방하다고 볼 수 있을 것이다.[514)]

① 운송물의 종류, 중량 또는 용적, 포장의 종별, 개수와 기호, 도착지, 수하인과 운송인의 성명 또는 상호, 영업소 또는 주소(126조 2항 1호 내지 3호)

② 송하인의 성명 또는 상호, 영업소 또는 주소

③ 운임 기타 운송물에 관한 비용과 그 선급 또는 착급의 구별

④ 화물상환증의 작성지와 작성년월일

2) 임의적 기재사항

면책조항, 보증에 관한 사항, 배상액 등이 이에 속하는 바, 법정기재사항이 아니더라도 일단 기재된 경우에는 법정기재사항과 동일한 효력을 가진다고 보아야 할 것이다.[515)]

(바) 화물상환증의 양도

화물상환증은 기명식인 경우에도, 배서를 금지하는 기재가 없는 한, 배서에 의하여 양도할 수 있으므로 원칙적인 지시증권이다(130조). 즉, 송하인 또는 이후 화물상환증의 소지인은 화물상환증의 양도에 의하여 운송물을 처분할 수 있다. 배서가 금지된 경우에는 민법상 지명채권의 양도방법에 따라 채무자에 대한 통지 또는 승락을 통해 양도할 수 있다고 보아야 할 것이다(민법 450조).[516)]

배서는 기명날인 또는 서명에 의하여야 하며(65조, 민법 510조 1항), 조건을 붙여

---

514) 김홍기, 263; 손주찬, 357; 손진화, 233; 송옥렬, 187; 장덕조, 179; 정경영, 249; 정찬형, 358; 최기원, 407.

515) 서돈각외, 233; 서헌제, 376; 이철송, 549; 주석상법(2), 239; 최기원, 407.

516) 대법원 2001.3.27. 선고 99다17890 판결(선하증권은 기명식으로 발행된 경우에도 법률상 당연한 지시증권으로서 배서에 의하여 이를 양도할 수 있지만, 배서를 금지하는 뜻이 기재된 경우에는 배서에 의해서는 양도할 수 없고, 그러한 경우에는 일반 지명채권양도의 방법에 의하여서만 이를 양도할 수 있음).

서는 아니되고, 배서에 붙인 조건은 적지 아니한 것으로 보며(65조, 어음법 12조 1항), 일부배서는 무효로 한다(65조, 어음법 12조 2항).

화물상환증의 배서는 화물상환증의 배서에는 권리이전적 효력이 있고, 이를 전제로 한 인적항변절단의 효력이 있으며(65조, 민법 508조, 515조), 자격수여적 효력이 인정되므로(65조, 민법 513조) 배서가 연속된 최후의 피배서인을 권리자로 믿고 선의로 화물상환증을 취득한 자에게 선의취득이 인정되고(65조, 민법 514조), 형식적 자격자를 권리자로 믿고 변제한 경우에는 원칙적으로 선의지급 면책의 효력도 인정된다(65조, 민법 518조).[517] 그러나 운송물인도청구권의 특성상 배서인들에게 이행을 소구하는 것은 적절치 않기 때문에, 어음·수표의 배서와 같은 담보적 효력은 인정되지 아니한다.[518]

(사) 화물상환증의 효력

1) 채권적 효력

화물상환증의 채권적 효력이란 운송인과 화물상환증의 소지인간의 운송물에 관한 사항은 화물상환증에 기재된 바에 따르고, 운송계약에 의해 영향을 받지 않음을 의미한다.

먼저, 운송인과 송하인 사이에서는, 화물상환증에 적힌 대로 운송계약이 체결되고 운송물을 수령한 것으로 추정한다(131조 1항). 따라서 원칙적으로 화물상환증에 기재된 대로의 효력이 인정되지만, 실제운송계약과 화물상환증의 기재가 다르다는 점을 입증한다면 그 추정력은 번복될 수 있다.

한편, 화물상환증 소지인과 운송인 사이에서는, 운송인은 화물상환증을 선의로 취득한 소지인에 대하여 화물상환증에 적힌 대로 운송물을 수령한 것으로 보고, 화물상환증에 적힌 바에 따라 운송인으로서 책임을 진다(131조 2항). 선의의 소지인을 보호하기 위한 규정이다. 이때 선의에 중대한 과실이 있는 경우에는 형평의 원칙상 보호받지 못한다고 보아야 할 것이다.

2) 물권적 효력

화물상환증에 의하여 운송물을 받을 수 있는 자에게 화물상환증을 교부한

---

517) 서돈각외, 234; 손진화, 233; 이기수외, 490; 장덕조, 180; 전우현, 334; 정동윤, 258; 정찬형, 359.
518) 따라서 배서인에 대한 손해배상책임으로 해결할 수밖에 없음(이철송, 550; 주석상법(2), 252; 최준선, 362).

때에는 운송물 위에 행사하는 권리의 취득에 관하여 운송물을 인도한 것과 동일한 효력이 있다(133조). 즉, 화물상환증의 물권적 효력이란 화물상환증의 교부로 운송물 자체의 점유를 이전한 것과 동일한 효력이 있음을 말한다.[519] 이 물권적 효력이 인정되는 결과로서, 화물상환증은 인도증권이 되며, 운송물에 관한 처분은 화물상환증에 의하지 않으면 이를 할 수 없게 된다(132조).

가) 요건

물권적 효력은 운송인이 운송물을 점유하고 화물상환증 소지인이 그 반환청구권을 가지고 있음을 전제로 한다. 다만 운송인이 이를 직접 점유할 필요는 없고 언제든지 인도받아 반환할 수 있는 상태에 있으면 충분하다. 그러므로 공권이 발행된 경우나 운송물이 멸실한 경우에는 물권적 효력은 생기지 않는다.[520] 또한 물권적 효력은 화물상환증이 정당한 소지인에게 교부된 경우에만 인정된다.

나) 이론적 구성

운송인이 운송물을 직접 점유함에도 화물상환증의 이전만으로 목적물을 이전한다는 법리를 구성하기 위해서, 민법 190조 및 450조와 관련하여, 첫째, 절대설(본 규정은 민법 190조의 특칙으로서 민법 450조의 지명채권양도절차는 필요없고, 화물상환증의 인도가 운송물의 인도와 동일한 효력이 있다는 견해), 둘째, 엄정상대설(화물상환증의 교부를 민법상 반환청구권의 양도에 의한 인도의 한 방법으로 보고, 운송인에 대한 양도통지 또는 운송인이 승낙이 필요하다는 견해), 셋째, 대표설(화물상환증의 교부를 간접점유의 이전으로 보는 점에 있어서는 엄정상대설과 같지만 화물상환증이 운송물을 대표하기 때문에 민법상 양도절차는 필요치 않고, 화물상환증의 교부가 있으면 바로 간접점유가 이전한다는 견해),[521] 절충설(본 규정은 민법 190조에서 말하는 목적물반환청구권의 양도가 아니고 그와는 다른 증권에 표창된 운송물반환청구권의 유가증권적 양도라고 보는 견해)[522]이 있는 바, 민법과 상법의 일반법과 특별법으로서의 관계를 감안한다면 대표설이 가장 타당하다고 판단된다. 판례는 절대설인지 대표설인지가 불분명하다.[523]

---

519) 그러나 운송물상의 물권의 변동에 관해서까지 운송물의 인도와 동일한 효과를 생기게 하는 것은 아님. 즉 증권의 인도를 받은 자가 운송물상에 어떤 물권을 취득하게 되는가, 그것이 소유권인가 질권인가 혹은 처분권인가는 전적으로 증권수수의 당사자간에 있어서의 실질적인 계약의 내용에 따라 결정됨(주석상법(2), 264).

520) 김병연외, 310; 손주찬, 363; 안강현, 317; 정경영, 254; 정찬형, 366; 최기원, 411; 최준선, 365.

521) 김병연외, 312; 김성태, 675; 서돈각외, 237; 서헌제, 383; 손주찬, 367; 손진화, 235; 안강현, 321; 이철송, 554; 장덕조, 185; 정찬형, 365; 주석상법(2), 268; 최기원, 415; 최준선, 368.

522) 이기수외, 498; 전우현, 345; 정동윤, 265.

다) 효과

이러한 물권적 효력으로 인해, 화물상환증을 작성한 경우에는 이와 상환하지 아니하면 운송물의 인도를 청구할 수 없고(129조), 화물상환증을 작성한 경우에는 운송물에 관한 처분은 화물상환증으로써 하여야 하며(132조), 화물상환증의 소지인이 운송인에 대하여 운송물의 처분을 청구할 수 있다(139조).

그러나 운송물이 멸실되거나 제3자에 의해 선의취득된 경우에는 물권적 효력은 소멸하고, 화물상환증의 소지인은 그 채권적 효력에 의해 운송인에게 손해배상을 청구할 수 있을 뿐이다.524)

(3) 운송물 인도의무

운송인은 도착지에서 수하인 등에게 운송물을 인도하여야 한다. 여기서 인도란 사실상의 지배가 이전되는 것을 말한다.[판례176]

[판례176] 대법원 1996.3.12. 선고 94다55057 판결

화물이 컨테이너 전용장치장에서 반출되어 보세운송된 다음 선하증권상 통지처인 갑 회사의 자가보세장치장으로 입고된 것이 갑 회사에 대한 화물의 인도라고 볼 것인지 여부는 그 화물에 대한 사실상의 지배가 운송인으로부터 갑 회사로 이전되었는가 하는 사실관계에 터잡아 판단되어야 하고, 갑 회사의 자가보세장치장에의 입고가 관계 법규에 의해 강제되어 있다거나(만일 강제되어 있다면 운송인이 선하증권과 상환하지 않고 화물을 인도하였다 하더라도 그 책임을 면한다고 볼 여지가 있다), 그 단계에서 인도가 이루어진 것으로 볼 경우 무역거래에 혼란이 초래되거나 자가보세장치장의 효용이 떨어지게 된다는 사유가 있다고 하여 인도의 시기를 달리 볼 것은 아니며, 또 운송계약상의 인도목적지에 이르기 전이라도 화물에 대한 사실상의 지배가 갑 회사에게 넘어갔다면 그 순간에 인도가 이루어진 것으로 보아야 한다.

화물상환증을 발행한 경우에는 화물상환증 소지인이 독점적으로 운송물인도청구권을 가진다. 여기서 화물상환증 소지인이란 적법하게 화물상환증을 발행받은 자 또는 그에 의해 권리자로 지시된 자를 말한다.525)

---

523) 대법원 1989.12.22. 선고 88다카8668 판결, 대법원 1984.9.11. 선고 83다카1661 판결 및 대법원 1983.3.22. 선고 82다카1533 전원합의체 판결.

524) 김성태, 676; 서헌제, 383; 이철송, 556; 주석상법(2), 271; 최기원, 416.

525) 김병연외, 302; 김성태, 631; 서돈각외, 220; 손진화, 222; 이철송, 525; 장덕조, 168; 최준선, 336.

한편, 화물상환증이 발행되지 아니한 경우에는 운송물이 도착지에 도착한 때에 송하인과 수하인이 동일한 권리를 취득하는 바(140조 1항), 따라서 이 경우 먼저 권리를 행사하는 자가 우선하게 된다.

만일 운송인이 운송물을 인도받을 권리자(화물상환증소지인 또는 송하인·수하인)에게 운송물인도의무를 이행하지 아니하는 경우에는 이들에게 손해배상책임을 진다.[판례177]

[판례177] 대법원 1965.10.19. 선고 65다697 판결

운송계약의 경우에 화물상환증을 작성하지 아니하였을 때에는 운송인은 수하인에게 물건을 인도하여야 함은 상법규정상 명백한 바이므로, 운송인이 수하인 이외의 제3자에게 물건을 인도하여 수하인이 물건의 인도를 받을 수 없게 되었다면 그 제3자가 수하인과의 계약으로 물건의 소유권을 취득한 자라 하더라도, 운송인이 수하인과의 관계에 있어서 물건의 인도에 관하여 주의를 해태하지 아니하였다고 할 수 없는 것이다.

(4) 운송물 처분의무

(가) 의의

송하인 또는 화물상환증이 발행된 때에는 그 소지인이 운송인에 대하여 운송의 중지, 운송물의 반환 기타의 처분을 청구할 수 있으며, 이 경우에 운송인은 이미 운송한 비율에 따른 운임, 체당금과 처분으로 인한 비용의 지급을 청구할 수 있다(139조 1항). 즉, 운송인은 송하인 또는 화물상환증의 청구가 있을 때 운송의 중지, 운송물의 반환 기타의 처분을 해야 한다. 계약을 해제하지 않고 손해배상을 청구함이 없이도 송하인 또는 화물상환증소지인으로 하여금 신속하게 상황에 대처하게 함으로써 그들의 이익을 보호할 수 있도록 하기 위한 규정이다.

(나) 내용

운송의 중지란 운송물이 있는 장소에서 더 이상 이동시키지 않음을 말하고, 운송물의 반환이란 현재 운송물이 있는 장소에서 인도함을 말하며, 기타의 처분이란 운송인에게 부담을 주지 않는 범위 내에서의 운송노선의 변경, 수하인의 변경 등과 같은 사실행위를 말하고, 양도·입질·경매와 같은 법률상의 처분을 의미하는 것이 아닌 바, 이러한 처분이 송하인의 수하인에 대한 계약위반이 되거나

불법행위가 된다 할지라도 운송인이 이에 기해 거부할 수는 없다.526)

이와 같이 운송물이 처분되는 경우, 운송인의 이익을 보호하기 위하여 운송인은 송하인 등에게 이미 운송한 비율에 따른 운임, 체당금과 처분으로 인한 비용의 지급을 청구할 수 있게 하였는 바, 운송인의 귀책사유없이 운송이 중단되었음에도 이미 운송한 비율에 따른 운임만을 인정한 것은 형평의 원칙에 맞지 않으므로 운송시간, 운송의 어려운 정도 등을 종합적으로 고려하여 그 비용을 산정하는 것이 타당할 것이다.527)

다. 운송인의 권리

(1) 운송물인도청구권

운송계약은 낙성계약이므로, 운송물의 인도없이도 계약이 체결될 수 있는 바, 이러한 경우 운송인은 운송계약에 따라 송하인에게 운송물인도청구권을 가진다. 만일 운송인의 운송물인도 요구에 대하여 이를 이행하지 않는 경우에는 송하인에게 채권자지체에 관한 민법규정(민법 400조 내지 403조)이 적용될 것이며, 이 운송물의 인도도 현실의 인도를 뜻하고, 점유개정이나 목적물반환청구권의 양도에 의한 인도는 포함되지 않는다고 보아야 할 것이다.[판례178]

[판례178] 대법원 1995.6.13. 선고 92다19293 판결

항공화물운송장(Air Waybill)이 증거가 되는 "화물의 수취"라 함은 화물에 대한 점유가 현실적으로 송하인으로부터 항공운송인 또는 항공운송주선인에게 이전되는 것 즉, 현실인도만을 가리키는 것으로 보아야 하고 점유개정이나 반환청구권의 양도 등에 의한 인도방식은 포함되지 않는 것으로 해석하는 것이 타당하다.

(2) 운임 기타 비용청구권

(가) 의의

수하인이 운송물을 수령한 때에는 운송인에 대하여 운임 기타 운송에 관한 비용과 체당금을 지급할 의무를 부담한다(141조). 운임은 보통 운송계약에서 정해

526) 김성태, 617; 서헌제, 351; 이철송, 523; 주석상법(2), 300.

527) 김성태, 617; 서헌제, 351; 이철송, 524; 주석상법(2), 300.

질 것이나, 이에서 정해지지 않더라도 운송인은 상인으로서 보수청구권을 가지므로(61조) 당연히 운임을 청구할 수 있다. 또한 운임은 일반적으로 후급이지만 운송계약에서 운임의 일부 또는 전부에 대하여 선급으로 정할 수 있을 것이며, 수하인이 운송물을 수령하지 못하더라도 운송물의 전부 또는 일부가 그 성질이나 하자 또는 송하인의 과실로 인하여 멸실한 때(134조 2항) 또는 송하인 또는 화물상환증의 소지인이 운송물을 처분한 경우(139조 1항)에는 운임의 전부 또는 일부를 청구할 수 있다. 운송인은 이 운임 등을 가지고 운송물에 유치권을 행사할 수 있으며(147조, 120조), 운송물을 수령하지 않을 때에는 이를 경매하여 운임에 충당할 수 있다(145조, 67조 3항).

(나) 운임의 의미

운임은 운송인에게 부여되는 운송에 대한 대가로서의 보수인 바, 일반적으로 금전이나 다른 형태로도 얼마든지 가능하며, 운임의 액수도 운송거리·시간 및 운송물의 종류·중량 등을 종합적으로 고려하여 산정된다. 운송인의 송하인 또는 화물상환증 소지인에 대한 운임 등 기타 채권은 1년간 행사하지 아니하면 소멸시효가 완성한다(147조, 122조).

(다) 운임채권의 채무자

송하인과 운송인의 운송계약에서 송하인이 운임을 부담하기로 한 경우, 운송계약에 따라 송하인이 운임을 부담하여야 할 의무와 상법 141조에 따라 수하인이 운송물의 수령과 동시이행으로 운임을 지급할 의무가 공존한다. 이 두 개의 채무는 부진정연대채무관계에 있다고 보아야 할 것이다.[528]

(라) 운송물의 멸실과의 관계

운송물의 전부 또는 일부가 <u>송하인의 책임없는 사유</u>로 인하여 멸실한 때에는 운송인은 그 운임을 청구하지 못하며, 운송인이 이미 그 운임의 전부 또는 일부를 받은 때에는 이를 반환하여야 한다(134조 1항).

한편, 운송물의 전부 또는 일부가 <u>그 성질이나 하자</u> 또는 <u>송하인의 과실</u>로 인하여 멸실한 때에는 운송인은 운임의 전액을 청구할 수 있다(134조 2항).

---

528) 주석상법(2), 304. 이에 반하여 연대채무관계가 된다는 견해로는 서헌제, 370; 장덕조, 165.

그리고, 운송인의 과실로 운송물의 전부 또는 일부가 멸실한 때에는 손익상계이론에 의해 운송인이 배상해야 할 금액에서 운임이 공제될 것이다(137조 4항).

(마) 기타 운송에 관한 비용 및 체당금

운송에 관한 비용이란 운임에 포함되지 아니하는 비용 예를 들면, 통관료·보관비 등 운송에 부수되는 일체의 비용을 말하며, 체당금이란 상법 55조 2항에서 설명한 바와 같다.

(3) 유치권

운송인은 운송물에 관하여 받을 보수, 운임, 기타 위탁자를 위한 체당금이나 선대금에 관하여서만 그 운송물을 유치할 수 있다(147조, 120조). 즉, 운송물에 관하여 받을 보수, 운임, 기타 위탁자를 위한 체당금이나 선대금만이 유치물인 운송물에 대한 피담보채권이 될 수 있고, 유치물은 운송물에 국한되며, 목적물이 채무자소유가 아니어도 된다는 점에 그 특색이 있다.[529]

(4) 운송물의 공탁·경매권

(가) 의의

운송인의 귀책사유없이 운송물을 수령하는 자가 없는 경우에 운송업을 수행하는 운송인의 이익을 보호하기 위하여 운송물에 대한 공탁·경매권이 인정된다(142조 내지 145조).

(나) 공탁권

운송인의 공탁권은 운송인이 수하인을 알 수 없거나(142조 1항) 수하인이 운송물의 수령을 거부하거나 수령할 수 없는 경우(143조 1항)에 수하인의 비용으로 인정된다. 운송인은 공탁을 한 때, 지체없이 송하인에게 그 통지를 발송하여야 한다(142조 3항).

---

529) 손주찬, 348; 이기수외, 462; 임중호, 466; 전우현, 331; 정경영, 239; 정동윤, 253; 정찬형, 354; 최기원, 400.

(다) 경매권

위와 같은 공탁의 사유가 있는 경우, 운송인은 송하인에 대하여 상당한 기간을 정하여 운송물의 처분에 대한 지시를 최고하여도 그 기간내에 지시를 하지 아니한 때에는 운송물을 경매할 수 있다(142조 2항, 143조 1항). 그리고 수하인이 운송물의 수령을 거부하거나 수령할 수 없는 경우, 운송인이 경매를 함에는 송하인에 대한 최고를 하기 전에 수하인에 대하여 상당한 기간을 정하여 운송물의 수령을 최고하여야 한다(143조 2항). 송하인 및 수하인에 대하여 최고를 할 수 없거나 목적물이 멸실 또는 훼손될 염려가 있는 때에는 최고없이 경매할 수 있다(145조, 67조 2항). 운송인이 경매를 한 때에도 지체없이 송하인에게 그 통지를 발송하여야 한다(142조 3항).

한편, 송하인, 화물상환증소지인과 수하인을 알 수 없는 때에는 공시최고에 의한 경매를 할 수 있는 바, 송하인, 화물상환증소지인과 수하인을 알 수 없는 때 운송인은 권리자에 대하여 6월 이상의 기간을 정하여 그 기간 내에 권리를 주장할 것을 관보나 일간신문에 2회 이상 공고하고, 이 공고를 하여도 그 기간내에 권리를 주장하는 자가 없는 때에 운송물을 경매할 수 있다.

운송인이 그 목적물을 경매한 때에는 그 대금에서 경매비용을 공제한 잔액을 공탁하여야 하나 그 전부나 일부를 운임 기타 운송에 관한 비용 등에 충당할 수 있다(145조, 67조 3항).

(5) 화물명세서 교부청구권

송하인은 운송인의 청구에 의하여 화물명세서를 교부하여야 하는 바(126조 1항), 바꾸어 말하면, 운송인은 송하인에게 화물명세서의 교부를 청구할 수 있는데, 앞에서 설명한 바와 같다.

라. 순차운송

(1) 의의

순차운송이라 함은 일정구간에서 복수 운송인의 동일한 운송물에 대한 운송을 말한다. 순차운송의 종류에는 부분운송(복수의 운송인이 동일운송물을 구간별로 독립하여 송하인과 운송계약을 체결하고 운송), 하수운송(단독 운송인이 송하인과 구간전체에 대한 운송계약을 체결하고, 단독 운송인이 전구간의 전부 또는 일부를 다른 운송인을 이행보조자로 사용), 동일운송(복수의 운송인이 공동으로 전체구간에 대한 운송계약을 송하인과 체결한 후, 내부적으로 구간별 운송을 분담), 공동운송(복수의 운송인간에 구간별 운송이 합의된 상황에서, 이것을 알고 있는 운송인이 최초운송인과 운송계약을 체결)의 형태가 있는 바, 상법상 순차운송은 공동운송을 말한다고 보아야 할 것이다.[530] 왜냐하면 상법 57조에도 불구하고 순차운송에 관한 상법 117조와 138조를 둔 이유는 상법 57조에서는 수인의 행위를 전제로 연대책임을 부과하고 있으므로 동일운송도 이에 의해 규율될 수 있으나, 공동운송만은 1인의 운송인이 송하인과 계약을 체결하는 것이어서 상법 57조의 적용대상이 될 수 없기 때문이다.

(2) 연대 손해배상책임

수인이 순차로 운송할 경우에는 각 운송인은 운송물의 멸실, 훼손 또는 연착으로 인한 손해를 연대하여 배상할 책임이 있다(138조 1항). 복수의 운송인들 내부의 구간별 운송에 영향을 미치지 못하는 송하인 등에게 운송계약불이행시의 손해배상책임과 관련하여 일부 운송인의 무자력으로 인한 피해를 받지 않게 하고, 복수의 운송인들의 운송책임에 대한 이행을 확보하기 위한 규정이다. 그러나 이 규정은 임의규정이므로 송하인과 운송인간의 특약으로 이를 배제시킬 수 있다.[531]

한편, 운송인중 1인이 위 손해를 배상한 때에는 그 손해의 원인이 된 행위를 한 운송인에 대하여 구상권이 있다(138조 2항). 그러나 그 손해의 원인이 된 행위를 한 운송인을 알 수 없는 때에는 각 운송인은 그 운임액의 비율로 손해를 분담하며, 그 손해가 자기의 운송구간내에서 발생하지 아니하였음을 증명한 때에는 손해분담의 책임이 없다(138조 3항).

530) 김성태, 678; 김정호, 344; 서헌제, 385; 손주찬, 354; 손진화, 237; 송옥렬, 193; 안강현, 313; 이기수외, 500; 임중호, 487; 정경영, 259; 정동윤, 271; 주석상법(2), 295; 최기원, 404; 최준선, 357. 이에 대하여 공동운송뿐만 아니라 동일운송도 상법상 순차운송에 포함되어야 한다는 견해로는 이철송, 558.

531) 이철송, 558; 장덕조, 187; 주석상법(2), 296.

(3) 대위의무와 대위권

(가) 대위의무

수인이 순차로 운송주선을 하는 경우에는 후자는 전자에 갈음하여 그 권리를 행사할 의무를 부담한다(117조 1항). 운송업의 특성상 운송물이 이전하는 관계로 이전 운송인이 운임 등의 채권을 가지고 유치권을 행사할 수 없기 때문에 차후 운송인에게 이전 운송인의 권리를 행사할 의무를 부과한 것이다. 이 규정에 의하여 차후 운송인은 이전 운송인의 별도의 수권없이도 운송물에 대하여 유치권을 행사할 수 있다. 만일 대위권의 행사를 해태한 차후 운송인은 이전 운송인에 대하여 손해배상책임을 부담해야 할 것이다.

여기서 이전 운송인이란 차후 운송인의 직전 운송인만을 의미한다고 볼 수도 있으나, 본 규정의 취지가 운송물의 이동성으로 인하여 이전 운송인들의 권리행사가 용이치 않은 점을 해결해 주기 위한 규정으로 보아야 할 것이므로, 이전의 모든 운송인을 포함한다고 보는 것이 타당할 것이다.[532]

(나) 대위권

위의 경우에 차후 운송인이 이전 운송인에게 변제한 때에는 차후 운송인은 이전 운송인의 권리를 취득한다(117조 2항). 즉, 차후 운송인은 변제할 정당한 이익이 있는 자로서 변제자의 법정대위(민법 481조)와 유사한 권리를 취득하게 되는 것인 바, 순차운송의 특성상 이전 운송인이 직접 채권을 행사하는 것이 여의치 못한 점을 감안하여, 차후 운송인이 이전 운송인에게 운임 등의 채권을 지급한 후 차후 운송인이 자신의 권리와 이전 운송인의 권리를 함께 행사토록 하기 위함이다.[533]

(다) 적용범위

이 규정의 적용범위와 관련하여, 공동운송 외에도 모든 순차운송에 적용되어야 한다는 견해[534]와 공동운송뿐만 아니라 동일운송에도 적용되어야 한다는

532) 이철송, 559; 정찬형, 370; 최기원, 405.
533) 이철송, 560.
534) 서돈각외, 232; 이기수외, 272; 임중호, 488; 정동윤, 502; 최준선, 359.

견해[535]가 있으나, 상법 117조와의 균형상 본 규정은 공동운송에만 적용된다고 보는 것이 타당할 것이다.[536]

5. 여객운송

가. 의의

상법상 여객운송이라 함은 육상 또는 호천, 항만에서 여객의 운송을 영업으로 함을 말한다(125조). 이와 관련한 상법상 148조 내지 149조는 운송인이 여객 또는 수하물에 발생한 손해를 배상할 책임에 관한 규정이다. 여객운송계약은 물건운송계약과 동일하게 도급계약으로 보아야 할 것인 바, 자연인인 여객의 보호에 보다 세심한 배려가 필요하기 때문에 상법상 위 규정들을 두게 된 것이다.

나. 여객운송인의 책임

(1) 여객이 받은 손해에 대한 책임

운송인은 자기 또는 사용인이 운송에 관한 주의를 해태하지 아니하였음을 증명하지 아니하면 여객이 운송으로 인하여 받은 손해를 배상할 책임을 면하지 못한다(148조 1항). 즉, 여객이 운송으로 인하여 받은 손해란 여객이 운송 중 입은 사망 또는 신체상의 상해로 인한 손해로서 여객운송인의 계약불이행책임이다.[판례179], [판례180]

[판례179] 대법원 1980.1.15. 선고 79다1966 판결

철도에 의한 여객의 운송에 있어서 운송인은 승객이 열차에 들어간 후 출입문을 닫은 후에 열차를 출발케 하여 승객이 운송도중 추락되는 등의 사고가 발생하지 않도록 조처할 주의의무가 있다(동지 대법원 1977.9.28. 선고 77다982 판결).

535) 김성태, 681; 이철송, 560.
536) 서헌제, 386; 안강현, 314; 정찬형, 370; 주석상법(2), 297.

[판례180] 대법원 1979.11.27. 선고 79다628 판결

운행하던 열차의 열려진 창문의 틈사이로 유리조각이 날아 들어와서 승객이 상해를 입은 경우 그 유리조각이 제3자의 투척등의 행위에 기인된 것이 아니고, 열차 진행에 수반해서 통상적으로 날아들어온 것이라면, 이는 운송업자나 그 사용인이 적절한 조치를 취하여 여객의 안전을 도모하여야 할 주의의무의 범위에 속하는 사항에 연유하는 것이므로, 위 운송에 관한 주의를 해태하지 아니하였음을 증명하지 못하는 한, 운송업자는 이에 대한 손해배상 책임이 있다(동지 대법원 1969.7.29. 선고 69다832 판결).

한편, 손해배상의 액을 정함에는 법원은 피해자와 그 가족의 정상을 참작하여야 한다(148조 2항). 이와 관련하여, 피해자인 여객의 정신적 손해는 당연히 포함될 것이나, 판례는 여객운송계약의 당사자 아닌 사람(운송계약의 당사자의 상속인)이 여객운송계약을 이유로 하는 위자료청구를 아무런 근거없이 인용한 것은 위법이라고 판시하고 있다.[537] 그러나 운송인의 불법행위로 인한 경우에는 피해자의 직계존속, 직계비속 및 배우자에 대하여도 위자료가 인정되어야 할 것이다(민법 752조).

(2) 수하물에 대한 책임

(가) 수하물을 인도받은 경우

운송인은 여객으로부터 인도를 받은 수하물에 관하여는 운임을 받지 아니한 경우에도 물건운송인과 동일한 책임이 있다(149조 1항). 이 책임에는 상법 135조, 136조 및 137조가 적용된다고 보아야 할 것이다.[538]

한편, 수하물이 도착지에 도착한 날로부터 10일내에 여객이 그 인도를 청구하지 아니한 때에는 운송인에게 운송물에 대한 공탁·경매권이 인정된다(149조 2항 본문, 67조). 공탁·경매권의 구체적인 내용은 앞서 설명한 매도인의 목적물에 대한 공탁·경매권의 내용이 적용되는 바, 주소 또는 거소를 알지 못하는 여객에 대하여는 최고와 통지를 요하지 아니한다(149조 2항 단서).

(나) 수하물을 인도받지 아니한 경우

운송인은 여객으로부터 인도를 받지 아니한 수하물의 멸실 또는 훼손에 대

537) 대법원 1974.11.12. 선고 74다997 판결.

538) 김성태, 694; 김정호, 346; 안강현, 325; 임중호, 491; 정경영, 362; 주석상법(2), 332; 최준선, 373.

하여는 자기 또는 사용인의 과실이 없으면 손해를 배상할 책임이 없다(150조). 수하물이 여객의 점유하에 있게 되기 때문에, 손해에 대한 입증책임을 여객에게 전환시킨 것이다.[539]

다. 여객운송인의 권리

여객운송인은 상인이므로 보수청구권을 가진다(61조). 또한 상법은 여객운송인에 관하여 탁송수하물에 관한 유치권을 규정하고 있지 아니하므로, 민법상 유치권 조항에 의해 탁송수하물의 운임에 대해서만 유치권을 행사할 수 있는 바, 이와 관련하여, 물건운송인의 특별상사유치권(147조, 120조)을 유추적용하자는 견해가 있으나,[540] 입법론으로는 몰라도 해석론적으로는 받아들이기 어렵지 않나 생각한다.[541]

XII. 운송주선업

1. 의의

운송주선업이란 자기명의로 송하인의 계산하에 운송인과 운송계약을 체결하는 영업을 말한다. 이러한 운송주선업은 운송의 거리가 육해공 삼면에 걸쳐 길어지고 운송수단도 다양할 뿐만 아니라 공간적 이동이 불가피한 화물도 복잡다양화, 대형다량화 되어짐에 따라 송하인과 운송인이 적당한 상대방을 적기에 선택하여 필요한 운송계약을 체결하기 어렵게 되었으므로 송하인과 운송인의 중간에서 가장 확실하고 안전·신속한 운송로와 시기를 선택하여 운송을 주선하기 위한 긴요한 수단으로서 발달하게 된 것이다.[542] 이와 관련하여, 운송업과의 구별이

---

539) 김병연외, 314; 서돈각, 241; 손진화, 272; 이기수외, 536; 장덕조, 190; 정동윤, 269; 정찬형, 377; 최기원, 425; 한창희, 349.

540) 서헌제, 395; 손주찬, 373; 안강현, 326; 이기수외, 541; 전우현, 352; 정동윤, 269; 정찬형, 378; 최기원, 428; 최준선, 374.

541) 이철송, 566; 임중호, 492.

542) 대법원 1987.10.13. 선고 85다카1080 판결.

문제되는 바, 운송주선업자가 운송의뢰인으로부터 운송관련 업무를 의뢰받은 경우 운송까지 의뢰받은 것인지, 운송주선만을 의뢰받은 것인지 여부가 명확하지 않은 때에는 당사자의 의사를 탐구하여 운송인의 지위도 함께 취득하였는지 여부를 확정하여야 할 것이지만, 그 의사가 명확하지 않으면 선하증권의 발행자 명의, 운임의 지급형태 등 제반 사정을 종합적으로 고려하여 논리와 경험칙에 따라 운송주선업자가 운송의뢰인으로부터 운송을 인수하였다고 볼 수 있는지 여부를 확정하여야 한다.[543]

2. 운송주선인의 정의

운송주선인이란 자기의 명의로 물건운송의 주선을 영업으로 하는 자를 말한다(114조). 즉, 운송주선인은 자신의 명의로 위탁자인 송하인의 계산으로 운송계약을 체결하게 되는 바, 위탁매매인과 그 구조가 동일하므로 운송주선인에 관하여 별도의 규정이 없으면 위탁매매인에 관한 규정이 준용된다(123조). 판례는 운송주선인이 하주나 운송인의 대리인이 되기도 하고 실제에 있어서도 위탁자의 이름으로 운송계약을 체결하는 일이 많은 것도 사실이며, 이와 같은 경우에도 운송주선인임에는 변함이 없다고 판시하고 있다.[544]

한편, 여객운송을 주선하는 자는 운송주선인이 아니라 준위탁매매인에 속한다. 또한 운송수단에 제한이 없기 때문에 운송주선인은 육상뿐만 아니라 해상 또는 공중운송의 주선도 포함한다. 운송주선인과 송하인간의 위탁계약이 운송주선인의 상행위에 해당한다.

3. 운송주선의 법률관계

위탁자와 운송주선인간에는 운송주선계약이 체결되고, 이를 기초로 운송주선인이 자기명의·위탁자계산으로 운송인과 운송계약을 체결하게 된다. 따라서 운송주선인과 운송인과의 관계에서는 운송주선인이 송하인이 되며, 위탁자와 운송인간에는 직접적인 법률관계가 성립되지 아니한다. 그러므로 위탁자가 운송인

543) 대법원 2012.12.27. 선고 2011다103564 판결 및 대법원 2007.4.27. 선고 2007다4943 판결.
544) 대법원 1987.10.13. 선고 85다카1080 판결.

에 대하여 권리를 행사하기 위해서는 민법상의 지명채권양도방법(민법 450조)에 따르거나 지시식이나 무기명식의 선하증권이 발행되어 있을 때에는 민법 508조, 523조에 의하여 운송주선인이 이를 위탁자에게 배서 또는 교부해야 한다.[545] 한편, 위탁자와 운송인간에 직접적인 법률관계가 성립되지 않음으로 인하여 실질과 형식이 분리되는 문제점을 해결하기 위하여 위탁매매에 관한 규정을 준용함으로써(123조) 운송계약상의 채권은 위탁자와 운송주선인 및 운송주선인의 채권자와의 관계에서는 특별한 이전절차없이도 위탁자의 권리로 간주되며(103조), 운송주선인은 위탁자를 위하여 물건운송계약을 체결한 때에는 위탁자에게 통지하여야 한다(104조). 또한 위탁자와 운송주선인간의 관계에서는 위임에 관한 민법규정이 적용된다(123조, 112조).

4. 운송주선인의 의무 및 책임

가. 선관주의의무

운송주선인은 위탁자의 수임인으로서 선량한 관리자의 주의로 위임받은 주선사무를 이행할 의무를 부담한다(123조, 112조, 민법 681조). 여기서 주선사무의 이행이란 운송인과의 운송계약체결뿐만 아니라 운송물의 수령, 수령 후 운송인에게 인도할 때까지의 보관 및 운송인에의 인도 등 주선계약의 이행에 필요한 일체의 업무를 포함한다.[546] 이와 관련하여, 운송주선인의 운송주선업무는 대체성이 있는 급부라고 볼 수 없으므로, 위탁매매인의 이행담보책임에 대한 상법 105조는 적용될 수 없다고 보아야 할 것이다.[547]

나. 지정가액준수의무

위탁자가 지정한 운임보다 고가로 운송주선인이 운송계약을 체결한 경우에

545) 대법원 1987.10.13. 선고 85다카1080 판결.

546) 김병연외, 295; 손주찬, 322; 송옥렬, 167; 이기수외, 440; 전우현, 296; 정경영, 222; 정찬형, 319; 최기원, 355; 한창희, 307. 대법원 1988.12.13. 선고 85다카1358 판결 및 대법원 1987.5.12. 선고 85다카2232 판결.

547) 김성태, 605; 김홍기, 236; 서헌제, 337; 안강현, 289; 이철송, 573; 장덕조, 155.

는 운송주선인이 그 차액을 부담한 때에는 그 운송계약은 위탁자에 대하여 효력이 있으며, 위탁자가 지정한 운임보다 저가로 운송주선인이 운송계약을 체결한 경우에는 그 차액은 다른 약정이 없으면 위탁자의 이익으로 한다(123조, 106조).

다. 수하인에 대한 의무

운송물이 도착지에 도착한 때에는 운송주선계약에서 위탁자에 의해 운송물의 수령인으로 지정된 자는 위탁자와 동일한 권리를 취득하며, 운송물이 도착지에 도착한 후 운송주선계약에서 위탁자에 의해 운송물의 수령인으로 지정된 자가 그 인도를 청구한 때에는 그의 권리가 위탁자의 권리에 우선한다(124조, 140조). 또한 운송주선계약에서 위탁자에 의해 운송물의 수령인으로 지정된 자가 운송물을 수령한 때에는 운송인에 대하여 운임 기타 운송에 관한 비용과 체당금을 지급할 의무를 부담한다(124조, 141조).[548]

라. 손해배상책임

운송주선인은 자기나 그 사용인이 운송물의 수령, 인도, 보관, 운송인이나 다른 운송주선인의 선택 기타 운송에 관하여 주의를 해태하지 아니하였음을 증명하지 아니하면 운송물의 멸실, 훼손 또는 연착으로 인한 손해를 배상할 책임을 면하지 못한다(115조).[549]

운송주선인은 자신의 사용인의 과실에 대하여는 책임을 부담하나, 운송인 자신의 주의해태에 대한 책임을 부담하지는 아니한다.[550] 또한 운송주선인 자신이 주의를 해태하지 아니하였음을 증명하지 못하는 경우 손해배상책임을 부담한

548) 김성태, 606; 김정호, 355; 손진화, 256; 전우현, 303; 정경영, 233; 주석상법(2), 219; 최기원, 358.

549) 민법 391조에 정하고 있는 '이행보조자'로서 피용자는 채무자의 의사 관여 아래 그 채무의 이행행위에 속하는 활동을 하는 사람이면 충분하고 반드시 채무자의 지시 또는 감독을 받는 관계에 있어야 하는 것은 아니다. 따라서 그가 채무자에 대하여 종속적인 지위에 있는지, 독립적인 지위에 있는지는 상관없다. 또한 운송주선인은 위탁자를 위하여 물건운송계약을 체결할 것 등의 위탁을 인수하는 것을 본래적인 영업 목적으로 하나, 이러한 운송주선인이 다른 사람의 운송목적의 실현에 도움을 주는 부수적 업무를 담당할 수도 있는 것이어서 상품의 통관절차, 운송물의 검수, 보관, 부보, 운송물의 수령인도 등의 업무를 담당하고 있는 것이 상례이다(대법원 2018.12.13. 선고 2015다246186 판결)

550) 김병연외, 296; 김성태, 603; 서돈각외, 209; 서헌제, 338; 장덕조, 156; 정찬형, 319; 최기원, 356.

다는 점에서 운송인의 책임과 동일하다. 한편, 운송인의 고가물의 책임에 관한 상법 136조가 운송주선인에게 준용된다(124조). 그리고 운송주선인은 악의의 경우를 제외하고, 수하인이 운송물을 수령한 날로부터(운송물이 전부멸실한 경우에는 그 운송물을 인도할 날로부터) 1년을 경과하면 소멸시효가 완성하며, 이 규정은 운송인에게 준용된다(147조).

5. 운송주선인의 권리

가. 보수청구권

(1) 원칙

운송주선인은 운송물을 운송인에게 인도한 때에는 즉시 보수를 청구할 수 있다(119조 1항). 물론 운송주선인과 위탁자와의 약정에 의해 그 지급시기를 달리 정할 수 있다. 그러나 운송주선인이 운송주선업무를 처리하는 중에 자신의 책임 없는 사유로 인하여 운송주선계약이 종료된 때에는 운송주선인은 이미 처리한 주선업무의 비율에 따른 보수를 청구할 수 있다(민법 686조 3항).

(2) 예외

운송주선계약으로 운임의 액을 정한 경우에는 다른 약정이 없으면 따로 보수를 청구하지 못한다(119조 2항). 운송주선계약에서 운임을 정한 경우 즉, 확정운임운송주선계약의 경우에는 별도의 약정이 없는 한, 운임에 이미 보수를 포함시키겠다는 묵시적 합의가 당사자간에 있다고 볼 수 있고, 또한 운송주선인은 이를 기초로 운송인과의 운송계약을 체결할 때에 실제 운임을 이보다 높게 책정함으로써 이득을 남길 수 있기 때문이다.[551]

이와 같은 예외를 인정하는 배경에 대한 이론으로는 개입설(운송주선인이 개입권을 행사한 경우로 보는 견해)이 있으나, 운송계약설[552](위탁자와 운송주선인간에 운송계약이

---

551) 서돈각외, 211; 손주찬, 326; 송옥렬, 168; 이철송, 574; 정동윤, 278; 주석상법(2), 203; 한창희, 311.

552) 김정호, 356; 서헌제, 332; 손주찬, 326; 손진화, 258; 송옥렬, 168; 이기수외, 445; 전우현, 303; 정경영, 224; 정찬형, 324; 최기원, 359; 최준선, 325. 이에 대하여 개입설로 보는 견해로는 김성태, 607; 서돈각외, 211.

성립된 것으로 보는 견해)을 기본으로 하되, 당사자간에 운송주선계약임을 분명히 한 경우에는 운송주선인에게 운송주선인의 보수와 운송인에 대한 운임을 구분할 권리를 부여한 것이라고 보는 것이 타당하다고 판단된다.553)[판례181]

[판례181] 대법원 1987.10.13. 선고 85다카1080 판결

운송주선인이 운송주선계약으로 운임의 액을 정한 경우 즉, 이른바 확정운임운송주선계약이 체결되었을 때에는 바로 그때에 위탁자와 운송주선인과의 사이에 운송계약이 체결된 것으로 보아 운송의 결과에 따라 지급되는 운임에 의하여 운송주선인의 보수와 운송인으로서의 보수가 함께 약정된 것으로 해석되므로 특약이 없는 한 운송주선인으로서의 보수를 따로 구하지 못한다는 뜻인 것이다. 그런데 운송주선인이 해상운송인으로서의 기능을 수행하는데는 그것이 가능한 재산적 바탕이 있어야 한다는 것은 이미 본 바와 같으므로 운송주선계약으로 운임의 액이 정해진 경우라도 그것을 확정운임운송주선계약으로 볼 수 있으려면 첫째로, 주선인에게 위와 같은 재산적 바탕이 있어야 하고 둘째로, 그 정해진 "운임의 액"이 순수한 운송수단의 댓가 즉 운송부분의 댓가만이 아니고 운송품이 위탁자로부터 수하인에게 도달되기까지의 액수가 정해진 경우라야만 한다 할 것이므로 구체적인 경우에 당사자의 의사표시를 해석함에 있어서는 위와 같은 요소가 갖추어져 있었느냐를 따져 보아 확정운임운송계약인가의 여부를 확정해야 하는 것이다(평석: 여기서 재산적 바탕이란 운송주선인으로서의 주선업무를 수행하는데 전제가 되는 영업시설 등 물적 기초를 의미한다고 보아야 할 것임).

나. 비용상환청구권

운송주선인이 운송주선업무의 처리에 관하여 비용을 지출한 때에는 위탁인에 대하여 지출한 날 이후의 이자를 청구할 수 있다(123조, 112조, 민법 688조).

다. 개입권

(1) 의의

운송주선인은 다른 약정이 없으면 직접운송할 수 있으며, 이 경우 운송주선인은 운송인과 동일한 권리의무가 있다(116조 1항). 운송주선인이 직접 운송인이 되는 경우보다 신속하게 운송을 할 수 있으며, 운송비용을 절약할 수 있는 측면은

553) 이철송, 575; 임중호, 503; 주석상법(2), 206.

위탁자에게 이득이 될 수 있다. 운임이 사실상 정형화되어 있기 때문에 거래소의 시세가 있을 것을 요건으로 하지 않는다는 점에서 위탁매매인의 개입권과 차이점이 있다. 물론 당사자가 특약에 의해 이 권리를 제한할 수 있다.

(2) 법적 성격 및 행사

운송주선인의 개입권은 형성권적 성질을 가지고 있으므로, 개입의 의사표시가 위탁자에게 도달하여 개입의 효과가 발생한 이후에는 위탁자가 개입을 거절할 수는 없다고 보아야 할 것이다.[554]

한편, 운송주선인이 위탁자의 청구에 의하여 화물상환증을 작성한 때에는 직접운송하는 것으로 본다(116조 2항). 본래 화물상환증은 운송인이 발행하는 것이므로 운송주선인의 화물상환증 발행은 운송인이 되겠다는 의사가 묵시적으로 포함되어 있다고 볼 수 있기 때문이다.[판례182]

[판례182] 대법원 2007.4.26. 선고 2005다5058 판결

해상운송주선인이 위탁자의 청구에 의하여 선하증권을 작성한 때에는 상법 제116조에서 정한 개입권을 행사하였다고 볼 것이나, 해상운송주선인이 타인을 대리하여 위 타인 명의로 작성한 선하증권은 특별한 사정이 없는 한 같은 조에서 정한 개입권 행사의 적법조건이 되는 '운송주선인이 작성한 증권'으로 볼 수 없다(동지 대법원 1987.10.13. 선고 85다카1080 판결).

(3) 개입의 효과

운송주선인이 개입권을 행사한 경우에는 운송주선인은 운송인으로서의 지위와 운송주선인으로서의 지위를 함께 보유하게 된다.

라. 유치권

운송주선인은 운송물에 관하여 받을 보수, 운임, 기타 위탁자를 위한 체당금이나 선대금에 관하여서만 그 운송물을 유치할 수 있다(120조). 피담보채권이

554) 김병연외, 297; 서헌제, 335; 임중호, 507; 장덕조, 158; 전우현, 304; 정경영, 226; 정찬형, 326; 최기원, 361.

운송물에 관하여 받을 보수, 운임, 기타 위탁자를 위한 체당금이나 선대금인 경우에 한하여 유치권이 성립될 수 있다는 점, 유치물이 운송물에 한하나 위탁자 소유여부는 불문한다는 점에 특징이 있다. 그리고 운송주선인의 점유가 간접점유 즉, 직접점유자인 운송인을 통해 간접점유하는 방식도 허용된다고 보아야 할 것이다.555)

6. 순차운송주선

가. 의의

순차운송주선이라 함은 동일한 운송물을 복수의 운송주선인이 운송주선함을 말한다. 이에는 부분운송주선(복수의 운송주선인이 구간별로 독립적으로 위탁자로부터 운송주선의 위탁을 받는 경우), 하수운송주선(1인의 운송주선인이 동일운송물에 대하여 전체 운송주선의 인수를 하고, 그 전부 또는 일부를 다른 운송주선인에게 위탁하여 행하게 하는 경우) 및 중계운송주선(운송주선인이 위탁자로부터 최초운송주선을 인수한 후, 자기명의·위탁자계산으로 다음구간 이후의 중간운송주선인과 운송주선계약을 체결할 것을 인수하는 경우)이 있다. 상법은 중계운송주선에 대하여 상법 117조 및 118조에서 중간운송주선이란 명칭으로 규정하고 있다.

나. 법률관계

(1) 중간운송주선인의 의무

수인이 순차로 운송주선을 하는 경우에는 후자는 전자에 갈음하여 그 권리를 행사할 의무를 부담한다(117조 1항). 여기서 전자라 함은 운송인에서 살펴본 바와 같이, 차후 운송주선인의 직전 운송주선인만을 의미하는 것이 아니라 이전의 모든 운송주선인을 포함한다고 보는 것이 타당할 것이다.556) 위 권리에는 보수청구권, 비용상환청구권, 유치권 및 공탁·경매권 등이 포함될 것이다.

555) 김홍기, 240; 서돈각외, 212; 손주찬, 327; 손진화, 258; 이기수외, 447; 정동윤, 279; 한창희, 313.
556) 서헌제, 343; 송옥렬, 172; 이철송, 580. 그러나 이에 반하여 직전 운송주선인만을 의미한다는 견해로는 손주찬, 330; 안강현, 297; 전우현, 307; 정경영, 232; 정동윤, 283; 정찬형, 330; 주석상법(2), 200; 최기원, 365; 한창희, 318.

(2) 변제의 효과

위 경우에 후자가 전자에게 변제한 때에는 전자의 권리를 취득한다(117조 2항). 여기서의 전자도 마찬가지로 차후 운송주선인의 이전 모든 운송주선인을 포함한다고 보아야 할 것이다.[557] 또한 취득하는 권리도 위에서 설명한 보수청구권, 비용상환청구권, 유치권 및 공탁·경매권 등이 포함된다.

7. 운송주선인의 채권의 시효

운송주선인의 위탁자 또는 수하인에 대한 채권(보수청구권 및 비용상환청구권 포함)은 1년간 행사하지 아니하면 소멸시효가 완성한다(122조).

XIII. 공중접객업

1. 의의

공중접객업이란 극장, 여관, 음식점, 그 밖의 공중이 이용하는 시설에 의한 거래를 영업으로 하는 것을 말하고, 이를 영업으로 하는 자를 공중접객업자(公衆接客業者)라 하며, 이들은 당연상인이다(151조, 4조, 46조 9호). 즉, 불특정다수가 특정용도로 사용하도록 인적·물적 설비를 갖춘 장소를 마련하고 유상으로 이용하게 하는 영업을 하는 자가 공중접객업자이다.[판례183] 이에는 사우나, 찜질방, 미용실 등도 포함된다. 한편, 판례는 공중접객업자는 신의칙상 의무로써 고객에게 위험이 없는 안전하고 편안한 객실 및 관련 시설을 제공함으로써 고객의 안전을 배려하여야 할 보호의무를 부담한다고 판시하고 있다.[판례184] 공중접객업소를 이용하는 불특정다수의 휴대품의 분실·도난 등과 관련하여 이들을 보호하기 위하여

557) 김성태, 613; 손주찬, 331; 송옥렬, 172; 안강현, 298; 이철송, 580; 임중호, 511; 장덕조, 161; 전우현, 308; 정경영, 232; 정동윤, 284; 정찬형, 331; 주석상법(2), 201; 최기원, 365; 최준선, 330; 한창희, 319.

상법은 규정들을 두고 있다.

[판례183] 대법원 1992.10.9. 선고 92도361 판결

식품위생법 22조 1항에 의하여 허가를 요하는 식품접객업으로서의 다방영업이라 함은 객석을 갖추고 다류를 조리(홍차에 레몬즙, 우유, 위스키를 첨가하는 것을 포함한다) 판매하거나, 우유, 청량음료 기타의 음료류(주류를 제외한다)를 판매하는 영업(식품위생법 시행령 7조 7호 (라)목)을 말하는 것이므로 단순히 다류나 우유 기타의 음료수를 판매하는 시설을 갖추고 이를 판매하는 것만으로는 다방영업을 하였다고 할 수 없으며, 이러한 판매시설 이외에 고객들이 위 다류 등을 마시면서 휴식을 취할 수 있는 객석을 갖춘 경우에 한하여 다방영업을 하였다고 할 수 있을 것이고, 식품위생법시행령에 규정된 다방영업형태의 특성상 객석 구비와 다류의 조리·판매 또는 음료수 판매행위가 상호불가분의 관계에 있을 때에 한하여 다방영업에 해당하는 것으로 봄이 상당하다.

[판례184] 대법원 2000.11.24. 선고 2000다38718 판결

공중접객업인 숙박업을 경영하는 자가 투숙객과 체결하는 숙박계약은 숙박업자가 고객에게 숙박을 할 수 있는 객실을 제공하여 고객으로 하여금 이를 사용할 수 있도록 하고 고객으로부터 그 대가를 받는 일종의 일시 사용을 위한 임대차계약으로서 객실 및 관련 시설은 오로지 숙박업자의 지배 아래 놓여 있는 것이므로 숙박업자는 통상의 임대차와 같이 단순히 여관 등의 객실 및 관련 시설을 제공하여 고객으로 하여금 이를 사용·수익하게 할 의무를 부담하는 것에서 한 걸음 더 나아가 <u>고객에게 위험이 없는 안전하고 편안한 객실 및 관련 시설을 제공함으로써 고객의 안전을 배려하여야 할 보호의무를 부담</u>하며 이러한 의무는 숙박계약의 특수성을 고려하여 신의칙상 인정되는 부수적인 의무로서 숙박업자가 이를 위반하여 고객의 생명·신체를 침해하여 투숙객에게 손해를 입힌 경우 불완전이행으로 인한 채무불이행책임을 부담하고, 이 경우 피해자로서는 구체적 보호의무의 존재와 그 위반 사실을 주장·입증하여야 하며 숙박업자로서는 통상의 채무불이행에 있어서와 마찬가지로 그 채무불이행에 관하여 자기에게 과실이 없음을 주장·입증하지 못하는 한 그 책임을 면할 수는 없다(동지 대법원 1997.10.10. 선고 96다47302 판결, 대법원 1994.1.28. 선고 93다43590 판결).

2. 물적 손해에 대한 공중접객업자의 책임

가. 임치받은 물건에 대한 책임

공중접객업자는 자기 또는 그 사용인이 고객으로부터 임치(任置)받은 물건의

보관에 관하여 주의를 게을리하지 아니하였음을 증명하지 아니하면 그 물건의 멸실 또는 훼손으로 인한 손해를 배상할 책임이 있다(152조 1항).[판례185] 따라서 공중접객업자가 이 책임에서 면하려면 자신 또는 그 사용인이 무과실임을 입증하여야 한다.

[판례185] 대법원 1992.2.11. 선고 91다21800 판결

여관 부설주차장에 시정장치가 된 출입문이 설치되어 있거나 출입을 통제하는 관리인이 배치되어 있거나 기타 여관측에서 그 주차장에의 출입과 주차사실을 통제하거나 확인할 수 있는 조치가 되어 있다면, 그러한 주차장에 여관 투숙객이 주차한 차량에 관하여는 명시적인 위탁의 의사표시가 없어도 여관업자와 투숙객 사이에 임치의 합의가 있은 것으로 볼 수 있으나, 위와 같은 주차장 출입과 주차사실을 통제하거나 확인하는 시설이나 조치가 되어 있지 않은 채 단지 주차의 장소만을 제공하는 데에 불과하여 그 주차장 출입과 주차사실을 여관측에서 통제하거나 확인하지 않고 있는 상황이라면, 부설주차장 관리자로서의 주의의무 위배 여부는 별론으로 하고 그러한 주차장에 주차한 것만으로 여관업자와 투숙객 사이에 임치의 합의가 있은 것으로 볼 수 없고, 투숙객이 여관측에 주차사실을 고지하거나 차량열쇠를 맡겨 차량의 보관을 위탁한 경우에만 임치의 성립을 인정할 수 있다(동지 대법원 1998.12.8. 선고 98다37507 판결).

나. 임치받지 아니한 물건에 대한 책임

공중접객업자는 고객으로부터 임치받지 아니한 경우에도 그 시설 내에 휴대한 물건이 자기 또는 그 사용인의 과실로 인하여 멸실 또는 훼손되었을 때에는 그 손해를 배상할 책임이 있다(152조 2항). 고객이 공중접객업자 또는 그 사용인의 과실을 입증해야 한다는 점에서 임치한 물건과 대조된다.

다. 면책약관의 효력

고객의 휴대물에 대하여 책임이 없음을 알린 경우에도 공중접객업자는 위 가.와 나.의 책임을 면하지 못한다(152조 3항). 상법이 인정한 특별책임이다.558) 공중접객업자가 고객의 휴대물을 임치받으면서 그 책임이 없다고 알린 경우에는 이 규정에 의해 자신의 무과실을 입증하지 않는 한 책임에서 벗어날 수 없으며, 임치받

558) 이철송, 584; 주석상법(2), 345.

지 아니한 상태에서 임치하지 아니한 물건에 대한 책임이 없음을 알린 경우에도 고객이 공중접객업자 등의 과실을 입증하는 경우에는 공중접객업자는 그 책임을 면할 수 없을 것이나, 단, 이러한 고지에도 불구하고 공중접객업자에게 임치하지 아니하는 등의 고객의 과실로 인한 과실상계로는 감안될 수 있을 것이다.[559)]

라. 고가물에 대한 책임

화폐, 유가증권, 그 밖의 고가물(高價物)에 대하여는 고객이 그 종류와 가액(價額)을 명시하여 임치하지 아니하면 공중접객업자는 그 물건의 멸실 또는 훼손으로 인한 손해를 배상할 책임이 없다(153조). 고가물 등에 대한 명시가 없어 고가물에 대한 주의를 베풀지 못한 공중접객업자에게 고가물에 대한 책임을 부담시키는 것은 가혹하기에 공중접객업자를 보호하기 위하여 고가물 등의 경우 그에 대한 명시 및 임치를 요건으로 책임을 부담토록 한 규정이다.

이와 관련하여, 운송물에서 설명한 바와 같이, 고가물에 대한 명시가 없었을지라도 공중접객업자가 고가물임을 알았거나 중대한 과실로 이를 알지 못한 경우에도 고가물에 대한 책임을 부담한다고 보는 것이 타당할 것이다.[560)] 또한 공중접객업자가 고가물에 대한 명시없이 임치하였다 하더라도 일반 보통물에 대한 주의도 기울이지 않은 경우에는 고가물에 대한 책임을 지지는 않더라도 최소한 보통물에 대한 책임은 부담한다고 보는 것이 형평의 원칙상 타당할 것이다.

마. 단기소멸시효

공중접객업자 또는 그의 사용인이 악의인 경우를 제외하고, 위 공중접객업자의 책임은 공중접객업자가 임치물을 반환하거나 고객이 휴대물을 가져간 후(물건이 전부 멸실된 경우에는 고객이 그 시설에서 퇴거한 날부터) 6개월이 지나면 소멸시효가 완성된다(154조, 152조, 153조).

---

559) 김성태, 723; 김정호, 373; 김홍기, 276; 서헌제, 415; 손주찬, 386; 안강현, 328; 이기수외, 568; 임중호, 526; 전우현, 355; 정찬형, 383; 주석상법(2), 348; 최기원, 433; 한창희, 355. 그러나 이에 반하여 면책약관과는 무관하여 고객의 부주의 자체에 대해 과실상계를 인정해야 한다는 견해로는 이철송, 585.

560) 동지 이철송, 586.

3. 인적 손해에 대한 공중접객업자의 책임

상법은 이에 대해 명문의 규정이 없는 바, 민법상 채무불이행책임 내지는 불법행위책임으로 해결해야 할 것이다. 채무불이행사실 또는 불법행위에 대한 귀책사유를 입증하는 것이 고객의 입장에서 반드시 용이한 것은 아니므로, 입법론적으로는 여객운송과 관련한 148조와 같은 규정의 준용에 의해 고객의 인적 손해에 대한 피해보상이 보다 손쉽게 이루어지도록 하는 것이 필요할 것이다.[561] 이에 대하여 판례는 앞에서 언급한 바와 같이, 공중접객업자는 신의칙상 의무로써 고객에게 위험이 없는 안전하고 편안한 객실 및 관련 시설을 제공함으로써 고객의 안전을 배려하여야 할 보호의무를 부담한다고 판시함으로써 입법적인 미비를 해석론적으로 보완하고 있다.[562]

XIV. 창고업

1. 의의

창고업이란 타인을 위하여 창고에 물건을 보관하는 영업을 말하는 바, 이를 영업으로 하는 자를 창고업자라 한다(155조). 창고업자를 통해 물건을 보관함으로써 보관비용을 절감할 수 있고, 계절상품의 경우 장기보관을 통해 시세차익을 얻을 수도 있으며, 창고증권을 통해 원활하게 물건을 유통시키고 금융조달의 수단으로도 이용될 수 있는 장점이 있다.

2. 창고업자의 정의

물건에는 부동산을 제외한 일체의 동산이 포함되며, 화폐·유가증권도 대상

561) 김성태, 726; 이철송, 588.
562) 송옥렬, 199; 장덕조, 194.

이 될 수 있다.563) 타인의 물건이어야 하므로, 자기물건보관은 해당되지 아니하나, 임치인 소유의 물건일 필요는 없다.[판례186] 임치인은 창고업자를 통해 임치물을 간접점유하며 그 반환청구권을 가진다. 창고는 반드시 건물이어야 하는 것은 아니고 공지 등도 상관없으며, 반드시 창고업자의 소유여야 하는 것도 아니다.564) 보관이라 함은 물건의 점유를 이전받아 그 멸실·훼손을 방지하고 현상을 유지시키는 것이므로 물건에 대한 감시의무가 창고업자에게 있다.[판례187]

[판례186] 대법원 1954.3.10. 선고 4287민상128 판결

기탁계약상 기탁자는 반드시 그 기탁물의 소유권자임을 요하는 것이 아님으로 기탁자의 청구에 의하여 창하증권이 발행되었다 하여도 기탁물의 소유권이 기탁자에 있다고 할 수 없다.

[판례187] 대법원 2002.2.26. 선고 2001다74728 판결

민법 693조의 임치는 금전이나 유가증권 기타 물건의 보관을 목적으로 하는 것이고, 상법 155조의 창고업자는 타인을 위하여 창고에 물건을 보관함을 영업으로 하는 자인데, 여기서의 보관이란 수치인 또는 창고업자가 목적물의 점유를 취득하여 자기의 지배하에 두면서 멸실·훼손을 방지하고 원상을 유지하는 것을 말하는 것으로, 목적물의 점유·감시의무가 수치인에게 있는 점에서 그것이 장소의 이용자에게 있는 그 장소의 임대차와 구분된다.

창고업자는 물건의 보관이라는 사실행위가 아니라 임치의 인수 즉, 타인을 위하여 물건을 보관할 것을 영업으로 해야 하며, 낙성계약이므로 물건의 인도가 요건이 아니다.565)

563) 서돈각외, 247; 전우현, 356; 정경영, 273; 정동윤, 286; 정찬형, 385; 주석상법(2), 357; 최기원, 439.

564) 손주찬, 389; 손진화, 265; 송옥렬, 199; 안강현, 330; 이기수외, 545; 정찬형, 385; 최기원, 439; 최준선, 382.

565) 김병연외, 329; 김성태, 699; 김홍기, 280; 송옥렬, 200; 이철송, 591; 임중호, 514; 정동윤, 287; 한창희, 361.

3. 창고업자의 의무 및 손해배상책임

가. 선관주의의무

창고업자는 유상인 경우뿐만 아니라 무상인 경우에도, 선량한 관리자의 주의로서 임치물을 보관하여야 한다(62조). 이를 해태한 경우에는 손해배상책임을 부담한다.

나. 창고증권 발행의무

(1) 의의

창고증권이란 창고업자에 대한 임치물반환청구권을 표창하는 유가증권을 말하는 바, 임치인의 발행청구가 있는 경우에는 이를 거절할 수 없다.[566] 이러한 창고증권을 통해 창고에 보관되어 있는 임치물의 교환가치를 활용하여 양도 또는 담보설정에 이용할 수 있다. 이와 관련하여, 단권주의(임치물의 양도·담보설정을 한 장의 창고증권에 의하도록 하는 방식; 우리나라, 미국, 독일, 네덜란드, 스페인, 스위스 등이 채택), 복권주의(양도용 창고증권과 담보용 창고증권을 별개로 발행하는 방식; 프랑스, 벨기에, 이태리 등이 채택) 및 병용주의(당사자가 단권 또는 복권주의를 선택할 수 있는 방식; 일본이 채택)가 있다.[567]

(2) 창고증권의 법적 성질

창고업자는 임치인과의 임치계약에 따라 임치인의 청구에 의해 창고증권을 교부해야 하므로, 요인증권이며(156조 1항), 창고증권은 이를 작성한 경우에는 상환하지 아니하면 임치물의 인도를 청구할 수 없으므로 상환증권이고(157조, 129조), 배서금지기재가 없는 한, 지시식인 경우는 물론 기명식으로 발행된 경우에도 배서에 의하여 양도할 수 있으므로 당연히 지시증권이며(157조, 130조), 임치인과 창고업자 사이에 창고증권에 적힌 대로 임치계약이 체결되고 임치물을 수령한 것으로 추정되며, 창고증권을 선의로 취득한 소지인에 대하여 창고업자는 창고증권에 적힌 대로 임치물을 수령한 것으로 보고 창고증권에 적힌 바에 따라 창고업자로서

566) 서헌제, 406; 손주찬, 397; 장덕조, 200; 정동윤, 193; 정경영, 277; 정찬형, 395; 주석상법(2), 363.
567) 서돈각외, 253; 손주찬, 396; 이기수외, 548; 정경영, 282; 정동윤, 292; 정찬형, 394; 한창희, 369.

책임을 지므로 문언증권이고(157조, 131조), 임치물에 관한 처분은 창고증권으로서 하여야 하므로 처분증권이며(157조, 132조), 창고증권에 의하여 임치물을 받을 수 있는 자에게 창고증권을 교부한 때에는 임치물 위에 행사하는 권리의 취득에 관하여 임치물을 인도한 것과 동일한 효력이 있으므로 인도증권이다(157조, 133조).

(3) 창고증권의 발행

창고업자는 임치인의 청구에 의하여 창고증권을 교부하여야 하는 바, 창고증권에는 ① 임치물의 종류, 품질, 수량, 포장의 종별, 개수와 기호, ② 임치인의 성명 또는 상호, 영업소 또는 주소, ③ 보관장소, ④ 보관료, ⑤ 보관기간을 정한 때에는 그 기간, ⑥ 임치물을 보험에 붙인 때에는 보험금액, 보험기간과 보험자의 성명 또는 상호, 영업소 또는 주소 및 ⑦ 창고증권의 작성지와 작성년월일을 각 기재하고 창고업자가 기명날인 또는 서명하여야 한다(156조).

(4) 창고증권의 분할청구 등

창고증권소지인은 창고업자에 대하여 그 증권을 반환하고 임치물을 분할하여 각 부분에 대한 창고증권의 교부를 청구할 수 있다(158조 1항). 물론 임치물의 분할이 가능함을 전제로 하며, 임치인의 임치물의 처분을 용이하게 하기 위함이다. 이 경우에 임치물의 분할과 증권교부의 비용은 증권소지인이 부담한다(158조 2항). 당사자들이 이 규정과 다른 특약을 하는 것은 유효하다.

한편, 창고증권으로 임치물을 입질한 경우에도 질권자의 승낙이 있으면 임치인은 채권의 변제기전이라도 임치물의 일부반환을 청구할 수 있으며, 이 경우에는 창고업자는 반환한 임치물의 종류, 품질과 수량을 창고증권에 기재하여야 한다(159조). 임치물을 입질한 경우에는 원칙적으로 변제한 후 임치인이 임치물의 반환을 청구할 수 있으나, 질권설정자인 임치인의 이익을 위하여 질권자의 승낙하에 변제기 전이라도 임치물의 일부반환을 창고업자에게 청구할 수 있는 권리를 부여한 것이며, 이 경우 향후 발생될지 모를 분쟁에 대비하고 창고증권이 반복되어 발행되는 복잡성을 피하기 위하여 종전 창고증권에 반환한 임치물의 내용을 명시하도록 한 것이다.

다. 임치인 등의 임치물의 검사·견품적취·보전처분권에 응할 의무

임치인 또는 창고증권소지인은 영업시간 내에 언제든지 창고업자에 대하여 임치물의 검사 또는 견품의 적취를 요구하거나 그 보존에 필요한 처분을 할 수 있다(161조). 이에 대하여 창고업자는 소극적으로 이에 응하여야 할 뿐만 아니라 필요한 범위에서 이에 협력할 의무도 있다.[568] 한편, 보전에 필요한 처분의 범위를 넘는 가공·수리 등의 행위는 포함되지 아니한다.

라. 임치물에 대한 훼손 또는 하자에 대한 통지의무·처분의무

창고업자가 임치물을 인도받은 후에 그 물건의 훼손 또는 하자를 발견하거나 그 물건이 부패할 염려가 있는 때에는 지체없이 임치인에게 그 통지를 발송하여야 하며, 이 경우에 임차인의 지시를 받을 수 없거나 그 지시가 지연되는 때에는 창고업자는 임차인의 이익을 위하여 적당한 처분을 할 수 있다(168조, 108조). 이와 관련하여 창고업자가 임치물의 가격저락의 상황을 안 때에도 통지·처분의무가 있다는 견해가 있으나,[569] 위탁매매인과는 달리 보관이라는 창고업자의 영업의 특색을 고려할 때, 이 경우에는 통지·처분의무가 없다고 보는 것이 타당할 것이다.[570]

마. 손해배상책임

창고업자는 자기 또는 사용인이 임치물의 보관에 관하여 주의를 해태하지 아니하였음을 증명하지 아니하면 임치물의 멸실 또는 훼손에 대하여 손해를 배상할 책임을 면하지 못한다(160조). 임치물의 멸실에는 물리적 멸실뿐만 아니라 수치인이 임치물을 권한없는 자에게 무단 출고함으로써 임치인에게 이를 반환할

568) 김성태, 703; 서돈각외, 249; 서헌제, 399; 손주찬, 391; 이철송, 593; 임중호, 515; 전우현, 358; 정찬형, 388; 주석상법(2), 389; 최준선, 384. 이에 반대하는 견해로는 최기원, 443.

569) 김성태, 703; 서돈각외, 249; 서헌제, 399.

570) 김정호, 362; 김홍기, 281; 손주찬, 391; 송옥렬, 202; 안강현, 332; 이기수외, 553; 이철송, 593; 장덕조, 198; 전우현, 358; 정경영, 278; 정동윤, 288; 정찬형, 389; 주석상법(2), 403; 최기원, 443; 최준선, 382.

수 없게 된 경우를 포함한다.[571] 고가물에 대한 특칙인 상법 136조를 유추적용해야 한다는 견해가 있으나,[572] 입법론으로는 몰라도 해석론으로는 채택하기 어려운 견해라고 판단된다.[573]

한편, 창고업자 또는 그 사용인이 악의인 경우를 제외하고, 창고업자의 책임은 임치인 또는 창고증권소지인이 유보없이 임치물을 수령하고 보관료 기타의 비용을 지급한 때에는 소멸한다. 그러나 임치물에 즉시 발견할 수 없는 훼손 또는 일부 멸실이 있는 경우에 임치물을 수령한 날로부터 2주간 내에 창고업자에게 그 통지를 발송한 때에는 소멸되지 아니하다(168조, 146조).

또한 창고업자 또는 그 사용인이 악의인 경우를 제외하고, 임치물의 멸실 또는 훼손으로 인하여 생긴 창고업자의 책임은 그 물건을 출고한 날(임치물이 전부 멸실한 경우에는 임치인과 알고 있는 창고증권소지인에게 그 멸실의 통지를 발송한 날)로부터 1년이 경과하면 소멸시효가 완성한다(166조). 악의의 입증책임과 관련하여, 원칙적으로는 소멸시효가 완성되지 않았음을 주장하는 임치인 등이 창고업자의 악의를 입증해야 할 것이나, 임치물을 반환받을 정당한 권리자가 아닌 자에게 임치물이 반환된 경우에는 창고업자 등이 자신이 악의가 아니었음을 입증해야 한다.[판례188] 선의에 중대한 과실이 있는 경우에도 악의와 같이 취득되어야 함은 전술한 바와 같다.

[판례188] 대법원 1978.9.26. 선고 78다1376 판결

창고업자가 임치물을 반환받을 정당한 권리자가 아닌 자에게 임치물을 인도함으로써 정당한 권리자가 그의 반환을 받지 못하게 된 경우에도 상법 166조의 멸실에 행당하여 1년의 경과로 창고업자의 책임은 시효소멸하지만 이 경우에 창고업자 또는 그 사용인이 악의가 아니었다는 점을 입증하지 못하면 책임을 면할 수 없다.

한편, 판례는 상법 166조 소정의 창고업자의 책임에 관한 단기소멸시효는 창고업자의 계약상대방인 임치인의 청구에만 적용되며, 임치물이 타인 소유의 물건인 경우에 소유권자인 타인의 청구에는 적용되지 아니한다고 보고 있다.[574]

---

571) 대법원 1981.12.22. 선고 80다1609 판결.

572) 김성태, 705; 김정호, 363; 최기원, 444.

573) 김홍기, 282; 송옥렬, 201; 이기수외, 555; 이철송, 594; 임중호, 516; 정경영, 280; 정찬형, 390; 최준선, 386.

4. 창고업자의 권리

가. 보관료·비용상환청구권

창고업자는 상인이므로 당사자가 합의로 이를 배제시키지 않는 한, 특약이 없더라도 상당한 보수로서 보관료 등을 청구할 수 있다(61조). 이와 관련하여, 창고업자는 임치물을 출고할 때가 아니면 보관료 기타의 비용과 체당금의 지급을 청구하지 못하나 보관기간 경과후에는 출고전이라도 이를 청구할 수 있으며, 임치물의 일부출고의 경우에는 창고업자는 그 비율에 따른 보관료 기타의 비용과 체당금의 지급을 청구할 수 있다(162조).

창고업에 관하여는 유치권에 관한 특별규정이 없으므로 창고업자의 보관료 등의 채권에 대하여는 민사유치권(민법 320조) 및 일반상사유치권(58조)이 적용될 수 있다.[575] 한편, 창고업자의 임치인 또는 창고증권소지인에 대한 채권은 그 물건을 출고한 날로부터 1년간 행사하지 아니하면 소멸시효가 완성한다(167조).

나. 공탁·경매권

임치인 또는 창고증권소지인이 임치물의 수령을 거부하거나 이를 수령할 수 없는 경우에는 상사매매에 있어 매도인의 공탁·경매권에 관한 규정이 준용된다(165조, 67조 1항, 2항).

5. 임치계약의 해지

당사자가 임치기간을 정하지 아니한 때에는 창고업자는 임치물을 받은 날로부터 6월을 경과한 후에는 2주간전의 예고를 전제로, 언제든지 이를 반환할 수 있다(163조). 민법 699조(임치기간의 약정이 없는 때에는 각 당사자는 언제든지 계약을 해지할 수 있다)의 특칙이라고 볼 수 있다. 다만, 부득이한 사유가 있는 경우에는 창고업자는 위 규정에도 불구하고 언제든지 임치물을 반환할 수 있다(164조). 한편, 임치인은

574) 대법원 2004.2.13. 선고 2001다75318 판결.

575) 김병연외, 333; 손주찬, 394; 이철송, 598; 정경영, 275; 정동윤, 291; 주석상법(2), 394; 한창희, 368.

언제든지 계약을 해지할 수 있다(민법 698조 단서).

XV. 금융리스업

1. 상법상 지위

금융리스업이란 금융리스이용자가 선정한 기계, 시설, 그 밖의 재산을 공급자로부터 취득하거나 대여받아 금융리스이용자에게 이용하게 하는 영업을 말하며, 이것을 영업으로 하는 자를 금융리스업자라 한다(168조의2). 우리 상법은 기본적 상행위의 하나로서, 기계, 시설, 그 밖의 재산의 금융리스에 관한 행위(46조 19호)를 규정하면서, 금융리스라는 용어를 사용하고 있고, 상법 12장에서 금융리스업이라는 제목하에 168조의2 내지 168조의5의 4개 조문을 규정하고 있다.

2. 리스의 종류

리스는 금융리스와 운용리스로 구분되는 바, 금융리스란 리스이용자가 필요로 하는 기계나 설비 등의 구입 자금을 리스업자가 리스이용자에게 직접 대여하지 않고, 그 기계 등을 리스업자가 취득하여 리스이용자에게 이용케 하는 리스형태[576]인 반면에, 운용리스란 금융리스에 속하지 아니하는 모든 리스로서, 금융리스업자가 소유하고 있는 물건을 리스이용자가 선정하여 일정한 대가를 지급하고 이용하는 리스물건 자체의 이용에 목적이 있는 리스형태[577]를 말한다. 이들의 가장 큰 차이점은 리스기간 중의 리스물건에 대한 유지·관리·위험부담을 금융리스의 경우에는 리스이용자가 지는 반면에 운용리스의 경우에는 리스업자가 진다는 점이다.[578]

---

576) 서돈각외, 258; 송옥렬, 204, 이기수외, 574; 임중호, 530; 전우현, 366; 주석상법(2), 406; 최준선, 396.
577) 김병연외, 336; 김성태, 731; 손진화, 271; 이철송, 600; 주석상법(2), 407; 정찬형, 399.
578) 김홍기, 289; 이철송, 601; 주석상법(2), 407; 정찬형, 397; 최기원, 454.

3. 금융리스의 기능

금융리스는 사실상 리스이용자가 필요한 기계 등을 구입하는 자금을 조달해 주는 역할을 하며, 리스료가 세법상 손비로 처리됨에 따라 절세의 효과가 있고, 당해 물건의 노후화로 인한 교체비용 역시 부담치 아니하는 장점이 있다.[579)]

4. 금융리스거래의 구조

리스이용자는 자신이 사용하고자 하는 기계 등 리스물건의 공급자와 협의를 통해 그 물건의 가격 등의 조건을 맞춘 후, 이 조건을 가지고 리스이용자는 금융리스업자와 금융리스계약을 체결하게 되며, 금융리스업자는 이 금융리스계약에 따라 공급자와 이 리스물건에 대한 매매계약을 체결하게 되면, 마지막으로 공급자는 이 매매계약에 따라 이 리스물건을 리스이용자에게 인도하게 되고, 이에 대한 대금은 금융리스업자가 지급한다.

5. 금융리스계약의 법적 성질

금융리스계약의 법적 성질과 관련하여, 특수임대차계약설(본질적으로 임대차계약이나 금융리스업자가 리스물건의 유지·관리·위험부담을 하지 않는다는 점에서 일반임대차와 다른 특수성이 인정된다는 견해),[580)] 특수소비대차설(금융리스는 리스이용자가 공급자로부터 리스물건을 공급받으며, 금융리스업자가 그 물건의 소유권을 담보로 자금을 대여하는 거래라는 견해)[581)]이 있으나, 금융리스료는 사실상 리스물건대금을 원금으로 보고 그에 대한 이자를 더한 원리금분할상환금이라는 점, 자본의 효율적 이용과 교환가치의 회수에 중점을 두고 있다는 점 등을 고려한다면, 임대차적 요소뿐만 아니라 금융조달적 측면과 매매적 요소가 복합되어 있는 민법상 임대차계약과는 다른 비전형(무명)계약으로 보는 것이 타당하다고 판단된다.[582)][판례189]

579) 서헌제, 423; 손주찬, 402; 안강현, 339; 장덕조, 204; 정동윤, 302; 정찬형, 398; 한창희, 373.
580) 최기원, 458.
581) 최준선, 401.
582) 김성태, 734; 김정호, 381; 김홍기, 290; 서헌제, 427; 손주찬, 403; 손진화, 275; 송옥렬, 206; 이철송, 607; 전우현, 367; 정경영, 287; 정동윤, 304; 정찬형, 403; 주석상법(2), 413; 한창희, 374.

[판례189] 대법원 1996.8.23. 선고 95다51915 판결

시설대여(리스)는 시설대여 회사가 대여시설 이용자가 선정한 특정 물건을 새로이 취득하거나 대여받아 그 물건에 대한 직접적인 유지·관리책임을 지지 아니하면서 대여시설 이용자에게 일정기간 사용하게 하고 그 기간 종료 후에 물건의 처분에 관하여는 당사자 간의 약정으로 정하는 계약으로서, 형식에서는 임대차계약과 유사하나, 그 실질은 대여시설을 취득하는데 소요되는 자금에 관한 금융의 편의를 제공하는 것을 본질적인 내용으로 하는 물적 금융이고 임대차계약과는 여러 가지 다른 특질이 있기 때문에 이에 대하여는 민법의 임대차에 관한 규정이 바로 적용되지 아니한다. 따라서 그 법적 성격이 비전형계약이다.(동지 대법원 1994.11.8. 선고 94다23388 판결 및 대법원 1986.8.19. 선고 84다카503·504 판결)

6. 금융리스업자의 의무

가. 리스이용자가 리스물건을 수령할 수 있도록 하여야 할 의무

금융리스업자는 금융리스이용자가 금융리스계약에서 정한 시기에 금융리스계약에 적합한 금융리스물건을 수령할 수 있도록 하여야 한다(168조의3 1항). 리스물건을 직접 인도하여야 할 자는 리스업자와 매매계약을 체결한 공급자이나, 리스업자도 리스이용자와의 리스계약에 따라 공급자가 리스물건을 리스이용자에게 인도하도록 할 의무가 있다는 의미이다.

나. 리스물건 매매대금 지급의무

리스업자는 공급자와의 매매계약에 따라 공급업자에게 매매대금을 지급할 의무가 있다. 물론 이 의무는 리스이용자가 공급자로부터 리스물건을 수령함과 동시이행관계에 있다고 보아야 할 것이다.[판례190]

[판례190] 대법원 1998.4.14. 선고 98다6565 판결

시설대여(리스)의 경우, 이용자가 물건의 공급자와 직접 교섭하여 물건의 기종·규격·수량·가격·납기 등의 계약 조건을 결정하면 리스회사는 위와 같이 결정된 계약 조건에 따라 공급자와 사이에 매매계약 등 물건의 공급에 관한 계약을 체결하고, 그 계약에서

공급자는 물건을 직접 이용자에게 인도하기로 하며, 리스회사는 이용자로부터 물건수령증서를 발급받으면 물건대금을 지급하기로 하는 것이 일반적이라 할 것인 바, 이처럼 리스회사가 이용자로부터 물건수령증을 발급받는 이유는 이용자와의 관계에서는 리스기간의 개시 시점을 명확히 하고자 하는 것이고 공급자와의 관계에서는 그 물건을 인도받기로 되어 있는 이용자로부터 물건의 공급에 관한 계약에 따른 물건의 공급이 제대로 이행되었음을 증명받고자 함에 있으므로, 리스회사는 비록 물건수령증의 교부가 없다 하여도 물건이 공급되었다는 것과 이용자가 정당한 사유 없이 물건수령증을 교부하지 않고 있다는 것을 알고 있다면, 공평의 관념과 신의칙에 비추어 물건수령증의 교부가 없음을 들어 공급된 물건대금의 지급을 거절할 수 없다.

한편, 금융리스물건수령증을 발급한 경우에는 금융리스계약 당사자 사이에 적합한 금융리스물건이 수령된 것으로 추정한다(168조의3 3항). 따라서 이러한 법률상 추정을 뒤집을 수 있는 증거 즉, 리스물건이 인도되지 않았다는 명백한 증거가 없는 한, 물건수령증을 발급한 경우에 역시 리스업자도 공급자에게 리스물건 매매대금을 지급해야 할 것이다.

다. 담보책임

판례는 리스물건에 대한 리스업자의 담보책임과 관련하여, 리스업자의 담보책임은 대여시설이 공급자로부터 이용자에게 인도될 당시에서의 대여시설의 성능이 정상적임을 담보하되, 이용자가 별다른 이의 없이 리스물건 인도인수확인서를 발급하면 시설대여 회사의 하자담보의무는 충족된 것으로 보는 범위 내에서의 책임이라고 봄이 상당하고, 이 담보책임을 제한하는 약정은 약관의 규제에 관한 법률 7조 2호, 3호에 해당하지 아니한다고 보고 있다.583)

7. 금융리스이용자의 의무

가. 리스료 지급의무

금융리스이용자는 금융리스물건을 수령함과 동시에 금융리스료를 지급하여

583) 대법원 1996.8.23. 선고 95다51915 판결.

야 한다(168조의3 2항). 즉, 금융리스물건의 수령과 금융리스료의 지급은 동시이행 관계에 있다. 판례에 의하면, 여기서 금융리스료란 리스회사가 리스이용자에게 제공하는 취득자금의 금융편의에 대한 원금의 분할변제 및 이자·비용 등의 변제의 기능을 갖는 것은 물론이고 그 외에도 리스회사가 리스이용자에게 제공하는 이용상의 편익을 포함하여 거래관계 전체에 대한 대가로서의 의미를 지닌다고 판시하고 있다.[584)]

한편, 금융리스물건수령증을 발급한 경우에는 금융리스계약 당사자 사이에 적합한 금융리스물건이 수령된 것으로 추정한다(168조의3 3항). 따라서 이러한 법률상 추정을 뒤집을 수 있는 증거 즉, 리스물건이 인도되지 않았다는 명백한 증거가 없는 한, 물건수령증을 발급한 경우에 역시 금융리스료를 지급해야 할 것이다.

나. 금융리스물건수령증 발급의무

상법 168조의3 2항의 규정에 따라, 통상 리스물건을 인도한 공급자가 수령증을 요구하는 경우에는 리스이용자는 수령증을 발급할 의무가 있다고 보는 것이 타당할 것이다.[585)][판례191]

[판례191] 대법원 1997.11.14. 선고 97다6193 판결

시설대여(리스)라 함은 대여 시설 이용자가 선정한 특정 물건을 시설대여회사가 새로이 취득하거나 대여받아 그 물건에 대한 직접적인 유지·관리책임을 지지 아니하면서 이용자에게 일정 기간 사용하게 하고 그 기간 종료 후 물건의 처분에 관하여는 당사자간의 약정으로 정하는 계약으로, 이와 같은 리스에 있어서는 이용자가 물건의 공급자와 직접 교섭하여 물건의 기종·규격·수량·가격·납기 등의 계약 조건을 결정하고 리스회사는 위와 같이 결정된 계약 조건에 따라 공급자와 사이에 매매계약 등 물건공급계약을 체결하되, 물건은 공급자가 직접 이용자에게 인도하기로 하고, 리스회사는 이용자로부터 물건수령증서를 발급받고 공급자에게 물건대금을 지급하기로 하는 것이 일반적이라 할 것인바, 이처럼 리스회사가 이용자로부터 물건수령증을 발급받는 이유는 이용자와의 관계에서는 리스기간의 개시 시점을 명확히 하고자 하는 것이고, 공급자와의 관계에서는 그

584) 대법원 2004.9.13. 선고 2003다57208 판결. 한편, 금융리스료에 대한 시효는 상사시효가 적용되어 5년임(대법원 2013.7.12. 선고 2013다20571 판결).

585) 송옥렬, 206; 이기수외, 583; 임중호, 534; 전우현, 367; 정경영, 290; 주석상법(2), 418; 정찬형, 405.

> 물건을 인도받기로 되어 있는 이용자로부터 물건공급계약에 따른 물건의 공급이 제대로 이행되었음을 증명받고자 함에 있다 할 것이므로, 공급자가 이용자에게 물건공급계약에 따른 물건을 공급한 이상 리스회사에 대하여 물건대금을 청구할 수 있는 것이고, 다만 리스회사로서는 이용자로부터 물품수령증을 발급받지 못하였음을 들어 공급자에 대하여 그 물건대금의 지급을 거절할 수 있을 뿐이라고 할 것이며, 이용자의 리스회사에 대한 물품수령증 발급의무와 리스회사의 공급자에 대한 물품대금 지급의무는 특단의 사정이 없는 한 동시이행의 관계에 있다고 봄이 상당하다.

다. 선관주의의무

금융리스이용자는 금융리스물건을 수령한 이후에는 선량한 관리자의 주의로 금융리스물건을 유지 및 관리하여야 한다(168조의3 4항). 금융리스의 경우 리스물건의 유지·관리의무가 리스이용자에게 있다는 점에서, 이 의무가 임대인에게 있는 민법상 임대차(민법 623조) 및 리스업자에게 있는 운용리스와 구별된다.

8. 공급자의 의무

가. 리스이용자에 대한 리스물건 인도의무

금융리스물건의 공급자는 공급계약에서 정한 시기에 그 물건을 금융리스이용자에게 인도하여야 한다(168조의4 1항). 이 규정은 리스업자와 공급자간의 매매계약에서 동 계약이 리스업자와 리스이용자간에 체결된 리스계약의 이행을 위한 계약임을 명시한 경우에 한하는 것으로 보아야 한다는 견해가 있으나,586) 리스이용자의 권리보호를 위해 리스계약의 당사자가 아닌 공급자에게 상법이 부과한 리스이용자에 대한 특별한 인도의무를 규정한 것이라고 보는 것이 타당할 것이다.587)

따라서 금융리스물건이 공급계약에서 정한 시기와 내용에 따라 공급되지 아니한 경우 금융리스이용자는 공급자에게 직접 손해배상을 청구하거나 공급계약

586) 송옥렬, 208; 이철송, 613.

587) 강정혜, "금융리스에 대한 상법안의 쟁점", 상사법연구 28권 2호, 2009, 52; 임중호, 536; 주석상법(2), 422.

의 내용에 적합한 금융리스물건의 인도를 청구할 수 있고(168조의4 2항), 금융리스업자는 금융리스이용자가 이 권리를 행사하는 데 필요한 협력을 하여야 한다(168조의4 3항).

나. 리스업자에 대한 매매가격 내역고지·승낙받을 의무

판례는 리스회사가 리스물건 공급자와 사이에 당해 리스물건에 관하여 체결하는 매매계약은 리스회사와 리스이용자 사이에 리스계약이 체결된 후 그 계약상의 의무를 이행하기 위하여 체결하는 것으로 그 목적이 리스이용자가 선정한 특정 물건을 그로 하여금 사용·수익할 수 있도록 리스물건 공급자로부터 이를 구입하는 데에 있으므로 통상의 매매계약과 다르며, 특히 매매 목적물의 기종, 물질, 성능, 규격, 명세뿐만 아니라 매매대금 및 그 지급조건까지도 미리 공급자와 리스이용자 사이에서 협의, 결정되고 리스회사는 그에 따라 공급자와 사이에 매매계약을 체결하는 것이 통례이나, 리스물건의 소유권은 처음부터 리스회사에 귀속되어 최종적으로는 그 취득 자금의 회수 기타 손해에 대한 담보로서의 기능을 가지므로 리스회사로서도 그 매매가격의 적정성에 대하여 어느 정도 실질적인 이해관계를 가진다고 할 것이어서, 만일 리스이용자와 공급자 사이에서 미리 결정된 매매가격이 거래관념상 극히 고가로 이례적인 것이어서 리스회사에게 불측의 손해를 가할 염려가 있는 경우와 같은 특별한 사정이 있는 경우에는, 리스물건 공급자는 리스회사에게 그 매매가격의 내역을 고지하여 승낙을 받을 신의칙상의 주의의무를 부담하며, 리스회사는 이를 고지받지 못한 경우 위 부작위에 의한 기망을 이유로 매매계약을 취소할 수 있다고 판시하고 있다.[588]

9. 리스계약의 해지

가. 리스업자의 해지

금융리스이용자의 책임있는 사유로 금융리스계약을 해지하는 경우에는 금융리스업자는 잔존 금융리스료 상당액의 일시 지급 또는 금융리스물건의 반환을

588) 대법원 1997.11.28. 선고 97다26098 판결.

청구할 수 있다(168조의5 1항). 민법상 일반적인 해지규정(민법 544조)의 특별규정으로서, 리스업자의 해지권을 명시한 것이다. 여기서 책임있는 사유란 리스료의 미지급을 포함한 채무불이행 사유 등을 말한다. 이 규정에 따른 리스계약의 해지시에는 리스업자는 잔존 금융리스료의 지급 또는 금융리스물건의 반환 중 어느 하나만을 선택할 수 있다.[589] 물론 이 금융리스업자의 청구는 금융리스업자의 금융리스이용자에 대한 손해배상청구에 영향을 미치지 아니한다(168조의5 2항).

나. 리스이용자의 해지

금융리스이용자는 중대한 사정변경으로 인하여 금융리스물건을 계속 사용할 수 없는 경우에는 3개월 전에 예고하고 금융리스계약을 해지할 수 있는 바, 이 경우 금융리스이용자는 계약의 해지로 인하여 금융리스업자에게 발생한 손해를 배상하여야 한다(168조의5 3항). 만일 이에 반하는 해지금지조항이 금융리스계약에 명시되어 있다 할지라도 이는 리스이용자를 보호하고자 하는 본 규정의 입법취지에 반하는 즉, 강행규정에 반하는 무효의 규정이라고 보아야 할 것이다.[590]

물론 리스이용자가 리스업자의 리스물건 인도 불이행 등 채무불이행을 이유로 리스계약을 해지할 수 있을 것이며(민법 544조), 그 경우에는 리스이용자는 별도로 손해배상청구을 청구할 수도 있을 것이다(민법 551).

XVI. 가맹업

1. 개념 및 기능

가맹업(Franchise)이란 자신의 상호·상표 등을 제공하는 영업을 말하며, 이를 영업으로 하는 자를 가맹업자(Franchisor)라 하고, 가맹업자로부터 그의 상호 등을

589) 따라서 기존판례(대법원 1999.9.3. 선고 98다22260 판결 및 대법원 1995.9.29. 선고 94다60219 판결)에서 인정되었던 청산의무는 이 규정에 따라 적용될 필요가 없는 것으로 판단됨.

590) 이철송, 616; 정찬형, 408; 주석상법(2), 427.

사용할 것을 허락받아 가맹업자가 지정하는 품질기준이나 영업방식에 따라 영업을 하는 자를 가맹상(Franchisee)이라 한다(168조의6).

가맹업을 통해 가맹업자는 자신의 영업을 확대함에 필요한 비용을 절약할 수 있으며, 가맹상 역시 창업에 소요되는 비용을 절약함과 동시에 그 사업위험을 줄일 수 있는 수단으로 사용될 수 있다. 이러한 가맹업에는 커피숍, 치킨집, 음식점 등 다양한 사업분야에서 널리 활용되고 있다.

2. 가맹계약의 요건

가맹계약의 요건으로는 첫째, 가맹상은 가맹업자의 상호 등을 사용할 것, 둘째, 가맹상은 가맹업자가 정하는 품질기준, 영업방식, 경영 및 영업활동 등에 대한 지원·교육과 통제에 따를 것, 셋째, 가맹상은 상호 등의 사용과 경영 및 영업활동 등에 대한 지원·교육의 대가로 가맹업자에게 가맹금을 지급할 것, 넷째, 가맹상은 독립된 사업자[591]일 것으로 구분할 수 있다(168조의6, 가맹사업거래의 공정화에 관한 법률 2조 1호).

3. 가맹업자의 의무 및 책임

가. 지원의무

가맹업자는 가맹상의 영업을 위하여 필요한 지원을 하여야 한다(168조의7 1항). 즉, 가맹업자는 가맹계약에 따라 가맹상이 가맹업자의 상호 등을 사용하는 것을 지원하여야 하며, 상품이나 용역의 품질관리와 판매기법의 개발을 위한 계속적인 노력, 가맹상의 경영·영업활동에 대한 지속적인 조언과 지원 및 가맹상과의 대화와 협상을 통한 분쟁해결 노력 등을 기울여야 한다(가맹사업거래의 공정화에 관한 법률 5조 2호, 5호, 7호).

591) 가맹상이 물품판매대금을 임의 소비한 것이 횡령죄를 구성하지 아니함(대법원 1998.4.14. 선고 98도292 판결).

나. 경업금지의무 등

가맹업자는 다른 약정이 없으면 가맹상의 영업지역 내에서 동일 또는 유사한 업종의 영업을 하거나, 동일 또는 유사한 업종의 가맹계약을 체결할 수 없다(168조의7 2항).

다. 제3자에 대한 책임 등

가맹업자는 가맹상으로 하여금 상호 등을 사용하게 하므로 상법 24조에 따른 명의대여자의 책임을 부담하게 되는 경우가 많을 것이고, 민법상의 표현대리책임(민법 125조) 및 사용자책임(민법 756조) 또는 제조물책임(제조물책임법 2조 3호, 3조 1항)을 부담할 수도 있을 것이다.

4. 가맹상의 의무

가. 가맹업자의 권리를 보호할 의무

가맹상은 가맹업자의 영업에 관한 권리가 침해되지 아니하도록 하여야 한다(168조의8 1항). 이 규정은 가맹업자의 권리침해금지라는 문면의 뜻만이 아니라 가맹상이 가맹업자의 명성을 유지할 의무를 부담한다는 의미도 포함하는 바, 즉, 가맹상은 가맹업자가 가맹네트워크의 명성을 유지하기 위하여 합리적으로 지시하는 사항을 따르고 가맹네트워크에 피해를 주지 않도록 하여야 한다는 의미이다.592)

나. 비밀준수의무

가맹상은 계약이 종료한 후에도 가맹계약과 관련하여 알게 된 가맹업자의 영업상의 비밀을 준수하여야 한다(168조의8 2항). 가맹상은 가맹계약에 따라 가맹업자로부터 영업비밀을 전수받게 되므로 이를 계약 중뿐만 아니라 계약이 종료된 후에도 누설되지 아니하도록 할 의무를 부담한다는 의미이다.

---

592) 송옥렬, 213; 이철송, 628; 장덕조, 215; 정찬형, 415; 주석상법(2), 449.

5. 가맹상의 영업양도

가맹상은 가맹업자의 동의를 받아 그 영업을 양도할 수 있으며, 가맹업자는 특별한 사유가 없으면 이 영업양도에 동의하여야 한다(168조의9). 가맹상의 입장에서 보면 자신의 투하자본을 회수하기 위하여 영업양도가 허용되어야 할 것이나, 가맹업자의 입장에서 보면, 자신의 명성과 관련된 가맹업의 양도를 가맹상의 자유에만 맡겨놓을 수는 없는 것이므로, 이를 조화롭게 해결하기 위해 원칙적으로 가맹업자는 가맹상의 영업양도요청에 동의할 의무가 있되 특별한 사유가 있는 경우에 한하여 이를 거절할 수 있는 예외를 인정한 것이다. 여기서 특별한 사유가 존재하는지 여부는 개별 가맹업의 특성·관행 그리고 가맹상과 가맹업자의 이익을 비교·형량하여 판단되어야 할 것이다.

한편, 이 가맹상의 영업양도와 관련하여, 양도 후 가맹상이 당연히 양수인에게는 경업금지의무를 부담할 것이나(41조), 가맹업자와 관련하여서는 가맹업자의 상호 등을 사용하는 것이 아님에도 불구하고 종전의 가맹업과 동종영업이라는 이유만으로 가맹상이 동종영업을 영위하는 것을 금지시키는 것은 부당하므로, 이를 허용하는 것이 타당할 것이다.593)

6. 가맹계약의 해지

가. 의의

가맹계약상 존속기간에 대한 약정의 유무와 관계없이 부득이한 사정이 있으면 각 당사자는 상당한 기간을 정하여 예고한 후 가맹계약을 해지할 수 있다(168조의10). 가맹계약도 일반계약과 같이 존속기간이 만료하면 종료하게 된다. 그리고 민법상 채무불이행규정에 의해 가맹계약이 해지될 수도 있다. 그런데 상법은 계속적 계약인 가맹계약의 특성상 상호간의 신뢰가 붕괴된 경우를 포함하여 부득이한 사정이 있는 경우에는 존속기간유무와 관계없이 예고기간을 둔 후 가맹상 또는 가맹업자 각자가 가맹계약을 해지할 수 있게 한 것이다. 여기서 부득이

593) 이철송, 632. 이와 관련하여, 미국 등 프랜차이즈 선진국의 경우에서는 가맹계약상 경업금지특약의 효력을 대략 3년 이내의 기간으로 제한하여 인정하고 있다고 함(최영홍, "경업금지특약의 유효요건-미국가맹계약을 중심으로", 상사법연구 58호, 2008, 148).

한 사유란 해지하고자 하는 당사자의 입장에서 가맹계약을 유지할 수 없는 주관적 사유(질병, 사고 등) 또는 객관적 사정(영업여건의 불가피한 변화 등)을 말한다고 보아야 할 것이다.[594]

나. 가맹계약해지의 효과

(1) 손해배상여부

본 규정에 의해 해지된 경우, 해지당한 당사자가 해지한 당사자를 상대로 손해배상을 청구할 수 있어야 한다는 견해가 있으나,[595] 본 규정의 취지가 당사자에게 책임을 물을 수 없는 부득이한 사유가 발생한 것을 이유로 계약해지권을 인정해 주자는데 있고, 리스계약과 같이 중대한 사정변경으로 인한 해지권자인 금융리스이용자가 손해배상청구를 해야 한다는 명시적인 규정도 없으므로, 손해배상청구권을 인정하지 않는 것이 타당하다고 판단된다.[596]

(2) 정산의무

본 규정에 따라 가맹계약이 해지되면, 가맹상과 가맹업자는 정산의무를 부담한다고 보아야 할 것이다. 따라서 가맹상은 가맹업자에게 미지급한 모든 금원을 지급해야 할 것이고, 가맹업자도 담보목적의 예치금 등을 가맹상에게 반환해야 할 것이므로, 이 양자는 상계에 의해 해결될 수도 있을 것이다.

(3) 상호 등의 사용중지 및 폐기

본 규정에 따라 가맹계약이 해지되면, 가맹상은 이후로 가맹업자의 상호를 사용해서는 아니되고, 가맹업자의 상호가 표시된 제품을 반환하거나 폐기하여야 하며, 가맹업자로부터 전달받은 일체의 영업비밀도 마찬가지이다.[597]

594) 이철송, 635; 정찬형, 417; 주석상법(2), 457.
595) 이철송, 635.
596) 주석상법(2), 458.
597) 이철송, 635; 주석상법(2), 459.

(4) 경업금지여부

본 규정에 따라 가맹계약이 해지되더라도 가맹상은 가맹업자의 상호 등을 사용하지 않는 한도 내에서 가맹업과 동종업종을 영위할 자유가 있다고 보는 것이 타당할 것이다.598)

XVII. 채권매입업

1. 의의

채권매입업이란 타인이 물건·유가증권의 판매, 용역의 제공 등에 의하여 취득하였거나 취득할 영업상의 채권을 매입하여 회수하는 영업을 말하며, 이를 영업으로 하는 자를 채권매입업자라 한다. 상인이 영업을 하는 가운데 발생한 외상채권을 자신이 직접 회수해야 한다면 소요될 조직·비용을 절감하고, 조직을 갖춘 전문가로 하여금 이를 회수케 하여 회수의 효율성을 높이며, 한편, 외상채권의 만기 이전에 이를 양도하여 필요한 자금을 적기에 조달할 수 있다는 장점이 있다. 70년대 말 종합금융회사로부터 시작하여, 현재는 여신전문금융업법 46조 1항 2호에 따라 신용카드회사 등이 이 영업을 하고 있다.

2. 기본구조

물품판매업자가 소비자에게 물품을 외상으로 판매한 후, 그 외상대금채권을 채권매입업자에게 양도하면 채권매입업자는 만기에 그 채권을 회수하여 물품판매업자에게 지급하는 것이 기본구조이다. 여기서 채권매입업자의 물품판매업자에 대한 양도대금지급시기는 당해 외상대금채권의 만기 이후임이 원칙이나, 만기 이전에 만기까지의 이자상당액을 공제하고 지급하는 사전금융조달의 기능을 담당하는 방법이 이용될 수도 있고, 소비자가 외상대금지급을 하지 않을 경우, 그

598) 이철송, 636; 주석상법(2), 459.

책임은 원칙적으로 물품판매업자가 부담하나(부진정팩토링), 특약으로 채권매입업자가 부담할 수도 있다(진정팩토링; 168조의12).

3. 외상대금채권 매입계약의 법적 성질

물품판매업자와 채권매입업자간의 외상대금채권 매입계약은 일정기간 발생하는 외상대금채권을 매입할 것을 약정하는 계속적 계약으로서의 특색을 지니며, 단순한 외상대금채권 양도뿐만 아니라 외상대금 채권의 관리를 위탁하는 위임으로서의 성격도 보유하고, 만기 전 대금지급의 경우에는 소비대차적 성격도 보유하므로, 상법상 특별히 인정된 혼합·무명계약으로 이해하는 것이 타당할 것이다.599) 한편, 외상대금채권은 현재 취득한 채권뿐만 아니라 장래에 취득할 장래채권도 포함한다.600)

4. 외상대금채권 양도의 법적 성질

물품판매업자와 채권매입업자간의 외상대금채권 매입계약의 핵심부분인 외상대금채권 양도의 법적 성질과 관련하여, 소비대차설(금융제공에 초점을 맞춰 외상대금채권양도는 소비대차라는 견해),601) 매매계약설(진정팩토링과 부진정팩토링을 구별하지 않고 팩토링의 원인행위의 법적 성질을 매매계약으로 보는 견해)602)이 있으나, 진정팩토링은 외상대금채권이 확정적으로 채권매입업자에게 귀속되므로 채권의 매매이나 부진정팩토링의 경우에는 위험부담이 물품판매업자에게 유보되므로 소비대차로 보는 절충설이 타당하다고 판단된다.603) 한편, 이 외상대금채권양도를 소비자에게 대항

599) 김성태, 757; 김정호, 391; 김홍기, 303; 서헌제, 439; 손진화, 287; 송옥렬, 216; 이기수외, 638; 이철송, 640; 임중호, 557; 장덕조, 219; 정경영, 295; 정동윤, 312; 주석상법(2), 469; 최준선, 420.

600) 장래의 채권도 양도 당시 기본적 채권관계가 어느 정도 확정되어 있어 그 권리의 특정이 가능하고 가까운 장래에 발생할 것임이 상당 정도 기대되는 경우에는 이를 양도할 수 있음(대법원 2010.4.8. 선고 2009다96069 판결, 대법원 1996.7.30. 선고 95다7932 판결, 대법원 1997.7.25. 선고 95다21624 판결). 김병연외, 341; 김홍기, 301; 서헌제, 439; 장덕조, 218; 최준선, 420.

601) 이은영, 387; 전우현, 376.

602) 윤용석·임재호·최광선, "새로운 형태의 거래행위 – 리스, 프랜차이징, 팩토링에 관한 연구", 법학연구 36권 1호, 1995, 146.

603) 박훤일, "팩토링의 법적 문제점", 금융법연구 5권 1호, 2008, 13; 김성태, 758; 김정호, 392; 김홍

하기 위해서는 소비자에 대한 통지 또는 소비자의 승낙을 얻어야 할 것이다(민법 450조).

XVIII. 전자상거래

1. 의의

전자상거래란 재화나 용역을 거래할 때 그 전부 또는 일부가 전자문서 즉, 정보처리시스템에 의하여 전자적 형태로 작성, 송신·수신 또는 저장된 정보에 의하여 처리되는 거래의 방법으로 상행위를 하는 것을 말한다(전자상거래 등에서의 소비자보호에 관한 법률("전자상거래법") 2조 1호, 전자문서 및 전자거래기본법("전자거래기본법") 2조 1호, 5호). 전자상거래의 비대면성(거래당사자간에 실제 만남이 없이 전자적 방법을 통한 만남을 통해 거래가 이루어짐), 정보의 비대칭성 및 기술적 장애 등으로 인하여,[604] 기존 상법상의 상거래규정해석의 변화가 요구되고, 다른 한편으로 소비자보호가 요구된다.

2. 전자문서의 송신시기

송신시기와 관련하여, 전자문서는 수신자 또는 그 대리인이 해당 전자문서를 수신할 수 있는 정보처리시스템에 입력한 때 즉, 시스템이 전자문서를 처리가능하게 된 상태에 송신된 것으로 본다(전자거래기본법 6조 1항).

이와 관련하여, 1) 작성자의 대리인에 의하여 송신된 전자문서 또는 2) 자동으로 전자문서를 송신·수신하도록 구성된 컴퓨터프로그램이나 그 밖의 전자적 수단에 의하여 송신된 전자문서에 포함된 의사표시는 작성자가 송신한 것으로 본다(전자거래기본법 7조 1항). 이 추정규정에 의해 입증책임이 이러한 효력을 부인하는 측으로 전환되게 된다.

기, 304; 서헌제, 439; 손주찬, 413; 손진화, 287; 송옥렬, 216; 안강현, 356; 이기수외, 638; 이철송 641; 임중호, 558; 장덕조, 220; 정동윤, 312; 정경영, 295; 주석상법(2), 471.

604) 이철송, 644; 전우현, 379; 주석상법(2), 482.

또한 전자문서의 수신자는 1) 전자문서가 작성자의 것이었는지를 확인하기 위하여 수신자가 미리 작성자와 합의한 절차를 따른 경우 또는 2) 수신된 전자문서가 작성자 또는 그 대리인과의 관계에 의하여 수신자가 그것이 작성자 또는 그 대리인의 의사에 기한 것이라고 믿을 만한 정당한 이유가 있는 자에 의하여 송신된 경우에는, 전자문서에 포함된 의사표시를 작성자의 것으로 보아 행위할 수 있다(전자거래기본법 7조 2항). 그러나 1) 수신자가 작성자로부터 전자문서가 작성자의 것이 아님을 통지받고 그에 따라 필요한 조치를 할 상당한 시간이 있었던 경우 또는 2) 수신된 전자문서가 작성자 또는 그 대리인과의 관계에 의하여 수신자가 그것이 작성자 또는 그 대리인의 의사에 기한 것이라고 믿을 만한 정당한 이유가 있는 자에 의하여 송신된 경우(전자거래기본법 7조 2항 2호), 전자문서가 작성자의 것이 아님을 수신자가 알았던 경우 또는 상당한 주의를 하였거나 작성자와 합의된 절차를 따랐으면 알 수 있었을 경우에는, 전자문서에 포함된 의사표시를 작성자의 것으로 보지 아니한다(전자거래기본법 7조 3항).

한편, 작성자가 수신 확인을 조건으로 전자문서를 송신한 경우 작성자가 수신확인통지를 받기 전까지는 그 전자문서는 송신되지 아니한 것으로 본다(이 경우 민법 534조는 적용하지 아니함; 전자거래기본법 9조 1항). 여기서 수신확인통지는 수신자가 수신하였다는 증거에 불과하며 청약 또는 승낙이 있었는지 여부는 별개로 판단되어야 한다. 그리고 작성자가 수신확인을 조건으로 명시하지 아니하고 수신확인통지를 요구한 경우에 상당한 기간(작성자가 지정한 기간 또는 작성자와 수신자 간에 약정한 기간이 있는 경우에는 그 기간을 말함) 내에 작성자가 수신확인통지를 받지 못하였을 때에는 작성자는 그 전자문서의 송신을 철회할 수 있다(전자거래기본법 9조 2항).

3. 전자문서의 수신시기

수신시기와 관련하여, 수신자가 전자문서를 수신할 정보처리시스템을 지정한 경우에는 전자문서는 지정된 정보처리시스템에 입력된 때(전자문서가 지정된 정보처리시스템이 아닌 정보처리시스템에 입력된 경우에는 수신자가 이를 출력한 때)에 수신된 것으로 보며, 수신자가 전자문서를 수신할 정보처리시스템을 지정하지 아니한 경우에는 수신자가 관리하는 정보처리시스템에 입력된 때에 수신된 것으로 본다(전자거래기본법 6조 2항).

4. 소비자보호

가. 전자문서 주소의 사용강제

사업자가 소비자와 미리 전자문서로 거래할 것을 약정하여 지정한 주소(전자거래기본법 2조 2호의 정보처리시스템을 말함)로 전자문서를 송신하지 아니한 경우에는 그 사업자는 해당 전자문서에 의한 권리를 주장할 수 없는 바, 다만, 소비자와 특정한 전자우편주소로 2회 이상 거래한 경우에 그 전자우편주소로 전자문서를 송신한 경우, 소비자가 전자문서를 출력한 경우, 소비자의 이익에 반하지 아니하고 그 소비자도 해당 전자문서의 효력을 부인하지 아니하는 경우 또는 긴급하게 연락할 필요성이 있고 전자우편 외에 다른 수단을 활용할 수 없는 경우에는 사업자는 해당 전자문서에 의한 권리를 주장할 수 있다(전자상거래법 5조 1항, 동법시행령 4조).

나. 전자문서에 대한 소비자에게의 고지 및 특정 전자서명 강제금지

사업자는 전자서명을 한 전자문서를 사용하려면 대통령령으로 정하는 바에 따라 그 전자문서의 효력, 수령 절차 및 방법 등을 소비자에게 고지하여야 하며(전자상거래법 5조 2항), 사업자는 전자문서를 사용할 때 소비자에게 특정한 전자서명 방법을 이용하도록 강요(특수한 표준 등을 이용함으로써 사실상 특정한 전자서명 방법의 이용이 강제되는 경우를 포함)하여서는 아니 되고, 소비자가 선택한 전자서명 방법의 사용을 부당하게 제한하여서는 아니 된다(전자상거래법 5조 3항).

다. 소비자에게 전자문서에 의한 회원탈회 등의 자유 인정

전자상거래를 하는 사업자는 소비자의 회원 가입, 계약의 청약, 소비자 관련 정보의 제공 등을 전자문서를 통하여 할 수 있도록 하는 경우에는 회원탈퇴, 청약의 철회, 계약의 해지·해제·변경, 정보의 제공 및 이용에 관한 동의의 철회 등도 전자문서를 통하여 할 수 있도록 하여야 한다(전자상거래법 5조 4항).

라. 전자상거래관련 기록보존 및 소비자의 조작실수 예방절차 수립

사업자는 전자상거래에서의 표시·광고, 계약내용 및 그 이행 등 거래에 관한 기록을 상당한 기간 보존하여야 하며, 이 경우 소비자가 쉽게 거래기록을 열람·보존할 수 있는 방법을 제공하여야 한다(전자상거래법 6조 1항). 또한 사업자는 전자상거래에서 소비자의 조작 실수 등으로 인한 의사표시의 착오 등으로 발생하는 피해를 예방할 수 있도록 거래 대금이 부과되는 시점이나 청약 전에 그 내용을 확인하거나 바로잡는 데에 필요한 절차를 마련하여야 한다(전자상거래법 7조).

마. 공정한 정보수집·이용

사업자는 전자상거래를 위하여 소비자에 관한 정보를 수집하거나 이용(제3자에게 제공하는 경우를 포함)할 때는 정보통신망 이용촉진 및 정보보호 등에 관한 법률 등 관계규정에 따라 이를 공정하게 수집하거나 이용하여야 한다(전자상거래법 11조 1항).

찾아보기

판례색인

사항색인

저자소개

이 종 훈

서울대학교 법과대학 학사, 석사, 박사
미국 Cornell University, Law School 졸업(LL.M.)
영국 University of Oxford, Department of Law, 방문학자
미국 UC Berkeley, School of Law, 방문학자(Fulbright Scholar)
독일 University of Tübingen, Law School, 방문학자
제27회 사법시험 합격, 사법연수원 17기
한국변호사, 변리사, 세무사, 미국 뉴욕주변호사
법무법인 김신유(현 화우) 등 로펌 근무
(전) 이화여자대학교 및 한국외국어대학교 법과대학 겸임교수
서울특별시, 국토교통부, 행정안전부, 관세청 등 각 고문변호사
대한상사중재원 중재인 등
(현) 명지대학교 법과대학 교수(상법, 기업금융법, 자본시장법, 세법)

저서

Corporation Laws and Cases of South Korea(Wolters Kluwer, 2018)
회사법(제4판, 박영사, 2024)

로펌경험 외국자문회사들

Alstom, Cartier Korea, Coca-Cola, Commerz Bank, Converse, Industrial and Commercial Bank of China, Kodak Korea, Makro Korea, Merck Korea, Philips, PolyGram, Price Waterhouse, Reebok, R. J. Reynolds, Reuters, Siemens AG, VeriSign, etc.

제2판
상법총칙 · 상행위법

초판발행 2017년 9월 1일
제2판발행 2024년 8월 10일

지은이 이종훈
펴낸이 안종만 · 안상준

편 집 윤혜경
기획/마케팅 김민규
표지디자인 이영경
제 작 고철민 · 김원표

펴낸곳 (주) 박영사
서울특별시 금천구 가산디지털2로 53, 한라시그마밸리 210호(가산동)
등록 1959. 3. 11. 제300-1959-1호(倫)
전 화 02)733-6771
f a x 02)736-4818
e-mail pys@pybook.co.kr
homepage www.pybook.co.kr
ISBN 979-11-303-4752-3 93360

정 가 29,000원